传媒教育学

普通素养篇

秦学智 ⊙ 著

中央编译出版社
Central Compilation & Translation Press

图书在版编目（CIP）数据

传媒教育学.普通素养篇／秦学智著.—北京：
中央编译出版社，2016.6

ISBN 978-7-5117-2949-1

Ⅰ.①传… Ⅱ.①秦… Ⅲ.①传播学-教育学
Ⅳ.①G206-4

中国版本图书馆 CIP 数据核字（2016）第 022453 号

传媒教育学.普通素养篇

出 版 人：	葛海彦
责任编辑：	邓　彤
责任印制：	尹　珺
出版发行：	中央编译出版社
地　　址：	北京西城区车公庄大街乙 5 号鸿儒大厦 B 座（100044）
电　　话：	（010）52612345（总编室）　　（010）52612352（编辑室） （010）52612316（发行部）　　（010）52612317（网络销售） （010）52612346（馆配部）　　（010）55626985（读者服务部）
传　　真：	（010）66515838
经　　销：	全国新华书店
印　　刷：	北京紫瑞利印刷有限公司
开　　本：	787 毫米×1092 毫米　1/16
字　　数：	483 千字
印　　张：	34.25
版　　次：	2016 年 6 月第 1 版第 1 次印刷
定　　价：	88.00 元
网　　址：	www.cctphome.com　　邮　箱：cctp@cctphome.com
新浪微博：	@中央编译出版社　　微　信：中央编译出版社（ID：cctphome）
淘宝店铺：	中央编译出版社直销店（http://shop108367160.taobao.com）　（010）52612349

本社常年法律顾问：北京嘉润律师事务所律师　李敬伟　问小牛
凡有印装质量问题，本社负责调换。电话：（010）55626985

前　言

人类文明史首先是人类传媒活动的历史。人类传媒素养水平的提升保证了人类征服自然、改造自然的信念和能力。与人类传媒活动相伴的是关于传媒与传媒素养的教育活动。有什么样的传媒，就有什么样的传媒素养；有什么样的传媒素养，就有什么样的传媒教育。文字传媒产生以来，语文活动，连同符号与信号时代、口语时代就一直存在和发展的原始艺术传媒活动（如舞蹈、音乐、美术、祭祀活动等），随着社会和传媒科技的变化一直变换着内容和形态。这些变化也必然地反映到包括语文教育在内的一切传媒教育活动中来。毫无疑问，传媒教育活动一直是人类教育中最重要的一项内容。

教育离不开教育传媒。这是因为：（1）教育都是以传媒为载体而进行的（如书本、报纸、光盘、录像带等文献领域的传媒）；（2）教育都是通过传媒而进行的（如口头语言、肢体语言、粉笔、黑板、纸张、教材、课件、毛笔、铅笔、投影仪、幻灯机、收音机、电视机、计算机等工具性的传媒）；（3）教育和学习的都是传媒这个载体所负荷的内容、思想、情感或文化知识等；（4）教育都是传者与受者相互作用、相互影响的过程；（5）教育教学效果的检验都是学生以作品、作业、考卷、表演活动等传媒形式而进行的。

传媒需要传媒教育。工业化时代的来临，使得社会分工越来越细，这种变化也及时地反映到教育领域中。于是，在初等、中等和高等教育水平，出现了特长教育、职业技术教育、普通学科专业教育和教育培训等多种教育形态。在所有这些形态的教育中，显然含有传媒知识、技能、道德、法规等传媒素养的内容。传媒，无论是作为一个知识领域，还是作为一门职业，都需要教育与之相伴。

目前的传媒教育分为两大类。一类是面向传媒职业群体的，或未来潜在的传媒从业人员的，注重培养受教育者的专业素质或专业素养。一类是面向广大受众的，注重培养受教育者起码的必备的通识性的、普通性的、一般性的、普及性的传媒素养。前者可称为传媒专业教育、专业传媒教育、传媒职业教育或职业传媒教育。[①] 后者可称为传媒素养教育、媒介素养教育、媒体素养教育、通识传媒教育、普通传媒教育、一般传媒教育或普及传媒教育。传媒素养教育在北美多以"media literacy education"、"media literacy"，在英国、法国、德国、意大利、西班牙、比利时、瑞典、荷兰等欧洲国家多以"media education"称。[②] 本书作者认为，无论是专业教育、职业教育还是普及教育，都是一种素养的教育。专业教育和职业教育是有关专业素养和职业素养的教育，而普及教育则是有关普通或通识性素养的教育。所以，严格说来，将通识性的、普通性的、一般性的或普及性的传媒教育称为"传媒素养教育"、"媒介素养教育"或"媒体素养教育"，其中的"素养"二字都是纯属"多余"的。既然纯属"多余"，不妨就去掉"素养"二字，以"专业传媒教育"、"职业传媒教育"或普通传媒教育、通识传媒教育或普及传媒教育等相称。同样的，要区分这两种不同类型的素养，就可以"专业素养"、"职业素养"、"普通素养"、"通识素养"或"一般素养"等相称

---

① 本人认为，应当将职业教育和专业教育合二为一。最理想的职业教育也是最理想的专业教育，反之亦然。长期以来，有许多人在此问题上纠缠不休，纠纷不断。总是试图将二者区分出来，但事实上产生这种矛盾的原因是由于计划经济下的教育类型而导致。计划经济下教育与就业市场分离，职业教育和专业教育相互不衔接。目前已是市场经济，职业教育和专业教育应当衔接起来，统筹发展，合二为一。这就是本人所提到的：最理想的职业教育也是最理想的专业教育，反之亦然。

② David French; Mike Richards (1993). *Media Education Across Europe*. Routledge, UK.

谓。在具体的实践领域，对传媒课程与教材的起名也需如此。例如，我们基础教育和高等教育的课程，如《语文》《数学》《外语》《地理》《历史》《生物》等，就不需要称之为《语文素养》《数学素养》《外语素养》《地理素养》《历史素养》《生物素养》等。同样的，大学里的专业传媒教育课程与教材也不需要叫《传媒专业素养》《传媒素养》《媒介素养》等这样的名字。研究电影理论与实践方面的课程与教材，叫做《电影》《电影艺术》《电影评论》或《电影研究》等就可以了；研究电视的或大众传媒的，等等，都可以依此类推。总之，我们必须明白：学习传媒方面的知识和技能，自然就是提高传媒方面的素养的，这无论是专业的素养还是普通的素养。也正是从此意义上出发，本书作者将本书起名为《传媒教育学（普通素养篇）》。但在本书中具体论述的时候，仍照顾到目前"传媒素养教育"、"媒介素养教育"等术语已经流行开来的实际状况，而采用"传媒素养教育"这样的提法来表达"普通素养的传媒教育"的意涵。当然，本书也可以起名为《一般传媒教育学》《普通传媒教育学》或《通识传媒教育学》。相应地，研究专业素养的传媒教育科学的著作可以被称为《专业传媒教育学》或《职业传媒教育学》，等等。迄今为止，中国大陆、台湾、香港学界对"传媒素养教育"有许多称谓，诸如媒介素养教育、媒体素养教育、媒介教育、传媒教育等。本书在论述中一律采用"传媒素养教育"这一称谓。

从联合国教科文组织第 25 周年纪念日发表的国际宣言开始，一直到 2007 年 10 月在法国巴黎举办的第 34 届联合国教科文组织大会，一直到今日，联合国教科文组织、联合国儿童基金会等国际组织都对传媒素养教育给予了较多关注。传媒素养教育成为建设信息社会的一条重要途径，也成为一项世界性的教育与文化运动。[①] 90 年代以来，欧洲、美洲、澳洲、亚洲、非洲等地的传媒素养教育也都在因地制宜、因时制宜

---

① *Building information society through media education*, http://portal.unesco.org/ci/en/ev.php-URL_ID=24762&URL_DO=DO_TOPIC&URL_SECTION=201.html.

地发展着，规模和声势也越来越大。与此同时，人们对传媒素养教育的认识与思考也渐渐趋于成熟。

欧洲传媒素养网站公布的《欧洲传媒素养宪章》第二条规定：

> 我们相信，具备传媒素养的人能够：
>
> 有效地使用传媒技术，近用、存储、检索和分享传媒内容，以满足他们个人和团体的兴趣与需要；
>
> 近用不同文化和机构的资源，从中获取广泛的传媒内容和形式，并能做出明智的选择；
>
> 明白传媒内容产制的原因和方式方法；
>
> 批判性地分析传媒所使用的技术、语言和规范，以及传媒所传达的讯息；
>
> 创造性地使用传媒来表达、传播思想、信息和观点；
>
> 鉴别、消除或挑战那些传者主动提供的攻击性的或伤害性的传媒内容和服务；
>
> 有效地使用传媒实践他们的民主权利和公民责任。①

《欧洲传媒素养宪章》的这条规定，实际上将传媒素养的内涵做了阐释。换言之，对传媒素养教育的目标做了规定。这对于我们认识传媒素养教育的作用和意义具有很大的启发意义。

详细而言，传媒素养教育是指那些通过传媒而进行的关于传媒的，以教授人们学会传媒知识、技能、道德、法律法规等内容，并使之学会如何使用传媒合法有效地记录、表达、创作、传播作品，以服务自身、提高生活品位、能力和质量，促进社会政治、经济、文化、教育、艺术等各方面和平和谐、健康向上的自觉教育教学活动。传媒素养教育要重视传媒综合实践活动对于受教育者的教育作用，要重视学习、揭示和挖掘传媒作品（文本或产品）的思想性、艺术性、情感性，要以挖掘和

---

① http://www.euromedialiteracy.eu/index.php? Pg = charter.

共享传媒作品（包括受教育者自己制作的）的思想性、艺术性、结构性、逻辑性及背景性为重点，而不是以百科全书式的知识学习为重点。我们要将传媒素养教育视为共享和创造传媒发展文明成果，并以此培养受教育者理想社会公民人格的利器，而不要将其当作穷尽人类一切文化科学知识的学问。传媒素养教育不仅是信息传播知识和技能的享受，更是人思想性和艺术性的升华，是其独特"育人"功能的彰显。在"教书"方面，它不仅要教授给受众传媒知识、传媒技能、传媒道德、传媒法律法规等内容，而且要培养他们良好的传播与沟通信息的意识和习惯。在"育人"方面，要通过健康的信息传播教育，培养受众成为大众传播时代的优良社会公民。这样的社会公民不仅能够不断积极主动地提高自身的传媒能力，而且能够积极主动地参与传媒自身的发展、参与社会信息传播活动（如传播文明健康的思想情感和对社会有益的信息），参与社会精神文明建设。传媒素养教育一方面要进行解释和引导传媒流行文化的工作，另一方面要传承、弘扬和培育中华民族优秀文化精神，激发受教育者创造传媒文化的活力，积极推动中华民族文化的"大发展大繁荣"。[①]

传媒素养教育可以为那些在传媒知识和技能方面属于盲区、不足或严重不足，以及那些在人文科学和自然科学知识方面属于盲区、不足或严重不足的受教育者开办。因为传媒素养是多层次、多方面、多程度的（如口语的，文字的，文学艺术的，报纸、杂志、广播、电视、电影、网络、广告、漫画、动画、手机、摄影、摄像等大众、小众传媒的），所以，可以设计不同类型的传媒素养教育为受教育者服务。

2007年1月，团中央中国少年儿童新闻出版总社知心姐姐工作部策划了《关于参与联合国儿童基金会与团中央中国少年儿童新闻出版总社"儿童媒介参与"运动方案》。该方案中所设计的"项目目标"为：

---

① 胡锦涛：《推动社会主义文化大发展大繁荣》，http://news.xinhuanet.com/newscenter/2007-10/15/content_6883615.htm。

"利用中国少年儿童新闻出版总社的'六报十刊'的小记者为宣传群体和参与群体，联合少年新闻学院小记者工作机构，在少年儿童中开展'儿童媒介参与'运动，通过开展儿童参与性的培训、儿童媒介参与的实践，让更多的儿童学会使用媒介，利用媒介表达自己的声音，解决自己的问题，并将自己参与媒介的经验和更多小伙伴交流分享。提高我国少年儿童使用和评判媒介的能力，更好选择成长有用的信息，抵御不良信息对青少年的成长造成的侵害，通过少年儿童独特的表达活动，影响、倡导媒体形成自律联盟，为青少年制作更好的信息产品，并倡导媒体关注、反映少年儿童的心声，维护他们的合法权益。积极推动联合国千年发展目标的实现，落实《世界儿童权利公约》《中华人民共和国未成年人保护法》《中华人民共和国义务教育法》等，切实保证中国儿童的健康成长和发展"。其"项目预期及成果展望"为：（1）预计将有至少100万少年儿童参与到"儿童媒介参与"的相关活动中。（2）将至少有64名试点学校的辅导员接受"儿童媒介参与"培训或组织参加传媒教育活动，将至少有3000名儿童，通过培训、夏令营等形式直接接受媒介素养培训。（3）将至少有500名以上的少儿媒体工作者接受"儿童媒介参与"运动的影响，更加注重倾听儿童的心声。他们希望"通过开展'儿童媒介参与'运动，促进儿童正确理解，积极合理地运用大众传播媒体及其信息和文化资源，从而更好地了解社会、了解世界、完善知识、参与社会活动"。[①] 知心姐姐工作部所发起的这场运动，是我国目前传媒与教育领域正在进行的传媒素养教育思想与实践运动的一个重要组成部分。

不断发展和进步的传媒，不断更新着人类的生产生活环境，也

---

① 团中央中国少年儿童新闻出版总社知心姐姐工作部：《关于参与联合国儿童基金会与团中央中国少年儿童新闻出版总社"儿童媒介参与"运动方案》，http://www.zxjj.com.cn/images/mjcy.doc。

在不停歇地改变着人类的教育教学环境，改变着人类传统的教育思想观念。显而易见，这种改变，不仅是传媒素养教育思想与实践领域的革命，也是一般教育思想与实践领域的革命。新兴的传媒内容和形式将被迅速地充实到或引入到当代的包括传媒素养教育在内的一切教育当中来。

媒体在行动！学界在行动！学校在行动！组织在行动！个人在行动！越来越多的力量都寄厚望于传媒素养教育。传媒素养教育是否是打开素质教育之门的锁钥？是否是超越社会与自我的唯一途径？是否是献给公民教育的最好礼物？我们拭目以待！

秦学智

2015 年 9 月 27 日于北京

目 录

绪 论 1

第一部分 传媒素养教育基础理论

第一章 理论基础与传媒教育应用 99
- 第一节 哲学层面 99
- 第二节 传播学理论 106
- 第三节 教育学理论与方法 150
- 第四节 全息传播系统学理论 172
- 第五节 大众—人际传播理论 192
- 第六节 跨文化传播与国家形象的塑造学说 203

第二章 传 媒 242
- 第一节 传媒的定义与分类 242
- 第二节 人类、传媒与语言 245
- 第三节 传媒的功能 255

第三章 传媒素养 …………………………………………… 283

第一节 传媒素养的定义和分类 ………………………… 283
第二节 传媒素养的构成 ………………………………… 287
第三节 传媒素养的层次/水平 …………………………… 291
第四节 传统传媒素养时代和现代传媒素养时代 ……… 292

第四章 传媒素养教育 ………………………………………… 293

第一节 传媒素养教育的定义与分类 …………………… 293
第二节 传媒素养教育及其思想的历史性进步与发展 … 306
第三节 传媒素养教育的目的和对象 …………………… 315
第四节 传媒素养教育教学的内容及理论探讨 ………… 318
第五节 现代传媒素养教育兴起的背景及原因 ………… 322
第六节 传媒素养教育的功能、特征与实质 …………… 349
第七节 传媒素养教育对教师的要求 …………………… 354
第八节 传媒素养教育的途径和活动方式 ……………… 355
第九节 传媒素养教育评价 ……………………………… 369
第十节 传媒素养教育学科建设与应有的教育观念 …… 378

第二部分 传媒素养课程与教学

第五章 传媒素养课程与教学理论建构 …………………… 395

第一节 传媒素养课程与教学的定义 …………………… 395
第二节 传媒素养教学与多媒体教学的区辨 …………… 399
第三节 传媒素养教学的原则 …………………………… 400
第四节 传媒素养教学的途径和方式方法 ……………… 404
第五节 设立传媒素养课程的方式 ……………………… 409

第六节　传媒素养教学的类型与性质 …………………………… 418
  第七节　传媒素养教学的取向 …………………………………… 419
  第八节　传媒素养教学过程规律 ………………………………… 419
  第九节　国外传媒素养教学思想与范式 ………………………… 428

第六章　北京市广渠门中学传媒素养课程教学实践案例 ………… 470
  第一节　高中传媒素养课程教学的目的、宗旨、理念、原则 …… 470
  第二节　高中传媒素养课程开发的目的性、重要性和可行性 …… 480
  第三节　广渠门中学传媒素养课程的内容及其特点 …………… 489
  第四节　广渠门中学传媒素养课程教学的组织与实施 ………… 495
  第五节　《传媒与现代生活》传媒素养课程教学效果 ………… 506
  第六节　对广渠门中学传媒素养课程教学实施情况的总体反思 … 513

参考文献 ………………………………………………………………… 516
后　记 ………………………………………………………………… 532

绪　论

信息传播媒介是人类及一切有生命之物生存与发展必备的工具。毫无疑问，人类最初的最基础的信息传播媒介是体态语言、口头语言以及记号等符号语言。随着人类语言思维能力的发展，人类开始将体验语言、口头语言以及记号等符号语言用文字的方式记录下来，这样文字语言也就产生了。可以说，文字语言是体验语言、口头语言和记号等符号语言发展的必然结果。起初的文字语言是繁琐的、不易被传写的，这样就产生了简化文字以便容易书写的社会需要。与此同时，承载文字的载体媒介技术也在不断进步和发展。甲骨、石碑、竹简、绢帛、纸张等先后成为文字的载体。同时，文字书写、印刷、排版等技术也在不断发展。所有这一切，都说明人类离不开信息传播媒介，并且人类对信息传播媒介的技术要求在水涨船高，反过来不断提高的信息传播媒介技术也要求人类不断提高使用它们的能力和素质。因此，自有人类以来，便有相应的传媒教育实践活动。每个人一出生，就要接受语言的教育，否则便不能与他人沟通和交流，也无法较好地参与社会生活。传媒、传媒素养和相应的传媒教育成为每一个时代必需的有机组成部分。

一、地球国：未来社会发展的趋势

任何事物的发展，一方面都是从低级到高级、从简单到复杂、从单一到多元的过程。人类社会的发展是这样，国家的发展也是这样。另一方面，万物殊途同归，遵循着相似的宇宙规律，是多样性的统一体，从低级阶段的统一不断地螺旋式地走向高级阶段的统一。随着传媒技术和交通技术的发达，人类社会的规模、管理模式和手段等都在不断成长和进步。国际社会已经有联合发展的趋势，各个民族文化之间也在不断地走向融合和发展。新媒体技术的发展和应用，造就了人们越来越强烈的"全球化"、"地球村"生活好的传媒意识、价值观、信念和对未来统一和谐的国际社会的憧憬。在这种憧憬之下，人们也将越来越期待传媒、传媒素养和传媒教育在教育发展、国家发展和世界发展中发挥更为积极的建设作用。

（一）当今社会发展的趋势

随着信息技术、交通技术、国际贸易和交流的快速发展，地球人终于迎来一个"地球村"时代。"地球村"这个概念由加拿大传播学家M.麦克卢汉于1967年在他的《理解媒介：人的延伸》一书中首次提出。在他看来，网络化传媒技术的发达，使得人与人之间实现了即时通讯，而现代交通技术的发展，又使得人们在空间位置上的转换变得便捷。在时空能力方面的种种延伸，使得不同国家和地域的人们的文化交融和社会交往方式发生了天翻地覆的变化。在农业社会中，人们根据血缘或宗族关系基本上生活在一个村落里，而人们的社会交往主要采用直接面对面的口头交往方式，到城镇或城市工作远离家乡的人们与家乡亲朋的联络以书信、口信等非直接的方式进行交往。到了电子工业社会，电话、电报、电传等技术的广泛应用，使得人们开启了远距通信，人们逐渐改变了文字书信的社会交往方式。对人们社会交往方式改变最大的，成本低廉又很便捷的时代当是网络化的信息时代。在信息时代，特别是网络与移动网络等即时通信技术的发展，使得人们之间的社会交往变得无时不在。亲朋同事之间的社会交往由近距离的直接接触变为远距离的间接接触，又演进为远距离的直接接触，这种社会交往方式，扩大了人们社会交往的圈子和社会交往的时间范围，如微信、手机QQ、手机微博等软硬件技术的发展，使得人们交往的圈子可以在任何方位和圈子中展开。生活的便捷化和多元化，引发了人们社会生产生活观念以及社会行为方式的变化。

这种变化是全球性的。全球性的变化,是一个趋同化和差异化都在自然发展和主动追求的过程。之所以是如此,这是因为人性有共同的一面,也有个性化的一面。全球性的变化实际上是人性和现代科学技术进步和发展使然。因为人性有着对先进、文明、民主、平等、科学、理性、法治、规范化、富裕、体面、自由、便捷等普世价值的追求,所以随着通信和交通技术的发达,全球化和趋同化在进一步发展,又因为人性受个人、家庭、社会和文化环境的制约,人类又会极力地追求自己个性化的一面,这使得各个国家的经济社会生活在全球化的同时也在进行着差异化的过程。趋同化和差异化是两个相辅相成的过程,缺一不可。这就像众多的个人形成的集体一样,集体有集体的行为和规则,每个人都必须进行某种程度上的集体化,但个体并不能被完全集体化,换句话说,集体化并不能抹杀或消灭个性化,相反,个性化的东西和内容甚至是对集体化的形成有着巨大的推动和创新作用。因此,趋同化和差异化并不是一对不可调和的矛盾,而是一个相互依赖、相互作用和相互影响的矛盾过程。

在世界范围内的趋同化,实际上就是全球化。全球化是世界经济一体化进程的最高阶段。世界经济的一体化包括三个主要阶段:全球化背景下的国内经济的一体化、区域国家经济的一体化和不同区域国家经济的一体化即世界经济的全球化。

全球化背景下的国内经济一体化,是指一国的经济规划和发展兼顾国内外经济发展环境和条件,在对国内经济发展进行有效规制、扶持和激励的情势下,积极采取"走出去"、"迎进来"的进取型改革开放发展战略,积极发展外向型经济、国际化经济,积极构建国内统一的经济体系,以适应经济国际化的自由竞争和发展。区域国家经济的一体化,是指不同国家根据地域经济发展要求和周围国家经济发展意愿而成立如欧盟经济联合体、北美自由贸易区和东盟自由贸易区这样的经济联合体,建立统一的地域经济发展体系。世界经济的全球化,是指以统一的自由开放的国际生产、金融和市场体系为最终目标,以国内和国际市场的繁荣与发展为基础而形成全球性的统一的相互融合、相互依存国际经济体系的过程。

在世界经济一体化过程中，也会存在国家利益之间的冲突和纠葛。由于所处的发展水平和阶段的不同，发达国家与欠发达国家在世界经济一体化过程中各自所处的优劣地位是不同的。发达国家因其先发技术、体制和机制优势而处于主导性的地位，而欠发达国家则因其改革调整、后发技术、体制和机制等客观原因处于跟随和赶超的地位。从世界范围和人类的长远利益来看，这种一体化进程有利于世界经济的迅猛发展，有利于世界市场资源的合理配置、科学技术的创新、国际贸易的畅通、环保问题的解决、生产成本的降低和消费品价格的下降。从一个国家的利益来看，在经济一体化的初期，发达国家因其技术等优势将会获得更大的利益，而欠发达国家则会因需要向发达国家看齐而付出必要的学习成本，在经济竞争方面一时处于竞争的劣势地位。在全球化过程中，国际社会也会遇到全球性的连锁反应问题。因为国家与国家之间金融和经济的相互紧密联系，当一国的经济或金融出现危机时往往会波及到与其经济联系紧密的国家，造成地域性或全球性的经济或金融动荡。此外，人类越来越遇到一些必须共同面对的问题，如资源枯竭、环境污染、地球变暖、人口爆炸、核危机等，这些都在促使地球国家越来越重视和加强联合国的作用。

1945年10月24日，在美国旧金山签订生效的《联合国宪章》标志着联合国正式成立。《联合国宪章》规定了联合国的宗旨是维持国际和平与安全、发展各国间的友好关系、促进国际经济、社会及文化等方面的合作和构成协调各国行动的中心。目前，联合国已经成为协调各国活动的中心与进行国际合作的重要场所。

联合国成立之后，相继成立了联合国大会、安全理事会、经济及社会理事会、托管理事会、国际法院和秘书处等常设机构和一系列专门机构，如国际劳工组织、联合国粮食及农业组织、联合国教科文组织、世界卫生组织、国际货币基金组织、国际开发协会、国际复兴开发银行

(世界银行)、国际金融公司、国际民用航空组织、万国邮政联盟、国际电信联盟、世界气象组织、国际海事组织、世界知识产权组织、国际农业发展基金会、联合国工业发展组织、国际原子能机构、世界贸易组织和世界旅游组织等,并在减少战争、促进世界和平与国际立法、根除殖民主义制度、推动世界经济和社会发展、打击跨国犯罪和恐怖主义、进行人道主义援助、减少饥饿、疾病和扫除文盲等方面发挥了巨大作用。

但是,联合国机构作为一个"国际组织"和"世界论坛"的性质本身决定了其发挥的作用是有限的,它的权力来自于各个成员国的授予,它的成功运转有赖于成员国方方面面的支持。因为成员国数量众多,各成员国所持立场和观点都不尽一致,因此面对一些棘手的全球性问题,联合国也心有余而力不足,这难免影响了联合国的声望和威信。但是,联合国的作用是任何一个地域性组织和机构难以代替的,随着全球性问题的突出和人们对联合国给予的希望的增加,联合国的作用和权力将会不断得到加强。这样发展的趋势进行下去,各个成员国就会将更多的权力让渡或授予给联合国,最终将会组建一个具有全球统一的警察、军队、行政管理的真正国家意义上的地球国,而各个成员国将会去国家化,降格为自治区或联合自治区(原来的小国家可根据地域经济社会发展需要而组建为联合自治区)。这样整个世界将会只存在一个世界政府,实行全球统一和地域分片自治的基本管理政策和制度,统一的货币、统一的各行各业的标准,甚至统一的文字,等等。这个世界政府将会为地球全体人类的福祉而努力,地球人类将会在种族、宗教、文化、教育等方面实现全面的自由平等、和平共处、繁荣与发展。人类将从地球村时代走向一个地球国时代,走向一个地球人类普遍和平、富足、繁荣与发展的聚精会神探索更多外星生存空间的新纪元、新时代。

1. 社会交流技术层面状况

(1) 信息网络化

数字网络技术的发展,使得各种信息的传播呈现出网状的全球化特征。世界各国的信息传播都以网状的形式相互关联。数字网络与个人电脑一起俨然成为一个虚拟的大脑世界。每一个个人的大脑都可以与这个虚拟大脑世界链接,以作为个人大脑的信息存储器和链接其他个人大脑的信息场。

随着数字网络技术的发展,人们的学习、工作、日常生活的方式和习惯也在发生着相应的变化。以前在图书馆的学习,逐渐转变为在线阅读;以前购买纸质书籍,逐渐变为购买电子书籍或从网上下载免费电子书籍或读物;以前在超市、商场或超市购物,逐渐转变为网上购物;以前的书写逐渐转变为电子书写;以前的书信、电话联系,逐渐变成了微信、QQ、私信等联系方式;以前的线下交友,逐渐变成了网络交友;以前的工厂生产、广告、销售方式等逐渐变成了互联网+的模式;政党竞选、民意投票、位置导航、地图查找、战争等也逐渐与网络的使用紧密联系起来,等等。人类的一切生产生活都在不断地互联网化。信息的互联网已经成为现代人类生活不可或缺的有机组成部分。

由于经济条件和受教育程度等因素的不同,在信息素养上会存在或多或少的数字鸿沟,之所以出现这样那样的差距实际上是事物的不平衡运动规律导致的。这种不平衡运动是事物发展的客观要求,也是事物得以发展和进化的根本动因。人们可以通过普及教育等手段缩小国家与国家之间、地区与地区之间、群体与群体之间、人与人之间的差距或鸿沟,但永远不可能消灭差距或鸿沟。这是因为人类对世界的认知是不断发展的,科技是不断进步的,旧有的差距或鸿沟得以减小或消灭,新的差距或鸿沟又会出现。譬如,一方面,起初人们文字素养方面存在差距,读书人、文盲和半文盲之间的差距甚大,但随着普及教育的广泛实施,从小学义务教育到初中义务教育,再到高中义务教育,人们在文字素养方面差距减小;另一方面,当电子计算机、数字网络等科技出现之后,更多的包括功能性素养在内的新素养在人们之间又出现差距拉大的现象。总之,在传媒科技和传媒素养发展方面,一般会遵循以下的规律和轨迹:一种差距出现,差距开始拉大,接着随着普及教育的开展差距开始缩小，这方面的素养鸿沟减小；在这种素养鸿沟减小的同时，另一种新的差距开始出现，新差距开始拉大，接着又会随着相应的普及教育的开展而开始减小。如此此起彼伏，无穷发展。

信息网络化拉近了城乡之间、地区与地区、国家与国家之间的距离，人们可以24小时全天候地利用网络搜寻自己感兴趣的知识和信息，由于这种接触网络传媒信息和生活的平等性和普遍性，从而在一定程度上保证了全民素养的整体提升和彼此之间差距的缩小。此外，多种观点、多种价值观和思想的并存，为全球化、多极化和个性化提供了方便之门，也为人们的日常生活增添了一个新的生活方式。无论是政府、组织和个人，都离不开互联网的效用。

信息传播媒介具有监察环境、协调社会、传承知识、文化娱乐、心理沟通、生产服务等社会功能。在网络时代，拜互联网所赐，网民成为信息的接收者和发布者，更大范围的人与人之间的即时的平等对话和交流成为现实。网络具备了报纸、杂志、广播、电视、电影、电话、书籍、音乐、视频等传统媒体一切的功能，并且具有生产、生活、休闲、娱乐、游戏、聊天等虚拟世界的魔力。它不仅能够方便人们即时的交流和互动，还能够长久保存，如同一个百花盛开、四季如春、韵味无穷的大花园，人们置身于其中足以让人流连忘返、不知疲倦。可以说，上网已经成为绝大多数人们日常生活的一部分。

在信息网络化和全球化时代，世界通用的语言将成为不同国家和民族之间进行跨文化交流和融合的必备工具，而不同国家和民族语言的不同则会给这种交流和融合无形中造成巨大的阻碍。因此，未来全球化需要解决的一个主要任务就是世界通用语言的普及教育。

美国未来学家阿尔文·托夫勒在《第三次浪潮》一书中，将人类文明的发展历史划分为农业文明、工业文明和以信息技术与生物技术为代表的新技术革命三个阶段，即三次浪潮。我们目前就处在第三次浪潮这个阶段。在这个阶段，知识开始成为具有重要商品功能的事物，即人类社会开始进入知识经济时代。在知识经济时代，知识创新和发明创造成为增强国家和个人竞争力的主要手段,重视知识产权的维护和人才的培养与使用成为社会各行各业的普遍要求。

  麦克卢汉曾经说过:媒介即人的延伸。在人类的发展过程中,人的各个器官功能的延伸并不是齐头并进的,而是有先有后的、不平衡发展的。譬如,烽火是口头传播的延伸,马车是脚的延伸,刀剑是人手的延伸,文字是口头语言和思维工具的延伸,电子媒介是中枢神经系统的延伸,等等。每一次传媒科技的进步,都意味着人的器官功能有了新的延伸。因为人的器官功能的延伸有先后之别、程度不同,所以人类社会以及人类个体就有了某种偏向性的发展。书籍是人脑力的延伸,有了书籍人类进步就有了阶梯;机器工业是人体力的延伸,有了机器人劳动的效率就成倍地增加。到了现代,各种综合性的科学技术的发展及其广泛应用,使得人的各种感官功能的延伸达到了一个相对的平衡,人类从而进入一个日新月异、创新层出不穷的时代。

  所有人的延伸都是靠人类的思维和思想意识推动的,而所有人的延伸又反过来促进和便利了人类的思维和思想意识。在某种意义上而言,人的思想意识和思维能力的进化是人类社会得以进化和发展的决定性力量。

  在传统媒体时代,公共权利的表达是通过政府和媒体的行为表现出来的,但在互联网媒体时代,理论上任何一个国民个体都能通过网络表达自己的权利和观点,这样就能在更大程度上达成公共权利的表达、监督和维护。

  (2)交通便利化

  地球村的实现,主要基于两方面的发展和进步。一方面是信息传播的全球网络化,二是交通运输的便利化。前者让世界各国的知识与信息可以充分地进行流通,让人们可以通过网络相关软件实现即时交流与对话以及资本与财富的转移与流通,后者可以方便社会流动、物流与经济交往等。严格说来,交通运输的便利化也会伴随着信息的传播与流布,因为信息会以各种形式在任何时空存在着。譬如,19世纪三四十年代,美国廉价报纸的出现，不仅是由于印刷技术、造纸技术等相关技术的革新与进步，广告收入逐渐成为报刊工业的主要经济来源，以及广大群众中存在的潜在的读书看报的社会需求，而且是由于美国交通运输业的快速发展。"美国建国之初，交通运输异常落后。进入19世纪后，在政府的资助和鼓励下，美国交通运输事业发展迅速。民办、州办和联邦兴办的运河、铁路飞速增长。到19世纪中期，美国已经成为世界上交通运输业最发达的国家之一。1816年，美国仅100英里运河，1840年达3326英里。1860年美国铁路已达30626英里，1914年猛增到25.2万英里，超过欧洲铁路里程总和。铁路几乎通达所有的大小村镇。交通运输线发展的同时，运载工具也得到了迅速发展。航行于西部河流的汽船1815年仅7艘，吨位1500吨，1860年为817艘，吨位19.5万吨。随之，客运价也逐渐下降。20世纪初汽车出现后，美国掀起了改善公路运动。1910年成立了'美国公路改进协会'。各州拨款数百万美元改善乡镇和各县的公路。这样远离铁路线的乡区即可很容易到达城市。四通八达的铁路网，纵横交错的公路线使美国交通运输能力大为提高。"①

改革开放以来，特别是最近几年以来，我国交通运输业获得前所未有的发展。铁路、公路、航线、海路等客流、物流、快递等业务发展迅猛。2013年9月我国交通运输部发布了《关于改进提升交通运输服务的若干指导意见》（简称《意见》）。《意见》提出用五年左右的时间，推进交通运输的均等化、规范化、便捷化、安全化、信息化和公开化，以便"运输服务更安全可靠，公众出行更便捷畅通，运输发展更经济高效，发展方式更绿色低碳"。

2013年9月和10月由中国国家主席习近平分别提出建设"新丝绸之路经济带"和"21世纪海上丝绸之路"的战略构想。这"一带一路"实际上是顺应世界多极化、经济全球化、文化多样化和社会网络化的潮流，依靠中国与有关国家的双边或多边机制，大力发展跨国交通运

---

① 陈奕平：《农业人口外迁与美国的城市化》，《美国研究》，1990年第3期。

输业，便利沿线国家经济合作，促进世界经济要素有序自由流动、全球资源高效配置和市场深度融合，与有关国家共同打造政治互信、经济融合、文化包容的利益共同体、命运共同体和责任共同体，做到互惠共赢、合作发展以及世界经济发展的最优化。可以说，我国提出的"一带一路"战略，是站在全人类的立场上，利益世界各国的重大规划，彰显着中国人民与世界其他各国人民共同的美好愿望和追求，是深化国际经济合作、促进世界文化融合发展的积极探索，对世界未来的稳定、繁荣和发展有着不可估量的作用和意义。

（3）生产生活全球化

从社会交流的角度看，世界各国人民的生产生活正处于一个全球化的浪潮中。国家与国家的交往开始日益紧密，你中有我我中有你，各国的经济依赖程度加深，一荣俱荣、一损俱损。

因为世界各国的科技发展、物力资源、人力资源等客观存在着不平衡现象，所以优势互补、相互贸易和依赖的状况不可避免。世界经济的相互依赖，主要表现在发达国家与发达国家之间的相互依赖，发达国家和发展中国家之间的相互依赖，以及新兴经济体与传统经济体之间的相互依赖。一般地，如果一个国家的国际贸易的增长速度超过了该国 GDP 的增长速度，则表明该国国民经济对国外市场的依赖程度在不断加大，这或者是能源和资源依赖，或者是高科技含量的产品依赖，等等。或者一国出口贸易额与 GDP 的比率在逐年增大，也表明该国对国外的需求逐年增加，它与相关国家的相互依赖程度也在逐年加深。此外，国家与国家的依赖程度，还可以从国际资本流动的规模和速度方面看出。如果一国国际资本流动的规模和速度逐年上升，说明该国对外国的相互经济依赖程度也在逐年加深。

由于世界经济的相互依赖性在不断增强，一切置身于这个世界开放型经济体系的国家都会受到彼此发展变化的相互影响。严重者，某国发生经济危机，就会波及、引发或拖累其他国家的经济发展。这种经济影响传导，可以通过直接或间接的方式来进行，如投资、金融往来、技术交换、劳动力流动、汇率变动、股市行情变化、经济援助等多种渠道。

人类生产生活的全球化，表现在人们生产生活的方方面面。一个中国人可能使用的是美国或德国的生产技术和生产线，吃着麦当劳、肯德基或日本人发明的方便面，穿着英文字母的衣衫，享受着英国媒体的节目，住着洋房，每年或每隔几年到国外进行国际旅行，认同外国的某一社会价值观，等等。这种人类生产生活的全球化，扩大了人们社会交往的视野、范围，从长远看，是人类社会发展的未来趋势，预示着人类未来生活的美好前景。

2. 认知层面状况

随着时代的进步，人们在认知方面也获得了空前的进步。人类从蒙昧时期，走向开化时期，从开化时期走向开明时期，经历了认知能力不断发展的漫长过程。人们认知能力、民主和科学理性的提升，使得人们的生产生活走向更加开放、包容、积极、进取的道路。

（1）科学普及化

科学是一种认识宇宙或社会客观规律的思维与探究活动，它包括这种思维和探究活动的所秉承的大胆推测小心求证的价值观念、过程、方法及其结论与结果。因为人的探究活动总是在一定时代或时空条件下进行的，它理论上面对的研究对象是无限的但实际上针对的研究对象又是极其有限的，所以使用的方法、得出的结论以及整个探究过程中总是有瑕疵或漏洞的。换句话说，科学的结论和结果只能是目前暂时比较正确的结论和结果，而不是终极正确的结论和结果。但是，科学上每一个小的进步或进展，都会对人类生活的方方面面有巨大的积极的影响，都会将人类引向更为正确和更为进步的方向和道路。这就是为什么科学对于人类社会的生产生活来说，是无比重要的，科学的普及和传播功在当代，利在千秋。

科学与封建愚昧观念和活动是相对立的。过去很多被封建迷信观念占据的地方已经被科技文明的进步而占领了。譬如，以前人们认为地球是宇宙的中心，现在被科学证明为太阳系也不是我们宇宙的中心，也不是银河系的中心。以前认为地球天圆地方，现在已经普遍认为地球是个不完全规则的球体。以前关于雷电的认识，现在被认为是正常的物理现象。以前关于月亮吴刚与嫦娥的传说，现在被证明那只是个传说。过去很多人们的无知观念已经被科学的有知观念代替了，但如同一个有知和无知的关系圆图一样，人类的有知的圈子越大，人类遭遇的无知的领域越广。因此，只要人类能够永恒存在，科学的普及和人们认识的提升就是一个永恒无限的过程。科学的普及化是人类认知层面的一个永恒趋势，也是人类社会发展的一个重要方面。

（2）文明理性化

文化包括物质文化、制度文化和精神文化三个主要方面。但文化最为根本的特质是制度文化和精神文化，也就是说从本质上讲，文化是一套思想道德价值观念体系、生活理念和习惯模式、思维方式，以及相应的社会制度和机制等。文化是一个过程、方法，也是一种静态的结果。文化的过程，就是让人们不断开化、让社会不断文明的过程，从此意义上而言，文化实质就是文明化，而文明则是某一阶段或某一时代文化进程所达到的高度和状态。

在人类发展历史过程中，理性与非理性充斥于社会生活的方方面面。所谓理性，就是在做人处事中坚持真理、公理、原理、中庸等基本原则。理性是一种智慧、包容、温和、民主、科学、正确性的表现，而非理性往往是愚蠢、褊狭、极端、专制、愚昧、错误性的表现。随着人类认知的进步，人类文明开始呈现出越来越文明和理性的特征。但是，理性与非理性无论是在国家行为中还是在个人行为中都会持久存在。

譬如，日本政府不顾中国政府和中国人民的强烈反对和抗议，执意对含有争议的钓鱼岛及其附属岛屿进行所谓的"国有化"，就是一种故意激起中日矛盾、破坏两国友好关系的非理性的行为。针对这种恣意妄为，中国政府进行了有理、有利、有节的斗争，中国政府公布了中国钓鱼岛及其附属岛屿的领海基线，派出海监船开展维权巡航执法，向大陆架界限委员会提交东海部分海域 200 海里以外大陆架划界方案，等等，这一系列举措不仅表达了中国保卫领土、捍卫主权的决心和意志，而且表现出一种成熟和理性。在抗议日本"购岛"过程中，也发生了一些非理性的行为，如打砸烧中国人自己所有的店铺、汽车，等等，这种过激行为显然只能是让"亲者痛，仇者快"，是应该受到道德谴责和法律禁止的行为。

当前，人类已经进入微博、微信、手机、QQ 等移动终端与即时通信方式的"微文化"时代，这种时代给文化、信息传播交流带来了很大便利，也给伪科学、谣言传播、暴力、色情等信息的传播提供了温床和机会。尽管这方面的法律法规都在制定或执行中，但监管上的漏洞总会存在，对于可能的负面信息及其影响更多地还需依靠人们的道德自觉和批判思考的免疫能力。

高尔基曾说过：书籍是人类进步的阶梯。文字是大脑思维的工具和载体，进行文字阅读有利于大脑抽象思维能力的提升。因此，阅读书籍不仅是个人而且是人类进步的阶梯。在"微文化"时代，由于知识和信息的爆炸以及传媒科技的日新月异，人类个体不可能将一切的书籍看完，也不可能穷尽一切的知识和信息，因此更多的人从实际出发采取了手机阅读、电脑阅读等"碎片化阅读"的方式，短小精悍的文章或文字成了人们青睐的内容，五花八门的信息能够轻易进入人们的视野。这种阅读可能在深度思考、论证、系统化方面有所欠缺，但在开拓人们的视野、丰富人们的信息刺激、增加人们的阅读量方面还是有一定的长处和优势。尺有所短寸有所长，因此，对碎片化阅读应该理性看待，在构建学习型社会中，必须做到系统化阅读和碎片化阅读并重，扬长补短，去粗取精，才能切实地提高全民的素质。在碎片化阅读的快餐时代，也对人文学者、科学知识传播者提出了更高的要求，这个要求就是要不断创作短小精悍的文章或信息，以供阅读者的阅读和进行微时代科学与人文精神的建设。

人类文明的发展是一个知识的创造、积累和运用的过程。知识可以分为2类：工具理性的知识和价值理性的知识。工具理性的知识又可被称为技术性知识，而价值理性的知识可被称为非技术性知识。工具理性的知识反映了人对征服自然和改造自然的追求，而价值理性的知识反映了人对人自身以及一切生命物的本质、尊严和价值的寻求。前者将人与自然的关系设定为对立关系，后者将人与自然的关系设定为依存关系。

工具理性的知识对于人类社会科技、经济发展、物质生活水平提高起到了重要作用，但也引起了环境污染、生态失衡、人的异化等社会问题。价值理性的知识，更多地关注了人类的精神生活，但相对轻视了人类的物质生活。所以，两方面的知识应该相辅相成，缺一不可。当然，从基础性和重要性上比较，价值理性的知识应该起着统帅的作用，是灵魂和中枢，而工具理性的知识应当以价值理性的知识为指导，对价值理想的知识进行辅助和补充。

（3）宗教和平化

在古代，宗教之间因为观念和利益的不同而发生过多次宗教冲突与战争。譬如，基督教与伊斯兰教之间的冲突与战争，犹太教与伊斯兰教之间的冲突与战争，印度教与锡克教、伊斯兰教的冲突与战争，基督教、伊斯兰教、佛教、道教等不同派别之间的冲突，等等。在中国历史上，因为宗教势力皆屈服于世俗政权的威权之下，因此虽然没有因宗教原因而发生过战争，但也出现过北魏太武帝、北周武帝、唐武宗和后周世宗时期因政治、经济、意识形态等原因排斥佛教的事件，史称"三武一宗之祸"。

到了近代，随着科学技术和人的理性的进步，世俗力量在与宗教力量的较量中渐渐占据了上风。但在世俗统治力量中却出现了帝国主义国家之间瓜分世界的战争，以及无产阶级意识形态与资产阶级意识形态不同而导致的冲突与战争。在第二次世界大战之后，特别是美国和苏联为首的两大意识形态集团之间的冷战之后，人类的理性思维又提升了一步。尽管仍会多少存在着不同意识形态和社会制度之间的较量，但不同意识形态和社会制度的国家，已经能够在达成一定政治谅解的前提下，展开紧密的经济合作和贸易，这种经济上的联系以及在解决一些国际问题上的协作，一定程度上减少或减轻了彼此之间的军事对抗和冲突。但不同制度和不同核心利益的国家或民族之间的矛盾是不可能销声匿迹的，由于世界的多极化和人们观念的多元化，以及国家治理的人性化，使得很多政治上的、经济上的或文化观念上的差异与矛盾采取了宗教化的方式。即极少数的宗教极端分子，会打着宗教自由的旗号，干着激起民族之间仇恨与杀戮的罪恶。譬如，目前活跃在伊拉克和叙利亚的恐怖组织伊斯兰国（ISIS）就是以逊尼派原教旨主义为自己的宗教信仰，来挑起国家和地区之间的冲突与战争。

虽然世界各地，仍有一些国家和地区存在着宗教问题引起的冲突，甚至战争，但更多的宗教界领袖与人士已经能够以一种更加包容、并存不悖的态度对待其他的宗教和派别。西方天主教思想家孔汉思（Hans Küng）曾深刻指出：没有各宗教之间的相互了解，国与国之间则很难相互了解；没有各宗教之间的对话与沟通，诸教之间则很难达到和平与友好，而诸教之间若不能和平相处，诸国之间亦不可能和平相处或安全共存。这种宗教与和平的关系及意义在现代社会尤为明显，而在宗教信仰团体中，宗教领袖对和平的态度和对其信徒的影响乃举足轻重，甚至会起着决定作用。[①]

过去的事实证明，一种宗教永远无法战胜另外一种宗教。因为每一种宗教都有自己的内在逻辑和教义，它们遵循着不同的解释路径，使用着不同的话语概念，对世界的诠释都有着自己的见解和说法，也都有着自己的见证和精神体验。尽管一个宗教者的肉体可以被消灭，但是其宗教信仰除非自己改变，别人很难改变他（她）。因此，目前不同的宗教之间只能携手同行，求同存异，彼此之间和睦友善、共存发展。

---

① 中国社会科学院世界宗教研究所所长卓新平：《化解冲突——宗教领袖对人类和平的新贡献》，http://www.people.com.cn/GB/channel2/17/20000820/194487.html。

幸运的是，不同的宗教都有个共同的目的，那就是对真、善、美的追求，尽管在具体内涵上会有所差异，但对爱和幸福生活的追求、劝人为善却是根本一致的。也就是说，宗教和世俗文化间存在着起码的道德良知和全球伦理，这是宗教和世俗、宗教与宗教之所以能够共存共荣的基础。在不同宗教文化并存、冲突激烈的地区，这种宗教上的和平努力和调解工作具有一定积极意义和作用。

20世纪60年代，世界上一些宗教领袖提出召开世界宗教和平会议的倡议。1970年10月，第一届世界宗教和平会议大会在日本京都举行，并成立了后来被称为"世界宗教和平组织"的跨宗教和平组织。世界宗教和平组织的宗旨是制止冲突、消除贫困和保护地球，提倡尊重宗教间的差异，致力于推动全世界范围的跨宗教合作。自成立以来，该组织发起和参与了许多会议和活动。

世界宗教和平组织，简称为"世宗和"。"世宗和"现有近90个区域成员组织和国家成员组织，是最大的国际跨宗教和平组织，具有联合国经社理事会、联合国教科文组织、联合国儿童基金会咨商地位。每五年举行一次大会。迄今为止已经举办过九届世界大会。第一届大会于1970年10月在日本京都举行，主题是"宗教：为了和平"。第二届大会于1974年8月在比利时古都鲁汶举行，主题是"宗教与人生品质"。第三届大会于1979年9月在美国新泽西州普林斯顿举行，主题是"宗教：为世界团结奋斗"。第四届大会于1984年8月在肯尼亚首都内罗毕举行，主题是"宗教：为了人类尊严和世界和平"。第五届大会于1989年1月在澳大利亚墨尔本举行，主题是"以信任建立和平：宗教的作用"。第六届大会于1994年11月在梵蒂冈和意大利北部小城瑞瓦德尔加达举行，主题是"医治世界：宗教为和平"。第七届大会于1999年11月在约旦安曼举行，主题是"为共同生活的全球行动"。第八届大会于2006年8月在日本京都召开，主题是"抵制暴力、共享安全"。第九届大会于2013年11月在维也纳举行，主题是"拥抱多样性——推动实现人的尊严、公民意识和福祉共享"。约100个国家和地区的700多位宗教界人士和相关国际组织、社会团体代表出席。会议通过的《维也纳宣言》呼吁各国政府、国际组织和公民社会加强公民权利，保障人的尊严、个人的安全和福祉，以及宗教自由和信仰自由。宣言同时谴责宗教极端主义。该会议还选举产生了世界宗教和平会议新一届领导层。全国政协副主席、中国宗教界和平委员会主席帕巴拉·格列朗杰当选该组织名誉主席之一。中国宗教界和平委员会副主席、中国道教协会会长任法融当选为联合主席之一。①

除了世界宗教和平组织举行的系列会议之外，还有很多的宗教领袖举办了具有较强针对性的会议，如1992年11月，天主教、东正教、伊斯兰教和犹太教领袖在瑞士举行和平与宽容会议，旗帜鲜明地反对利用宗教来发展民族扩张主义和极端民族主义。1994年2月，几大宗教领袖在土耳其伊斯坦布尔召开和平与宽容会议，为解决巴尔干半岛冲突而寻找途径。1995年，有关宗教领袖组织召开了解决波黑冲突的维也纳会议。1998年，波黑宗教领袖代表团曾在华盛顿和纽约联合国总部举行会议。1999年3月，有关宗教领袖亦为试图解决科索沃问题、避免战争而在维也纳召开了和平与宽容会议。2012年11月，由斯里兰卡总统拉贾帕克萨邀请和发起，由联合国教科文组织和斯里兰卡政府等四个机构在斯里兰卡总统府的大会议厅共同举办了"多元文化、多元宗教和平论坛"系列活动，来自24个国家的大使、斯里兰卡政府要员、多个国家和地区的多元宗教界代表600人参加了会议。大会主题是"团结宗教，回归教育，化解危机，多元宗教和谐，谋求世界和平"。2014年2月20日在英国伦敦市政厅举行了一次世界宗教会议。来自26个国家的大约500名代表出席了这次大会。参会者包括各国的宗教领袖、政治家、政府官员、外交使团成员、学者和各非政府组织代表。会议主题是"神在21世纪"。人们对同性恋、堕胎等多样化权利的追求，以及后现

---

① 《第九届世界宗教和平会议呼吁加强公民权利》，http://news.xinhuanet.com/world/2013-11/23/c_118262829.htm。

代主义的多元化思想对一些传统的宗教观念产生了冲击。从会议的讨论结果来看，一些开明的宗教领袖已经开始转而承认或支持人们获得多样性的权利，基本达成如此共识：道德自由的底线就是不伤害他人的权利。这种伦理共识，和我国"和为贵"、"和而不同"、"己所不欲勿施于人"等传统思想主张根本上是一致的。无论是个人、宗教、国家还是民族，只要相互尊重，平等博爱，慈悲为怀，求同存异，开放包容，合作共赢，就会为世界的和平、稳定、繁荣和发展做出自己力所能及的贡献。

3. 制度层面状况

（1）经济全球化

全球化是伴随着人类活动能力和范围不断增强和扩大而产生的一种生活在不同地域或国家的人们在生产生活的各方面不断加强相互联系、作用和影响的过程。这个过程一般是由强势或新兴的一方主导和推动，而其他弱势或衰弱的一方被动或主动参与。经济全球化则是从世界经济发展角度来看全球化现象，是经济的各个要素如商品、技术、信息、服务、资本、货币、劳动力等跨国跨地区的流动、互补和市场配置，是世界经济一体化、经济活动全球化的过程。在古代，经济全球化主要是伴随帝国的领土扩张进行的，在近代经济全球化主要是伴随着殖民主义的领土扩张而进行的，而在现代经济全球化主要是伴随着交通技术和通信技术的现代化以及不断细化的国际分工、紧密的国际和合作和联系而进行的。

经济全球化是人类经济活动能力增强和活动范围扩大的必然结果，通过市场对世界的资源和生产要素进行配置，有利于资本、科技、产品、服务、劳动力的全球性流动，有利于世界先进管理理论和经验的传播与分享，有利于经济创新和实现世界经济的快速发展，有利于提高生产效率，节约生产和生活成本，减少资源浪费，促进国际分工与合作，促进世界经济结构的优化，促进世界经济的协同性发展，促进经济的融合和利益共享。经济的全球化也给世界各国的政治、军事、文化等产生了积极影响,促使了诸多方面都要按照全球化的方向进行适应性调整。

当然,在经济全球化过程中,先发优势的国家因为会占据主导和有利地位,所以会在世界经济活动中获得更大的利益,而后发优势或发展中国家因为竞争上暂时的劣势,所以会在世界经济活动暂时处于不利的地位。经济全球化过程中,还会产生环境污染、资源短缺、世界性经济危机等问题。然而,经济全球化从人类发展的整体利益上看,是利大于弊的。因为处于发展中国家或目前竞争劣势的国家,可以努力地学习和借鉴发达国家与地区的科技、管理技术和经验,可以找到自己在国际经济活动中的新定位,从而融入世界经济体中,共享人类经济文明发展的成果。否则,可能愈加落后。

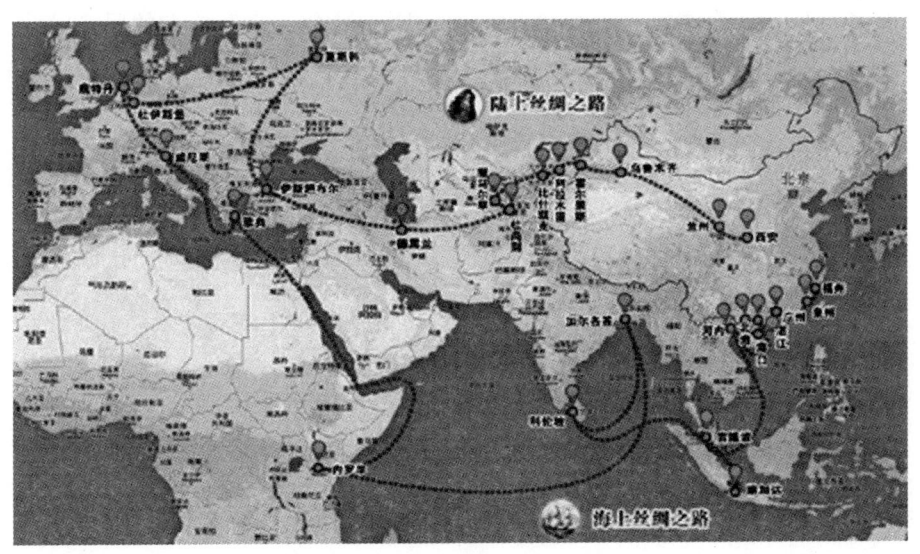

中国一路一带战略规划(资料图)①

---

① 国防大学教授乔良:《"一带一路"战略要考虑军事力量走出去问题》,http://news.ifeng.com/a/20150511/43733521_0.shtml? f = hao123。

1492年哥伦布发现了美洲大陆，开启了西欧国家向世界各地的殖民扩张进程。18世纪中叶开始的工业革命和机器大工业时代，为近代经济全球化提供强大的物质基础和动力。20世纪80年代末苏联解体、东欧剧变、冷战结束之后，经济全球化进入了新时代。当前，我国政府提出了"一带一路"的国家发展战略，这是一个由中国主导的经济全球化事件，如果这个战略得以实现，沿路沿线等直接相关和间接相关的国家将会有所受益，这些国家和地区的经济联系将比以往更加紧密，经济发展也将更有活力。

（2）政治民主化

政治民主化是政治从少数人统治走向多数人统治的历史过程。历史地看，政治民主化是一个从原始民主到集权专制，再由集权专制到民主共和制度的一个循环上升发展过程。在原始社会，有着朴素的民主议事制度。到了奴隶社会和封建社会，出现了天子分封制度和封建君主制度。到了资本主义社会，产生了民主共和制度。

近代政治民主化运动最早兴起于西方。1688年英国发生资产阶级领导的"光荣革命"，1689年通过《权利法案》，确保了国会的地位，限制了王权，用法律的形式认定议会主权至上的原则，正式确立以责任内阁制为核心的君主立宪制。1783年9月，美国与英国签订《巴黎条约》，美国脱离英国独立。1787年美国制定出自己的联邦宪法，1789年被批准生效。美国宪法确立了立法、司法与行政权三权分立，相互制衡的原则，奠定了美国政治制度的法律基础。英国的君主立宪制和美国的总统制度是两种典型的资本主义国家的民主政治制度的形式。

西方资本主义国家民主政治制度的建立和完善过程中，有许多民主思想家有关民主政治思想的贡献。如斯宾诺莎的自由思想、洛克的分权思想、孟德斯鸠的三权分立与制衡思想、卢梭的平等与人民主权思想，等等。

斯宾诺莎是17世纪荷兰思想家，他主张建立一个世俗的、民主的、思想自由的与宽容的社会。在1670年出版的《神学政治论》中主张所有的个人享有绝对的、不受限制的信仰自由，并且认为人们的思想自由并不会对公共和平、诚实和统治者的权利造成损害，相反，要更好地保障它们，就必须赋权人们这种思想的自由。

英国思想家洛克最先明确提出将国家的权力划分为立法权、执行权和对外权三个部分。这里的对外权是指决定战争与和平、联合与联盟以及同国外一切人士和社会进行一切事务的权力。这种分权思想直接影响了法国思想家孟德斯鸠的思想。1748年，孟德斯鸠在自己的政治学著作《论法的精神》中提出了三权分立和制衡的思想。与洛克不同的是，孟德斯鸠将政府的权力划分为立法权、行政权与司法权三个部分。在洛克的思想中，立法权是至高无上的，执行权和对外权服从于立法权，但洛克并没有提出能够保证或制衡立法权不被滥用的方式。孟德斯鸠的思想就比洛克的思想更加严密。在孟德斯鸠的分权思想中，立法权、行政权和司法权是相互平等，相互制衡的。这是因为如果权力过于集中一个人或一个部门，没有相应的制衡力量，那么就会造成权力的滥用或失控。

另外一位对近代西方民主制度的建设起到较大作用的思想家是法国思想家卢梭。卢梭在《社会契约论》中提出了"主权在民"的思想。他认为，国家的主权应该属于参加社会契约的全体人民，只有人民拥有立法权，政府接受人民的委托执行国家权力。并且，他还认为，人民主权是不可转让的、不可分割的，必须反映全体人民的共同意志，是绝对的，至高无上的，并且不能被代表的。当然，在实际实践中，公民事实上无法直接行使人民主权，只能选出一定数量的代表代表全民实施主权。

以上几位启蒙思想家的思想也影响到中国近代政治民主化的实践。中华民国的成立标志着封建君主制度在中国的消亡，新中国的成立意味着共和国制度在中国的新的实践，显而易见，当代中国政治的民主化建设比过去有了巨大的进步。

（3）教育国际化

随着全球化时代的来临，国家与国家之间的政治、经济、军事等多方面联系日益紧密，基于教育的政治、经济、文化和社会等功能和社会发展的客观需要，教育也面临着国际化调整、适应与改革的问题。

　　国际化离不开自我的历史基础和传统，国际化必须立足于自身，并充分利用国际化的现实环境为自我更好的生存与发展服务。闭门造车、闭关锁国、一味守旧，不与外界做信息、知识和能量的交换，则必然导致落后、愚昧、生产力低下，久而久之就会导致严重的生存和发展危机。落后必然挨打。清末的闭关锁国，夜郎自大，最终导致了列强对中国的瓜分和侵凌。改革开放以来，我国对内进行大刀阔斧的改革，对外实行开放，大力引进外资、外国科技、先进设备，学习和借鉴外国的先进管理经验和做法，到今天终于取得了巨大成就，成为第二大世界经济体，在很多领域都大大缩小了中国与发达国家之间的差距，有些科技已经能够名列前茅。这充分说明，在整个世界发展中，中国离不开世界，当然世界要整体发展也离不开十几亿人的中国。

　　由于经济全球化、跨文化传播和交流、增强自身竞争力和软实力等需要，教育在立足于自身文化传统和历史基础的同时，也必须拥有国际视野，吸纳国外先进的教育经验和做法，并与外国教育机构、学界展开充分的交流与合作，以实现互惠共赢，强身健体。要进行教育国际化，就不能故步自封，就不能无视国际、他国标准、规则和通行做法，也就是说，必须形成起码的国际教育的共识，必须拥有基本的共同的教育目标观和教育价值观。只有这样，才能真正地融入世界一体化进程，才能获得更多国家的认同，也才能更好地发展自身、利益自身。

　　因此，教育国际化不是简单地建立若干国际兄弟学校，赴外国学校参观访问、海外留学，组织若干国际夏令营活动，开设一些国际课程，举办一些国际学术会议，邀请一些外国教师来华教学，而更重要的是，一方面必须实现一些基本的共同的教育目标的追求，如具有国际视野、博爱、尊重、自立、自强、平等、民主、开放、包容、真诚、善良、理解、实事求是等品质和精神；另一方面，必须能够利用一切有利的世界教育文化资源对本国文化和教育去粗取精，去伪存真，扬长补短，不断增强本国文化和教育在复杂多变的世界环境中生存与发展的能力。因此，总的来讲，教育国际化，是不断地将本国的优秀文化和教育资源传播给世界，使其成为世界融合文化的一个有机部分，同时又在不断地吸收世界各国优秀文化精华和先进教育资源和经验，以服务自身发展自身。教育国际化是一个开放明治的国家在全球化背景下采取的一种主动的壮大自身国家竞争力、为国家培养能够适应未来国际社会或区域经济社会发展所需人才的一个重大战略和举措，是《国家中长期教育改革和发展规划纲要（2010—2020年）》提出的"坚持以开放促改革、促发展，提升我国教育国际化水平"精神的内在要求。

1983年邓小平同志提出"教育要面向现代化，面向世界，面向未来"。实际上，这三个面向就是教育国际化要做的事情。教育国际化，要学习和吸收当代科技和教育发展的最新成果，要熟悉具有普遍国际认同的教育管理规范和标准，要有开放包容的国际视野和心态，要有能培养国际水平的独立批判思考、创新和动手能力的人才。

教育国际化不是一国或几个国家的事情，是世界各国都要面向的一件大事。只要开放包容，身处于世界的全球化浪潮中，都不可避免地要进行教育国际化，这是无可更改的发展趋势。我国近代的教育国际化，开始于清末的留美与留欧学生的派遣，以及国内军事学堂、外国语学堂等近代学校的创建。"走出去"和"请进来"两种国际教育合作和交流的方式，给世界各国培养了能够促进彼此国际理解和认同的人才，这种由教育竞争力的提升而引起的国家各方面的进步与发展，掀起了更大的教育国际化的浪潮。无论是发达国家，还是发展中国家，都意识到这种国际交流与合作，对于自身的未来发展和世界大融合势不可挡，必不可少。

在第二次世界大战后的1948年，联合国教科文组织成立，其宗旨是推动世界各国在教育、科学、文化方面的合作与交流。有了这个国际组织的倡导和支持，教育国际化的合作和交流更为广泛和深入。先进经验和做法广泛传播，国际教育资源和力量相互借鉴，相互融合，教育国际化利人利己，功在当代，利在千秋。

4. 世界种族与民族融合层面状况

（1）迁徙自由

在人类几百万年的生存和发展历史中，绝大多数时间里，自由迁徙是人类自然而然的权力。到了农业文明时代，农业种植的客观要求使得人们的居住相对固定下来，但自由迁徙仍是人们的天赋权力。但是，随着国家的形成，统治者为了对民众实行统一的管理，就会采取登记人口、限制人口自由迁徙的户籍制度。除了"编户齐民"，还会设置关卡、出台严厉惩戒流亡迁徙的行为。秦国商鞅变法时期，出于服兵役和收取赋税等这种控制人口的需要，秦国出台的户籍管理制度和政策就更加完善和严苛。如《商君书》中说："全国境内，不论男女，都有名籍在官府。初生者登录，死者消除。"各诸侯国将户籍统计与赋税征收挂钩，既可以按照户籍状况，征发兵役、徭役、扩充军力，又便于收取赋税，充实国库。为了确保对民众的监管和控制，秦国还规定了"什伍"制度以及连坐法等法律，"什伍制度"，就是将国中人口按照五户为一伍、十户为一什的办法编制起来，每伍之中，设一伍长，每什之中，设一什长。商鞅不仅禁止民众在国内自由迁徙，而且限制民众向外国自由迁徙。允许他国民众向秦国自由迁徙，但不允许本国民众自由迁徙外国。汉朝的建立，承袭了秦国的限制人口自由迁徙的制度和法律，自此以后，一直到清代的保甲、闭关锁国制度，都严格实行限制人口自由迁徙的制度和政策。历史上出现的军事移民和强制移民，都是处于统治者巩固国家和统治民众的需要。

在我国法律层面第一次承认人民迁徙自由的法律是1912年3月11日公布的《中华民国临时约法》。1914年《中华民国约法》继续对自由迁徙的权力予以肯定。1923年10月10日颁布的《中华民国宪法》规定，"中华民国人民有选择住居及职业之自由，非依法律，不受限制。"1946年12月25日公布的《中华民国宪法》也规定，"人民有居住及迁徙之自由"。

1954年颁布的《中华人民共和国宪法》规定，"中华人民共和国公民有居住和迁徙的自由"。但从1955年6月到1957年12月，国务院先后发布《关于建立经常户口登记制度的指示》《关于防止农村人口盲目外流的指示》《关于防止农民盲目流入城市的通知》《关于制止农村人口盲目外流的指示》，严格禁止城市部门私自向农村招工，限制农民进入城市，从操作上否定了迁徙自由，迁徙自由名存实亡。1958年1月9日，全国人大常委会通过了《中华人民共和国户口登记条例》。其第10条第2款规定："公民由农村迁往城市，必须持有城市劳动部门的录用证明，学校的录取证明，或者城市户口登记机关的准予迁入证明，向常住户口登记机关申请办理迁出手续。"该法律明确了城乡二元体制，将农村人口和城市人口区别对待，在很大程度上是以牺牲广大农民群众的利益为代价的。1975年《中华人民共和国宪法》干脆取消了迁徙自由。1978年和1982年修订后的宪法也均未恢复。1982年5月国务院发布施行《城市流浪乞讨人员收容遣送办法》，又对自由迁徙做了严格地把控。直到2003年孙志刚事件发生后，国务院总理在当年6月18日主持召开国务院常务会议，通过《城市生活无着的流浪乞讨人员救助管理办法草案》，同时废止施行20多年的《城市流浪乞讨人员收容遣送办法》，在对待流浪乞讨人员的问题上做了人性化的处理。

随着改革开放的不断发展，工业化、信息化和城市化进程不断加快，原有的户籍制度已经不适应中国新形势发展的需要，人们要求改变城乡二元体制的呼声也在逐年升高。1984年10月，《国务院关于农民进入集镇落户问题的通知》标志着严控户籍的制度开始松动。1985年9月，中国居民身份证制度颁布实施。1997年6月，《国务院批转公安部小城镇户籍管理制度改革试点方案和关于完善农村户籍管理制度意见的通知》出台，规定已在小城镇就业、居住并符合一定条件的农村人口，可以在小城镇办理城镇常住户口。1998年7月，《国务院批转公安部关于解决当前户口管理工作中几个突出问题意见的通知》让户籍制度进一步松动。根据此通知，新生婴儿随父落户、夫妻分居、老人投靠子女以及在城市投资、兴办实业、购买商品房的公民及随其共同居住的直系亲属,凡在城市有合法固定的住房、合法稳定的职业或者生活来源,已居住一定年限并符合当地政府有关规定的,可准予落户。2001年3月颁布的《国务院批转公安部关于推进小城镇户籍管理制度改革意见的通知》规定,对办理小城镇常住户口的人员不再实行计划指标管理。2012年2月,《国务院办公厅关于积极稳妥推进户籍管理制度改革的通知》指出,要引导非农产业和农村人口有序向中小城市和建制镇转移,逐步满足符合条件的农村人口落户需求,逐步实现城乡基本公共服务均等化。2014年7月30日正式发布《国务院关于进一步推进户籍制度改革的意见》,意见规定,要进一步调整户口迁移政策,统一城乡户口登记制度,全面实施居住证制度,加快建设和共享国家人口基础信息库,稳步推进义务教育、就业服务、基本养老、基本医疗卫生、住房保障等城镇基本公共服务覆盖全部常住人口。这标志着,维护城乡二元体制的户籍制度将退出历史舞台。

  目前,世界上绝大多数国家都在本国实行了自由迁徙的政策和制度。世界上还有一些国家接收国外移民的政策相对宽松,提供有创业移民、投资移民和技术移民等多种渠道,通过这些渠道可以获得该国永久居民权。譬如,美国、加拿大、澳大利亚、新西兰、瑞典、西班牙、德国、新加坡等。在美国,美国公民一般都能按照自己的意愿在本国各州自由地迁徙。日本公民在国内也有着完全的自由迁徙的权利,在迁徙过程中,公民只需做一些相关的登记手续,这种登记不需向政府提出申请,也不需政府批准。当然,历史上日本也有过类似于限制民众自由迁徙的户籍制度,这种户籍制度在明治维新之后逐渐被废除。根据日本《宪法》和《选举法》等法律,日本公民只要在一个城市居住3个月以上,并且有房可住,就可以拥有该城市的户口,享有与该城市市民完全的市民权利。

  在世界各国和地区间能够自由地迁徙,将是未来地球人的福音,也是世界一体化的未来趋势。这种趋势,首先是从一国之内的公民能够自由地迁徙开始的,接着会是几个国家之间的联合体之间实现自由地迁徙。譬如，欧盟27个成员国之间，绝大多数国家之间已经能够自由地迁徙，这是欧盟经济一体化必然做出的客观要求。《欧盟宪法条约》十分明确地规定了保护、鼓励和促进个人在欧盟的迁徙自由。该条约第39条第1款规定："工人的迁徙自由在共同体内应当受到保护。"该条第2款还规定："这样的迁徙自由必须废除不同成员国工人之间在就业、薪水和其他就业条件方面，因国籍而引起的任何歧视。"欧盟实行一种货币、一部宪法、一个议会，人们具有本国国籍和欧洲公民双重身份，可以在欧盟范围内自由地迁徙和工作，必然会给全世界的其他国家和地区带来示范效应。

在未来可期的时间里，在东亚，可能会出现中国、日本、韩国、东盟等国家之间的自由迁徙，在拉美地区，也会出现北美国家与南美国家之间的自由迁徙，在非洲、中亚和西亚也会出现这样国家之间的自由迁徙，而这将会为未来全世界范围内各国间的自由迁徙和社会流动提供坚实的历史基础。只有实行自由迁徙政策和制度，整个世界才能走向真正的融合和有机统一，才能适应日益全球化发展的客观要求。

（2）异族通婚

在国家一体化和世界一体化的进程中，不可避免地会出现异族联姻或异族通婚。不同族群、不同文化背景或种族出现婚姻现象，有利于跨文化交流和传播，有利于不同族群、不同文化背景群体或种族的理解、认同和融合。在跨文化传播领域，不同宗教信仰之间的冲突有时候表现得非常明显和激烈。如果不同宗教信仰者能够异族通婚、异教通婚，那么就会对异教的信仰和文化多一份认同、理解和包容。在世界一体化过程中，经济的一体化是最为容易的，政治的一体化有较大难度，而宗教信仰的一体化就更有难度。但无论是经济的一体化、政治的一体化、宗教信仰的一体化，还是世界文化的一体化，都应是世界一体化的应有之义。尽管一体化，并不意味着消除不同经济体、不同国家政治制度、不同宗教信仰和不同民族文化的一切差别，但的确意味着，在不同经济体、不同国家政治制度、不同宗教和不同民族文化之间找到并实现了一种最基本的共同的谅解和认同。只有做到世界一体化,世界才会最大限度地减少摩擦、矛盾和冲突,地球人类才能达到最大程度的和谐和安宁。

从跨文化传播与交流,以及不同民族和种族的身份谅解和认同角度来看,异族通婚、不同民族杂处,具有重要的作用和意义。异族通婚意味着不同种族之间的文化隔阂越来越少,种族间的社会关系越来越和谐和包容,不同文化间的习俗逐渐融合,世界文化的多元性和统一性大大加强,"2006年加国'异族通婚'的人口与2001年相比,增幅超过30%。其中,白人对'异族通婚'的接受程度最高,85%的'异族通婚'都是以一个白人和一个少数族裔的形式构成。与此同时,随着少数族裔越来越多,少数族裔间通婚的情况也逐渐普遍起来。就少数族裔来说,日裔异族间通婚的可能性最大,高达74.7%,而华裔和南亚裔尽管已成为加拿大人口最多的少数族裔,但这两个族裔对异族通婚的接受率最低。"①

美国从1660年开始实施异族通婚禁令,这种禁令一直维持到20世纪60年代。1967年,美国最高法院9名大法官一致裁决,禁止不同种族男女通婚违反宪法。自此以后,每个人对异族通婚的看法发生了很大变化。2012年美国皮尤研究中心(Pew Research Center)公布的一份研究报告,对多元化的美国异族通婚的情况进行了研究。该报告发现,"在2008年新婚夫妇中,14.6%的夫妇是不同种族和族裔的结合。其中,9%的白人、16%的非裔、26%的西语裔以及31%的亚裔与非本族裔的对象结婚。密苏里州杜鲁门大学华裔教授令狐萍转述一些专家预计,到了2050年,70%的美国人都是混血儿,美国将是全球人种混血

---

① 吕振亚、尹琳:《加华裔吹起"异族通婚"之风》,《人民日报海外版》2008年4月8日,第6版。

程度最高的国家"。① 2008 年，美国将近有 15% 的婚姻是配偶来自不同种族或民族的异族婚姻，这一比例是 1980 年 6.7% 的两倍多。在美国文化融合程度越高的地区，异族通婚率也越高。如夏威夷华裔的异族通婚率高达 70%，其次是洛杉矶为 50%，而纽约为 27%。华裔的第二代、第三代移民，从小接受美国文化的熏陶，也容易与其他种族的人有更多的接触机会，因此也更容易接受异族通婚。但异族通婚的离婚率也大大高于平均离婚率。美国平均离婚率约为 50%，而异族通婚的离婚率超过了 70%。②

尽管因为各种各样的原因，异族通婚的离婚率比较高，但美国的异族通婚能够代表未来世界一体化进程中，随着不同民族的融合和自由迁徙，跨文化的交流与理解，异族通婚率将会有不断提高的趋势。事实上，只有不同种族和不同民族的人们广泛通婚或杂处，才能在更大程度上促进不同种族和民族文化的大融合，才能真正地迎来广泛而持久的世界和平、繁荣和发展。

（二）未来地球国展望：从地球村时代走向地球国时代

如今，我们地球人类步入了麦克卢汉所说的地球村时代。也许，在不怎么遥远的未来，地球人类还会迎来地球国时代。地球村和地球国有什么不同呢？地球村所说的是，因为交通技术和信息通信技术的发展，不同国家的人们进行交往的距离缩短，如同生活在一个村庄，尽管有着诸多国别的制约，但人们日常的走动已经足够频繁。而地球国则是一个国家概念，即所有目前的主权国家将会联合成为拥有一个共同主权的、一个统一的地球中央政府的联邦制国家，所有的地球人类都同属于一个国家，去其他地方不再有国别的限制，也不需办理任何的签证，不分种族、宗教、民族、性别，人人平等地拥有一个地球国民的身份。显而易

---

① 《美国华人异族通婚：女性更受白人青睐》，http://www.crntt.com/crn-webapp/doc/docDetailCreate.jsp? coluid=49&kindid=972&docid=101759534&mdate=0708094911。

② 《异族通婚在美国》，http://club.kdnet.net/dispbbs.asp? id=620213&boardid=2。

见，地球村只是在说明人类的生活变得像一个自然村人的那种生活，世界各地的人们来往和交往更为便捷和自由；但地球国比地球村的统一化和融合走得更远。到了地球国时代，人们不再像地球村时代那样，人们分处于不同的国家中，而是身处于统一的地球联邦共和国中，拥有同一个国民的身份，享受统一的平等的机会、待遇和福利。

  从人类历史的发展来看，在人口相对稀少、生存空间相对广大、生产力比较原始落后的人类社会早期，人类以血缘关系为纽带结成独立活动的群体或部落或部落联盟，有时候为了竞争好的地盘、肥沃的土地而彼此发生争斗，最后战败一方或者迁徙远处，或者与胜利者达成妥协，或者融为一体。随着人口的繁衍和增加，部落与部落之间因为生存的空间的相对固定，联系日益紧密，产生了互相交流和来往，甚至是统一面对共同的难题的需要。这种互相交流和来往，让彼此互相认同，并根据彼此实力的大小而产生一定的领导与被领导、统属与被统属的关系，同时也会产生更多的争议和分歧。彼此之间的紧密联系使得彼此有了和平统一的需要，而争议和分歧又会在力量对比发生明显变化的时候引起彼此之间的战争和分裂。这种分分合合的状况一直持续到国家形成之后。历史地看，随着人类活动的日益紧密，以及包括交通、通信等各方面科技与工具的提升，人类社会发展的总的趋势是趋向统一的。在人类社会统一化的过程中，不可避免地要经过反反复复的分分合合，这是大融合或同化过程中必不可少的反弹和异化，但同化、大融合是人类社会从低级阶段到高级阶段发展的必然趋势。

  《三国演义》第一回说道："话说天下大势，分久必合，合久必分。周末七国纷争，并入于秦。及秦灭之后，楚、汉纷争，又并入于汉。汉朝自高祖斩白蛇而起义，一统天下，后来光武中兴，传至献帝，遂分为三国。"这里说到中国从战国到三国这一段的分分合合的历史。

  从历史上看，中国的大融合和大统一过程中，经历过几次大的统一和分裂。夏、商、周朝代的建立就是一个统一化的过程，春秋战国就是一个分裂的时期；秦汉的时候又是一个统一化的时期，到了三国又进入一个割据分裂的时期；晋朝又是一个统一化的时期，而南北朝又是一个分裂的时期；隋唐又归于统一，隋唐之后五代十国又是一个分裂的时期；宋元明清民国至今，又是一个统一化的时期。从整个中国的大统一过程中看，每一次分裂都有新的外部因素的加入，譬如在战国、南北朝、五代十国都有少数民族因素的加入，同样的，每一次新的统一又都是在这些外部因素与内部因素融合基础上的统一。即新的统一是扩大的新基础上的统一，新的少数民族不断地加入到原有的人口中，使得最初中国的版图和疆域不断扩大，也使得民族的组成更为多样。

百川细流，汇成大海。人类社会发展的趋势也是如此。如今，已经形成了现代国家制度，所以一般来讲一个国家的版图将不会有大的变化，并且由于各国政治、经济、军事、文化、教育、人口间的联系日益紧密，世界各国统一化的趋势也越来越明显。

1776年7月4日《独立宣言》的发表标志着美国的诞生，从此开始了美国独立战争。1783年美国正式脱离英国独立。此时，美国才拥有13个州。独立后的13个州，充其量只是一个松散的联盟，很多方面各自为政，各州常因观点不一而相互争吵不已。1787年，经过长时间的争辩，美国诞生了历史上第一部成文宪法，也从此有了统一的政府、议会、法院，也有了统一的货币、税收和文化。1861年，美国发生了南北战争，残余的奴隶制度被废除，为美国成为一个强大国家奠定了基础。此后，美国又通过战争吞并和购买等方式，大肆扩张领土，最终形成一个拥有50个州和一个特区的军事和经济强国。从美国的壮大历史中可以看出，美国发展的总的趋势是统一化。在美国的大熔炉中，逐步形成了非常有特色的美国文化：自由资本主义经济、多元文化共存、重视人才引进和培养，重视科技创新、研发和应用，三权分立制度、完善的资本市场、平等的竞争机会，等等。

岂止是美国，历史上几乎所有的国家都有自己从小到大的发展历史。这些历史有力地说明了不仅是国家自身有个统一化的历史和趋势，而且国家和国家之间也会出现统一化的趋势。目前，世界上已经诞生了很多国际性组织。

当国家之间的联系日益紧密，各国的交往和合作不断扩大，国际组织也就自然而然地产生了。19世纪产生了莱茵河、易北河等国际河流委员会、国际电信联盟、万国邮政联盟等国际组织。进入20世纪后又出现了国际联盟、联合国、阿拉伯联盟、非洲国家统一组织、世界贸易组织、欧盟等。21世纪诞生了上海经合组织、亚洲基础设施投资银行等国际组织。

自19世纪以来，国际组织的数量随着国际社会的需要而不断增多。根据国际协会联合会（UIA）统计，1909年，所有的国际组织共计213个，其中政府间国际组织有37个，非政府国际组织176个；1951年，所有的国际组织共计955个，其中政府间国际组织有123个，非政府国际组织832个；1989年，所有的国际组织共有24131个，其中政府间国际组织有4068个，非政府国际组织有20063个；2004—2005年，所有的国际组织共有58859个，其中政府间国际组织有7350个，非政府国际组织有51509个。[1]

这些国际组织可以被分为四类：全球综合性组织、全球专门性组织、区域综合性组织与区域专门性组织。如，联合国属于全球综合性组织，国际劳工组织、世界卫生组织、世界贸易组织等属于全球专门性组织，美洲国家组织、欧盟、东南亚国家联盟等属于区域综合性组织，而北大西洋公约组织、华沙条约组织等属于区域专门性组织。这些组织也可以按照其发挥的功能来划分，如政治类组织、经济类组织、文化类组织、体育类组织、科技类组织，等等。欧盟、上海经合组织、阿拉伯议会联盟、非洲联盟等属于政治类组织，世贸组织、亚太经合组织、石油输出国组织等属于经济类组织，而国际足联属于体育类组织，等等。国际组织产生以后，对世界各国和人类的发展发挥了很多积极的作用，不仅为成员国提供了对话、交流和合作的场所，给成员国提供对策和建

---

[1] 国际组织，百度百科。

议，协商和组织国际社会在各个领域的活动，调停和解决政治、经济、军事等方面的争端，维护国际和平、稳定和发展，而且可以共同协商面对未来的国际社会公共问题，促进国际关系向民主化、科学化和高效化方向发展。

如果说，在第二次世界大战结束以前，世界各国的统一化是以战争征服为主，那么，第二次世界大战之后人类社会的统一化就会以更多国际化组织的合作、交流、对话、互惠共赢为主。在战争征服和统一化的过程中，很多帝王或首领都在历史上留下了自己不朽的印记，如中国的周文王、周武王、秦始皇、刘邦、曹操、隋文帝、李世民、赵匡胤、成吉思汗、朱元璋、康熙，外国的亚历山大大帝、凯撒大帝、拿破仑、希特勒、丰臣秀吉，等等，无论这些人中是给后世留下很多美名、骂名还是笑柄，给人类带来的是福音还是痛苦和磨难，但从他们的过程与结果来看，他们都使用了武力吞并、征服的方式或手段，促进了不同民族和地区的兼并和统一化，是全球化和世界各国统一化过程和趋势的一种反映。

客观地看，尽管武力征服和吞并是人们应该谴责的犯罪和不道德行为，但在人类文明低级的阶段，这种似乎不可避免的方式，一个客观的方面也促进了不同民族文化的交流和相互借鉴，如丝绸之路的开辟，使得人们贸易往来增多，也让原来彼此隔绝的地区的人们有了更多关于陌生世界的认知，一些陌生的新技术、新概念和新工具反过来又促使了本土文化的更新与发展。有竞争，才能有动力；有危机，才能有压力。人类社会不同文明之所以能够迅速发展，也得益于不同文明间的冲突和摩擦。当然，文明的冲突和摩擦本身是具有很大破坏性的，为了降低文明冲突和摩擦的破坏程度，人类学会了通过对话、协商、妥协的方式解决分歧和争端，尽可能做到和平相处和互惠共赢。当今世界，政治、经济、文化、教育、军事等方面的一体化和统一化日益显著，如联合国、欧盟、上海经合组织、世界贸易组织、联合国教科文组织，等等，在军事上也已经出现局部的或地域性一体化和统一化，如北约的形成，一些国家建立军事联盟，联合国建立国际维和部队，等等。与此同时，全球性问题也不断涌现，如经济依赖性增强可能导致的连锁经济危机、恐怖主义的威胁，气候变化带给地球的影响、能源和资源供给上的问题，外层空间给地球带来的可能的危险，等等。人类文化共识的达成和人类日后有诸多共同的问题需要共同面对，并且，还要追求切实高效的国际事务，减少尽可能的阻力和浪费，在未来，如今的一个由主权国家组成的国际组织将会演变成为一个拥有统一的政府、统一的国家宪法、统一的联邦最高法院、统一的军队与警察、统一的主权国家架构的联邦制国家，这个联邦制国家的名称可叫做地球联邦共和国，简称为地球国。地球国下设有亚（或子）共和国、省（州或共和国直辖市）、市、县、镇、村等不同级别的行政组织。共和国由目前的主权国家演变而成，即目前的主权国家成为地球国的一个亚共和国，亚共和国下设省（州、直辖市）、市、县、镇、村等行政组织。与美国目前的联邦制类似，各亚共和国与地球联邦政府均有司法主权，都要受到地球国联邦宪法的约束，各亚共和国的主权不能凌驾于地球联邦政府和地球联邦宪法之上，各个亚共和国的宪法必须以地球联邦宪法为基础，不能超越地球国宪法的规定和权限。

地球国的成立，是地球人类社会发展到又一个巅峰时刻的显著标志。随着地球国的成立，各个宗教间的和解与合作，世界经济一体化进程，世界不同文化间的对话、融合和统一化就会越来越快，也越来越深入，甚至在未来的地球社会会形成和共用一种国家语言，这样不仅更能大大减少人与人交流的语言障碍，也更能更好地促进人类文化间的融合与发展。

二、传媒、人类生活与教育

传媒与人类生活密不可分，没有传媒，人类很难存活，而有了传媒就必然随之产生了相应的传媒教育。总之，世界万物之间无论是宏观上、中观上还是微观上，都存在着千丝万缕的联系。

绪 论

（一）信息技术发展史上的重要技术发明

现代大众传媒的产生与现代传播（通信）技术的发展分不开。而现代传播（通信）技术是信息技术中的一个重要组成部分。因此，了解或领略信息技术发展的历史，对于我们理解和认识现代大众传媒的问世和发展，无疑是必要的。这方面已经有许多人做过阐述，兹引用一位研究者的研究成果，以管中窥豹。

人类进行通信的历史已很悠久。早在远古时期，人们就通过简单的语言、壁画等方式交换信息。千百年来，人们一直在用语言、图符、钟鼓、烟火、竹简、纸书等传递信息，古代人的烽火狼烟、飞鸽传信、驿马邮递就是这方面的例子。现在还有一些国家的个别原始部落，仍然保留着诸如击鼓鸣号这样古老的通信方式。在现代社会中，交通警的指挥手语、航海中的旗语等不过是古老通信方式进一步发展的结果。这些信息传递的基本方法都是依靠人的视觉与听觉。

19世纪中叶以后，随着电报、电话的发明，电磁波的发现，人类通信领域产生了根本性的巨大变革，实现了利用金属导线来传递信息，甚至通过电磁波来进行无线通信，使神话中的"顺风耳"、"千里眼"变成了现实。从此，人类的信息传递可以脱离常规的视听觉方式，用电信号作为新的载体，由此带来了一系列的技术革新，开始了人类通信的新时代。

1837年，美国人塞缪乐·莫乐斯（Samuel Morse）成功地研制出世界上第一台电磁式电报机。他利用自己设计的电码，可将信息转换成一串或长或短的电脉冲传向目的地，再转换为原来的信息。1844年5月24日，莫乐斯在国会大厦联邦最高法院会议厅进行了"用莫尔斯电码"发出了人类历史上的第一份电报，从而实现了长途电报通信。

1864年，英国物理学家麦克斯韦（J. c. Maxwel）建立了一套电磁理论，预言了电磁波的存在，说明了电磁波与光具有相同的性质，两者都是以光速传播的。

1875年，苏格兰青年亚历山大·贝尔（A. G. Bell）发明了世界上

第一台电话机。并于 1876 年申请了发明专利。1878 年在相距 300 公里的波士顿和纽约之间进行了首次长途电话实验，并获得了成功，后来就成立了著名的贝尔电话公司。

1888 年，德国青年物理学家海因里斯·赫兹（H. R. Hertz）用电波环进行了一系列实验，发现了电磁波的存在，他用实验证明了麦克斯韦的电磁理论。这个实验轰动了整个科学界，成为近代科学技术史上的一个重要里程碑，导致了无线电的诞生和电子技术的发展。

电磁波的发现产生了巨大影响。不到 6 年的时间，俄国的波波夫、意大利的马可尼分别发明了无线电报，实现了信息的无线电传播，其他的无线电技术也如雨后春笋般涌现出来。1904 年英国电气工程师弗莱明发明了二极管。1906 年美国物理学家费森登成功地研究出无线电广播。1907 年美国物理学家德福莱斯特发明了真空三极管，美国电气工程师阿姆斯特朗应用电子器件发明了超外差式接收装置。1920 年美国无线电专家康拉德在匹兹堡建立了世界上第一家商业无线电广播电台，从此广播事业在世界各地蓬勃发展，收音机成为人们了解时事新闻的方便途径。1924 年第一条短波通信线路在瑙恩和布宜诺斯艾利斯之间建立，1933 年法国人克拉维尔建立了英法之间的第一条商用微波无线电线路，推动了无线电技术的进一步发展。

电磁波的发现也促使图像传播技术迅速发展起来。1922 年 16 岁的美国中学生菲罗·法恩斯沃斯设计出第一幅电视传真原理图，1929 年申请了发明专利，被裁定为发明电视机的第一人。1928 年美国西屋电器公司的兹沃尔金发明了光电显像管，并同工程师范瓦斯合作，实现了电子扫描方式的电视发送和传输。1935 年美国纽约帝国大厦设立了一座电视台，次年就成功地把电视节目发送到 70 公里以外的地方。1938 年兹沃尔金又制造出第一台符合实用要求的电视摄像机。经过人们的不断探索和改进，1945 年在三基色工作原理的基础上美国无线电公司制成了世界上第一台全电子管彩色电视机。直到 1946 年，美国人罗斯·威玛发明了高灵敏度摄像管，同年日本人八本教授解决了家用电视机接收天线问题，从此一些国家相继建立了超短波转播站，电视迅速普及开来。

图像传真也是一项重要的通信。自从1925年美国无线电公司研制出第一部实用的传真机以后，传真技术不断革新。1972年以前，该技术主要用于新闻、出版、气象和广播行业；1972年至1980年间，传真技术已完成从模拟向数字、从机械扫描向电子扫描、从低速向高速的转变，除代替电报和用于传送气象图、新闻稿、照片、卫星云图外，还在医疗、图书馆管理、情报咨询、金融数据、电子邮政等方面得到应用；1980年后，传真技术向综合处理终端设备过渡，除承担通信任务外，它还具备图像处理和数据处理的能力，成为综合性处理终端。静电复印机、磁性录音机、雷达、激光器等都是信息技术史上的重要发明。

此外，作为信息超远控制的遥控、遥测和遥感技术也是非常重要的技术。遥控是利用通信线路对远处被控对象进行控制的一种技术，用于电气事业、输油管道、化学工业、军事和航天事业；遥测是将远处需要测量的物理量如电压、电流、气压、温度、流量等变换成电量，利用通信线路传送到观察点的一种测量技术，用于气象、军事和航空航天业；遥感是一门综合性的测量技术，在高空或远处利用传感器接收物体辐射的电磁波信息。经过加工处理的能够识别的图像或电子计算机用的记录磁带，提示被测物体的性质、形状和变化动态。该技术主要用于气象、军事和航空航天事业。

随着电子技术的高速发展，军事、科研迫切需要解决的计算工具也大大改进。1946年美国宾夕法尼亚大学的埃克特和莫希里研制出世界上第一台电子计算机。电子元器件材料的革新进一步促使电子计算机朝小型化、高精度、高可靠性方向发展。20世纪40年代，科学家们发现了半导体材料，用它制成晶体管，替代了电子管。1948年美国贝尔实验室的肖克莱、巴丁和布拉坦发明了晶体三极管，于是晶体管收音机、晶体管电视、晶体管计算机很快代替了各式各样的真空电子管产品。1959年美国的基尔比和诺伊斯发明了集成电路，从此微电子技术诞生了。1967年大规模集成电路诞生了，一块米粒般大小的硅晶片上可以集成1千多个晶体管的线路。1977年美国、日本科学家制成超大规模集成电路，30平方毫米的硅晶片上集成了13万个晶体管。微电子技术极大地推动了电子计算机的更新换代，使电子计算机显示了前所未有的信息处理功能，成为现代高新科技的重要标志。

为了解决资源共享问题，单一计算机很快发展成计算机联网，实现了计算机之间的数据通信、数据共享。通信介质从普通导线、同轴电缆发展到双绞线、光纤导线、光缆；电子计算机的输入输出设备也飞速发展起来，扫描仪、绘图仪、音频视频设备等，使计算机如虎添翼，可以处理更多的复杂问题。20世纪80年代末多媒体技术的兴起，使计算机具备了综合处理文字、声音、图像、影视等各种形式信息的能力，日益成为信息处理最重要和必不可少的工具。

总之，信息技术（Information Technology，简称IT）是以微电子和光电技术为基础，以计算机和通信技术为支撑，以信息处理技术为主题的技术系统的总称，是一门综合性的技术。电子计算机和通信技术的紧密结合，标志着数字化信息时代的到来。[①]

（二）现代大众传媒的诞生

任何概念都可能具有绝对和相对两方面的意义，传媒的概念也不例外。传媒有小众化和大众化两种受众面之分。但小众和大众传媒也并不是一成不变的。起初为小众传媒的，随着技术的成熟和普及化程度的提高，也会有成为大众传媒的一天，这就是所谓的"小众传媒大众化"。比如现在的手机显然就具有这样的发展趋势，利用手机进行网上聊天和信息群体发送已经成为事实。在今天被定位为大众传媒的，历史上也曾有一个从小众到大众的一个普及过程。如电视，起初只有很少的人才具有收看的能力，现在已经成为大众的共享品。所以，一切概念和问题都只能是相对的，也注定是历史性的东西。因此，了解大众传媒的历史，

---

① http://www.tjb.edu.sh.cn/TSG/list.asp? id = 1032.

以更好地把握传媒的精神实质,也是十分必要的。

古代大众传媒报纸(手抄报、人工排版印刷的报纸)诞生的原因,一是出于政治统治、共享政治军事信息的需要;二是出于满足商人商业信息和新闻信息的需要,如报纸内容包括轮船抵达和驶离、载货单和货物价格的通告,以及少量的新闻条目。但是,现代大众传媒的诞生,一方面是由于政治经济发展、休闲时间增加的客观需求,另一方面是由于蒸汽驱动印刷机等能大大降低印刷成本的技术设备的出现。1833年,本杰明·戴出版只卖一便士的《太阳报》(当时,美国非农业工人每天的平均工资约为75便士)。由于其报纸价格的可接受性,以及其版面内容的大众性——涉及犯罪、性、诙谐幽默等方面的内容,四个月内,《太阳报》每期卖出大约5千份。两年后,发行量超过1.5万份,一跃成为美国发行量最大的报纸。对大多数历史学家而言,便士报是现代大众传媒的起源。[①]

1886年麦根塔勒发明的整行铸造排字机掀起了排版革命,到十九世纪末,全世界已有3000多台整行铸造排字机在使用。1890年到1920年的这段时期,普利策和北岩等印刷出版商的影响如此之大,以至于这段时期被认为是印刷传媒的黄金时代。

1920年相对低廉的无线电广播和无线电收音机的出现,引发了印刷传媒的生存危机。1930年代初,广告商开始转向赞助无线电节目,出版商开始采取措施,应对威胁和挑战。

主要采取以下措施:

第一,拒绝刊登广播节目表和抵制播放收音机广告的促销广告。

第二,更新内容和形式,开始试验针对特定群体的专版、栏目和组合。例如,周末杂志、妇女专版、儿童专版、漫画专版等。多专版、分科化的内容成了现今大多数报纸的基本结构。

[①] [美]罗杰·费德勒:《媒介形态变化:认识新媒介》,华夏出版社2000年版,第49页。

第三,1930年代和1940年代,为了和无线电广播争锋,报纸发展出解释性报道和深度报道的方式,以提供更多的背景信息和分析。

第二次世界大战后,电视迅速取代了收音机和许多一度辉煌的大众杂志的地位。"然而,使出版商感到宽慰的是1960年代末引进的计算机排版和新的印刷技术,引人注目地降低了制造成本,也增加了色彩和图像的运用。到1980年代初,大多数报纸和杂志又一次经历了从内容、版式到技术上的实质性变化"。①

"在现代数字计算机发展之前,几乎所有的计算和传播系统都是模拟的。模拟计算机本质上是测量装置。它们对持续变化的条件做出反应或进行测量。家用温度计、有时针和分针的钟、汽车计量器是简单的模拟计算机的例子。从工业时代初始,模拟计算机就被组装进机器,来提供自动反馈和控制。最复杂的模拟计算机是人脑,它具有同时处理不断变化的大量输入和'实时'协调复杂反应的巨大能力"。②

与模拟计算机相比,数字计算机具有三个显著优势:"(1)它们可以有效地降低处理、存储、显示和传输信息所需的数据数量;(2)它们可以无限地复制数据,而没有明显的质量损失;(3)它们可以高精度地轻松地控制数据。"③

1980年代初,个人计算机和在线网络开始流行。1984年威廉·吉布森发明电脑空间一词(在科幻小说《神经巫师》)。

……

新传媒的问世和发展,促使各行各业对社会这一变化进行适应和应对。以出版业为例,出版业就存在着对阅读新趋势的应对。

---

① [美]罗杰·费德勒:《媒介形态变化:认识新媒介》,华夏出版社2000年版,第59页。

② [美]罗杰·费德勒:《媒介形态变化:认识新媒介》,华夏出版社2000年版,第61页。

③ [美]罗杰·费德勒:《媒介形态变化:认识新媒介》,华夏出版社2000年版,第61页。

阅读出现的新趋势主要有：数字化（基于计算机技术的）、多元化（纸质与电子并存、各种思想观点映入人们的视野）、个性化（有不同特点的消费人群、小众化）、娱乐化（休闲为主）、大众化（浅阅读增加）、互动性增强（阅读观点的反馈机制逐步得以建立，及时性增强）等。

新闻出版总署署长柳斌杰在8月28日举行的2007北京国际出版论坛[①]上表示："阅读出现了公认的新趋势，数字化、多元化和个性化是其三大特点。这种新趋势对出版业来说，是挑战，更是机遇。"柳斌杰指出："为引领新趋势、推动新发展，新闻出版总署将进一步优化出版物产品结构，构建出版产业合理布局；积极推动重点出版工程，打造更多的阅读精品；大力推动传统出版业向数字出版业的转型，满足多层次、多方面、个性化的阅读需求；扶持和鼓励内容创新，增强阅读的文化含量；建立健全基层文化服务体系，积极培育农村出版市场；加强监管，规范秩序，改善国民阅读环境"。

从传媒技术发展的趋势看，数字技术及其应用将成为未来社会发展的方向，而数字出版也将成为今后出版的主流。为积极应对出版业发展的未来趋势，许多国家的政府都在政策、资源配置等方面做出改变，以努力推动数字出版产业与传统出版产业平滑对接。数字出版业的发展，也必将引起受众阅读习惯的改变。而受众阅读习惯的改变反过来必将引领数字出版业的革命性变化，适应社会发展潮流的数字出版产业链将会逐步形成。2007届论坛主持人、新闻出版总署对外交流与合作司司长张福海说："一年一度的北京国际出版论坛已经成为北京国际图书博览会的重要组成部分，成为一个由思想和智慧碰撞而成的国际性出版盛会。阅读决定着出版的兴衰。阅读改变已成为全球出版界必须面对的世界性话题，我们希望通过此次论坛，探寻出某种发展思路。"到目前为

---

① 由新闻出版总署和国务院新闻办公室共同主办。当天，300余位中外出版发行和相关行业代表围绕"阅读新趋势与出版业的发展"进行深入研讨。

止,"出版界应对阅读改变所做的转型已取得一些成绩:2006年,我国数字出版产业整体规模已经达到200亿元人民币,五年间整个产值的增长超过10倍"。①

从出版业的应对中,我们可以管中窥豹,可以了解在日新月异的世界中,我们教育工作者应该努力的新方向——那就是,决不能忽视新信息技术,特别是新传播技术或新传媒对我们教育方方面面的作用和影响。

(三)传媒融合与发展

在世界一体化进程中,不同文化间会不断增大趋同的内容,减少差异的内容。因为只有这样求大同,存小异,才能更大限度地减少不同文化间的摩擦、冲突和矛盾,才能减小人类文化内部的消耗和资源浪费,才能集中力量解决世界性问题和危机。

经济的一体化靠各国政治家远见卓识,靠人们对共性的世界文化的认同,以及对方便各国人民经济活动的渴求和支持。以经济一体化为先导,能够引导和服务经济一体化、跨文化传播与交流的传媒行业也必然会出现国家传媒一体化和世界传媒一体化的客观要求、诸多趋势和特征。

在2013年8月19日至20日召开的全国宣传思想工作会议上,中共中央总书记、国家主席、中央军委主席习近平出席会议并发表重要讲话指出,要精心做好对外宣传工作,创新对外宣传方式,着力打造融通中外的新概念、新范畴、新表述,讲好中国故事,传播好中国声音。他强调,宣传思想工作一定要把围绕中心、服务大局作为基本职责,胸怀大局、把握大势、着眼大事,找准工作切入点和着力点,做到因势而谋、应势而动、顺势而为。②

---

① 《阅读新趋势与出版业的发展》,http://print.qx100.com/html/200708/2007829105539672.shtml.

② http://xuerentang.sinaapp.com/newsshow.php?pageid=3281709646,2015-04-05。

绪 论

由此可见，以习近平为总书记的党中央已经认识到世界走向融合大趋势，传媒融合大趋势，国际话语体系融合的大趋势。因为如果不能胸怀天下，根据国际话语体系来讲述和宣传中国故事，传播中国声音，那么，工作十有八九会是出力不讨好的、低效的，甚至是完全失败的。我们知道，当二人或两方进行交流和沟通的时候，必须能够使用同一种语言，并且话语体系与基本概念是彼此熟悉的，人们对概念的理解也是处于同一个含义的水平上，否则，只能是对牛弹琴，或各说各话。如果各说各话，这种交流和沟通就是无效交流或无效沟通。

总的来看，世界各国的力量对比主要体现在两个方面：一方面是军事实力和经济实力，即硬实力；另一方面是话语权或舆论力量，即软实力。话语权或舆论力量是一国综合实力的反映，对外宣称工作实际上是尽可能地利用当前自己国家的综合实力水平积极地掌握话语的主动权，让自己的综合国力充分地体现到话语权和舆论力量上，让国家的软实力发挥到极致，以更好地为国家利益服务，为国家的内外发展大局服务。

美国学者约瑟夫·奈（Joseph S. Nye），作为软实力（Soft Power）理论的提出者，将权力解释为为了获得某个结果而去影响别人行为的能力。并且，认为行使力量的方法主要有三种：威胁、奖励和说服。约瑟夫·奈所说的"软实力"，主要包括文化吸引力、政治价值观吸引力及塑造国际规则和决定政治议题的能力，其核心理论是："软实力"发挥作用，靠的是自身的吸引力，而不是强迫别人做不想做的事情。[①] 在全球化和信息化时代，没有一个国家能够强大到成为一个无可争议的霸主，尽管军事力量最强大的国家能够在许多国际事务中取得话语权，占得优势，但却很难在气候变化、恐怖主义、金融稳定、流行病等所有国际问题上取得决定权，解决这些问题最终还是要有赖于各国政府间的紧

---

① 《张国祚与约瑟夫·奈关于"软实力"的对话》，http://theory.people.com.cn/n/2012/0706/c49157-18461775.html,2012 年 7 月 6 日。

密合作和一致努力。①

如果一个国家能够将它的硬实力和软实力有机结合起来,都发挥到极致,就可以使这些做法成为"巧办法",而有机结合起来的硬实力和软实力之和就被称为"巧实力"(smart power)。我们知道,当一国的军事实力和经济实力都在强大的时候,就会形成一种相应的软实力,但这种软实力的故事还需要媒体的宣传和讲述。如果宣传和讲述出来,人们觉得可信、可靠,人们就愿意相信和收听收看,否则,这种节目的制作和传播就是一种劳民伤财之举。因此,媒体的信誉如同一个人信誉一样,是一笔非常宝贵的财富。坦诚以对,才能赢得坦诚以对;是非分明,才能赢得他人的信赖。目前,我们国家在军事和经济等硬实力建设上已经取得很大的成就,但在我国传统文化的宣传上,在将我国当前的实际状况和中国梦愿景讲述给外国人方面,还有很多的障碍需要克服。即我们需要通过自己的坦诚和扎实的努力,克服他国对我国和平崛起的怀疑、担心和恐惧,需要加强他们对我国的信任和理解。

除了约瑟夫·奈的权力观之外,美国学者迈克尔·巴内特和雷蒙德·杜瓦尔也对权力有着自己的深邃思考。他们将权力分为强制性权力、制度性权力、结构性权力和生产性权力四种形式。强制性权力是指权力实施的行为者对权力实施对象直接控制的力量;制度性权力是权力实施的行为者通过建立制度和机制的方式对权力实施对象的间接控制的力量;结构性权力是指权力实施者与权力实施对象因为各自在一定的社会关系或结构中扮演的角色的不同,而拥有的不同的权力,如师生关系、劳资关系、雇主与雇员的关系,等等;生产性权力是指所有社会主体拥有的通过知识体系和广泛的社会范围的扩散性实践所产生的各种社会权力。"与结构性权力相反,生产性权力关注所有社会认同的界限,关注那些无论是社会强势还是弱势行为体的能力和倾向,它还强调并非

---

① 约瑟夫·奈:《权力的未来:只有联合,没有霸主》,《国际先驱导报》,2011 年 3 月 31 日。

各种不同的社会主体处于完全的二元等级社会关系。"①

在中美关系中,在相当长的时间内,美国仍是世界上首屈一指的强国。这是因为美国拥有超级强大的军事力量,拥有强大的经济理论和美元霸权,拥有强大的传媒力量和话语权,拥有强大的创新优势,还拥有中国无可比拟的地缘政治优势。"美国有许多实际问题,并且的确需要解决它的债务和赤字问题,但美国经济的生产力仍然很强。美国的总研发费用位列世界第一,大学排名世界第一,诺贝尔奖获得者人数世界第一,创业精神指标世界第一,按照世界经济论坛的评估,美国经济的竞争力名列世界第五(中国排名 26 位)。此外,美国依然处于诸如生物科技、纳米技术等先进科技的前端。它并不是像古罗马帝国那样,呈现给人一幅经济绝对衰败的景象。"② 从地缘政治方面讲,中国周边有日本、印度、越南、俄罗斯等国家都具有一定制衡中国的力量。这些国家会因自己国家的利益而对中国的力量有所牵制。国际话语体系中,出现的中国威胁论、中国崩溃论、中国责任论等论调就是这方面思想观念的表现。

中国与美国等发达国家相比,中国的军事力量目前已经名列前茅,GDP 在 2010 年已经超越日本成为第二大经济体,科技上也取得了很大进步,有些领域已经进入世界先进水平行列。但毋庸讳言,在军事、经济、科技、传媒等方面还有一些差距,人均 GDP 大约是日本的十分之一,远远不如美国,中国仍是一个发展中国家。与中国军事力量、经济力量等硬实力相比,中国在话语权和舆论力量等软实力方面差距更大。因此,如何利用信息技术的飞速发展,对媒体进行切实有效的整合,创新对外宣传工作方式,传播好中国声音,讲述好中国故事,不断提高我国媒体传播的可信度与信誉,塑造国家良好的形象,提高国家的软实力

---

① 赵长峰:《国际政治中的新权力观》,《社会主义研究》,2007 年第 2 期。
② 约瑟夫·奈:《21 世纪不会是一个"后美国"世界》,(美国)《国际研究季刊》,2012 年第 1 期。

和巧实力,有效地维护国家利益与安全,就成为摆在我们中国人面前的巨大课题。

在发展国际化传媒方面,俄罗斯国家的做法值得我们借鉴。2005年12月,"今日俄罗斯"国际电视台(RT)开播。RT试图从俄罗斯的立场观点出发,客观公正地报道全球新闻,经过十余年的发展,RT获得了巨大成功。目前,RT电视台共有英语、西班牙语、阿拉伯语、美国版RT、纪录片等五个高清频道,通过30个卫星电视以及500个有线电视运营商24小时播出节目,覆盖全球270万家星级酒店,受众达到6.44亿人。RT电视台在英国的收视人数达到250万,成为继英国广播公司(BBC)、天空卫视(BSKyB)之后的第三大电视新闻频道;根据尼尔森媒体研究公司的调查,RT电视台是美国最受欢迎的外国新闻电视台,在华盛顿,其受众人数是欧洲新闻电视台(Euronews)和法国24(France24)的4倍;在加拿大,其受众超过所有外国电视台;在中东,RT电视台阿拉伯语版在Facebook网站的粉丝量几乎是美国有线电视新闻网阿语版的4倍,是"法国24"的1.5倍。①

2013年底,俄罗斯总统普京签署《关于提高国有媒体效率的一些措施》总统令,正式成立"今日俄罗斯国际新闻通讯社"。该通讯社对RT电视台、俄新社和俄罗斯之声广播电台进行整合,成为俄罗斯对外传播的巨型媒体平台。"整合后的今日俄罗斯国际通讯社将开设多语种的广播和电视频道,包括俄语、英语、德语、法语、西班牙语、汉语、日语和乌尔都语等18种语言。该社目前在全球已开设有40多个记者站,还将进一步扩展国外记者站。在此基础上,'今日俄罗斯'拟在华盛顿、伦敦、巴黎、布宜诺斯艾利斯、伊斯坦布尔、迪拜、北京等世界各地设立12个采编中心。"②

在传统媒体向现代媒体的转型过程中,英国《卫报》和美国的

---

① 许华:《"今日俄罗斯"因何异军突起?》,《对外传播》,2014年第8期。
② 王磊:《"今日俄罗斯"运营成功经验及其借鉴意义》,《今传媒》,2014年第12期。

CNN一些数字化发展战略也为自己的繁荣和发展赢得了先机。看到互联网发展的未来趋势,《卫报》从2006年起进行了一系列媒体改革。2006年,《卫报》将博客、专栏和新闻评论的技术平台进行整合,开放受众评论,以实现新闻报道和受众评论的共享。2009年《卫报》向受众开放世界各国政府、非政府组织、研究机构和院校等数据库的链接和搜索,并为受众提供培训课程,讲授生产数据新闻的方法与路径,不仅让受众可以自主搜索自己想要的新闻数据,而且还可以主动参与数据新闻的制作和传播。2010年,《卫报》又向受众或用户开放数字技术平台,并对他们进行授权。允许受众或用户在手机、平板电脑等移动终端上分享、使用、修改、整合、再创作、转发、评论和发布,这样受众或用户可以有效地使用该技术平台实现自己的目的,而《卫报》通过内置广告、内容提供等方式获得了广告收入、流量收入等市场份额,从而实现双赢和多赢的目的。2011年,《卫报》又把新闻的制作过程通过网络和自媒体平台向受众或用户开放,从而建立起一个编辑专业人员与受众共同制作新闻的新机制。从新闻的选题到制作的全过程,都有受众或用户的参与和互动,从而形成"开放式新闻"。[①]

美国CNN在推动电视媒体的数字网络化发展方面可谓卓有成效。早在1995年,CNN就建立了自己官方网站。随后又发展了网络电视、手机电视、移动电视等新电视形态。采用了触摸屏技术、全息摄影技术等高端技术,实现了电视节目制作的数字化和标准化。利用web2.0技术,开展博客、播客、新闻订阅等业务,退出针对智能手机和平板电脑的新闻版。2006年,推出鼓励公民新闻的互动新闻平台CNN iReport,2011年又开发出移动设备上的客户端。CNN还与微博、社交网站、视频网站等媒体合作,进行整合营销、拓展经营,以保持自己在电视媒体

[①] 刘笑盈,康秋洁:《转型迎战数字化大潮,没有完成时》,《人民日报》,2014年7月17日23版。

行业的领先地位。①

　　总之，媒体要想在媒体的竞争和发展中立于不败之地，就必须紧跟时代潮流和科技进步的趋势，采用一切先进的手段和做法，发展自身，满足受众和用户日益增长的需求。与美国等国家的传媒业发展相比，"世界传媒的发展速度增长率在5%～6%，中国传媒的发展，近年来一直保持在15%左右的增长率。中国在世界传媒格局当中的状态是：电视领域，市场最大的是美国的电视产业，比中国大3～4倍。广播领域，美国最大。报纸领域，中国已经和英国、日本平起平坐，中国的报纸发行量超过了日本，广告业和日本差不多。杂志方面，美国很大，中国的规模比较小，只有200亿左右。互联网方面，中国和美国很快就靠近了，而且中国已经是世界第二。全世界的Facebook用户、推特用户和我们的微信、微博用户差不多。"② 由此可见，近几年来，我国传媒业发展迅速，一些方面已经接近或比肩世界先进水平。当然，我们必须承认的是，我们国家对外传播的媒体影响力，与BBC、CNN等国际化媒体相比，还有较大差距，这直接影响到我国的软实力的提升。因此，在日新月异的4G时代，我们国家的传媒业的融合和发展还有很长的路要走，需要努力克服的障碍还有很多。

　　我们所处的时代是一个电子科技及其应用日新月异的时代。这从手机技术的飞速发展可见一斑。2009年1月，中国移动、中国电信和中国联通获得3G牌照，标志着中国3G时代的开始。不到5年的时间，我国已经步入4G时代。4G技术深刻改变着媒体的格局和生态，以及人们的生产生活方式。

　　2013年12月，中国工业和信息化部向中国移动、中国电信和中国联通分别发放了4G牌照，由此，中国移动通信产业正式进入4G时代。

---

　　① 刘笑盈，康秋洁：《转型迎战数字化大潮，没有完成时》，《人民日报》，2014年7月17日23版。

　　② 崔保国：《传媒发展的新格局和新秩序》，《光明日报》，2015年5月18日。

绪 论

4G是第四代移动通信技术标准的英文缩写。从技术标准的角度看，按照国际电信联盟（ITU）的定义，静态传输速率达到1Gbps，用户在高速移动状态下可以达到100Mbps就符合4G的标准。4G将加速移动视频、视频通话、实景导航、远程医学、移动支付的发展，更有利于视频通话、高清电视、电影下载等对速度要求很高的服务、移动电子商务的发展，方便消费者通过移动互联网随时随地完成商品购买。4G还将推动移动生产办公、移动交通物流、移动搜索、移动网络文学、智慧家庭、在线教育、汽车智能化等行业信息化服务不断扩展，催生更多的业务形态和服务模式，让更多用户分享4G发展带来的成果。① 总之，在4G时代，移动通信将会使得人们之间的通信更加畅通，也将会引起人们学习、工作与生活的方式发生重大变化。

国家目前大力推进"互联网+"，即推动各行各业与互联网的融合与发展，正是顺应了信息通信技术的发展趋势，顺应了现代社会正在经历的巨大变革。4G手机移动终端，是一种新的信息通信和传播形式，这种更为便捷的方式，减少了人们需要付出的努力，扩大了人们实现的目标，因此也随之增大了选择和习惯这种方式的概率。特别是，4G技术的自媒体平台，更能刺激或激励用户亲自创制公民新闻等内容，也能促使专业的新闻制作团队根据实际需要更为便捷地制作传媒产品，实现采、编、制、播一体化，或采编分离、制播分离。"在4G技术下，记者采集回来的文字、图片、音视频素材，将通过统一的数字平台进行存储、管理、分发，并呈现在传统媒体、网站、APP客户端、户外屏幕等媒介上，实现真正意义上的'全媒体滚动播报'。因此，4G技术有利于实现采编流程管理的数字化，打造全媒体的数字内容管理平台。"②

根据2015年2月3日在京发布的第35次《中国互联网络发展状况

---

① 王庚年：《4G时代与媒体融合发展》，http://www.birtv.com/birtv/news.asp?/2640.html。

② 王庚年：《4G时代与媒体融合发展》，http://www.birtv.com/birtv/news.asp?/2640.html。

· 49 ·

统计报告》，截至2014年12月，我国网民规模达6.49亿，互联网普及率为47.9%。我国手机网民规模达5.57亿，较2013年底增加5672万人。网民中使用手机上网人群占比由2013年的81.0%提升至85.8%。手机端即时通信使用保持稳步增长趋势，使用率为91.2%。手机网络游戏从爆发式增长变为稳步增长，预计2015年市场份额将进一步扩大。手机旅行预订用户增长达到194.6%，是增长最快的移动商务类应用。手机网购、手机支付、手机银行等手机商务应用用户年增长分别为63.5%、73.2%和69.2%，高于其他手机应用增长幅度。在移动互联网的推动下，个人互联网应用呈上升态势。即时通信作为第一大应用，使用率达到90.6%。平板电脑凭借娱乐性和便捷性成为网民的重要娱乐设备，2014年底使用率达到34.8%。我国互联网在整体环境、互联网应用普及和热点行业发展方面取得长足进步。①

在互联网蓬勃发展的全球化时代，媒体的融合和发展必然是自身发展和社会发展客观要求。2014年8月，中央全面深化改革领导小组第四次会议审议通过了《关于推动传统媒体和新兴媒体融合发展的指导意见》，习近平总书记强调，要加快传统媒体和新兴媒体融合发展，充分运用新技术新应用创新媒体传播方式，占领信息传播制高点。这方面指导意见的出台和习近平总书记的强调，充分说明传媒行业以及国际传播在国家事务中的重要性和必要性。在可预见的未来，我国的传媒业也会迎来有机融合和发展的局面，并且有更多的媒体走向国际传媒的舞台，在向世界各国传播我国文化和声音方面做出更多更好的成绩。

（四）4G时代的传媒与人类生活

如前所述，2013年12月4日，工信部向中国移动、中国电信、中国联通正式发放了第四代移动通信业务牌照，中国移动、中国电信、中国联通三家均获得TD-LTE牌照，此举标志着我国电信产业正式进入

---

① 《中国互联网络信息中心发布报告：中国互联网普及率达到47.9%》，http://news.xinhuanet.com/newmedia/2015-02/04/c_133968379.htm。

了 4G 时代。4G 是第四代移动通信技术的意思。"4G 是集 3G 与 WLAN 于一体,并能够传输高质量视频图像,它的图像传输质量与高清晰度电视不相上下。4G 系统能够以 100Mbps 的速度下载,比目前的拨号上网快 2000 倍,上传的速度也能达到 20Mbps,并能够满足几乎所有用户对于无线服务的要求。此外,4G 可以在 DSL 和有线电视调制解调器没有覆盖的地方部署,然后再扩展到整个地区。"[①] 4G 具有通信速度快、网络频谱宽、通信灵活、智能性高和兼容性好等特征。"从融合发展的角度看,4G 移动通信意味着更多的参与方,更多技术、行业、应用的融合,不再局限于电信行业,还可以应用于金融、医疗、教育、交通、传媒等行业。4G 将加速移动视频、视频通话、实景导航、远程医学、移动支付的发展,为视频通话、高清电视、电影下载等对速度要求很高的服务提供解决方案,刺激移动电子商务的发展,方便消费者通过移动互联网随时随地完成商品购买。4G 还将推动移动生产办公、移动交通物流、移动搜索、移动网络文学、智慧家庭、在线教育、汽车智能化等行业信息化服务不断扩展,催生更多的业务形态和服务模式,让更多用户分享 4G 发展带来的成果。总体来说,在 4G 时代,移动通信将给人们带来更多的沟通自由,将使人们的工作方式和生活方式都发生重大的变化。"[②]

4G 技术本身是通信技术、互联网技术、广播电视技术融合发展的产物。媒体融合,可能包括观念的融合、品牌的融合、平台的融合、机构的融合和资本的融合等方面。与西方发达国家相比,我国缺少像维亚康姆集团、美国在线时代华纳、维旺迪环球、迪斯尼、新闻集团、贝塔斯曼那样实力雄厚的国际传媒集团,也缺少像福克斯电影、美国有线电视新闻网(CNN, Cable News Network)那样的国际品牌。这是我们

---

① 《4G,何许"神器"?》,http://www.sd.xinhuanet.com/news/2013-12/06/c_118457536.htm。

② 王庚年:《4G 时代与媒体融合发展——在 4G 时代广电媒体发展论坛上的主旨演讲》,http://gb.cri.cn/42071/2014/08/04/5187s4640027.htm。

要努力的一个方向。4G技术的出现,将会使得传媒与通信技术领域发生又一个新的巨大变革,也将会给传媒生态和人们的生活带来巨大变化。

王庚年认为,4G移动通信技术将给当代传媒生态环境带来如下变化:视频业务是主流应用;技术和内容是双轮驱动;即采即播是重要流程;移动互动是基本特征;个性传播是主要趋势;用户价值是运营核心。① 在4G技术条件下,对广告资源和用户资源的开发和利用将成为一种新的社会化的媒体营销模式。

人类文明先后经过了采集狩猎经济时代、农业经济时代、工业经济时代和知识经济时代。知识经济时代,又称为后工业时代或信息经济时代。所谓知识经济是指以知识和信息的生产、流通、消费和分配为基础的经济。1990年联合国有关研究机构首次使用"知识经济"的概念。1996年,联合国经济合作与发展组织在一份题为《以知识为基础的经济》的报告中,将知识经济定义为:"知识经济是建立在知识和信息的生产、分配和使用之上的经济。"知识和信息的生产与消费成为现代社会经济发展的一个支柱性产业。譬如,知网数据库、"内容为王"、微博、博客、微信公众号、微信等都已经成为用户广泛参与的信息生产或消费活动。

以技术革命和信息革命为推动力的知识经济的发展,一方面大大地提高了社会生产力,促使了社会财富的巨大丰富;另一方面刺激了消费者的需求,并带动消费者生活水平的提高以及生活模式的改变。消费者的个性化需求的增多将引导企业生产出更多可供选择的商品,也因此,消费者可供选择的商品将会越来越多,而消费的个性化特征也将会越来越明显。在商品选择机会增加的同时,商家或骗子鱼目混珠、以次充好的现象必将大大增加,此类事件的多次发生和多次披露,将会使得消费

---

① 王庚年:《4G时代与媒体融合发展——在4G时代广电媒体发展论坛上的主旨演讲》,http://gb.cri.cn/42071/2014/08/04/5187s4640027.htm。

者的消费理性能力增长。消费者可通过发达的信息网络，尽可能全面地搜集有关商品交易信息，以帮助购买决策。

消费者理性能力的提高和个性化需求的增长，必然促使企业从粗放型发展向内涵式方向发展。而这反过来强逼企业进行变革，企业也会改变过去工业经济时代单一的线下营销的方式，而转向多样化的线上与线下相结合的营销方式。苏宁电器与阿里巴巴的联合，就是"互联网+"的典型体现。2015年8月10日，电商巨头阿里巴巴与线下零售业巨头苏宁云商联手宣布一份协议：阿里巴巴集团将投资约283亿元参与苏宁云商的非公开发行，占发行后总股本的19.99%，成为苏宁云商的第二大股东。与此同时，苏宁云商将以140亿元认购不超过2780万股的阿里巴巴新发行股份。双方将全面打通电商、物流、售后服务、营销和大数据等线上线下体系。苏宁云商与阿里巴巴的合作，有利于实现自身与消费者的共赢。一方面，苏宁云商与阿里巴巴，将能够打造统一的电子商务平台，提高配送效率，完善售后服务，更好地服务用户，也能够实现与供应链上的平台商户、供应商的合作共赢，大幅提升商业竞争力。另一方面，消费者可以享受更好的购买和使用服务。阿里巴巴和苏宁云商的合作，也将促进整个生产供应链上的企业向以用户需求为中心和目的生产转型。与此同时，用户或消费者的物质与精神的多样化需求都将得到更多更大的满足。

随着知识、服务、技术和信息等成为商品，人们的工作和办公方式也发生了翻天覆地的变化。虚拟营销、在家办公、在家炒股等的出现，表明拥有知识、技术和信息已经成为一种重要的谋生手段。当然，知识、技术和信息又不仅仅是谋生手段，它们还是丰富社会财富，繁荣社会生活和赋予人们更多人生价值和意义的途径。

此外，人们的读书和学习也发生了很大变化。在印刷媒介时代，人们主要靠阅读书籍、报纸与杂志等来获取知识与信息。阅读文字，使人们有了思考和想象的锻炼活动，从而大大地提高了人们的逻辑思维、抽象思维和语言表达能力。人们的阅读除了泛读之外，大多数时候采用精读的方式。美国学者詹姆斯·默盖尔曾经将阅读分为知识性阅读、理解性阅读、探索性阅读三个层次。所谓知识性阅读，就是为了了解某方面知识或信息而进行的阅读，人们快速浏览、快餐型阅读，就是知识性阅读。只求了解、知道，不求甚解。理解性阅读，则是在知识性阅读基础上对知识和信息的内涵、来源、作者、产生背景、成因、作用和意义等进行认知和思考，以对知识和信息有所把握。而探索性阅读，则是在知识性阅读和理解性阅读的基础上，以解决问题为导向，进行的阅读活动，其目的是通过阅读找到解决问题的灵感和答案。除了知识性阅读属于"浅阅读"之外，其余两种阅读方式都属于"深阅读"。

英国经验主义哲学家培根曾说："读史使人明智，读诗使人灵秀，数学使人周密，科学使人深刻，伦理学使人庄重，逻辑修辞之学使人善辩，凡有所学，皆成性格。"王国维曾提出读书有三个境界：一个境界是"昨夜西风凋碧树，独上高楼，望尽天涯路。"第二个境界是"衣带渐宽终不悔，为伊消得人憔悴。"第三个境界是"众里寻他千百度，蓦然回首，那人却在灯火阑珊处。"显而易见，他们更多的是在强调"深阅读"。只有"深阅读"，人们才能形成一种比较完整的批判性的、系统化的知识体系，才能够做到随时随地的独立思考、创意创新，才能够具有更大的社会适应和解决实际问题的能力。

随着知识和信息的极大丰富，除了必要的深阅读之外，人们不得不进行大量的"浅阅读"的活动。"现代科学技术发展的速度越来越快，新的科技知识和信息量迅猛增加。英国学者詹姆斯·马丁统计，人类知识的倍增周期，在19世纪为50年，20世纪前半叶为10年左右，到了70年代，缩短为5年，80年代末几乎已到了每3年翻一番的程度。近年来，全世界每天发表的论文达13000~14000篇，每年登记的新专利达70万项，每年出版的图书达50多万种。新理论、新材料、新工艺、新方法的不断出现，使知识老化的速度加快。据统计，一个人所掌握的知识半衰期在18世纪为80-90年，19-20世纪为30年，本世纪60年代为15年，进入80年代，缩短为5年左右。还有报告说，全球印刷信息的生产量每5年翻一番,《纽约时报》一周的信息量即相当于17世纪学者毕生所能接触到的信息量的总和。近30年来,人类生产的信息已超过过去5000年信息生产的总和。"①

由上可见,如果一个人对任何知识和信息都采取"深阅读"的方式,穷其一生是没有任何可能做到的。因此,"浅阅读"也是一种必须的、比较实用的方式。人们为了高效率地阅读,也离不开"浅阅读"。"浅阅读"可以让人们以时间成本较低的方式找到可以或适宜于"深阅读"的内容。此外,人们也不是在任何时候都需要"深阅读"。人们在休闲娱乐、放松心情的时候更适宜也更喜欢"浅阅读"。快餐式阅读、碎片化阅读、浏览、粗读、扫描式阅读等都属于"浅阅读"。在"微时代",手机阅读、视频观看、新闻阅读等"浅阅读",显然更受人们的青睐。

"深阅读"和"浅阅读"各有其长各有其短。重要的是,要扬长避短,把它们科学地、有机地统一起来。用"浅阅读"获得信息量、找到兴趣点和关键点,用少的时间成本和精力成本尽快地、广泛地获取比较有价值的知识和信息。然后,用"深阅读"来加工、形成和完善我们的知识体系,建立科学高校的思维模式,形成创造性和创新性思维。

阅读,可以让我们了解社会、开阔眼界、增长学问、陶冶性情、丰富生活、充实自己,还可以让我们提高谋生和参政议政能力、明辨真理,更好地服务社会,实现自我价值。

(五) 传媒素养教育的重要性、必要性及其原因

2004年10月8日至11日,在中国传媒大学召开了为期四天的首届中国媒介素养教育国际研讨会。会议的顺利召开预示着中国教育发展的新动向。首届中国传媒素养教育国际研讨会的主题是"信息社会中的传媒素养教育"。来自加拿大的安大略省传媒素养教育专家巴里·邓肯(Barry Duncan)首开演讲。接着英国伦敦大学教育学院的大卫·帕金

---

① 信息爆炸,百度百科。

翰（David Buckingham）教授，英国电影学会的温蒂·阿里（Wendy Earle），加拿大魁北克省传媒素养教育专家李罗瑟博士以及我国香港浸会大学新闻系副教授、香港传媒教育协会副主席李月莲女士等人，台湾政治大学广电系副教授吴翠珍等人，中国内地学者诸如南京大学数字化学习与管理研究中心主任桑新民教授、上海交通大学媒体与设计学院传播系谢金文副教授、北京师范大学姚云副教授、高等教育研究所传媒教育研究中心张玲研究员，以及中国传媒大学国际传播学院张开教授等专家、学者先后在主会场（国际交流中心）一一发言。他们分别针对传媒素养教育概念、传媒素养教育内容、传媒素养教育课程、传媒素养教育方式方法、传媒素养教育的必要性、各自国家和地区的传媒素养教育研究与实践状况，以及其他一些共同关注和感兴趣的问题进行了商讨，充分交流了意见，并最终达成了一定共识。这对于建立适合中国国情的传媒素养教育学基本理论，推动中国传媒素养教育研究与实践事业的发展，保护青少年免受不良传媒信息的毒害，增强他们的文化免疫力有着不可低估的历史与现实意义。正如上海《新闻记者》杂志主编吕怡然所说，"在信息、网络时代，大众传媒已经与大众生活须臾不可分。大众对传媒的认识，对传媒的选择与接触，对传媒传播内容的甄别与判断，对传媒的使用与运作，就直接关乎人们社会生活的质量，尤其是关乎青少年世界观、价值观、人生观的形成。"[①]

  传媒素养是指信息时代中的人们在具备读书写字能力的同时，所具有的正确的认知、解读、批评、运用、创造和传播各种传媒知识、技术和信息的能力。而传媒素养教育的目的就是旨在提升广大受众，特别是学生的传媒素养。具体地讲，就是指导人们理性认知并积极享用各种传媒，特别是大众传媒，有组织、有系统、有计划、有目的、有程序和有思想政治头脑地培养人们全面认知、解读、批评、运用、创制和传播各

---

  ① 吕怡然：《传媒素养教育不应滞后》，http://www.people.com.cn/GB/14677/21963/22065/2943630.html，2004年10月26日。

种传媒知识、技术和信息的能力。在媒体、网络和信息时代，这种素养教育是不可或缺的。

《中小学开展弘扬和培育民族精神教育实施纲要》（以下简称《纲要》）是为深入贯彻党的十六大精神，落实《中共中央国务院关于进一步加强和改进未成年思想道德建设的若干意见》，结合中小学实际大力开展弘扬和培育民族精神而特别制定的。《纲要》规定，要"积极营造有利于开展弘扬和培育民族精神教育的社会环境。广播、电视、报纸、刊物、网络等大众媒体，要加强弘扬和培育民族精神的宣传报道，认真办好青少年电视频道，创作、出版一批青少年喜爱的影视片、音像制品和文学艺术作品，充实和丰富教育资源。要加强社会文化市场的监管力度，净化社会文化市场，严厉查处暴力、色情、腐朽的社会文化制品，加强校园周边治安环境治理，加强对网络的监管，打击网络违法行为。中小学校周围200米内不得有经营性网吧、上网服务场所和不利于青少年学生健康成长的社会娱乐场所。"[1] 这里实际讲了媒体从业人员和媒体主管人员的传媒素养问题，如何进行传媒素养教育的问题，以及加强司法监管的问题。因此，我们传媒素养教育研究与实践人员，应该站在弘扬和培育民族精神、加强未成年人道德建设、净化社会风气的高度，研究和实践传媒素养教育，一方面，提高全社会成员特别是青少年的传媒素养，包括传媒知识、传媒技术与能力、传媒信息与传播和传媒道德等方面的内容，也就是说，传媒素养教育应该包括传媒文化知识教育、传媒技术与能力教育、传媒信息与传播教育以及传媒道德教育等内容；另一方面，要在通过传媒进行教育和教授关于传媒素养知识的过程中，自然渗入和涉及民族精神教育方面的内容，并使二者有机统一，自然和谐，最终实现弘扬和培育民族精神这一宏伟而崇高的目标，为中华民族在21世纪的早日复兴打下坚实稳固的基础。

---

[1] 中共中央宣传部，中华人民共和国教育部：《中小学开展弘扬和培育民族精神教育实施纲要》，人民教育出版社2004年版。

目前，人们已经认识到，许多传媒并不代表现实，但却在力图构建现实。传媒不仅暗含商业意义，而且包含思想意识及其形态信息，且传媒形式与内容紧密相关，每个传媒都有自己独特的艺术形式。所以，增加与提高用来解释传媒构思现实世界的方式所需要的知识、技能和思维方式，强化对社会的、文化的、政治的和经济的内在结构和普遍价值信息的认识，培养一种对传媒的鉴赏和审美理解力，以及通过传媒素养教育进行弘扬和培育民族精神，是传媒素养教育的当务之急和重中之重。[①]

1. 传媒素养研究意识的发展

20世纪20年代左右，报纸、杂志等传媒已经成为我国了解社会政治、经济、教育等方面生活的重要窗口。那时报纸信息五花八门、良莠不齐，且因办报人的思想倾向和办报宗旨的不同，报纸对读者的影响也有所不同。因此，不仅报人存在传媒素养的问题，而且广大的人民群众也存在着传媒素养严重不足的问题。在此情况下，我国有新闻学者开始呼吁人们对此问题的关注。如，1924年我国著名新闻工作者邵飘萍先生在《我国新闻学进步之趋势》一文中指出："以愚个人之私见，新闻与人生之关系，既如此其密切，新闻知识应列为国民普通知识之一。盖不问其将来所操何业，要不能与新闻完全无接触也。"[②] 1929年，著名报学家戈公振也指出："新闻学是无条件的一种国民修养，倘若不让每一个公民都能知道报纸是出于什么需要来的，报纸有何力量，报纸受何种努力的影响，那么国人才可以对报纸有理解和正当的态度，才可以成为舆论一分子。"[③] 在20世纪的50年代，我国已有学者接触到有关西方大众传播研究方面的材料，并将其翻译为中文，但并没有引起学界的注意。到20世纪90年代，有学者开始将兴趣转向到传媒素养教育方面

---

① 秦学智：《媒介素养教育：中国教育的新动向》，《华北水利水电学院学报》，2005年第4期。

② 邵飘萍：《我国新闻学进步之趋势》，《东方杂志》，1924年3月第21卷第6号。

③ 张志安：《未成年人媒体素养教育行动策略研究》，http://learning.sohu.com/20041213/n223464947.shtml。

来,并发表有少量论述传媒素养教育问题的学术论文。到21世纪初,随着网瘾、电视沉迷等社会问题的严重,以及大量的西方传媒素养状况和研究成果引介至中国大陆来,中国大地一时兴起了传媒素养教育的学界热点。2000年,共青团上海市委与复旦大学新闻学院对传媒与青年之间的关系进行了研究,并撰写出《传媒力量与当代青年》报告。①2000年与2002年,中国社会科学院发展研究中心、媒介传播与青少年发展研究中心等机构分别发布了《2000年青少年与互联网报告》《2002年五大城市青少年与互联网调查报告》。"从2002年起,中共上海市老干部局、上海市老龄委、上海市科学技术协会、上海市老年基金会等机构联合国内首家老年网站'老小孩',开展了针对中老年人的信息素养教育和普及工程。2003年,市老龄委还专门成立了全市性的'扶老上网工程办公室'。近年来,他们组织举办的'老年数字生活科普周''老年人数字生活竞技比赛''全国中老年科普网页制作大赛''沪港老人网络游戏大赛'等活动,编写出版了《中老年人学电脑》《中老年人学网络》等系列教材,切实帮助了数以万计的中老年人学习信息技术、掌握电脑知识、提高信息和媒介素养"。②2003年,卜卫在中青网(www.cycnet.com)"少年园地"频道开设了"媒介课堂"栏目。2003年,陕西师范大学新闻与传播学院针对西安部分高校大学生进行了传媒素养状况调查,同年,由教育部文科重点基地——复旦大学信息传播研究中心主办的"2003年中国传播学论坛"设有"媒体教育"专场。2003年,复旦大学新闻学院陆晔教授还牵头成立了"复旦大学媒体素养小组",包括教授、副教授和博士、硕士研究生数十位成员。2003年12月至2004年元月,北京广播学院国际传播学院媒体素养研究课题小组以群体分层的研究方法对北京10—45岁年龄段不同群体人群进行了

---

① 共青团上海市委员会:《传媒力量与当代青年》,上海人民出版社2001年版。
② 张志安:《未成年人媒体素养教育行动策略研究》,http://learning.sohu.com/20041213/n223464947.shtml。

现状调查。2004年,中国传媒大学在新闻传播学一级学科下自主增设传媒教育专业,同年9月招收6名传媒教育专业硕士研究生。2004年10月8日至11日首届"中国媒介素养教育国际研讨会"在中国传媒大学召开。同年10月,复旦大学媒体素养小组正式开办了中国大陆第一个传媒素养研究网站(www.medialiteracy.org.cn),由陆晔教授担任项目组组长的复旦大学新闻学院还成功获得了2004年国家教育部哲学社会科学研究重大课题攻关项目"媒体素质教育理论与实践"。自2004年起,该项目组将围绕"中外媒介素质教育历史与现状研究"、"媒介素质教育与中国社会转型和青少年社会化"等子课题开展研究。同时,实施"公众媒介素养教育推广计划","包括编写一套面向普通公众尤其是中小学生的媒介素质教育读本,制作与教材配合使用的声像辅导光盘,为中小学生和普通公众开设与媒介素质教育的有关课程,为中小学教师开设媒介素质教育培训班,开办青少年媒介素质教育夏令营等,以期在上海形成全社会对媒介素质教育的终身需要"。[①] 2004年12月,"中国青少年社会教育论坛:2004·媒体与未成年人发展"在上海举行。2004年第3期《媒介研究》(由北京广播学院广播电视研究中心主办)出版了媒体素养专辑。2007年4月在浙江传媒学院举办了首届(2007)西湖媒介素养高峰论坛。2007年10月在中国传媒大学举办的中国传播学年会中国传播学论坛"和谐社会、公民社会与大众媒介"中设有"媒介素养:传统媒介与新媒介"专题论坛;2007年12月8~9日,"传播与中国"复旦论坛:"2007·媒介素养与公民素养"在上海复旦大学举行;2008年1月30日,中国广播电视学刊、浙江省广播电视局、浙江广播电视集团、浙江传媒学院、浙江广播电视研究院和浙江省传播与文化产业研究中心六家联合发文,决定2008年10月在浙江省杭州市浙江传媒学院举办题为"中国青少年媒介素养培育"的第二届

---

① 张志安:《未成年人媒体素养教育行动策略研究》,http://learning.sohu.com/20041213/n223464947.shtml。

(2008)西湖媒介素养高峰论坛,本次论坛的主旨是"中国传媒界、教育界和社会各界应当关注青少年媒介素养培育的紧迫性"。[①] 2008年上半年,中国广播协会还专门设立了媒介素养专项研究课题。从2004年至今,《新闻·传媒·传媒素养》(谢金文,2004)、《媒介素养》(蔡帼芬等,2005)、《多元文化教育的新课题——媒介素养》(林子斌,2005)、《媒介素养概论》(张开,2006)、《媒介素养导论》(段京肃、杜骏飞,2007)、《媒介素养通论》(陈龙,2007)、《媒介素养读本》(范红,2007)、《当代媒介素养教程》(刘勇、汪海霞,2007)、《媒介素养引论》(单晓红,2008)、《媒介素养:理念 认知 参与》(陆晔,2010)、《信息时代的媒介素养》(李军林,2010)、《媒介素养教育论》(袁军,2010)、《媒介素养教育理论与实践》(宫淑红、张洁,2010)、《大学生媒介素养概论》(于翠玲,刘斌,2010)、《面对媒体的策略 新闻发言人媒介素养实务》(王婷,2011)、《中国与日本学生媒介素养比较研究态度和策略》(吴鹏泽,2011)、《媒介素养(第4版)》(美国詹姆斯·波特著,李德刚等译,2012)、《新媒介素养》(黄楚新,2012)、《理解媒介素养:起源、范式与路径》(张艳秋,2012)、《媒介素养教育课程论》(张玲,秦学智,张洁,2013)、《媒介素养教育与包容性社会发展》(张开,张艳秋,臧海群,2014)、《中国媒介素养研究年度报告(2013)》(彭少健,2015)和《当代媒介素养十讲》(高萍,2015)等著作层出不穷。此外,浙江传媒学院分别于2008年、2010年、2012年、2014年出版了由彭少健等人主编的两年一度的《中国媒介素养研究报告》,这是对每隔2年召开的西湖媒介素养高峰论坛论文的结集。此外,2007年6月福建人民出版社出版了面向11~14岁青少年的传媒素养教育通俗读物《魔镜丛书》(一套四册),2008年1月东北师范大学出版社出版了《媒介素养教育实验教材》,2013年广东南方

[①] 见《关于第二届(2008)西湖媒介素养高峰论坛论文征集的通知》,浙江传媒学院[2008]5号文件。

日报出版社出版了张海波主编的《媒介素养—家庭用书》《媒介素养—小学生用书》《媒介素养—教师用书》一套丛书。所有这些都在说明：传媒引发的社会问题日益受到人们的关注，针对这些问题而提出的解决办法——开展传媒素养教育成了新闻传播学界、传媒界和教育学界渐渐关注的新兴话题。①

2. 传媒素养教育的重要性及其原因

最近十几年来，受国际国内信息传播技术飞速发展与普及和育人环境日益复杂化、信息化、传媒化、社会化、大众化、多样化的影响，包括台湾、香港地区在内的我国传媒素养教育研究与实践活动骤然升温，并引起传播学界、教育学界和社会有关部门的密切关注与高度重视。

20世纪20年代末30年代初，英国最早开始在中小学倡导传媒素养教育。其起因是为了反抗美国的文化霸权和庸俗主义的社会价值取向，并以此捍卫英国所谓的"精英文化"。随后，加拿大经过50年代电视技术在教学中的广泛应用与早期传媒素养教育经验的积累，终于在1966～1977年间迎来本国的第一波传媒素养教育浪潮。美国的传媒素养教育及其研究大约开始于20世纪60年代。② 目前，在欧洲、美洲、澳洲、亚洲等许多国家，传媒研究都已经被纳入学校教育课程体系以及社区教育体系中，成为学校教育、社区教育、媒体教育的重要内容。联合国教科文组织也一直在大力倡导和支持传媒素养教育。1980、1982、1984和1986年，联合国教科文组织依次出版了《多种声音，一个世界》《将大众传媒用于公共教育国际研讨会的最后报告》《传媒素养教育》《了解传媒：传媒素养教育与传播研究》等多种决议、宣言和读物。为传媒素养教育在全球范围内的开展起到了强有力的推动作用。因

---

① 据有关统计，到目前为止，中国已经成为最大报纸消费国。报纸种类达2000多种（日销量达8200万份），期刊9000多种，电视频道2000多个，广播频率1500个左右，广播节目1800多套，网民人数达到2个多亿。

② 目前，美国传媒素养教育工作者非常活跃，组织会议，出版著作和发表论文，讲学、开展活动等。与国内相比，困难是相似的，进步却是不一样的。

为基本国情有别,所以世界各国采取传媒素养教育的途径、方法以及同一时期内传媒素养教育的具体目标、任务等定位都会不尽相同的。

传媒素养教育的重要性主要是由两方面因素决定的。一方面是工业社会和后工业社会提出的挑战与要求。传媒素养教育是人类步入信息时代的必然产物,是电影、电视、广播、广告、网络等大众传媒技术进步的结晶。更重要的是,它是人类社会文明进程中必要的一环。它反映了现代技术的先进和普及程度,以及社会成员对新技术的认识和掌握程度。也就是说,传媒及其信息的日益扩大的影响力给人们对各种传媒信息的解读和批判能力,以及使用传媒信息为个人生活、社会发展所用的能力提出了新的时代要求。人们之所以提起传媒素养教育,是因为传媒的发展及其影响已经普遍渗透于人们的日常生活中,成为人们日常生活中必不可少的一部分。在某种意义上说,传媒素养与其说是一门新的科目,不如说是一种新的教学方式或终身学习方式——一种使用传媒技术及其信息来帮助学生学会批判思考、评价信息、检查谬误、获得传媒制作体验的方式。

另一方面是青少年对新知识新技术天然产生的浓厚兴趣。青少年学生对新生事物有着天然的浓厚兴趣。而兴趣是最好的老师。如何利用新技术新知识对学生因势利导,使他们不仅在语言逻辑思维和批判研究能力方面大有长进,而且在公民道德、社会责任、公益事业、发扬优良传统和科学建构自己世界观、人生观、价值观等方面都获得极大的丰富和教益,是我们每一位教育工作者或关心国民教育、学校教育的人士都必须严肃认真思考的问题。而这也正是传媒素养教育的根本任务。所以,传媒素养教育的重要性不言而喻。我们也应看到,技术与社会文明都是不断进步的过程,因此,传媒素养教育将是一种终身教育或学习。

虽然开展传媒素养教育的不同国家和组织对传媒素养及其教育有着不尽相同的理解,但他们的基本宗旨是大同小异的。美国传媒素养联盟将传媒素养教育定位为"使人们能够成为批判性思考者和具有创造力的使用影像、语言、声音等传媒信息的制造者"① 的教育。香港传媒教育协会认为,传媒素养教育是学习如何和传媒打交道,它教导年轻人如何认识、分析、运用和监察大众传媒,一方面培养他们成为精明和有品位的传媒消费者,另一方面鼓励他们监察和改善传媒,做个既有责任心又有批判能力的公民。② 因为这个定义是在借鉴其他国家和组织相关定义的基础上得出的,所以它显得更为全面一些。香港传媒教育协会所作定义中的两个方面合起来,实际上就是在信息时代应不断完善自我,积极参与社会发展。因此,复旦大学传媒素养小组做了如此定义:所谓传媒素养教育,就是指导学生正确理解、建设性地享用大众传播资源的教育,通过这种教育,培养学生具有健康的传媒批评能力,使其能够充分利用传媒资源完善自我,参与社会发展。③ 这个定义,大体上可以反映传媒素养教育的基本目标。

如果将传媒素养教育的基本目标,在结合我国实际国情和社会需要的基础上进行分解,我们可暂且认为传媒素养教育主要有三大任务:

(1) 扫除"功能型文盲"

2005年9月8日是第39个"世界扫盲日"。这让人们不禁想起联合国对新世纪文盲标准的定义。该标准分为三类:第一类,不能读书识字的人,这是传统意义上的老文盲;第二类,不能识别现代社会符号(即地图、曲线图等)的人;第三类,不能使用计算机进行学习、交流和管理的人。后两类被认为是"功能型文盲",他们因缺乏科技进步所产生的新文明、新素养而表现出诸多生活的不适应,遭遇诸多生存与发展的困难和压力。专家估计,如果按照联合国目前三类文盲的划分标准,即使像北京这样的经济文化发达地区,文盲数量也会超过百万人。

---

① http://www.nmmlp.org/medialiteracy.htm.
② http://www.hkbu.edu.hk/~alicelee/media-education/ref_whole.htm.
③ http://medialit.banzhu.com/.

我国从建国初期就开始扫盲工作，扫盲标准是识字 1500 个，能阅读简单浅显的报刊，会记简单的生活账目，重点人群是年龄在 15 周岁至 50 周岁的青壮年文盲。到 2000 年末，我国基本实现了扫除青壮年文盲的目标，文盲率由建国初的 90% 下降到不足 5%。"十五"期间，我国在巩固扫盲工作成果的同时，重点转移到扫除功能型文盲上，但暂无专设部门负责此项工作。扫除新文盲的任务分散至教育、科技等部门的具体工作中。①

信息社会和互联时代的到来，使得人们不得不正视传媒的巨大威力。毋庸置疑，传媒素养已经成为现代人类必备的生存与发展技能之一，或缺乏传媒知识与技能，或不懂鉴别、分析和近用传媒信息，或拥有数码摄像机而不会数码编辑与制作，或放着现有的先进的传媒素养教育教学方法与技术而不知科学合理地运用，不仅实为可惜，而且难逃"功能型文盲"、"新文盲"之笑谈。因此，除了培养学生批判地使用和创造传媒文本及信息的能力、培养他们的公民责任意识、提高他们的传媒心理素质与终身学习能力之外，扫除"功能型文盲"是传媒素养教育的一项根本使命。

（2）进行素质教育的重要内容和现代有效形式

众所周知，素质教育是针对应试教育的弊端而发的。因为考试棒的作用，教育上出现了为考试而教育而学习的现象，虽说锻炼了学生的应试能力，但是学生许多应该发展的天赋、才能、兴趣、品格、知识、技能、公民道德情感等却没有得到应有的发展。更令人悲哀的是，应试使得教师的教学内容、方式和学生的学习内容、方式相对单一化、简单化了。与此相对的是，现代信息传播技术日新月异，人类社会已经进入媒体时代和信息社会，客观上要求新的教育传播方式或技术应用于课堂教学或社区教育等各种类型和层次的教育当中。而传媒素养教育，作为一

---

① 《联合国重新定义文盲标准 不会用电脑成新文盲》，http://www.sina.com.cn, 2005 年 9 月 8 日。

种传媒素质教育，即是要将新生的信息传播知识、技术、技能教给教师和学生，让他们学会并掌握这种新的教育教学和学习方式，而后充分地、批判性地利用网络信息资源促进他们各方面知识、能力、兴趣、品格、心理、公民意识的健全和发展，培养他们成为一个合格的、能够辩证思维的且富有创造力的教育者、学习者和社会公民。因此，传媒素养教育应当成为进行素质教育的重要内容和现代有效形式。

（3）弘扬和培育现代民族精神的生发器

青少年文化可以被称为一种时尚文化，之所以如此，是因为青少年文化在很大程度上反映了技术进步和社会流行的趋势。无论与主流文化相比，具有多么的不成熟性、不稳定性、危险性，等等，青少年文化身上所具有的很强的现代性、时代性色彩是不容否认的。因此，作为教育者，只能深入到这种文化内部，去带着分析、鉴别、批评的理性因势利导它，才能使这种文化朝着健康、成熟、良性、稳定的方向发展。也才能将中国优良传统文化基因通过它传承下去。电影、电视、计算机等大众传媒产品和制作技术正是将青少年文化与传统中华文化有机科学融合的途径与手段，换句话说，通过传媒素质教育的开展，来更好地实现中国现代民族精神的培育和弘扬。俗语说得好，"不入虎穴，焉得虎子"？

总而言之，传媒素养教育与传媒的发明和发展形影不离，密不可分。一项传媒技术的发明，必然会逐渐引起整个社会成员的关注和兴趣，一方面，因为其有助于社会信息的传播和沟通，有助于社会有机体内部的畅通与和谐，以及社会政策和思想观念的贯彻和执行，以及人与人之间的情感交流和沟通，等等，传媒技术必然会受到整个社会的重视。作为社会的统治机关的政府也会在第一时间内将这种可以散播各种言论、思想主张及意识形态的手段尽可能有效地控制起来，以防止不利于其进行社会统治的现象发生或保持社会相对稳定的发展；另一方面，作为一项需要相对较高认知成本的传媒技术，如果要在整个社会或社会的一定范围内传播和应用开来，就必须进行与之对应的有关传媒知识、传媒技能、传媒道德与法规等方面传媒素养的教育或培训，并且当出现社会的主流意识形态与根本不一致的次流意识形态或非本土的意识形态相激烈对抗的现象时，或者当媒体受到社会主流意识形态极强的控制，或为了自身利益的最大化而边缘化其理应承担的社会责任时，为了更好地使广大公众更好地辨别传媒意图，正确分析、批判和使用传媒信息，更好地对政府、对媒体实施民主监督，参与并促进社会共同进步和发展，更好地发展自己，提高社区居民生活质量，就必须对公民或受众进行有关传媒分析与批判思维能力的传媒素养教育，与此同时也必须加强针对媒体从业人员传媒素养意识的教育。现代传媒素养教育与传统传媒素养教育相比，更加是多元化的、民主化的、人性的又趋于科学理性的教育行为，它的核心目标就是为了促进人的民主与科学思想的发展，促进人辩证思维能力和分析批判传媒文本及现象能力的提高和发展，从而引导社会及社会成员朝着民主、公正、繁荣和科学理性的方向发展。

3. 传媒素养教育的必要性及原因

香港传媒教育协会在解释"为什么要推广传媒教育？"时说："有传媒教育学者指出，这个世界并存着两个资讯及知识的主要来源，深深地影响年轻人，一是学校，另一就是大众传媒。大众传媒每天传播大量资讯及价值观，潜移默化地'教育'大众，影响思想和行为，是一股无形但强大的教育力量。香港人每天被电影、电视、流行音乐、广告、漫画、报章杂志和互联网等包围，接收到的资讯有好有坏，价值观有对有错，如果缺乏传媒素养，就很容易被误导，反之却可以善用传媒，吸纳新消息及分享积极的人生观。在许多传播科技先进的和传媒工业发达的国家，传媒教育早已成为基础教育的一部分，香港也正向这一方面发展"。[①]

从香港传媒教育协会的解释中，我们可将进行传媒素养教育的主要原因归结为这么三点：传媒已经成为一股无形的教育力量，其影响有好有坏，教育工作者必须认真对待它；善用传媒有利于个体的成长和完善；传媒素养教育已经成为世界性的发展趋势，教育工作者要与时俱进。

---

① http://www.hkbu.edu.hk/~alicelee/media-education/ref_whole.htm.

关于进行传媒素养教育的必要性及原因,具体而言,可从以下几方面去理解:

1) 传媒及其文化的影响。
2) 学生日益丰富的传媒经验。
3) 传媒作为一门行业或职业的存在。
4) 传媒作为人类思想和文明多向传播的手段和途径。
5) 传媒作为现代人必备的一种日常社会交际、娱乐和休闲生活的能力。
6) 传媒作为一门人文主义学科的思想性、文化性和精神性等特征。
7) 传媒作为一种现代教育教学或终身学习的手段。传媒素养教育是学习化社会的一个教育应对。是实现终身教育目的的一个重要环节。《学会生存》一书指出:"如果学习包括人的整个一生(既指它的时间长度,也指它的各个方面),而且也包括全部的社会(既包括它的教育资源,也包括它的社会的和经济的资源),那么我们除了对'教育体系'进行必要的检修以外,还要继续前进,达到一个学习化社会的境界。"[①] "在学习化社会中,信息大量涌现,知识量激增,并且知识的陈旧率加快。这一切表现在教育中,就是由于教材内容,课程设置,学时所限,不可能通过时间的延长和内容的增加而使学生获得更多的知识。学生必须掌握方法,学会学习而不被当做知识的容器随意填装;注重培养能力,学习那些有利于知识再生的知识。教育不再是灌输的工具,'教育应培养人的批判精神,培养对不同思想观念的理解与尊重,尤其应该激发他发挥其特有的潜力'[②]"。[③]

[①] 联合国教科文组织国际教育发展委员会编著,华东师范大学比较教育研究所译:《学会生存——教育世界的今天和明天》,教育科学出版社1996年版,第16页。

[②] S.拉塞克、G.维迪努著,马胜利、高毅、丛莉、刘玉俐译:《从现在到2000年教育内容发展的全球展望》,教育科学出版社1996年版,第86页。

[③] 中国陶行知研究会"九五"教育规划课题组:《陶行知教育思想的现代价值》,华文出版社2001年版,第460页。

8）传媒作为一种生产过程中必备的能力（交流和沟通等）。

9）传媒素养教育是保证和巩固国家身份认同的最好方法。

10）传媒素养教育是提高人传媒社会生活的基本手段。

11）传媒素养教育是我国深化教育改革或素质教育的必然要求。《中共中央国务院关于深化教育改革全面推进素质教育的决定》中指出："建立新基础教育课程体系，试行国家课程、地方课程和学校课程。改变课程过分强调学科体系、脱离时代和社会发展以及学生实际的情况。抓紧建立更新教学内容的机制，加强课程的综合性和实践性，重视实验课教学，培养学生实际操作能力。要增强农村特别是贫困地区义务教育的课程、教材与当地经济社会发展的适应性。促进教材的多样化，进一步完善国家对基础教育教材的评审制度。"

12）传媒素养教育：一种国际理解教育的方式。传媒素养教育可以成为一种两地互动理解模式。[①] 以《自我像与他人像：奥地利与匈牙利》为例，"《自我像与他人像》（Image of the self – image of the other）是一部作为双边项目影片的醒目的片名。其指导思想是调查每一国家从儿童和青年角度对自己和他人进行画像。影片所刻画的形象、观点和偏见为青年们所确认并得到讨论。这一项目分两个阶段进行。年轻人根据他们自己的经历来挑选内容，收集或制作文件、物体、图画、故事、个人经历、传媒报告等。这些评注和文件以后用作为影片的原始素材。在影片中，年轻的奥地利人和匈牙利人同时作为演员和合作制片人，对对方国家相互提出各自的看法。第二阶段是相互交换音像资料（video correspondence）。双方小组都能够利用他们自己的想象来评判、分析、纠正或修订其合作伙伴的观点。年轻人所建议的主题包括从艺术和文化（建筑、音乐和舞蹈），到风景、商业（如二手艺术品、奢侈货物）、城市交通（道路设计、到学校的路）、住房、工作世界等。可能用不同的呈

[①] 恩坎科：《国际理解教育：一个富有根基的理念》，赵中建：《全球教育发展的研究热点——90年代来自联合国教科文组织的报告》，教育科学出版社2003年版，第311—312页。

示方式，如真实的场景拍摄、交谈、游戏、录像精粹和电视节目等，来完成第二阶段。所制作的影片而后可以用于教学和教师培训"。[①]

三、常用传媒教育研究方法

人们在长期从事研究实践的过程中，总结出许多研究方法。这里介绍几种比较常用的研究方法，以便学习和了解。它们分别为文献研究法、比较研究法、文本分析法、内容分析法、问卷调查法、访谈法、案例研究法、观察法、行动研究法、抽样调查法和实验法。

（一）文献研究法

文献研究法是一种以文献为研究对象和基础的研究方法。所谓文献，是指用文字、图形、符号、音视频等手段记录下来的人类经验和知识。而文献研究法，就是根据研究任务或课题任务的需要，对有关文献进行查阅、搜集、鉴别分析、整理、归纳而找出事物本质属性与特征，形成科学认识的研究方法。

文献研究包括以下六个基本环节：提出研究课题或假设、进行研究设计列出研究提纲、搜集有关文献、鉴别和梳理文献、归纳分析文献、写出文献研究报告或文献综述。

1. 提出研究课题或假设

要提出研究课题或假设，首先必须大量地阅读专业书籍、期刊论文和网络文章等文献，找寻所在专业研究的热点、难点，确定自己的大致研究方向。也可以请求指导教师或有一定研究造诣学者帮助确立自己的大致研究方向。然后，查阅和搜集有关文献资料，看所研究的对象范围的文献资料是否足够丰富，是否具有可行性。如果具有可行性，就要粗略地鉴别和分析此研究选题在现有所有的研究中处于什么地位，具有何等研究价值和意义。如果具有可行性，也具有一定的研究价值和意义，那么就可以坚定地将该研究做下去。

---

① 恩坎科：《国际理解教育：一个富有根基的理念》，赵中建：《全球教育发展的研究热点——90年代来自联合国教科文组织的报告》，教育科学出版社2003年版，第311—312页。

2. 进行研究设计列出研究提纲

在确定了研究课题或假设后，就要进行研究设计，即列出一个初步的研究提纲和研究计划，确定研究的大致内容、章节以及研究方法和措施等。该研究提纲和研究计划，可以根据后续的文献梳理的实际情况进行一定的调整和完善。

3. 搜集有关文献

搜集有关文献时，不仅要搜寻直接相关的文献资料，而且要搜寻间接相关的文献资料；不仅要尽可能搜寻一手资料，还要搜寻二手资料；不仅要搜集与自己观点一致的文献，还要搜集与自己观点不同，甚至相反的文献资料。确定了研究对象之后，就要尽可能全面地搜寻这个研究对象方面的所有文献资料，还要搜集其他研究者对这个研究对象或相同、类似方面的研究成果。搜集文献的渠道主要有：图书馆、档案馆、博物馆、知网数据库（包括期刊论文数据、博硕士学位论文数据、学术会议论文数据等数据）、互联网、外文期刊与书籍数据库检索（http://www.sciencedirect.com/，该网站提供大约2500种期刊论文和26000本书籍），以及各个国家对外开放的国家图书馆数据库。搜集文献的方式主要有2种：检索工具查找方式和参考文献查找方式。检索工具查找，如利用百度引擎、Google学术搜索引擎或者其他计算机检索工具进行搜寻。参考文献查找，即根据一些作者的论文或书籍中所列的参考文献目录去追踪查找有关文献。

4. 鉴别和梳理文献

鉴别和梳理文献时，要做到认真细致、一丝不苟，将有价值的文献资料筛选出来，而将原先看似有用但实际上无用的文献资料去除。有价值的文献资料被筛选出来后，对这些资料进行归纳分类，并且最好按照类别和重要性对文献资料进行编号。下一步，归纳分析文献时，就要按照重要性的程度，先主后次地对文献资料进行逐篇消化和吸收。

5. 归纳分析文献

归纳分析文献时，要注意勤思考、勤动手做笔记或批注。如果面对的是外文文献，则对有价值的重要的文章、段落要及时翻译整理为中文，并且要加好注释、文献出处和页码，以便于后期核查。等这些归纳分析做好后，就要查看还有哪些部分的研究仍然缺乏相关资料。一旦确认，就要做进一步的文献搜集、分析和归纳研究的工作。

6. 写出文献研究报告或文献综述

每个研究成果，都应该有自己的创新点和亮点。如果没有创新点或亮点，这样的研究是没有多大价值和意义的。写作要重点突出，正文、图表、注释和参考文献等要正确并符合规范，内容要真实，引用数据要可靠。论文题目和文中标题要中肯、贴切，要具有画龙点睛的作用。切忌假、大、空。要有的放矢，而不要言之无物。论文的前言，要开宗明义、开门见山、简明扼要。文章结构要合理，各部分相对平衡。论点要鲜明，论证要有论据支撑，逻辑合理，自圆其说，不能断章取义。文字要通顺，标点符号要正确。在文献研究报告、论文或文献综述完成之后，要反复检查是否还存在错别字、病句、错误的编排格式，等等，争取做到尽可能的完美。

（二）比较研究法

比较研究法，是指对两个或两个以上的事物或对象进行对比，以搞清楚它们之间相同性与相异性及其原因的一种研究方法。俗语曰："不怕不识货，就怕货比货。"要想更好地认识一事物，就要把这一事物与其他事物进行比较。因为只有比较，才会对事物的方方面面进行鉴别和洞察，才能更好地认识事物的本质与特征，才能把握事物发展的根本规律。正因为比较是从事科学研究的一个基本方法，所以产生了一些二级学科，如比较社会学、比较人类学、比较经济学、比较教育学、比较政治学、比较文化学，等等。

使用比较研究法，必须遵循一些基本原则，如可比性原则、横向比较与纵向比较相结合的原则、相同性比较与相异性比较相结合、定性比较与定量比较相结合、宏观比较与微观比较相结合的原则。

可比性原则，就是要进行比较的事物之间必须在本质上具有某种相同或相通之处，否则不能将它们进行比较研究。

横向比较与纵向比较相结合的原则，是指在进行比较研究时，要将这两种比较研究方法有机地结合起来，发挥其各自的功用，从而有深度也有广度地进行研究。所谓横向比较是指对同一时期的不同对象，或同一时期同一对象内部的不同部分或方面进行对比分析，以找出同一时期的不同对象之间的相同性与相异性，或同一时期同一对象的不同部分或方面的相同性与相异性，并探究其根源。而纵向比较是指对同一对象的各个部分或方面在不同时期的状况与特征进行对比分析，以找出该对象历史发展的变化规律。使用这个原则的时候，一般是先对每一对象或同一对象的各个部分进行纵向比较，以理清每一对象或同一对象的各个部分的历史发展状况、规律及特征，然后再对不同对象或同一对象的各个部分进行横向比较，以理清它们之间的相同性、相异性及其根源。

相同性比较与相异性比较相结合的原则，是指在进行对比分析时，不能只比较对象之间的相同性，也不能只比较对象之间的相异性。对象或事物之间的共同点和不同点都要找出来，才能加深对它们的本质的认识。

定性比较与定量比较相结合的原则，是指在比较研究时既要把握不同对象的质，也要把握它们的量。定量研究与定性研究各有其优势，也有其不足，两者结合起来，更能比较深刻地认识事物的本质和规律。定量研究数量具体、数据清楚，但容易流于肤浅；定性研究结论比较深刻、直指要害，但因缺乏实证证据而总是存在一定的模糊度。

宏观比较与微观比较相结合的原则，是指在比较研究时既要具有宏观视野，又要具有微观角度。宏观比较，要有大格局、事物大趋势、事物发展的宏观背景意识，要在比较对象范围之外看比较对象的异同关系。譬如，如果研究中国和美国高等教育方面异同关系，仅仅满足于高等教育内部的比较研究是不够的，还要比较研究中国和美国各自的国情状况因素、政治经济文化等背景因素。而微观比较,则是指对事物内部或不同事物之间的异同关系进行微观上的比较和分析,是"就事论事"的一种比较直接简单的研究方式。

进行比较研究的一般步骤如下:确定比较对象和比较标准、收集文献资料、进行对比分析、做出比较结论。要根据比较研究的目的和任务,来确定比较的对象、比较的内容和范围。一旦确定了比较的对象,就要接着确定比较的统一标准。比较的标准可以是量化的标准,也可以是质化的标准。譬如,使用某一种理论视角进行研究,就是一个比较的标准。制定标准,要具体、明确,不能含糊。收集资料要广泛和细致,比较分析时要客观、实事求是、辩证思维,还要具有历史意识。做结论时,要谨慎、客观,并有深度。

(三) 文本分析法

1. 文本分析法的定义

文本(text)是指由一定符号或符码组成的信息结构体,它可以是一个字、一个词、一个图形、一个图表、一个声音、一幅照片、一段音视频或一个符号组成的意义最小单位,也可以是由若干这样的字、词、图形、图表、声音、照片、音视频、符号组成的有众多意义的单位。所谓文本分析法,就是对一系列相关文本进行探析、比较、归纳和综合,探讨其意涵、目的、作用、价值、创作者动机或意图、创作背景、语境、创作手法、效果、价值观等深层次的内容,并作出评述性的说明。简而言之,文本分析法,就是对有关文本进行深层解析的定性研究方法。

2. 文本分析法的步骤

文本分析法的步骤是:确定研究对象、收集文本资料、归类建档、阅读解析、系统综合。根据一定的研究目的、任务和要解决的疑难,来确定可行和有价值的研究对象。确定好研究对象后,就要积极地、尽可能地搜集有关文本资料。接着,对这些文本资料按照事先商讨的研究提纲或研究目录归类建档,即将这些文本资料按照一定的属性进行分类,然后归类放置。再次，开始按照研究计划，对文本进行逐一阅读和解析。俗语说：读书百遍，其义自见。在阅读和解析文本的时候，一定要对疑惑的地方反复阅读，做好批注或笔记，然后再统一解析和创作。对文本进行解析时，要求对文本要读懂、读透和超越。读懂，即要真正地理解文本的意涵；读透，即是要将文本的内部构成和外部作用因素，以及创作者的目的、动机、意图等方方面面都要理解和把握，不能仅仅停留在只是理解了文本的表象意义；超越，就是要发现文本的独特价值和意义，或者文本的严重缺陷和不足，并能够对文本及其相关问题提出自己独立的见解。最后，在所有的文本解析分别完成后，就要根据研究提纲顺序对文本进行系统的、整合和合并，将所有的解析部分综合起来，撰写成文本分析报告或评述性说明。

3. 两种具体的文本分析法

文本分析法可分为若干具体的研究方法。兹介绍两种文本分析法。

（1）新批评法

新批评法是一种文学文本的研究方法。20世纪20年代末它发端于英国，30年代形成于美国，并于20世纪40年代到50年代风靡美国。代表人物主要有：英国的艾略特（T. S. Eliot）、理查兹（I. A. Richards），美国的兰色姆（John Crowe Ransom）、布鲁克斯（Cleanth Brooks）等人。

新批评法是以文学作品本体论与作品细读法为根本理论观点和分析方法的研究方法。文本作品本体论或文学本体论认为，文学作品是独立于文学作者等外界事物的事物。文学评论家艾略特就认为，"诗歌不应该是诗人沉思冥想之后情感的流露，诗歌的意义独立于诗人，后者只是作为工具或媒介罢了。诗歌本身由印象、经验、意象、韵律、语言等要素以有机的方式组合而成。诗的形成是一个超越诗人个体生命的过程，带有一种普遍、错杂的意义，能够唤起读者的同感共鸣。"[①]

---

① http://blog.sina.com.cn/s/blog_a4661af101017qof.html.

新批评法强调立足于文学作品本身进行仔细分析和探究，因而十分重视作品细读法。作品细读法是指立足于作品本身而对作品进行详尽分析和解读的批评方式。这种批评法，只专注于文本本身，不涉及作家的创作动机、历史背景、家庭条件等外在因素，要求使用者认真斟酌和发现文学作品词句、上下文、语境的暗示、联想和言外之意等。不仅要认真琢磨单个字词的意义、词句之间的微妙关系，还要仔细推敲文本的篇章结构之间的关系。

新批评法重视几个关键概念：张力、歧义、悖论、反讽。

张力本是物理学的一个概念，指物体受到拉力后物体内部产生的一种应力。在此引申为作者对作品的情节内容、矛盾冲突及其发展节奏的驾驭恰到好处。

歧义，是指作品所用言语的含混多义。首先是词句等言语本身就有本义、引申义等多种意义。其次，"一千个人眼中一千个哈姆雷特"，每个人基于不同的心理结构、知识结构、文化程度、情绪状态等因素，而对作品就会有不同的感受和理解。最后，因读者和作品处于不同的时代背景、文化语境，也会导致一些认知和理解不可能复原到作品的原初的时代背景和文化语境。譬如，未曾经历"文革"生活的人，很难对"文革"生活有真切的体验。

悖论，是指文学作品中存在的看似矛盾但又合乎逻辑的现象。制造比较强烈的感情矛盾和观念冲突，给读者留些悬念，往往能够产生很大的艺术效果。所以，无论是文学作品，还是电影、电视、小品、相声等艺术作品，一般都有着很多的戏剧式的矛盾冲突和喜剧式的矛盾解决。

反讽，是指文学写作使用反语或反话的一种写作技法。如言非所指、夸张叙述、正话反说，或反话正说。

新批评法具有自己的优缺点。新批评法的优点是：以作品为研究对象，研究对象具体实在，不同的研究者针对同一作品进行分析研究，容易达成共识；也便于对同一作品反复分析和研究；任何文学文本都可以使用新批评法进行分析研究。新批评法的缺点是：忽视了文学作品产生的历史环境因素；忽视了作者个人的因素；人为地隔断了文学作品与当代社会文化发展的联系，即忽视了文学的政治功能、文化功能、经济功能和教育功能等。

新批评法的步骤和其他文本分析法的步骤相同：确定研究对象，收集文本资料，归类建档、阅读解析、系统综合。这里值得一提的是，这里的"阅读解析"即是指作品细读，不仅要把握词义、语境，还要注意把握修辞手法等有关内容。

新批评法，虽然其使用的鼎盛时期已过，但仍不失为一种不错的进行文本解析的方式。

（2）符号学分析法

符号学是研究符号与符号系统本质以及不同符号之间区别与联系规律的科学。代表人物主要有瑞士语言学家索绪尔、美国哲学家皮尔斯、法国文学评论家罗兰·巴特等人。从19世纪末20世纪初符号学概念的提出到现在，符号学一直在发展，尽管如符号学的定义、符号的认知等很多重要问题上仍存在认识上的分歧，但它无疑已经成为一种跨学科的人文社科的研究方法论。

符号学的三个组成部分：语法学（句法学）、语义学、语用学。

语法学，又称为句法学或语形学。它是研究符号编码或句子结构的规则和规律。符号编码可按照时间顺序，也可按照空间顺序。如音乐的表达，就是音乐符号按照时间顺序进行的排列组合，绘画的进行，就是绘画符号按照空间顺序而进行的排列组合。还有一些符号的编码，是既有时间顺序又有空间顺序，如电影、电视、舞蹈等。

语义学，是研究符号根据一定的语法规则编码后所产生的意义问题。

语用学，是研究符号、符号的意义与符号使用的情境之间的关系。换句话说，语用学，是研究一定语境或情境下的符号及其意义问题。语义学和语用学都研究符号与符号的意义问题，但语义学与符号使用的具体情境无关，语用学则与符号使用的具体情境有关。或者可以说，语用学是具体情境下的语义学。

符号学的几个关键概念：符号、能指、所指、直指、涵指、图像符、指示符、象征符、符码、编码、解码、语言、言语、横组合、纵聚合、明喻、隐喻、转喻、共时性、历时性、任意性。

符号是人们共同约定的用来指代一定对象事物的标志物。符号由2部分组成：一部分是对象事物的标志或记号等信息载体形式；另一部分是这个载体形式所负载的内容或精神意义。也就是说，符号是内容和形式的统一体。符号可分为语言符号和非语言符号两大类。人类之所以能够相互交流，就是因为彼此掌握着一套或多套相同或相通的语言符号系统和非语言符号系统。其中，语言符号系统是最为复杂也最为重要的信息传播的符号系统。

能指（signifier），是指符号的信息载体形式，如语言文字的声音或形象等。

所指（signified），是指符号的信息内容或意义。

直指，是指符号的本来意义或表面意义。

涵指，是指符号的潜在或深层意义。

符号的三种类别：图像符（Icon，又称为像符、像似性符号）、指示符（Index，又称为索引符，或指示标识符）、象征符（Symbol，又称为象征标识符）。[①]

图像符，是对对象物的模拟或写实。例如，电脑上文件夹图标、回收站图标就是图像符。

指示符，是指具有空间和运动导航作用的符号。例如，直线型箭头、红绿灯等符号。

象征符，是指与对象物的形状没有什么相似性，但在精神理念或性质上具有相似性，而用来表征对象物精神意义或精神形象的符号。如，公司的标识、宗教的标识等。

---

① 这是皮尔斯的一种分类方法。

符码，是将符号按照一定规则编排并具有一定意义的符号系统。任何文本事实上就是一个由若干符号组成的符号系统。

编码，是将信息从一种形式或格式转换为另一种形式或格式的过程。

解码，是用特定方法把数码还原成它所代表的内容，或者说用特定方法将现有形式或格式还原成原先的形式或格式的过程。

语言，是以语音、词汇和语法为形式，以人类交流沟通为目的、以人类思想为意义的符号系统。

言语，是人们运用语言工具进行社会交际的过程和结果，或者说是人们说出来的话。

横组合，和纵聚合都是索绪尔对词汇和句子组成模式的一种分类方式。横组合是指句子中的字词按照一定语法规则线性排列，以组成合乎语法的句子。从符号学的角度讲，横组合就是指符号与符号的线性组合关系或方式。

纵聚合，是指在一个句子结构中，某一位置的字词被功能相同、表达更充分的字词所代替，而生成不同的句子的过程。如果说横组合考虑的是字词的句法功能，那么纵聚合考虑的就是字词的修辞功能。从符号学的角度讲，纵聚合就是指符号与符号之间的替换关系或方式。

明喻，是用好像、仿佛、宛如、如同等这样的词将具有某种共同特征的两种不同事物连接起来的一种修辞手法。明喻的表达方法是：A 像 B。也就是说，明喻的时候，本体、比喻词和喻体都出现在句子中。

隐喻，是用一种事物暗喻另外一种事物。隐喻的表达方法是：A 是 B，或 A 成 B。暗喻的时候，一般地本体、喻体都会出现。但有时候，隐喻也不说出喻体。如"我心碎了"。

转喻，又称为借喻，即不直接说出所要说的事物，而使用另一个与之相关的事物名称。在转喻中，只出现喻体，而本体和比喻词都不出现，直接将本体说成喻体。

共时性，与历时性、任意性都是索绪尔提出的概念。共时性是指某一特定时间内某系统内部各因素之间的关系特征,这些因素可能是不同的历史发展阶段逐步形成的。譬如,在一个民族文化系统中,可能既存在着封建文化的因素、资本主义文化的因素和社会主义的因素。

历时性,与共时性相对,是指一个系统的发展具有历史性发展和变化的特征。也就是说,任何系统,包括语言符号系统,都会有自己的过去、现在和未来。

任意性,是指符号的能指与所指,或者符号的内容与形式之间没有必然的、内在的联系,它们之间的联系是人们约定俗成的。

符号学分析法常被人们用来做符号文本的意识形态研究,摄影作品、广告、时装等符号产品的分析研究,性别研究,以及消费者的消费需求等与符号紧密相关的研究。

符号学的分析步骤和一般定性研究方法的步骤相同:确定研究对象、收集文本资料、归类建档、阅读解析、系统综合。但需要特别注意的是,符号学分析法需要以符号学的关键概念为基础建立符号的分析框架,确定要分析的符号等要素。此外,还要掌握一些专业领域的符号建构意义的方式。如对脸部的特写镜头表示"亲密",对大半身的中景镜头表示"个人关系",对背景与演员的远景镜头表示"环境、范围和距离",对整个人物的全景镜头表示"社会关系",摄像机的仰拍镜头表示"权力、威严",俯拍镜头表示"渺小、微弱",推进镜头表示"注意、集中",淡入镜头表示"开始",淡出镜头表示"结束",切换镜头表示"同时、兴奋",划像镜头表示"强行中止",两个画面短暂重叠的叠化镜头表示"柔和过度、造型和诗意",等等。以广告的符号学分析研究为例,要做广告的性别意识研究,你需要首选确定研究哪类的广告,是厨房用具广告,还是洗衣机广告,或者洗发水广告,等等。然后在进一步确定研究的具体广告文本。接着,要收集文本资料,如果文本资料数量比较多,就要归类建档。之后要进行描述解析,分析图像、灯光、颜色、文字、音乐、摄影角度等符号的空间结构、编码方式、符号与符号的联系、文本创作技术、能指、所指、涵指、目的、作用和价值观念，等等。最后进行系统综合，撰写出研究报告或论文。

符号学本质上是一种定性研究，所以符号学的缺陷也是所有定性研究方法固有的缺陷。如对符号的意义的认知、判断和理解都有着很强的主观性，甚至是仁者见仁智者见智。符号创作者、符号研究者以及受符号影响受众三者之间，都有着自己感知系统和精神能力，所以，要想摈除主观因素的影响是绝无可能的。尽管符号学研究本身是一种定性研究，但也可以与内容分析法相结合做定量研究，可将符号按照时间、空间、利弊、优劣、异同、意义等不同的二元对立的维度进行分类统计。如对西方新闻报道中国某类事件的研究，就可以以"中国"、"某某事件"为符号单元进行分类统计和分析。

（四）内容分析法

内容分析法是通过设定分析单元对文献或文本内容进行系统和定量描述的研究方法。将有统计学意义的文字、字句、图像、图形、符号等按照一定的标准和目的来设定为分析单元，然后统计分析单元出现的频次、数量等信息，以发现可能的事物发展的规律和趋势。第二次世界大战期间，美国传播学者拉斯韦尔等人曾经以德国公开出版的报纸为研究对象，进行战时军事情报研究，在该研究中就使用了内容分析法，并取得了一些分析经验。20世纪50年代美国学者贝雷尔森出版《传播研究的内容分析》一书，确立了内容分析法作为一种量化研究方法的地位。

1. 内容分析法的适用范围

内容分析法一般可用于通过系统的量化的文本或文献分析研究，对研究对象或事物的趋势、现状、意向进行分析，以及进行多个对象和事物之间的比较分析。内容分析法常常用于对一段时期内某一传媒报道的内容变化特点、再现手段、风格、趋势和模式研究，或者用于新闻事件在网上舆情的形成、变化情况及其相互之间的关系研究，或者针对不同媒体对同一事件的不同报道风格、特点、价值偏向、态度等的研究。具体地讲，如研究服装杂志对女性身份的再现方式和价值观念，研究对电影、电视剧人物的呈现和镜头的运用，研究婚姻家庭杂志或时尚杂志中婚姻观念的变迁，研究媒体暴力或色情的再现状况及特点，比较不同媒体如不同类型报纸对同一事件的报道方式，研究微信、微博上传播者的呈现特征及使用状况，研究相声、小品、戏剧等对农民工、警察、小偷、慈善、贪腐等群体和现象的再现状况及特点，等等。

2. 内容分析法的实施步骤

确定研究目的、问题、对象和内容；确定分析维度、类目和分析单位；制定编码表；进行预试，检验编码表的科学性与可行性；抽样统计；量化分析材料；数据输入与整理量化分析结果，并撰写研究报告。

（1）确定研究目的、问题、对象和内容

无论是质化研究还是量化研究，首先都要确定自己的研究目的、问题、对象和内容，以及内容的大致范围或边界。如果研究对象涉及的内容较多，可使用抽样统计方式。譬如，要研究《新京报》关于"钓鱼岛"问题的报道，可将时间限定在一个区间，如一年或三年的时间跨度，然后再按照期数的单双数，或者每月的某个星期，或者每月某个星期的某一天，或者每月某个星期某一天的头版头条，等等，进行分层抽样统计。还可以使用"构造周"的抽样方式。即从一个月当中随机选取一个星期一、星期二、星期三、星期四、星期五、星期六和星期天，构成反映一个月一周的抽样数据。这样的抽样数据大体上也能反映总体的基本状况。

（2）确定分析维度、类目和分析单位

在进行量化研究时，分析维度越清晰越好。当有许多可分析的维度的时候，就要比较哪一个维度是最佳的分析维度。如果出现2个或2个以上较好的分析维度，彼此不能代替又可相互补充的话，只要研究者的时间和精力足够，就尽可能采用多种的维度进行分析。

类目，是指要将研究对象分为若干个类别进行研究的类别目录。类目是分析维度的具体化。譬如，如果要研究男女的消费差异，确定了服装消费这个维度，那么，就要思考和确定下一步都要具体研究哪些方面。譬如，要考虑性别、年龄、收入、教育程度、职业、喜欢品牌、购买场合、购买方式、购买价格区间、购买频次、对品牌忠诚度、购买动机、购买决策、对购买时商品的认知程度,等等,而这些需要考查的方面就是所谓的类目。

在进入具体分析之前,需要确定分析单位或分析单元。所有的分析单位或分析单元都应归属于不同的类目。换句话说,在不同的类目下都会有若干的分析单位或单元以供统计分析。分析单位或分析单元,是量化研究时用以统计和分析的最小单位。譬如,需要计算一篇媒体报道中出现了多少次"恐怖分子"或相同、相近意义的词汇,那么"恐怖分子"与其同义词或近义词就是所说的分析单位或分析单元。选择具有典型意义的分析单位或分析单元,对于实现总体的研究目标意义重大。

(3)制定编码表

在确定分析维度、类目和分析单位之后,就要将这些分析的维度、类目和分析单位,按照大小层级编排为编码表。在编码表中,除了这些目录名称之外,还要留有用来填写各个分析单位统计数目的空间。也就是,统计者要将自己统计到的分析单元数目填写到相应的栏目中的位置,以便最后合计。一般地,每统计一个样本,都需要一份编码表。编码表上要有编码类别、统计日期、编码与姓名、数据来源等信息。简而言之,编码表是对建立的分析维度、类目和分析单位这个量化系统的赋值。

(4)进行预试,检验编码表的科学性与可行性

编码表制定好了之后,先要利用编码表对一些样本进行测试性的分析。如果样本中的研究内容都能符合编码表中的分析维度、类目和分析单元,那么,就说明编制的编码表是科学的和可行的。否则,就要根据样本的实际情况改进和完善编码表。

(5)抽样统计

编码表测试成功之后,就要按照编码表的统计项目对样本逐一进行统计,即按照分析单元属性对样本内容进行仔细评判,看分析维度、类目和分析单元是否在样本中存在以及出现的频率如何,并将评判的数量

结果（有、无、数目及百分比）记录在编码表上。如果样本内容量过大，就要进行抽样统计。有时候，工作的进度和工作量要求若干个编码员分工协作。这时候就需要对编码员进行统一的培训。这些对研究样本进行编码的人员，需要理解研究者的意图、每个测量指标的含义、编码流程和技法等知识。最好，给每位编码员配备一份编码说明书。因为编码员与编码员之间总会存在理解和认知上的差异，所以，如果是多位编码员的话，一般还需要进行编码员之间的信度检验。所谓信度是指2个或2个以上的编码员按照统一的评判统计标准，对相同材料进行评判所得结果的一致性程度。信度检验的目的就是尽量缩小他们之间的统计差异和尽可能保持一个统一的标准。

（6）数据输入与量化分析材料

收集所有的编码表，并把编码表上的有用数据录入计算机软件系统。目前国内使用较多的是SPSS统计软件。该软件可以对收集的数据进行归纳式的统计和分析。SPSS的主页面即数据编辑窗口（Data Editor）一般有两个窗口，数据视图（Data View）和变量视图（Variable View）。输入者要先从变量视图入手，将一些变量选项依次输入到变量视图中。在变量视图中，有"名称"、"数值"、"标签"等栏目或内容，输入者要按照SPSS的使用说明和使用方法对这些变量进行一一设定。对变量视图中的变量内容设定好之后，再回到数据视图中，根据编码表的编码对所有的统计数据进行数据录入。

数据录入完成后，就可使用SPSS软件上的各种操作命令进行统计分析了。

（7）整理量化分析结果并撰写研究报告

对SPSS软件的统计结果，进行逐一的文字描述，然后汇总整理，并将量化分析的结果形成研究报告。使用SPSS软件可对统计数据进行相关分析、方差分析、回归分析、列联表分析、聚类分析、因子分析、判别分析等统计分析。

3. 内容分析法的优缺点

研究对象和内容确定，客观性比较强，可重复研究。虽说是定量研究，但也有定性的分析。再者，应用范围比较广泛，只要是文献或文本等有固定和确定内容的资料，都可以进行内容分析，以研究这些文本的状况和变化特征。其缺点，也是一般量化研究所具有的特点。如编码过程费时费力，数据输入和数据统计时比较繁琐，尽管提供的结论中具有客观性较强的数据，但有时候这些数据不足以说明论点的正确与谬误，因为单纯的数据可以有不同的，甚至截然相反的解释。如发现一个报纸对女大学生的报道较多或较少，我们无法得出这个报纸媒体是否就重视或轻视女大学生，等等。

（五）问卷调查法

问卷调查法，就是通过将精心设计的问卷发放或邮寄给受调查者，请受调查者填写然后予以回收并进行统计分析的研究方法。在问卷中，有调查者精心设计各种问题，需要受调查者回答，调查者在得到这些数据和信息后，进行统计分析而后得出关于研究对象的结论和建议。

调查问卷通常由前言（包括卷首语、指导语）、正文和结束语等部分组成。卷首语用来进行自我介绍和致谢，说明调查的目的、回收问卷的时间、方式，以及为受调查做保密的保证。指导语，用来对问卷的填写做些解释和说明，并强调一些注意事项等。问卷正文，即问卷的主体部分，主要由受调查者个人基本情况和要调查的问题及备选答案选项组成。受调查者的个人基本情况，包括如年龄、性别、职业、收入、单位属性，等等。要调查的问题及备选答案选项，要能够有利于调查目的和任务的实现。问卷中的问答，一般可采用选择性问题与答案、是否性问题与答案、计分性问题与答案或者等级排列的问答方式。选择性问题与答案，可以设计为单选，也可以设计为多选；是否性问题与答案，就是要受调查者选择"是"还是"否"，或者"同意"还是"不同意"。计分性问题与答案，就是对所要调查的问题与答案采取计分的方式进行统计分析。等级排列方式是指请受调查者依据重要性或必要性程度对提供的答案选项进行等级评判和依次排列的方式。还可以设计一些开放性问题，让受调查者用文字进行回答。如让受调查者直接写出对一些问题的态度、观点，以及解决的对策和建议等。结束语，用来再次对填写者表示感谢，等等。

问卷调查法的基本步骤：确定调查目的和任务；精心设计调查问卷；作试调查并改进和完善问卷；正式发放和回收问卷；将问卷数据输入电脑并用统计软件统计分析；撰写调查报告。

问卷设计时，要注意以下问题：提出的问题和答案选项以及所涉概念、术语要准确，简练，关键和必须。所提问题以及使用的语言要易于被受调查者明白，不要超出其回答的能力范围。对于问题的设计和排列要按照调查研究确定的总体思路和逻辑顺序进行，层次要分明。在调查问卷表上为受调查者预留足够的填写答案的空间。问题数量要适度，一般应控制在 15－30 个问题范围内，受调查者花费 10－20 分钟即可回答完毕问卷。问卷回收后，要去除无效问卷，保留有效问卷。

问卷调查可分为：线上问卷调查与线下问卷调查。线上问卷调查又可分为网络问卷调查法、电子邮件邮寄问卷调查法、视频会议问卷调查法，等等。网络问卷调查法是将电子问卷在网上发布，请受调查者通过网络完成的调查方法。电子邮件邮寄调查法，是将问卷以电子邮件附件的形式请受调查者填写后再返回的调查方法。视频会议问卷调查法，是通过网络视频技术支撑的互联网视频会议功能，将不同地域的受调查者虚拟地组织起来，在主持人或调查者主导下的电子问卷调查方法。

（六）访谈法

访谈法，是调查研究人员与受调查者直接交谈以获取有价值信息的调查方法。访谈法，便于深入地了解受调查者的观点、看法，以及有关问题的知识和信息，也便于收集更多一手的资料。访谈可以是个别访谈，也可以是座谈会形式的集体访谈，还可以是焦点小组式的访谈。

1. 个别访谈与座谈会形式的集体访谈

访谈的步骤：1）访谈开始，向受调查者说明访谈的目的和基本要求；2）根据预先制定的访谈提纲，逐一提问和对话交流。同时，对要点做笔记和录音记录。3）访谈结束后，若有可能可请求受调查者提供更多可能的有关材料，以便撰写调查报告时使用。之后，对录音材料和笔记材料做文字上的整理。4）在材料整理完成的基础上，撰写出调查研究报告，揭示出所调查问题的现状、性质、根由，并提出可能的合理化建议和意见，等等。

访谈法，可分为现场访谈法、电话访谈法、视频访谈法。现场访谈法，是调研人员直接到受调查者工作场所或双方约定的场所进行面对面访谈的方法。电话访谈法，是调研人员通过电话向受调查者进行问询的调查方法。

访谈，可分为结构型访谈和非结构型访谈。结构型访谈是按照预定的访谈提纲和访谈步骤进行的调查。非结构型访谈则是调查者和受调查者双方围绕调研目的而进行的自由谈论。

访谈时，要诚恳热情、谦虚礼貌、耐心细致、轻松愉快、灵活机智，勤于笔记要点。

访谈是一种定性的研究方法。如果去外地调查，则花费较大，但能够对倍调查研究的问题状况、特征及根由有比较深入的、直接的感受和认知。

2. 焦点小组访谈法

焦点小组访谈法，是一般由 8—12 人组成的小组在一名主持人的引导下对某一主题进行深入、充分而详尽的讨论，最后形成访谈结论和报告的研究方法。焦点小组访谈，会激发群体的头脑风暴，通过群体动力的相互作用而获得更多的认知和信息。

焦点小组访谈的实施步骤：1）准备焦点小组访谈。首先，寻找和落实焦点小组的场所和环境，准备好一些所需的设备：如话筒、摄像机、录音笔、单向镜，以及赠送给参与者的小礼物等。其次，征召适宜的参与者。适宜的参与者对焦点小组访谈的话题具有较强的兴趣，也有较大的参与热情和可以支配的时间。再次，挑选合适的主持人。主持人应有较好的人际沟通交流技巧和群体互动的驾驭能力,应该有相关方面的知识储备。最后是准备好访谈指南和视频、图片、样品、糖果、茶点等辅助性用品。2)实施焦点小组访谈。一般会经历三个阶段:第一,在主持人引导下,彼此互相介绍熟悉,密切群体关系;第二,由主持人带领进行群体互动式的讨论;第三,总结和评价焦点小组的讨论成果。焦点小组访谈的时间一般为1个半小时。根据调研项目的复杂程度,可以建立3-n个焦点访谈小组,最后将各个焦点访谈小组取得的访谈结果进行比较研究,以保证访谈结果的代表性和质量。3)撰写焦点小组访谈报告。报告中一般要涵盖访谈的目的、主题、问题、参与者个人基本情况、准备访谈和实施访谈的过程及在过程中遇到的问题、解决方式、访谈的结果,以及对访谈的评价与后续研究的建议等。

尽管焦点小组访谈,有着一般访谈不具备的优势,但如果焦点小组访谈某个环节出现问题,也会大大影响访谈结果的信度和质量。譬如,参与者不具有典型性或代表性,主持人的亲和力和引导能力、风格的表现发挥失常,等等。

随着网络视频技术的发展,焦点小组访谈出现了从线下转向线上进行的趋势。这意味着焦点小组访谈的参与者可以是全国各地,甚至是世界各地的。

（七）案例研究法

案例研究法,又称为个案研究法,是对某一类事物的典型个例（典型的个体、群体、组织、机构、事件、现象、行为、焦点、项目、角色、文本、影像、实物、实践活动等）进行系统的客观的科学的研究,从而找出该类事物发展的一般规律和特点的研究方法。也就是说,从微观入手,着眼于宏观;从具体入手,抽象出一般;从局部推测总体。或者说,窥斑见豹。要保证案例研究的系统性,就必须做到多维度、多层面、多方法的研究。既要研究个案的历史因素、社会因素,又要综合运用多种可能的研究方法进行研究,尽可能做到质化研究与量化研究的结合,以全面、深入地揭示个案所反映出的典型性规律和特征。例如,如果要研究一个学生的个性心理特点，可以将个性心理特点分为认知、情感、意志、行为、性格、气质、动机、行为等几个维度进行观察和探究，以便获得整体的认识。案例研究，可以以历史文献为研究的资料来源，也可以通过实地调查来获取用以研究的材料、数据、证据等信息文本。

案例研究的步骤：1) 确定研究案例；2) 收集研究文献资料；3) 研究、分析并得出结论；4) 撰写研究报告。根据研究的目的和任务，确定研究案例。选取案例的时候，一定要注意选取典型性的案例，这样的研究能够为此方面宏观上的研究提供较好的支撑，也才更具有价值和意义。譬如，要研究美国的传媒教育状况，除了总体上描述和分析美国的传媒教育状况及特征外，若能选取美国的一个或两个州来做个案研究，就更能阐明美国的传媒教育问题。

个案研究可以是质化研究，也可以是量化研究；可以是理论验证式的研究，也可以是描述性或叙事性的研究，还可以是评价判断式的研究。理论验证式的研究，是指通过对一些典型个例的研究来验证已有理论观点的正确性如何。描述性或叙事性研究，是对那些有意义的有价值的人物、事件、方案、制度或规程等进行描述或叙述，以便更好地说明问题。评价判断式的研究则是对要研究的案例进行价值性判断或可信性判断或分析。

个案研究有其优势，如能对个例进行比较系统的、深入的研究分析，从而让人们能得到深刻具体的认识。缺陷主要是，所得结论容易以偏概全，可能会把事物的特殊性当作该类事物的一般性来认识。

（八）观察法

观察法是研究者在自然情境或预先设置的情境中通过眼睛、耳朵等感官或科学仪器直接观察、感知研究对象而获得事物现状、特点和发展规律的研究方法。在自然情境下观察，被称为自然观察；在预先设置的情境下观察，被称为设计观察。如果观察者亲自参与到一个团体或社团的活动中，而去研究团体或社团的活动规律及特点，则这样的观察被称为参与观察，其方法被称为参与观察法。参与观察研究，能够使自己有机会直接接触到一个一般人不容易进入的群体，但所进行的研究容易受到个人与团体或社团关系好坏的影响，如何保持客观的观察和记录，不掺杂自己情感的好恶，是参与式观察研究者需要注意的问题。此外，还有一种自我观察法，即个人对自己心理活动的内向观察和分析，即传统的"内省法"。自我观察所得的结果，可以为其他人进行类似的实践活动提供一些体验上的借鉴和参考。

观察法的实施步骤：1）确定观察研究对象；2）制定好观察计划和观察记录表，并准备好观察工具；3）在选定时间和地点进行观察与记录；4）整理和分析观察结果，得出结论；5）撰写观察研究报告。

观察记录表上要列出观察者名字、观察截止时间、观察地点、观察对象与观察内容等信息。在观察和记录的时候，各项信息要填写完整，以便后期的整理和分析。

观察要注意以下事项：要尽量全面观察，多方面、多角度和多层次地观察；要认真做好观察记录；在国家法律和道德规范范围内观察。

观察法的优缺点：观察法的优点是通过观察可获得第一手研究资料，能够捕捉到最新发生的现象，并且观察者可获得对事物的直接经验。其缺点主要有：观察者本人的观察能力可能有差异；受到观察时间、地点、时机、工具、对象等方面因素的限制。

（九）行动研究法

行动研究法，是科学研究者与实际工作者联合起来，综合运用多种研究方法和技术，遵循在实践行动中发现问题——研究问题——基本解决问题——再发现问题——再研究问题——圆满解决问题的操作步骤，以解决社会情境（包括教育、商业等情境）中的实际问题和改善实践行动质量的研究方法。

行动研究法的几个显著特点：以解决实际问题、提高行动质量为目的；强调科学研究过程和实践行动过程的结合；行动研究是一个循环往复上升、使研究问题不断得到更好解决结果的探究过程；在行动研究过程中，实践行动者批判性反思意识不断觉醒，自我实际工作或行动的技术和质量不断提高，自主研究和解决实际问题的能力大大提升、搞好工作和行动的信心不断增强；对实践行动和行动研究结果的形成性评价与结果性评价有机结合。

行动研究的三种基本模式：1）平等合作模式。科学研究者和实际工作者或实践行动者一起合作研究，共同提出研究和解决问题的思路，以及评价工作或行动质量的标准与方法。2）主次协作模式。实际工作者或实践行动者自主进行行动研究（自行选择研究问题、制定行动方案和行动评价标准），并请求科学研究者予以协助指导和完善，最后取得满意的研究成果。3）独立自主模式。具有行动研究能力和掌握行动研究技法的实际工作者或实践行动者，独立地进行此方面研究，并取得满意的研究成果。

行动研究的步骤：1）在实际工作或实践行动中发现问题，并确定研究目的、对象、问题、人员、程序和评价方法；2）进行实践行动并同步实施行动研究；3）解释和评价实践行动结果，再发现需要进一步改进和调整的问题，提出改进实践行动方法和行动研究方法的意见和计划；4）再实践行动并同步进行再行动研究；5）再解释和再评价实践行动结果，确定行动研究工作结束还是继续提出改进实践行动方法和行动研究方法的意见和计划，是否还有需要进一步改进和调整的问题。如果实践行动结果符合满意预期、实际问题圆满解决，则圆满结束行动研究。反之，继续重复"第四"、"第五"类似步骤的工作，直至问题圆满解决。6）撰写行动研究报告。

（十）抽样调查法

抽样调查，与全面调查相对，是根据随机性原则，从总体中抽取一定的样本，通过对样本状况和特征的分析来推论总体的状况和特征的研究方法。抽样调查省时省力，但需要根据不同特点的调查对象采用不同的抽样方法，确保样本对总体的代表性。抽样调查还可以用来检查全面调查的质量如何。

抽样方法的类型：单纯随机抽样、系统抽样、分层抽样、整群抽样和多级抽样。

单纯随机抽样，又称为简单随机抽样，是将所有的研究对象个体编号后，通过每隔几位号码抽取一个号码、抽签或抓阄的方法抽取预定的样本总量，以便作为实际的研究对象。在单纯随机抽样中，每个研究对象个体被抽中的机会是均等的。单纯随机抽样的优点是简便易行，缺点是不适合于抽样范围过大或过小的情况。如果抽样范围过大，则不易抽取；反之，则形成的样本量太小，不具代表性。

系统抽样，又称为等距抽样或间隔抽样，是将所有的研究对象个体编号后，随机选取一个起点，抽取一个号码，然后根据事先确定的抽样百分比，每隔一定数量的号码抽取一个号码，这一次被抽取的所有号码构成样本的一部分。如果抽样百分比定为10%，则每隔9个号码选取一个号码。接着，以同样的方式从所有的研究对象个体中抽取一定数量的号码，构成样本的又一部分，如此反复几次（一般三次即可），将几次被抽取的号码所对应的研究对象放在一起，就形成了要研究的样本。系统抽样的代表性要比单纯随机抽样要好，但同样不太适合于抽样范围过大和过小的情况。

分层抽样，又称为分组抽样或分类抽样。如果样本范围内的研究对象个体处于不同的层次中，在研究过程中就要考虑到不同层次的研究对象个体的代表性问题，此时比较适宜的抽样方式就是分层抽样。所谓分层抽样，是指按照年龄、性别、住址、职业、文化程度、民族等特征将研究人群分为若干组（即统计学上的"层"），然后分层抽取一定数量的随机样本。不同层次的抽样比例可以相同，也可以有所不同。无论相同还是不同，都要着眼于分层抽样而形成的样本要具有较强的代表性。譬如，如果要研究60后、70后、80后、90后不同年龄的人群的网络使用行为问题，就需要进行分层抽样。

整群抽样。如果抽样单位不是个体而是群体，如村、班级、年级、社区、乡镇、学校等，则需要进行整群抽样。所谓整群抽样，就是从相同类型的群体中以单纯随机抽样、系统抽样或分层抽样的方式进行的随机抽样。整群抽样适宜于大规模的调查，如全县或全国的人口抽样调查。

两级或多级抽样，又称为多阶段抽样。如果要研究的对象处于不同的层级中，且抽样范围较大，就需要进行两级或多级抽样。如进行全国人口抽样调查，就可以采取两级或多级抽样的方式。如果采取两级的方式，就可将省或直辖市作为一级抽样单元，使用单纯随机抽样或系统抽样的方式抽取一定数量的一级抽样单元，然后再从被抽中的一级抽样单元中抽取范围更小的二级抽样单元，如县，还可以从被抽中的二级抽样单元中抽取三级抽样单元，如乡镇等。又如，如果检测北京市的空气污染状况，可使用多级抽样。抽样的第一阶段将区县作为一级抽样单元，第二阶段将乡镇作为二级抽样单元，第三阶段将监测点作为抽样单元，第四阶段，抽取样品形成样本。两级或多级抽样，要注意抽样的行政层级性和样本的代表性。在每一级或每一阶段的抽样中，要学会综合地采用单纯随机抽样、系统抽样、分层抽样、整群抽样等几种抽样方法，以减少抽样误差和保证所形成样本的代表性。

不同的抽样方法各有其抽样代表性方面的优势。但一般地讲，各种方法的抽样误差从小到大依次为：分层抽样＜系统抽样＜单纯随机抽样＜整群抽样。除了上述随机抽样方法之外，还有一些非随机抽样的方法，如重点抽样法、典型抽样法。重点抽样法就是只对一些在总体中数量不多但重要性程度颇大的样品或单位进行调查研究。而典型抽样法只是挑选若干代表性的样品或单位进行调查研究，等等。

抽样调查的步骤：1）确定抽样调查的目的、任务、方法、人员、对象范围及抽样工具等；2）制定抽样调查表，实施实验性的抽样调查，发现问题并完善抽样调查表和抽样思路和方法；3）实施正式抽样调查；4）进行抽样调查统计和分析，得出结论；5）撰写抽样调查研究报告。

（十一）实验法

实验法，是通过干预和控制研究对象的相关因素变化，而分析和揭示相关因素与因这些变化而产生的结果之间的因果关系的研究方法。

实验法的几种组织形式：单组实验、双组实验、多组实验。

单组实验。即以一个组为实验对象。在施加某一实验因子之前，先行对该组若干有关方面的结果进行统计和记录，然后将施加某一实验因子后产生的该组若干有关方面的变化结果与施加前的结果相对比，而后找出该实验因子与变化结果之间的因果关系。

双组实验。即以2个在各方面起始条件相当或近似的组为实验对象。其中一个组称为实验组，另一个组称为对照组。对实验组施加一定的实验因子，而对对照组从不施加任何实验因子，经过一定时间后测量和比较两个组的变化结果及其差异，最后揭示实验因子与变化结果之间的因果关系。

多组实验。即以2个以上不同起始条件的组为实验对象。通过对各个不同的组施加2个及2个以上的实验因子，来观察、分析实验因子与变化结果之间的因果关系。多组实验相比双组实验的好处在于：实验者不需理会不同组之间的起始条件的不同，只要具有2个以上可作为实验因子的变量，就能够自由地选择相应数量的实验组进行实验研究。

实验法的阶段与步骤：实验将依次经过实验准备阶段、实验实施阶段、实验总结和评价阶段。而实验的具体步骤有：1）确定实验目的、对象、方法、组织形式和计划；2）根据实验目的，确定实验因子自变量与因变量，准备好有关实验用具、记录表格等；3）在对实验因子准确控制的条件下进行实验，并同时做好实验过程的全记录；4）整理、统计和分析实验数据，客观处理实验结果；5）撰写实验报告。

在实验报告中，要把实验的目的、对象、方法、时间、地点、过程、步骤、结果以及原始资料等信息按照一定的逻辑顺序整理出来。对于实验结果的表述，可以使用文字、图表、曲线图等多种方式。对于实验产生的结果还要进行解释性分析，分析其根由、价值和意义，最后还可以对所做实验做出一般化的结论，并可以针对有关问题提出一些需要继续研究的问题或建议，等等。

实验法的优缺点：实验法能够提供一手的数据资料，来验证有关因素间的因果关系，有利于深入认识研究对象的本质与规律。所得数据比较客观，具有一定可信度。其缺点，就是对研究条件要求比较高，实验结果可能会受到不可控制的无关因素或变量的影响，所用时间较长、费用较高，牵涉的人事关系可能也比较复杂。

实验的类型，从实验情境角度划分可分为实验室实验和自然实验两种。实验室实验，是在实验室里使用一定的科学仪器设备进行实验。而自然实验是在原有情境下进行的实验。

通常的科学实验，有自然科学实验、心理学实验、教育学实验、社会学实验等。例如，自然科学实验，是指研究者基于一定的自然科学研究目的或研究假设，利用一定的科学仪器设备进行的模拟或真实实验。自然科学实验对于实验结果的一个基本要求就是可重复性，可再验证性。心理学实验，用来研究被试者在某一实验条件下的行为变化规律，即某一实验条件与其行为间的因果关系。在心理学中，通常将实验者称为主试，而将研究对象称为被试。

◎ 第一部分　传媒素养教育基础理论

　　传媒与人类生活相伴，传媒素养为人类所必须，传媒素养教育与人类命运相始终。

——秦学智

传媒素养教育是一种关于传媒自身、传媒文化以及传媒批判性素养的传媒普及教育。普及的内容是那些在今天的时代看来人们或广大受众身上应该具备的一些起码的传媒知识、传媒使用技能、传媒反思和批判能力、传媒态度和情感，以及必要的传媒制作、交流、传播和反馈能力。在如今的传媒信息传播时代，传媒已经成为继政治力量、经济力量、学校教育力量等之后的一种重要社会影响力量，或者已经成为政治、经济、文化、教育、法制等力量聚合、分歧、斗争的一个反应器或晴雨表。更重要的是，随着电影、电视和网络等现代媒体的出现，传媒已经成长为一个既虚拟而又真实的人类生活世界，这个人类生活世界是人类意识器官——大脑的延伸。几乎大脑的所有工作区域，如情感、学习、工作、娱乐、休闲、畅想等都可以在这个意识世界里得到延伸和施展。并且，这个意识世界和我们大脑的意识世界通过电脑键盘、电视屏幕、电影银幕等联系起来，让我们的意识世界很容易和众多别人的意识世界沟通起来，因而我们这个意识世界空前地丰富起来，使得许多我们未曾想象、无能力想象、不容易想象的东西或生活进入我们灵魂和意识的深处，我们的思想和精神世界从而大大丰富和充实起来。特别是电脑键盘将我们与电脑游戏中的角色融为一体，我们在其中可以享受到恣意妄为、随心所欲、战斗、战胜的种种快乐和情趣，这种手上技能和脑中技能、想象等融为一体的境界前所未有，因而我们的人类真正地到达了一个新的天地，一个我们可以驰骋我们想象能力和创造力的新天地。

　　我们也许能够做到用一句话来概括传媒素养教育的实质，但是我们要想认识到这个实质，却需要了解许多方方面面的知识，比如哲学层面的知识、传播学层面的知识、教育学理论方面的知识、传媒的知识、素养的知识，等等。探讨这些知识对于我们理解传媒素养教育的重要性和必要性，以及传媒素养教育的理论内涵和实践内容、方法等都是十分必要的。

第一章 理论基础与传媒教育应用

第一节 哲学层面

（一）事物的联系与发展规律

唯物辩证法认为，事物是普遍联系的，也是曲折发展的。世界是一个普遍联系的整体，世界上没有能够孤立存在的事物。蝴蝶效应能较好地说明这个问题。因此，我们也要用普遍联系的观点看待和处理社会和个人发展的问题。

唯物辩证法还认为，事物发展的道路是曲折的，但前途是光明的。就人类社会的发展而言，社会不断地走向发达和文明，尽管某些阶段在某些方面如道德风气方面出现倒退的迹象，但人类社会走向民主和科学文明的趋势不会改变，进步的洪流不可阻挡。

把这个规律应用到传媒教育或学习当中，就要将传媒或媒体发生的个别现象或事件与传媒机构的制度、理念、生产和运作模式、报道的历史事实等联系起来，与整个传媒生态环境状况联系起来，与整个社会，甚至国际社会联系起来，与直接相关或间接相关的一切人、事、物联系起来，这样我们才能对传媒的现象和规律有比较深刻和清醒的认识。

（二）矛盾普遍性与客观性原理

矛盾的存在是普遍的，也是不以人们的意志为转移的。不仅事物内部存在着矛盾，如对于个人来讲，时时处处都存在着身心矛盾，而且事物与事物之间也存在着矛盾、分歧，甚至斗争。对于国家与国家的关系、整个社会也是如此。矛盾还存在着主要矛盾和次要矛盾的区分。所谓的主要矛盾与次要矛盾并不是永恒不变的，而是阶段性。即在众多的矛盾中，此一时这一矛盾上升为主要矛盾，彼一时这一矛盾又会下降为次要矛盾。在抗日斗争的过程中，国共摩擦就是次要矛盾，抗击日本侵略就是主要矛盾。到了解放战争的时候，国共斗争又上升为国内主要矛盾。所以，一切都在变化之中。

将矛盾普遍性与客观性原理应用到传媒教育或学习中来，就是要让教育者和受教育者明白传媒生产、流通、分配和消费领域也是充满着各种矛盾、分歧、竞争、利益冲突，只要正确地看待和审时度势地面对并克服这些矛盾，减少或转化这些矛盾，就能发展有机和谐的统一性，才能以积极乐观的心态面对我们人类生活中可能遭遇的任何困难，并坚定受教育者克服学习、工作和生活中的矛盾的信心和信念。

（三）量变质变规律

唯物辩证法认为，所谓质，是指一事物区别于另一事物的规定性，而所谓量，是指事物的规模、程度等可量化的规定性。量变到一定程度，事物就会发生质变。也就是说，量变是质变的必要准备，而质变是量变的必然结果。

把量变质变规律应用到传媒教育或学习中，就是要让教育者和受教育者明白，传媒的现象的变化发展是一个量的积累过程，只有不断地进行有关方面量的积累，才能引起有关方面的质的变化与发展。同样的，传媒教育工作和学习也是如此。没有坚持不懈、持之以恒的努力，就不会获得预期的满意的成果。

（四）否定之否定规律

唯物辩证法认为，事物的发展都是通过对自身的辩证否定而实现的。当事物的肯定力量方面占据主导地位的时候，事物就保持现有的性质、特征和方向，但当事物内部的否定力量战胜肯定力量居于主导地位的时候，事物的性质、特征和方向就会发生反向的变化，从而发生旧事物向新事物转型的质变。接着，新事物又会通过辩证的否定转型为新新事物。这样，事物发展过程中存在着阶段性否定与阶段性否定之否定的特征，也正是在这样的肯定与否定中事物实现了从低级到高级、从简单到复杂、从落后到先进的自我完善和发展。

将否定之否定规律应用到传媒教育或学习中，我们就能辩证地看待人的认识观念、社会的认识观念、社会文化、传媒文化、传媒生产与消费、社会制度等所有的社会生产生活方面的发展的波浪式前进规律。任何事物的发展都是既有继承又有革新，历史虚无主义和封建保守主义都是违背事物客观运动规律的。譬如，"文革"是对"文革"前的否定，改革开放又是对"文革"的否定；再者，从世界人类文化的发展来说，没有一种民族文化可以永久占据主导地位，文化的发展此起彼伏，彼此借鉴、吸收、融合和发展。只有"杂种"的文化才能具有顽强不衰的生命力。从"杂种"的角度看，互联网是世界文化的大熔炉，互联网文化将是未来社会发展的大趋势。

（五）辩证思维原理

辩证思维是人们根据唯物辩证法的普遍联系与发展规律、对立统一规律、否定之否定规律、量变质变规律认识事物的方法。它包括归纳和演绎方法、分析与综合方法、逻辑与历史的统一方法等基本方法。

归纳方法是从个别事实中抽象出一般的概念和结论的方法；演绎方法是从一般原理、概念推出个别结论的方法。归纳和演绎是一对对立统一的方法。

分析方法是把认识的对象分解为各个不同的部分和方面，分别进行研究的方法；综合方法是把各个不同的部分组合为一个统一的整体而进行研究的方法。分析和综合也是一对对立统一的方法。人对事物的认识就是一个分析、综合到再分析、再综合的循环往复的不断进步的过程。

历史方法是指人们认识事物必须把握其本身的发展史；逻辑方法是指用概念、理论、原理、范畴、线索等理性思维形式对事物进行认识的方法。任何事物历史的发展有其自身的逻辑和规律，因此，认识事物必须认识其历史，也必须理清其内在的本质的因果逻辑关系。

将辩证思维原理应用于传媒教育或学习中，我们就能在认识事物时保持一种客观、理性、批判性思维的状态。减少片面性、不符合常识和逻辑的思维，让我们对媒介文化现象、传媒与社会各方面的关系、传媒与人的关系等任何事物本质和规律的认识都能深刻、清晰，从而做出科学而明智的决策与行动。

（六）真理的相对性与绝对性原理

所谓真理是指人们符合客观世界规律和特征的认识。因为被认识的事物及其规律和特点是客观存在的，所以人们对它们的正确认识就构成了真理的绝对性。但是，人们的认识并不等于客观世界及其规律和特征，由于人类认识器官、能力等方面的局限，即使人们在某一阶段获得了某一方面的"正确认识"，在后续的研究中会发现是不完全正确的。换句话说，即使被人们奉为真理的认识，其"科学性"、"正确性"也是相对的。要检验真理只能通过一个又一个的实践过程，实践是检验真理的唯一标准。

把这个原理应用于传媒教育或学习中，就是要让教育者与受教育者明白，无论我们头脑中认为是多么绝对正确的信条、话语，还是我们在传媒文化中习以为常的思想观念，我们都不能忽视其"真理"的相对性。我们要时刻保持清醒的头脑，要相信一切的正确与否，要通过实践的不断检验，这种对真理的探求过程，本身就是一个终身学习的过程。因此，要不唯书，不唯上，不唯所谓的"学术权威"，坚持"一分为二"原则和批判性的辩证思维，坚持大胆假设、小心求证的研究态度，那么，就会让"真理"不断地接近其"绝对性"。

（七）意识形态理论

意识形态是一个社会政治、经济、文化、法律、道德、文学艺术等思想、观念、概念、价值观的总和。意识形态属于上层建筑，是对社会经济基础的反映。因为社会分为政治、经济、文化等不同的方面，所以就有了政治意识形态、经济意识形态等不同角度的分类。意识形态是对社会存在和自然存在的主观反映，它与现实社会生活、人类个体的成长紧密联系，并且相互作用、相互影响。意识形态本质上是一种信息的存在，而信息的存在是永恒的，它或者是以潜态的形式或者是以显态的形式存在。譬如，在现代社会里，我们具有当代的最新社会意识，也具有封建社会意识的残余，更多的落后于时代的意识是以潜态的形式存在于人类的潜意识和图书馆的藏书中。当然，人类在轴心时代产生的许多优秀的意识形态也同样地以显态的和潜态的形式存在于历史的记忆以及历史记忆的载体中。

不同阶层的意识形态，反映了不同阶层的利益诉求。在一个社会中，既有统治阶级的意识形态，也有被统治阶级的意识形态。如果社会的规则、制度以及执行方面相对公平、公正，那么就说明这一时期的统治阶级的意识形态和被统治阶级的意识形态相对趋同或接近。

将意识形态理论应用于传媒教育和学习领域，就是要让教育者和学习者时时刻刻对要研究和分析的传媒现象与传媒文本保持自觉的清醒的意识形态分析意识。譬如，一个文本或一个传媒报道中，会有什么倾向性、立场和观点，这种倾向性反映了谁的意识形态？有哪些是属于显态的明确宣扬的意识形态，哪些是潜态的、暗藏的意识形态？又譬如，当我们研究和分析美国、日本等西方国家的传媒报道的时候，学会判断他们的传媒报道有没有"文化霸权"、"文化侵略"、"文化歧视"的含义，以及它们的立场、利益所在，都是非常重要的。只有对意识形态做准确的研究和分析，才能搞清楚传媒文本或现象的真正含义。

(八) 后现代主义理论

后现代主义是 20 世纪 60 年代以来开始盛行一段时期的一种反现代主义、反单一化、力图超越主流意识形态的哲学思潮。事实上，在任何时代的社会中，都会有两股势力，一股是维护统治阶级统治的主流意识形态势力；另一股是企图颠覆、瓦解或稀释统治阶级主流意识形态的大众或百姓文化意识形态势力。也就是说，"现代主义"和"后现代主义"是相对的，虽然这个名词术语是现代才创造出来的，但是这种现象却不是只有工业社会和后工业社会才有的。如果我们把"现代主义"定义为传统的东西的话，那么"后现代主义"只不过是"反传统"的东西。像结构主义与后结构主义、马克思主义与西方马克思主义、改革开放前传统道德与改革开放后道德、过去与现在、现在与未来，等等，其实本质上就是"现代主义"与"后现代主义"的关系。

后现代主义认为，所有的现象有很多可能的解释。真理和一切标准性的东西，都是人为的设定和解释，都是相对的、多元的。尼采对基督教伦理的批判、其权力意志思想、超人哲学，都是对当时的现代主义的否定和颠覆，福柯的新尼采主义、德里达的解构主义，等等，都是在试图消解现代主义对人心灵和思想的羁绊和影响。后现代主义的主要特征，就是主张人性的自由化，强调个性，推崇自然舒畅、浪漫的生活情趣，反对技术和理性对人情绪情感的束缚，与现代主义更强调事物的同一性、确定性相比，它更强调事物的差异性和不确定性。显而易见，现代主义和后现代主义都是社会需要的，它们对立统一。现代主义可以让我们心安理得地享受确定、程序化的生活，而后现代主义则能时时刻刻提醒我们不能过于因循守旧、行动呆板，要敢于充分地表现个性和情趣，让这个世界变得更加丰富多彩。

将后现代主义理论应用于传媒教育和学习中，就是要让我们从非主流意识形态的角度，从个性化、多元化、自由化的角度审视我们正统的教育中那些所谓的"正统"、"主义"的优缺点，从而让我们既有原则、底线，又有灵活性和自由度；既有理性统率，也有情趣生活；既有规则意识，又能不墨守成规。

（九）女性主义理论

社会由男人和女人组成。在男权主义的时代和社会，女人屈从于男人。"三纲五常"中的"三纲"中就有"夫为妻纲"。男女在社会、家庭中的地位都不对等。进入近代以来，受到西方妇女解放运动和"女性主义"思想的影响，我国改革开放前也曾有过"女性主义运动"高涨的时刻。目前，尽管我国实行男女平等的社会制度，但男女在社会和家庭中事实上的不平等现象，也在一定范围和程度内存在。譬如，一些媒体的报道中，就有可能存在"性别歧视"的现象，一些工作招聘中就会有"男士优先"的潜规则。这其中尽管有些纯粹是因为生理上的不同导致的选择结果，但仍有一些是由于被歧视的"社会性别"引起的。

女性主义，又称为女权主义、男女平等主义，是为了反对性剥削、性歧视、性压迫，促进男女平等的社会思潮、理论和运动。女性主义关切的议题主要有女性的生育权、堕胎权、教育权、工作权、薪资平等权、代表权、性骚扰、性暴力、性歧视、性剥削、性压迫、性别刻板印象、妇女参政等。

女性主义理论有很多假设或归因。如交换理论认为，男女之所以在某些方面表现出了不平等，是因为男性比女性掌握了更多的社会资源。例如，有些官员包养了很多的情妇，就是因为这些官员掌握了大量的社会财富，既有权势又有金钱，从而使得很多妇女将"性"作为交换条件而人身依附。网络理论认为，男女的不平等是因为彼此的社会关系网络不同造成的。男性因为社会交往广泛，所以具有了更多的社会成功的机会，从而导致男女事实上的不平等。角色理论认为，妇女在社会中有着家庭和工作的双重角色。在家庭角色中，妇女要比男性承担更多的责任和义务，付出更多的辛劳和时间，这样导致了女性在工作中的投入少、薪酬低和晋升慢。地位期望理论认为，社会群体对男性的期望值一般高于女性，这无形中是对男性的鼓励和对女性进取心的降低。这种期望的结果反过来又验证和加大了社会群体对男性的期望值。符号互动理论认为，在社会观念中普遍存在着不同程度的"男尊女卑"的观念，这种观念的流行，以及女性对此观念的默认，就会导致两性之间的差别。

将女性主义理论应用于传媒教育与学习中，就是让教育者与受教者认识到男女的生理、心理和社会性别之间的差异及其深层根由的解释或归因。激发人们对男女性别问题的深思和男女平等的精神意识。能够用女性主义理论来分析传媒文化和传媒文本中的性别不平等现象,并将男女平等的意识化为实实在在的男女平等化的行动,以不断地改善我们社会的男女关系。

第二节 传播学理论

(一)媒介环境学理论与媒介生态学理论

1968年,尼尔·波兹曼在"英语教师全国委员会"(National Council of Teachers of English)年会上首次提出要将媒介作为一种环境来研究。自此以后,媒介环境学逐渐成为一个传媒研究的领域。媒介环境学主要研究媒介作为人类社会生产生活的一个环境而对人类的社会文化生活产生的诸多层面和方面的影响。媒介是一个环境,人类创造了这个环境,这个环境也同时影响着人类文化的发展和社会生活的互动。媒介也是一种文化和人们获知知识与技能的文化载体,媒介的这种文化和文化载体的双重属性决定了媒介自身在我们现代生活中的地位和作用。可以说,世界各国文化的融合与发展,人类的文明与进步,个人的成长与日常生活的维持,人类生产生活的一切的一切,都离不开媒介的参与。媒介这种作为环境的性质,的确需要教育者和受教育者去深刻地学习和领悟。当然,任何媒介都是一把双刃剑,如果用之不当,则会危害自身和社会。譬如,痴迷于智能手机的使用、电脑游戏,等等,不仅会给自己带来一些危险,也会让自己浪费了工作的时间,降低工作效率。

从媒介环境学的角度看,媒介对人和社会的影响主要有以下两方面:第一,媒介的结构和技术特征对人和社会的影响。譬如,报纸、杂志、书籍等纸质印刷媒介对于普及教育的产生与发展有着非常重要的作用,目前数字技术对于远程教育、在线教育和终身教育的发展也起着非常重要的作用。特别是智能手机的出现，彻底改变了人们近用信息、获取知识、享受娱乐信息的生活方式，也改变了人们传统的工作方式。同样的，对同一事件采用小说、电影、电视、小品等不同传媒方式呈现，也会产生不同的意涵和效果。第二，正像英尼斯所说的，不同的媒介具有不同的偏向性。譬如，文字的符号媒介具有理性、知识性或抽象的偏向，而图像图画的符号媒介具有感性和直观的偏向；有利于长久保存信息的媒介属于时间偏向性的媒介，而有利于远距离运输和传播的媒介属于空间偏向性的媒介；隶属于不同部门的媒介可能具有不同政治性的偏向；不同体裁、类型或质地的媒介可能具有不同内容的偏向性。

媒介生态学理论与媒介环境学理论不同。媒介环境学理论关注的是媒介作为环境而对人类社会各方面带来的影响，即要研究媒介与社会、媒介与文化、媒介与人、媒介与自然等之间的关系本质和特征。而媒介生态学理论主要研究媒介自身的生存状态问题。更具体地说，是研究媒介系统自身各个要素之间的关系问题，以及媒介系统与外部环境之间的关系问题。其焦点在于媒介处于一个什么样的生态状况中，遇到哪些机遇与挑战，需要如何应对才能更好地生存和发展。由此来看，媒介环境学理论关切的焦点在于媒介作为环境因素对人与社会生存与发展的影响，而媒介生态学理论关切的是媒介自身的生存与发展，以及媒介外部环境对媒介自身的影响等问题。前者研究的是媒介作为外因影响人和社会发展问题，后者研究的是媒介外部环境因素作为外因影响媒介系统自身发展的问题。

将媒介环境学和媒介生态学理论应用于传媒教育与学习中，就是要教育者与受教育者都认识到媒介系统已经成为影响人和社会发展的一个非常重要的因素，他们必须正视媒介这种环境因素对我们日常生活方方面面的影响。同时，也要了解媒介机构和产业处于一个什么样的生存和发展状态中，一方面，对于那些未来可能在媒体行业就业的人来说必不可少，另一方面，对于未来不在媒体行业就业的人来说，媒介领域的知识也是不可或缺的。因为未来的社会，人人都会是自媒体的传播者和接收者，都要懂得或了解起码的传播知识与技术发展，以便更好地为自身和社会的发展服务。

（二）传播过程与本质理论

1. 5W 模式理论

1948 年，美国传播学者拉斯韦尔在《传播在社会中的结构与功能》一文中提出其 5W 模式理论。所谓 5W 模式，是指一个信息的单向传播过程一般包括 5 个要素，即传播者（Who）、传播内容（What）、传播渠道（In Which Channel）、传播对象（或受传者，To Whom）和传播效果（With What Effect）。当然，大多数的传播活动都是一个双向的交流和沟通活动，即使是电视、国家宣传这样的传播活动中，尽管电视传媒人和国家宣传者主要是信息的传递者和灌输者，但观众和民众仍然会对这样的电视传播和宣传表达出自己的反应或反馈的意见信息，这些信息的大多数尽管由于渠道和途径的限制未能传回给最先开启这波传播过程的传播者，但反馈活动中仍然含藏着一个单向传播活动的 5 要素。

拉斯韦尔提出的 5W 模式理论，为传播学研究奠定了基础性的研究内容框架，即五大基本方面：控制分析、内容分析、媒介分析、受众分析和效果分析。在这个基本的内容框架基础上，人们不断拓宽了传播学的研究，如传播历史规律的研究、传播战略和策略研究、传播道德与法规研究、传播艺术和方法研究，以及传播的体制机制等研究。

将 5W 传播模式理论应用于传媒教育和学习中，就是要让教育者和受教育者明白一个传播过程的要素组成如何，明白自己作为一个传播者应该注意到自己的传播内容是否合乎道德和合乎法律，明白自己采用的传播渠道和方式方法是否最优，明白自己的传播对象的接受能力和心理感受，以及明白如何最大可能地提高自己的沟通效果；同时，明白自己作为一个受传者应该注意到传播者的动机和意图，会对传播者使用的传播渠道和方式，以及传播的具体内容进行分析、鉴别和评价，从而让自己和他者实现充分有效沟通。

2. 多级传播理论

多级传播理论是在美国传播学家拉扎斯菲尔德"两级传播"理论的基础上发展而来的。拉扎斯菲尔德在 1944 年《人民的选择》一书中系统地提出"两级传播"理论。

两级传播理论认为，传播的过程主要分为两个主要阶段，一个是由大众传媒向意见领袖传播的阶段，另一个是意见领袖传播给一般个人的阶段。显然，将传播的过程一律分为两个阶段或两级，是不符合客观实际的。如听众听过收音机可以直接收听到广播电台的广播节目信息，一级就可以完成；其次，也有一些信息是经过若干多个层级一层一层地传播开来的，这就如同池中的涟漪一样，其波动是多级的，甚至无限级的。因此，两级传播理论最终败给多级传播理论，是自然而然的事。

美国传播学家罗杰斯就曾指出，大众传媒自身并非是信息传播过程的最顶端，因为大众媒体自身还会被其所有者和管辖者所控制，并且二者之间也存在一个信息传播环节的问题。为了修正"两级传播"理论，罗杰斯将信息传播的流程，分为"信息流"和"影响流"。其实，影响流，是指信息的作用和影响的传播过程，也就是说，所谓影响流实质上也是"信息流"。只不过，在罗杰斯看来，"信息流"指的是大众传媒到一般受众之间的第一波的信息流动，而影响的传播则是指在第一波的信息流动之后还可能有后续的信息流动和影响。如，一个新闻报道出来后，会经由意见领袖或不经由意见领袖直接传播给受众，给受众产生直接的影响，这种影响还可能经过第二次发酵，产生继发性的信息流动和影响。也就是说，新闻报道的信息流之后还可能会产生继发性的影响流。如，2015 年天津港"8·12"爆炸事件，是一起典型的危机传播事件。在这次传播过程中，不仅有罗杰斯所谓的"信息流"，而且有其所谓的"影响流"。为了减少谣言和无端的怀疑和猜测，政府就需要对事实真相迅速展开调查，并及时召开记者会发布调查阶段性结果。同时，允许媒体对事实真相进行调查性报道，必要时邀请有关专家对危机的程度进行评估和分析,充分发挥意见领袖人物在平息和解决危机中的积极作用。

拉扎斯菲尔德的二级传播理论是对"魔弹论"无限效果论调的修正,开启了传播研究领域的"有限效果论"的研究。从此,传播学的研究进入了一个新的阶段。

将多级传播理论应用于传媒教育和学习中,就是要让教育者和受教育者明白,传播者与受传者之间的信息交流和沟通,不仅有直接传输的情况,也有间接传输的情况。要让他们认识到,在间接传输信息的过程中,可能有了很多的信息"变异"的情况。譬如,成语以讹传讹、"击鼓传花"、"动作传递"等信息传递的游戏,就会产生很多变样或变种,出现了原始信息递减和新的信息增加的现象。因为信息递减和信息增加,以及信息冗余等现象的客观存在,使得人际沟通和大众之间的交流和沟通变得比较复杂和多样,同时,这也是人们为什么喊出"理解万岁"的原因。最后还要让教育者和受教育者明白,如何才能保证信息在传播过程中尽可能保持真实,而不失真。也就是掌握多种传播和交流沟通的技巧和方式方法。譬如,人的动作、姿势、神态、语言等都容易引起人理解上的歧义,那么如何才能使歧义减少到更低的程度,就成为传媒教育和学习过程中要解决的问题。

3. 拟态环境理论

美国新闻评论家沃尔特·李普曼在其《舆论学》一书中提出了"拟态环境"理论。他指出,我们人类生活在两个环境中:一个是现实环境,一个是虚拟环境。现实环境是人们直接体验和经验的环境,虚拟环境是人们间接感受到的媒体或他人转述、虚构或偏向性报道的关于现实世界的境况描述。在报纸、杂志、电视、网络等大众传媒兴起之后,人们关于更多更远更陌生世界的认识,主要是通过这些大众传媒的渠道获得的。还有一部分是通过旅行过或访问过陌生世界的人的记述或描绘获得的。人们这种"道听途说"的接受大量外界陌生现实的学习和经验世界的方式,决定了人们除了自己亲身接触的现实周围环境之外,更大的生活于其中的环境是一种拟态的环境。这种拟态的环境是"他人转述的",有很多添油加醋或者因为观感、立场等不同而导致的偏向性知识和信息。

尽管人们有可能认识到这种拟态环境的部分真实、部分虚幻的性质,但长期浸染在这种环境中,免不了受到"近朱者赤近墨者黑"、"蓬生麻中不扶自直"的环境影响。这种影响常常是"潜移默化的"、"润物细无声"的。正因此,很多的人常会把大众媒体构筑的拟态环境视为真实的社会环境来看待。甚至,人们将媒体对社会政治、经济等的报道视为社会发展的晴雨表。譬如,《人民日报》发表的"四千点才是牛市开端"的报道,不知蛊惑了多少股民发财的梦想,也从而导致了不知多少股民的惨重损失。拟态环境和现实环境之间的巨大差距,将会在很大程度上影响人们正确的决策和实践活动,也会给人形成错误的刻板印象。

譬如,媒体的娱乐化、趋利化导致了更多关于暴力、血腥、色情、非道德化的"黄色新闻"与低俗节目,这种被虚构出的"黄色环境"加剧了人们对现实环境社会的隐忧或加剧了社会向"黄色"、"低俗"方向的退化,久而久之,会给个人身心发展和社会健康发展造成重大灾难。因此,媒体除了对社会黑暗面予以无情揭露、鞭挞假丑恶之外,还应从弘扬真善美的角度,对好人好事予以相对平衡的报道,做到"以科学的理论武装人,以正确的舆论引导人,以高尚的精神塑造人,以优秀的作品鼓舞人"。只有这样,才能让民众尽可能地接近真实的社会生活环境,并让他们做出正确的决策和行动。

将拟态环境理论应用于传媒教育和学习中,就是要让教育者和受教育者明白我们生活的环境中,既有自己直接接触的社会现实,也有大量被媒体或他人虚构、转述、描述或捏造的社会现实,这两种现实都是不以我们的主观意志为转移的客观存在。甚至,我们已有的关于某一人、事物、国家或团体的固定印象、先入之见,都带有很多不科学的成分。古人云:学、问、思、辨、行,缺一不可。广博地学习、细细地追问、谨慎地思考、明晰地分辨，然后持之以恒地实践。只有这样，才能成为真正的"仁者"、"智者"和"勇者"，成为对自己、对家庭和对社会有用的人。

（三）传播者理论

1. 把关人理论

把关人是指对将要发表或传播的信息进行过滤、检查和放行的人。美国社会心理学家卢因 1947 年在《群体生活的渠道》一文中提出了这个传播学概念。20 世纪 50 年代，美国传播学者怀特将把关人概念用于新闻学的研究，指出新闻人会根据新闻的客观属性、媒体机构的立场和新闻人的专业标准对新闻信息进行筛选和过滤。他还在《"守门人"：新闻选择的事例研究》一文中提出了过滤信息的公式：把关过滤信息 = 输入信息 − 输出信息。总的来讲，把关人具有检查、加工、评价、导向和桥梁等功能。

经过把关人过滤后的信息，显然反映了媒体机构和媒体人的立场、观点和偏向性。这种把关实际上被分解为层层把关，如总编辑之下有编辑，编辑之下有记者，各个层次的把关人按照自己的职责和任务把关，最后作为整个媒体机构的产品而发布出来。媒体机构对经过自己经营的媒体发布出来的信息负有工作责任和社会性的责任。

把关人的数量在急剧增加，专业把关人角色发生新变化。随着互联网等新媒体技术的发展，众多个人移动终端的出现，很多的信息不再经由专业的把关人进行把关，每个人都成为了传播者，也成为所传播信息的把关人。媒体机构的把关人在做着自己专业把关的事情的同时，还可能要对海量的用户发布的信息进行审核、删除的工作。

因为媒体所有者或经营者无法对海量的网络信息进行及时筛选，就会让鱼龙混杂的信息有时间在网络等媒体上散布，这增加了对虚假、欺骗性等有害信息的查处难度。而谣言的传播会给社会带来一定的动荡和不安。

将把关人理论应用于传媒教育和学习中，就是要让教育者和受教育者明白，我们日常所接触到的新闻、广告、网络等信息都是经过一定数量的把关人的检查和过滤的，这种过滤后得到的知识或信息，我们需要进行仔细的辨别和思考，才能真正把握信息的真正内涵和那些可能被忽略或被禁止的信息。再者，要让教育者和受教育者认识到，自己在传播和发布信息时作为一个把关人应负的社会责任和法律责任。譬如，如果散布黄色、赌博、灾难、地震等不良和不实信息，可能会触犯有关法律条文。最后，要学习有关把关的法律、规则、知识和技能，让自己在微时代成为一个合格的把关人。

2. 议程设置理论

尽管20世纪20年代，美国新闻工作者和社会评论家李普曼在其《舆论学》一书中提出过新闻媒介影响着我们头脑中的图像的"议程设置"的思想，但明确提出"议程设置"概念的当属美国传播学者麦考姆斯和唐纳德·肖。他们在1972年正式发表的《大众传播媒介的议程设置功能》一文中明确指出：媒介具有议程设置的能力：它们通过反复报道某类主题或题材，强化该主题或题材在公众心目中的重要性、必要性，并引导公众的思考内容。并且他们通过对1968年美国总统竞选运动期间的部分选民思考的主要社会问题的研究发现：大众传媒对某些主题或题材的强调与受众对这些主题或题材的重视程度成正相关关系。即媒体报道什么内容，什么内容就容易成为受众关注和思考的内容。大众传媒可能无法影响人们如何思考，但却可以影响人们思考什么。

媒体普遍地进行议程设置，有着主观和客观两方面的原因。客观原因主要是：媒体报道的容量、版面、频道、时段总是有限的；社会和政府，以及传媒法律法规对媒体行为的规约。主观原因主要是媒体自身的宗旨、方针、价值观和利益所在。

媒体的议程设置功能可以用来为社会和国家服务。如：1）聚焦公共话题，容易建立共识。媒体对公共话题方面的事件和内容进行报道，有利于引导民众对这些公共问题的思考、议论，形成社会舆论，并促使社会问题的顺利解决；2）释疑解惑，稳定社会民心。如果社会中遇到突发的危机事件，如天津港大爆炸、非典传染、日本政坛异动、南海争议等,媒体能够对这方面问题进行及时跟踪调查、研究,分析其根源、危害性程度、解决的举措等,那么就能有力地减少谣言的传播,稳定社会和民心。

议程设置理论,肯定了大众传媒对社会和民众的宣传和教育方面的影响,指出了媒体通过议程设置功能构造拟态环境的事实。这种功能是时时刻刻都在发生的,因此大众传媒的影响是无时不在的。议程设置理论常被用来研究和分析一个媒体机构或媒体的宗旨、方针、举措、做法和舆论导向等,它为人们认识大众传媒的作用提供了一个新的视角。

将议程设置理论应用于传媒教育和学习中,就是要让教育者与受教育者明白,大众传媒的影响是无处不在的,大众传媒能够按照自己的议程设置来左右人们的思考内容,甚至思考的方式方法。以此类推,政府、组织,以及使用媒体的用户个体,都会有议程设置的功能,这些功能相互作用、相互影响,形成了传媒世界的互动的图景。

3. 社会责任理论

社会责任理论是"报刊的四种理论"之一。"报刊的四种理论",是关于大众传媒的理论,由美国伊利诺大学教授威尔伯·施拉姆(Wilbur Schramm)、弗雷德·西伯特(Fred S. Siebert)和西奥多·彼得森(Theodore Peterson)在1956年出版的《报刊的四种理论》(*Four Theories of the Press*)中提出。"报刊的四种理论",包括集权主义理论、自由主义理论、社会责任理论、苏联的共产主义理论。集权主义理论主张对大众传媒的报道进行严格控制和审查,确保大众传媒的报道与主流意识形态高度一致。自由主义理论主张言论自由、新闻自由,认为大众传播是一个"观点的自由市场",应该允许大众传媒在宪法和法律框架下自由地、不受任何干预地报道客观事实。苏联的共产主义理论,是集权主义理论和自由主义理论的合体,是将大众传媒和大众传播者作为实现党和国家利益的工具,大众传媒统一由国家所有和经营,大众传媒成为党和国家的喉舌。而社会责任理论认为,大众传媒有着巨大的社会责任和义务,要遵循严格的职业标准,切实关心社会公众和国家的利益。大众传媒不能成为金钱和权势的奴隶,而应该成为公共利益和国家利益的"把关人"和服务者。因为集权主义理论、自由主义理论和苏联的共产主义理论,都已经不适应时代发展的潮流。所以,这里重点阐述与大众传播者有关的社会责任理论。

社会责任理论,是对自由主义理论的修正,是将新闻言论自由和社会责任有机统一起来的理论。因为社会责任理论是对自由主义理论的发展,也被称为新自由主义报刊理论。社会责任理论强调,自由必须以社会责任为前提。大众传媒在享有新闻言论自由的权利之时,也要恪守自己的社会责任和义务。

自由主义理论认为,人类是理性、仁慈、友善的动物,有着分辨善恶是非美丑的良知良能。只要允许人们自由言论,社会就会趋于公正和客观。但社会责任理论对此提出质疑。认为人性具有两面性。人具有理性、仁慈和友善的一面,但也有冲动、丑恶和不仁不义的一面。如果过于放任人们或大众传媒的言论自由与新闻自由,那么,大众传媒和社会也会变得自私、逐利和短视,社会的公共利益可能会受到侵蚀和危害。因此,必须将自由的权利和社会责任与义务统一起来,要使大众传媒将恪守社会责任和正义作为实现自己经济商业利益的前提。总之,不受约束和限制的绝对自由是有害的,自由与责任相统一的自由是必须坚持的。

社会责任理论认为,大众传媒的功能和目的就是不断提高人民的文化水平,为民主政治服务,保障人民享有"观点的自由市场"的权利,引导人们进行科学和理性的生活,弘扬真善美、鞭挞假丑恶,不断促使社会的良性循环和社会的正常稳定发展。但在现实实践中,大众传媒与传媒人很容易偏向集权主义或自由主义,即很难将自身的利益与社会大众的根本利益和谐统一起来,这是现代人仍需要认真研究和探讨的课题。将社会责任理论引用到传媒教育和学习过程中,就是要让教育者和受教育者认识到,无论是政府、媒体、社会机构还是个人,都必须切实履行自己的社会职责和义务,为建设美好社会而履行公共责任和义务,责无旁贷。对那些危害社会、放弃自己社会职责和义务的思想和行为要保持清醒，并尽可能予以揭露和批判。

（四）传播内容理论

1. 文化研究理论与社会批判理论

文化研究没有一个统一的定义。人们可以从不同的角度使用不同的方法对文化展开研究，发表自己对于文化发展的观点。但文化的生存与发展自始至终与传媒技术的发展联系密切。在工业化和后工业化时代，精英文化、大众文化、流行文化更是与传媒技术的发展密不可分。传媒的技术形态决定了传播的方式方法，这种传播的方式方法本身不仅是文化的一部分，而且决定了文化的交流更加便利、多样和丰富，也会因不同文化的激荡和融合而产生新的文化样态。书籍、报纸、杂志、网络等传媒文化作为一切人类文化知识的库藏，更具有文化研究的价值和意义。也因此，众多的文化研究学者和传播学者将研究的焦点锁定在传媒文化或传播文化领域。研究传媒文化中的种族意识、意识形态、性别观念等现象和问题。

在众多的社会文化意识形态中，总有一种阶级或阶层的文化意识形态居于主宰、主流或领导的文化地位。我们把这种意识形态文化称为霸权型文化、领导型文化或社会主流文化，而把统率、代表和捍卫这种霸权型文化的权力称为"文化霸权"或"文化领导权"。行使"文化霸权"和"文化领导权"的人被称为文化领导者或文化霸权者。在任何一个社会里，都是法治和教化并行不悖。法治在于"堵"，教化在于"疏"。疏、堵各有其用，因此需要疏堵结合。同样的，统治阶级要维持自己的统治地位，一方面要利用军队、警察、司法等暴力机关，另一方面就是要宣扬自己的正统思想，即进行社会教化，建立自己的"文化霸权"。

1929年至1937年意大利共产党人葛兰西撰写的《狱中札记》中体现了葛兰西的文化霸权或文化领导权的思想。葛兰西指出，一个社会集团在还未成为统治者之前，就要建立自己的"霸权型文化"，并逐渐扩大和行使文化的"领导权"。通过推行文化领导权，树立起自己在道德和精神文化上的领导地位，就会吸引和团结广大的人民群众。"水能载舟，亦能覆舟。"民心所向决定着能否维持统治以及统治多久。当然，教化或文化的过程，是一个劝服和被说服的过程，这种过程中主要是以道德和精神的力量感化民心，只要民心所向，就能得到较好的协商结果。显而易见，教化或文化的过程是一个动态的相对平衡的过程。

葛兰西文化霸权理论的意义在于，将社会看作是一个不同类型的文化争竞过程，在这种争竞过程中，要重视树立自己的霸权型文化，并积极主动行使"文化领导权"，以便更好地利用文化或社会教化的力量实现改良社会、完善社会的目的。

如果说葛兰西所强调争夺的是"精英型"的"霸权型文化"，那么，随着时代的进步和大众文化的流行，人们对于不同层次文化价值的认识也在发生变化。20世纪六七十年代以理查德·霍加特、雷蒙德·威廉斯、斯图亚特·霍尔等人为代表的"伯明翰学派"就开始重视大众的流行文化价值，这打破了单纯地崇尚精英文化的英国传统。

伯明翰学派认为，人类生活是一种整体的生活模式，这种生活模式中既存在着精英文化的影响，也存在着大众文化的身影。大众文化中的性别问题、种族问题、身份问题等问题都是文化研究的对象。

不同于伯明翰学派，20世纪30年代兴起60年代末逐渐衰退的法兰克福学派，从不同的视角对社会的文化现象进行审视和批判。这些代表性的人物有霍克海默、阿多诺、马尔库塞和哈贝马斯等人。霍克海默和阿多诺的"文化工业"理论影响颇大。他们注意到，广播、电影、电视、报刊、杂志、流行音乐等大众文化已经成为名副其实的文化工业。这种文化工业每时每刻都在进行着文化的工业大生产，成批的文化产品被生产和复制出来，经济利益成为这个文化工业追求的第一目标。由此形成了浓浓的不断低俗的"消费者文化"景观。推销、促销、签名售书、明星广告、休闲娱乐、品牌消费、"泛娱乐化"等成为大众文化的普遍现象。机械复制的工业文化，尽管有着形成共同思考或共识的好处,但也可能因此而使人们成为"单向度"的人,因为媒体文化工业具有很大同化力,引导着人们的消费欲望,从而降低了人们的思想深度和自觉的批判意识。此外,文化的工业化,会不断地因为迎合人们的大众口味而变得"粗制滥造"和泛娱乐化,这样会在一定程度上稀释精英文化的价值。当然,文化工业也有其好处和便利,如,文化工业可以将人们的文化产品生产效率大大提高,满足更多人的文化需求,譬如,影视、音像、动漫等文化产品满足了广大用户的需求,让人们进入一个可以自由接触文化产品的时代。

将文化研究理论应用于传媒教育和学习过程中,就是要让教育者和受教育者明白文化领导权以及霸权型文化对于社会发展与进步的作用和意义;明白文化的工业化给社会文明带来的好处与弊端;明白意识形态在文化的发展中的作用和意义;明白传媒文本中的话语及其价值和意义;具有从文化研究的角度对传媒文化及其产业进行批判性分析的能力。

2. 文化规范理论

媒介传播的内容本身即是一种文化,里面含有各种不同的文化价值观、社会价值观、意识形态、生活观念、世界观、人生观。人们接触传播内容或媒介内容,其实就是处于一种文化环境中,在这种文化环境中人们在潜移默化,人们学会、习得和形成自己的文化规范、社会生活规范和道德。从这个意义上而言,人们在媒介文化中成长,也在媒介文化中学会规范自我,从而使自己成为适应社会环境发展和变化的人。

将传播内容的文化规范理论应用于传媒教育和学习当中,就是要让教育者和受教育者认识到,媒介传播内容和其传播形态一样,都是人类文化的一部分,也都具有"教化"和"文化"的功能。媒介是水,受众是鱼。鱼生活在水中而不自知。因为媒介文化内容是形形色色的,鱼龙混杂,所以有必要对媒介文化保持清醒的头脑和批判性的反思。

（五）传播工具理论

1．媒介即讯息理论

1964年，加拿大传播学者麦克卢汉出版了《理解媒介：人体的延伸》一书，其中提出了"媒介即讯息"的观点。麦克卢汉认为，从长远来看，媒介的形态比媒介内容更为重要。他认为，媒介的形态在造就我们新的生活方式方法方面作用远远大于媒介内容本身。

我们应从以下几方面理解麦克卢汉的"媒介即讯息"的理论或观点：

（1）媒介是形式，讯息是内容，媒介与讯息的关系实质上是内容和形式的关系。我们知道，内容可以决定形式，形式也可以决定内容，内容和形式可以是互为决定的关系。没有无内容的形式，也没有无形式的内容。在同一个媒介中，媒介与讯息是一体两面的关系。譬如，报纸与报纸上的内容是一体两面的关系，报纸上的内容只有依附在报纸形式上才能存在，同样的，报纸的形式只有具备了报纸的内容才成为报纸。在不同的媒介中，媒介的形式决定了同样的内容会有不同的表达方式和程度。如，一部小说，用文字形成，其形式是一篇文章或书籍，人们需要通过阅读才能了解其文中大意；而将小说改编为同名电影或电视剧，则会使用不同的方式表达小说的描述。不言而喻，有些小说的描述不适合于用图像的方式表达，但有些影像的表达却能更加直观生动。用电影和电视剧的形式表达小说的内容，表面上看是小说内容的再现，但实际上看，却是小说描述内容的改编或改写。内容需要一定的形式来表现，但一定的形式却会对内容有所取舍和偏向。

德国教育学家洪堡曾经说过："人与客体的生活，主要是按照语言对他呈现的形象来生活的。事实上，因为他的感觉和行动依赖感知，所以我们还可以说，他完全是按照那样的形象生活的。人从自己的身上开发出了语言。凭借同样的过程，他又使自己落入陷阱。每一种语言都在它所属的人周围画上了一个定身的魔圈。这个魔圈使人无路可逃，除非是跳出去进入另一个魔圈。"这里实际上要说的是，语言作为一种媒介物,既是一种形式的存在,又是一种内容的存在。人们在认识和思考客体对象的时候,就要通过语言这种媒介形式。而语言这种媒介形式本身又是认识和思考的内容。媒介形式和内容在语言这种形式中得到了完美的结合,也成为人们认识世界和改造世界的有利工具。

(2)历史地看,媒介技术形式的发展增强了人们的传媒能力,改变了人类生活的环境、思维模式和行为习惯,扩大了人类的知识与信息容量。每一次新的传媒形态的飞跃都会带来人类知识容量的增加。在口语传播时代,人类靠口耳相传,如此才出现了信息的"失真"和"销声匿迹",也因此人类经历过一个神话传说时代。在文字媒介发明之后,人类的知识容量大幅增加,更多的人因为有了书简、竹简、学校而获得了进一步创造知识的能力和机会,知识分子一族才得以诞生。在印刷媒介取代手抄文字的时代,人类的知识传播和知识财富的增加更是不可同日而语。到了电子和数字技术时代,人类社会的知识呈现出爆炸式的增长,人们美其名曰"信息爆炸"或"知识爆炸"时代。现在,人们每天都能接收到"扑面而来"、目不暇接的过剩的信息,信息容量已经大大超越了人类脑力和眼力的最大限度。因此,从媒介发展历史的角度看,媒介形式的先进程度、多样性与媒介内容容量都呈正相关的关系。这也是为什么说"媒介即讯息"的又一个原因。

(3)媒介即讯息的又一层含义是:低级形态的媒介形式是高级形态媒介形式的内容。口语是文字媒介的内容,文字媒介是报纸、杂志、书籍、广播、电视、电影等媒介的内容,文字媒介、声音媒介和图像媒介又是手机、网络等新媒体的内容。事实上,文字、声音和图像都是有一定意义的"语言",这种"语言"是每一种低级或高级形态媒介的内容。高级形态的媒介必须以低级形态的媒介形式为基础,且高级形态中包含着各种低级形态的媒介形态。可以说,所有的媒介都是人语言传播能力的延伸,文字、声音和图像媒介形态相辅相成,相互补益。

英尼斯曾说:一种新媒介的长处将导致一种新文明的诞生。人类拥有了某种类型的媒介之后,才可以从事此类的传播和社会活动。我们有了口语，才可以对话和沟通；我们有了文字，才可以写字或撰写文章；我们有了印刷机器才可以印刷书本；我们有了广播技术和设备才可以进行声音广播和电视广播；我们有了网络，才可以将世界各地的消息传遍世界各地；我们有了智能手机，才可以随时随地分享微博、微信、email等信息，才能随心所欲地发布、阅读或收看感兴趣的新闻和信息。可以说，每一次媒介技术的革命，都带来了一场深刻的社会生产生活方式的变革。

将媒介即讯息理论应用于传媒教育和学习过程中，就是要让教育者和受教育者明白：不仅媒介内容具有重要性，而且媒介的形态变化对于我们的个人和社会发展，对于人类生产生活方式的变革起着更为久远和更为重要的作用。我们应当认识到，掌握媒介知识和技能，学会熟练地使用媒介，是每个人必备的一种生存和发展能力。

2. 媒介即人的延伸理论

麦克卢汉在《理解媒介：人的延伸》一书中从最广泛的意义上指出：媒介即人的延伸。从此最广泛的意义上而言，人类创造的和可以利用的一切生产和生活工具，无一不是人类器官和功能的延伸。如，交通是人脚和脚力的延伸，通信是人信息接收和发送器官与能力的延伸，服装是人皮肤器官的延伸，起重机是人举重能力的延伸，文字是人口语能力的延伸，广播是人耳朵器官和功能的延伸，雷达是人类感知觉器官和能力的延伸，智能手机和网络是人脑、耳朵、眼睛等综合器官和能力的延伸，等等。

如果单纯从信息传播的角度看，人们拥有的口语、文字、印刷媒介、电子媒介、数字网络和设备，无一不是人类信息传播器官和功能的延伸。

麦克卢汉指出了一个事实，那就是人类在长期与自然力量做斗争的过程中，人类的生存和发展能力不断增强，这表现在人类的各个器官和能力都在延伸和增长着。如人脑的脑容量在成长，而且还出现了人脑的外在延伸的工具，如算盘、电子计算机；人自身的方方面面也在延伸,如机器和机器人的出现,使人的延伸巨大。工业化的大机器生产解放了人类巨大的生产力,而信息化的工业又再次将人的延伸提高到一个新的高度。人通过自己的艰苦努力创造了这种延伸,而这种延伸反过来又大大发展了人的各方面器官和功能,让人类对宇宙的认识、探索和改造能力成倍地增加和扩大。人类一步一步地从必然王国走进了自由王国。

将媒介即人的延伸理论应用于传媒教育和学习中,就是要让教育者和受教育者认识到,人类创造和可利用的一切工具都是人类祖祖辈辈艰苦努力的结果,这种结果大大地拓展了人类"上天入地"的能力,让现代人类能够过上更高质量更好水平的生活,享受古代人不能享受到的生产生活便利。为学者应该以历代的杰出的发明家、科学家、工程师、作家、思想家等对人类科学技术和人文思想做出突出贡献的人士为榜样,为人类社会做出自己力所能及的贡献。

3. 冷媒介与热媒介理论

麦克卢汉曾将媒介以"热"、"冷"进行划分。所谓冷媒介是指"低清晰度"的、需要受众或用户高度参与的媒介。而所谓热媒介是指"高清晰度"的、不需要受众或用户高度参与的媒介。所谓"低清晰度"是指媒介所提供的数据和信息量过少、受众和用户需要搜集更多的数据或资料进行补充和思考才能够搞清楚大致是怎么回事。而所谓"高清晰度"是指媒介所提供的数据或信息论足够,受众和用户不需要搜集更多的数据或资料进行补充和思考就能明白媒介所传播的意义。因为各种媒介的形态和科技含量都是在不断发展和变化的,以前相对比较"冷"的媒介有可能成为相对比较"热"的媒介,反之亦然。所以这种划分只具有当下和相对的意义,而不具有长远和绝对的意义。事实上,所谓的"冷"、"热"比较从理论上和逻辑上也都是相对意义而言的。譬如,水温20度与30度相比,20度为"冷";但与10度相比,20度则为"热"。冷、热媒介的对比也应当是这样。

同样,有两个教师。一个教师讲课比较晦涩难懂,学生需要费劲才能搞明白,而另一个教师讲课浅显易懂,学生不用费多大力气就可以弄清楚。那么,前者为"冷"教师,后者则为"热"教师。电影在无声技术阶段为"冷"电影,但在当代更多是"热"电影。即使都是当代技术环境下的电影,有的导演拍得晦涩,有的拍得清晰,也会有"冷"、"热"区别。

正是从当时的技术环境条件下,麦克卢汉从自己感觉和认识的角度出发,将无声电影、广播、照片、书籍、报刊等划分为"热媒介",而把手稿、漫画、电视、电话和口语等划分为"冷媒介"。冷、热理论还被引申到历史和社会的发展上,如发达国家呈现出"经济扩张"、"信息扩张"的态势,与发展中国家的活力相比,发达国家是"热的",而发展中国家是"冷的"。同样的,城市是"热的",而农村是"冷的"。现在与过去相比,过去是"冷的",现在是"热的"。传统媒体与新媒体相比,传统媒体是"冷的",新媒体是"热的"。

因为媒介技术时代的不同,以及"热"、"冷"的相对性、历时性、阶段性、比较性,人们对麦克卢汉的一些具体的有关"热媒介"和"冷媒介"的分法提出一些质疑和不理解。这是自然而然的事情。因为"冷"与"热"的"相对性"、"比较性"等诸多属性,所以仁者见仁智者见智,以及不同时代的人会对某一种媒介的"冷""热"有不同的感受,纯属正常。

将冷媒介与热媒介理论应用于传媒教育和学习过程中,就是要让教育者和受教育者明白,"冷"与"热"媒介的相对性和比较性,理解冷媒介与热媒介可能给我们思维和行动带来的不同影响。热媒介让我们参与度低,更多的是接收而不是补充和思考,而冷媒介却可能会促使我们去查找更多的数据和资料去补充和思考;热媒介让我们"得来全不费工夫",冷媒介却可能让我们更加用心去思考和研究。总之,冷媒介和热媒介各有其长短,如果我们能够善于扬长避短,总能将媒介的长处和优势发挥到更好的程度,从而更好地服务社会和人生。

4. 媒介偏向理论

媒介偏向理论是由加拿大政治经济学家英尼斯在《帝国与传播》和《传播的偏向》书中提出的观点。他把传播媒介分为"时间偏向的媒介"和"空间偏向的媒介"两大类。英尼斯还从媒介的角度将人类文明的分期划分为埃及文明（莎草纸和圣书文字）、希腊－罗马文明（拼音字母）、中世纪时期（羊皮纸和抄本）、中国纸笔时期、印刷术初期、启蒙时期（报纸的诞生）、机器印刷时期（印刷机、铸字机、铅版、机制纸等）、电影时期、广播时期等10个时期。英尼斯于1952年去世，未能见到计算机和互联网的问世，所以，按照英尼斯的划分方法，在广播时期之后应该是网络时期。

所谓时间偏向的媒介，是指那些运输、生产和使用不便的不利于空间上传播但利于长久保存媒介内容的媒介。所谓空间偏向的媒介，是指那些在运输、生产和使用上比较方便但可能不利于长久保存的媒介。时间偏向的媒介，如石碑碑文；空间偏向的文字，如纸张文字。随着媒介技术的发展，事实上已经出现了既是时间偏向，又是空间偏向的双偏向媒介，如智能手机微博、网络信息等既可以远距离即时传输又可以长久保存的电子媒介。双偏向媒介的出现是媒介传播和存储技术发展的必然结果，也是人性在时间上和空间上偏向走向更高阶段平衡态的必然结果。因为，作为人的延伸的媒介，必然要受到人性的驱使，人性是要求完美和整体平衡的。人性的这种要求，必然驱动人的各方面的创造力的发展和进步，从而使得人的延伸得到整体上的全面的实现。

英尼斯认为空间偏向的媒介有利于帝国的形成和统治。譬如，广播和喇叭的出现，促使了希特勒的上台，汉字的出现促使了秦汉的统一，机器印刷术的出现更是让媒介不仅具有时间偏向，而且具有空间的偏向，促进了知识的传播和文艺复兴运动，也促进了社会的变革和进步。英尼斯还认为，媒介偏向是由于传播技术、社会权力、时空制衡三要素相互作用的结果。传播技术的不平衡发展会促使社会权力结构的调整和变革，决定着知识和信息的垄断和流通。譬如，在奴隶社会时代，文字媒介成为奴隶主统治的物质基础和思想基础，印刷媒介时代通过对经书和教育教材的控制，这些媒介物又成为封建君主统治的物质基础和思想基础。到了自媒体时代，自媒体从传统媒体中赢得一些政治、经济等方面的话语权，从此开始影响社会向多元化、民主化、协商化的方向发展。如前所述，新媒体时代，越来越多的媒介具有了时间和空间的双偏向，人类社会也因此在向一个更高的话语权和政治权利相对平衡的方向发展。正是因为双偏向的媒介具有更强的生命力，所以传统的媒体要想生存和发展，就必须与新媒体技术相结合，或者将自己的架构建立在新媒体技术的基础上。如，纸质媒体，可能要进行转型，转变为电子报纸、电子杂志等媒体，或大力拓展这方面的手机业务，如手机报纸、手机杂志，等等。

将媒介偏向理论应用于传媒教育和学习过程中，就是要让教育者和受教育者明白，包括媒介在内的一切事物，在其功用上讲都是有偏向的。可以按照时间和空间两个维度来划分，即任何媒介和事物都具有时间偏向和空间偏向。媒介的时间和空间偏向，与人类社会权力结构和机制的形成和发展有着紧密的联系。认识到媒介的这种偏向及其结果，将会对媒介的作用和意义有更加深入的认识。

（六）受众理论

人们从各个不同的角度提出了有关受众的理论。起初的时候，人们认为大众传播是个单向的传播过程，因此提出了受众是附属于传播者的角色，但随着人们对传播现象认识的不断深入，人们开始关注到包括大众传播在内的任何传播活动本质上和事实上都是一个传播者与受传者彼此互动的、不断转换角色的、双向或多向的传播过程。这样就出现了"双主体"、"主体间性"、"传播者与受传者共生"、"互构"、"交往理性"（哈贝马斯）、"编码—解码"（霍尔）等传播理论或观点。

1．受众附属论

如果将传播过程理解为是一个单向的传播过程，那么，显然传播者在这个单向传播过程中占据"头脑"的地位。传播者向受传者传递什么，不传递什么，如何传播，采用什么渠道和方式传播，何时何地传播，这些都主要取决于传播者。而受传者只有处于被传播的角色和地位。行为主义心理学中的"刺激—反应"理论是对这一单向传播过程和活动的最好解释。传播学中的"魔弹论"将受传者或受众理解为"一击就中"、"一中就倒"，也是对这种传者与受者之间的这种主客关系或主从关系的描绘和解释。

显而易见，当受众刚开始接触一个从未听说的"耸人听闻"的事件，或者见到一个令人恐惧的"陌生怪兽"时，免不了格外的惊骇和恐惧。同样的，在传播者依靠自己的强力让受众必须接收一定的传播信息时，受者毫无疑问地处于一种被迫的附属地位。这种现象在现实社会生活中是客观存在的，但客观存在的事物并不等于说是唯一的客观存在的事物或现象。所以，受众附属论、魔弹论、"刺激－反应"论都有其正确的和适用性的一面，但也有其不适用和不正确的一面。

将受众附属论应用于传媒教育和学习过程中，就是要让教育者和受教育者认识到，在以传播者为主导的传播活动中，受传者通常居于附属或从属的地位。譬如，在极权国家或威权主义国家，由于对宣传、媒体传播内容的严格控制和约束，就会产生受众附属的结果。当然，在认识到存在这种传播现象的同时，我们还应看到，作为受传者，其本身是具有一定的主观能动性的，况且，受传者与受传者之间也存在着个体差异、觉悟高低和独立思考能力的强弱。总之，学习和了解受众附属论，是为了更好地认识一些传播现象以及受众本身的优劣点。

2. 受众主动论

受众主动论，又称为受众积极论或积极受众论。在单向传播过程中，传播者居于主导地位，而受众居于从属地位。但几乎所有的传播活动都不可能是单向的，而是双向或多向的。即使从单向传播过程来看，传播者传递多少信息，受众是不是就接收多少信息？或者受众就一定会按照传播者的动机和意图行事？显而易见，受众不是机器，是活生生的有着思想的人。

二级传播和多级传播的理论也似乎在修正魔弹论带给人们认识观念上的影响。20 世纪 50 年代开始有英国的霍尔等人从"积极受众"的角度研究当代文化的状况。伯明翰学派的霍尔提出了受众进行编码和解码的三种方式：霸权式解读、协商式解读和对抗式解读。所谓霸权式解读，是指对传播内容和信息进行正面的同意式的解读，或者与传播者意图和动机一致性的解读。协商式解读是指受众在解读传播内容和信息的时候采取了一种既有认可又有质疑的态度，或者说解读是一种对话和交流的过程。所谓对抗式解读，是指受众在对传播者的内容、信息和立场解读时抱有先入之见，采取了一种反对或不合作的态度。"在霍尔之后，大卫·莫利、夏洛特·布朗斯顿和多诺西·霍布森开展了一系列受众研究。他们借用民族志方法，深入受众群中进行深访和调研，并借鉴经验学派和批判学派的方法，来试图阐明特定的媒介内容是如何被受众所解读和接受的。通过研究，莫利等人发现，阶级、种族、性别、年龄、职业等多种因素都对受众解读媒介信息产生影响，受众对媒介信息的解读同时是一个'生产意义'的过程。"① 不断升级换代的网络技术的出现，让微博、手机、IPod、Twitter、Youtube、Facebook 等参与式的"生产意义"的传播活动成为普遍现象。

  从传播心理学的角度看，受众在接触和使用媒介的时候具有很大的选择性。具体而言，就是受众会对他们接触的信息进行选择性注意、选择性理解和选择性记忆。他们会选择性注意那些他们感兴趣的、对比强烈的、刺激强度强的、变化持久的、很少干扰的、重复刺激的信息。他们也会根据自己的需要、态度、立场和情绪选择性理解所接触到的信息，或者因不同的感受能力而对同一信息做出不同意义的解读。受众还会对接触到的信息进行选择性记忆或忘却，通常他们会选择记忆那些自己愿意记忆的、有利的或给自己造成很大刺激、快感和伤感的信息。总之，绝大多数受众在对信息进行反馈或反应的时候都有着自我主观能动

---

① http://media.people.com.cn/n/2014/1128/c390971-26114910.html.

性的参与，都会有着自己不一样的解读方式和解读结果。只要受众愿意，受众接收和反馈信息的过程就是一个积极主动的参与式过程。

将受众主动论应用于传媒教育和学习过程中，就是要让教育者和受教育者明白，受众在接触到传播内容和信息时，是有自己的主观能动性的，他们会根据自己已有的经验和知识对传播内容和信息做出自己同意、对话或对抗式的反应和判断。同样的，在教育教学过程中，教育者也不应将学生当作器皿一样去灌输式教育教学，而应把他们视作主动学习的主体对待，利用一切切实有效的方式方法，激发他们学习的主动性和积极性。

3. 受众本位理论

受众本位理论与传者本位理论相对。传者本位，是指传播活动以维护传者的根本利益为出发点，而受众本位是指传播活动以维护受众的根本利益为出发点。一个传播过程中，究竟是应该以传播者为本位、为中心呢，还是以受众为本位、为中心呢？历史事实表明，一些时期，是传者本位的，另一些时期又是受众本位的。譬如，在计划经济时代和以阶级斗争为纲的时期，传播显然是传者本位的、社会本位的和政治本位的；而在市场经济时代和以经济建设为中心的时期，传播活动渐渐地开始以受众为本位，以个体为本位和以利益为本位。

当今，经济的合作和发展在国际上处于中心地位。经济的全球化，教育的国际化和政治上的理解和合作成为国际社会发展的主题。因此，传者为了经济利益，必须考虑到受众和用户的利益和态度，也就是，必须尽可能地采取"受众本位"的立场。

将受众本位理论应用于传媒教育和学习过程中，就是要让教育者和受教育者认识到，传播活动可以有两个类型的目的：一是以传播者为服务对象；另一个是以受众和用户为服务对象。在越来越自由、民主的市场经济时代，媒介的企业和商业属性必然更加突出和发展，以市场细分的受众为本位的传播活动，必然越来越多，越来越重要。为受众服务，才应该是传播活动的正确目的。

4. 个体差异理论

根据刺激—反应的理论，给人一个刺激，人就会本能地产生相应的反应。同样的，当人们接触到一个传播信息时，也会产生相应的反应和反馈。因为人的感受性、感受能力、兴趣、习惯、性格、气质和态度等是有差异的，所以这种反应和反馈也必然有所差异。例如，人们会有选择性的注意、选择性理解和选择性的记忆。这就是所谓的个体差异理论。

将个体差异理论应用于传媒教育和学习过程中，就是要教育者和受教育者明白，同样的传播者，同样的传播渠道和方式，同样的传播内容和信息，同样的传播过程，对于不同的受众的来说会产生不同的传播效果。有的受众会产生霸权式的解读，有的会产生协商式的解读，还有的会产生对抗式的解读，这正是个体在知识、见识、性格、气质、情绪和态度等方面的个体差异导致的。这种差异是客观存在的。从传播学的角度看，教育教学过程实质上就是知识和信息的传播过程，作为教室传播活动的组织者和传播者的教师，就要注意到学生存在的个体差异，因时因地因材施教，才能达到最佳的教育教学效果。

5. 社会分类论

社会分类论，又称为社会类别论或社会范畴说。受众可以根据年龄、性别、种族、文化程度、信仰、经济收入、志趣等组成不同的社会群体。这些群体具有基本相同的心理结构，在面对相同的传播内容和信息时，或者在同一传播过程中时会产生出许多相同或类似的反应。

如果说个体差异论，看到了个体在面对同一传播信息时个体身上所表现出来的不同，那么社会分类论注意到了不同的社会群体的成员在面对同一传播信息时所表现出来的同一性，以及不同社会群体成员之间表现出来的差异性。

社会分类论，让传播者、广告商等认识到受众是可以细分为不同的社会群体或市场的，为了更好地取得传播或广告的效果，就必须认真地研究所属媒体的受众定位，并采取恰当的传播策略。如，女性杂志面对的女性人群是什么年龄段的，青年杂志是面对什么样的人群的，洗发水的推销是面向什么群体的，等等。

将社会分类论应用于传媒教育和学习过程中，就是要让教育者和受教育者认识到，受众是可以有社会群体属性的，处于不同社会群体中的受众会表现出不同的信息传播特征。传播者要认识到这些特征的差异，而去针对性地进行有效沟通。同时，作为受众自身，应该认识到自己处于一个什么样的社会群体中，可能拥有什么样的价值观、立场和观点，这种价值观、立场和观点是否是公正和客观的，有没有偏向性。如果有偏向性，如何对待和调整，等等。社会分类论，可以让我们时刻保持一种批判性反思意识，让自己的思想和行为更符合公正、公平和客观的要求。

6. 社会关系论

社会关系论，由拉扎斯菲尔德、贝雷尔森和卡茨等人提出，是个人差异论和社会分类论的发展。社会关系论，不仅注意到受众个人之间在接受和理解信息方面的差异、受众的社会群体对受众接收和理解信息的影响，而且注意到受众在日常的社会工作和生活环境中的各方面因素的影响，即日常的社会关系对受众接触媒介信息和行为的影响。受众既有个体差别，有自己生活的圈子，有自己可能归属的社会团体或组织，所有这些社会关系都会影响着受众对媒介信息的认知和行为。反过来，我们从受众对媒介信息的认知、解读和反应方式方面，可以探究受众所处的社会关系网络如何。

受众的社会关系对受众的影响主要表现在两方面：一方面，能够加强媒介对受众的影响；另一方面，能够削弱媒介对受众的影响。当大众媒介传播出一定信息之后，有些信息直接作用于受众自身，一些信息经过意见领袖、人际网络等间接作用于受众。即使是直接作用于受众的媒介信息，经受众和生活圈的人交流彼此的意见之后，媒介信息作用力总会得到加强或削弱。这是因为群体关系、群体规范、社会组织网络对媒介信息的作用力有所缓冲或加力的作用。

不合乎群体规范或社会关系倾向的媒介信息总会遭到群体或社会关系网络本能的抵制，而与群体规范和社会关系倾向根本一致的媒介信息总会得到群体或社会关系网络本能的欢迎和欣喜。

将社会关系理论应用于传媒教育和学习过程中，就是要让教育者和受教育者认识到，包括大众媒介的各种媒介对受众个体的影响是复杂多样的。受众在接触媒介信息的时候，不仅有媒介信息的作用力，还有社会关系网络的作用力，以及受众个体的作用力，所有的与受众的媒介信息接触有关的作用力都会对受众的媒介思想和行为产生作用和影响。反过来，我们可以通过对受众媒介思想和行为的研究，来逆推和探究受众的社会关系的性质和特征，以便深入了解社会关系与受众媒介思想和行为之间的关系本质和规律。

7. 固定印象理论

所谓固定印象，是指对人、事或某一社会群体长久以来形成的大概印象和看法。固定印象有两种，一种是正确的固定印象，一种是错误的、带有偏见的或谬误的固定印象。我们可将前者称为正确印象；后者称为刻板印象或错误印象。正确印象可以帮助我们更好地更快地做出正确的决策和行动，而错误的印象却不利于我们做出正确的决策和行动。

固定印象理论，是由美国新闻评论家李普曼在《舆论学》一书中提出来的。他认为，人们在脑中形成的成见对于人们的知觉和思维活动影响很大。本来李普曼提出的这个固定印象概念，是个中性的概念，但到了中国传播学者的眼中却基本上是指"错误印象"或"刻板印象"。"刻板印象"的概念和观点流传最为广泛。譬如，对一个社会群体，如农民工、妇女、女大学生、女博士等社会群体形成的带有偏见的印象，这些都是所谓的刻板印象。

从男女性别固定印象的角度而论，女性常被认为是物质性的、感性的、非理性的、温柔的、充满母爱的、擅长于做家务的；而男性被认为是精神性的、理性的、阳刚性的、粗放的、不擅长于做家务的。显而易见，有些形成的固定观点是基本正确的，有些却是带有社会偏见的。

固定印象的形成有着生物因素，有着社会文化观念方面的因素，还有个体学习和领悟方面的因素。正确印象对于我们的决策和行动有帮助，但刻板印象却能使得我们的决策和行动出现偏差。特别是刻板印象方面的现象是比较普遍的。如媒介的刻板印象报道，劳动就业方面的刻板印象，对于其他民族或国家的刻板印象，这些刻板印象一旦形成，会不利于我们进行正常的社会交往，做出正确的决策和行动。心理学上的"晕轮效应"或"光环效应"，事实上也是一种由固定印象引起的认知偏向或认知偏见。在实际现实生活中，有些企业的广告会利用"晕轮效应"的原理来扩大自己产品的宣传和销售。譬如，一家原来做洗衣机产品的，后来做起了手机产品，会利用自己做洗衣机的品牌影响来推销自己的手机产品。

　　将固定印象应用于传媒教育和学习过程中，就是要让教育者和受教育者认识到，人们在学习、工作和生活中，久而久之会形成对人、事物和社会群体的固定印象。这些固定印象中，有正确印象，也有刻板印象。正确的印象能够有助于做出正确的决策和行动；而错误的刻板印象却妨碍人们做出正确的决策和行动。人们可以通过对媒介报道中、网络言语等文本的研究，来了解社会生活中某方面刻板印象的状况和程度，以便人们及时纠正刻板印象，形成正确印象。

8．知情权理论

　　知情权，由美国新闻编辑肯特·库泊（Kent Copper）在1945年首次提出，是指公民有权利知悉他们应该知道的事情，国家和政府应最大限度地认可和保障公民获知和接近使用这些信息，特别是公共信息的权利。知情权包括获知权和接近使用权两方面。1948年《世界人权宣言》第19条曾对人们的言论自由和使用信息的权利做过一定的规定，如"人人有权享有主张和发表意见的自由；此项权利包括持有主张而不受干涉的自由，和通过任何媒介和不论国界寻求、接受和传递消息和思想的自由。"

　　目前学者们对知情权的分类不尽相同。有的赞成"三权说"，即知情权包括知政权、社会知情权和个人信息知情权。还有的赞成"五权说",即知情权包括知政权、社会知情权、个人信息知情权、法人知情权和法定知情权。知政权一般是指公民依法享有知悉国家事务、政务、国家机关工作人员活动、国家政策、法律法规的权利。社会知情权是指公民依法享有知悉社会现象、问题、社会新闻、商品信息等社会发展变化状况信息的权利。个人信息知情权,是指公民依法享有知悉涉及个人切身信息的权利。法人知情权,是指法人依法享有知悉涉及法人切身利益的信息的权利。而法定知情权是指司法机关、律师享有的法律规定的知悉案件有关情况信息的权利。"三权说"和"五权说"也只是分类的标准和范围不同而已。

总的来看,知情权有广泛意义上的知情权和侠义意义上的知情权之分。"三权说"与"五权说"相比,三权说是侠义意义上的,而五权说则是广泛意义上的。当然,根据分类的标准不同,还有其他的分类方法。如人们可以按照行业和领域来划分,如,政治领域的政治知情权,司法领域的司法知情权,经济领域的消费者知情权,教育领域的教育知情权,医疗卫生领域的患者知情权,等等。以消费者知情权为例,我国《消费者权益保护法》第八条规定:"消费者有权根据商品或者服务的不同情况,要求经营者提供商品的价格、产地、生产者、用途、性能、规格、等级、主要成分、生产日期、有效期限、检验合格证明、使用方法说明书、售后服务,或者服务的内容、规格、费用等有关情况。"在违反消费者知情权方面,商家可能存在以下问题或不足,如对消费者虚假告知,未做告知,不完全告知,等等。当消费者发现自己的权益受到侵犯时,应通过向有关管理机构、消费者协会、行政部门、司法部门投诉、告诉或诉讼的方式切实维护自己的合法权益。

在中共"十七大"、"十八大"等报告中,已经有知情权的表述,如"十八大"报告中强调"坚持用制度管权管事管人,保障人民知情权、参与权、表达权、监督权,是权力正确运行的重要保证。"知情权、参与权、表达权、监督权渐渐成为国民享有的基本权利。

将知情权理论应用于传媒教育和学习过程中,就是要让教育者和受教育者认识到,无论作为公民、消费者、患者等身份,人们都有一定的知情权。为了维护自己的合法权益,就必须拥有这方面的知情权意识,拥有这方面的知情能力,并培养更多的人拥有这方面的意识、能力和精神,从而具有在实际情境中维护自己合法权益的能力和行动。

9. 受众商品论

受众商品论由加拿大传播政治经济学家达拉斯·斯麦斯(Dallas. W. Smythe)在1951年的一次会议发言中提出。受众商品论认为,媒体生产的产品,不仅仅只有媒介生产的信息文本、思想观念、新闻、娱乐、广告节目等产品,而且还有可能购买或观看这些信息类节目产品的消费者群体——受众商品。广告商之所以出资让媒体给他们制作和播出商品广告,是因为观看这些媒体节目的受众有可能成为他们广告商品的实际消费者。媒体将潜在的消费者卖给广告商或广告厂家,厂家按照一定市场价格购买,这样就完成了交易。受众这种商品价值的有用性在于他们可能受商品广告的影响而去"冲动地"购买所广告的商品,这样媒体和广告商实现了双赢。

受众商品论的相似理论是"注意力经济论"或说"眼球经济论"。注意力经济论,由美国经济学家戈德哈伯(Michael H. Goldhaber)在1997年的《注意力购买者》一文中提出。戈德哈伯认为,信息量呈现爆炸式的增长,商品之间竞争越来越表现为潜在消费者注意力的竞争。企业或公司通过广告的方式将商品的信息发布出去,以吸引可能的消费者的注意力。越能吸引消费者的眼球,消费者越有可能购买这种商品,企业或公司也才越有可能赚取更多的收益。这样,受众的眼球或注意力就成了一笔潜在的市场财富,谁获取了它,谁才有可能在现代社会的商品经济竞争中立于不败之地。

根据达拉斯·斯麦斯的受众商品论,受众事实上是一种忠诚度不高、历时性的、不耐用的商品,受众的注意力会随年龄、时间、心态等变化而有所变化,商品的购买力会在不同品牌的商品之间转移。受众面对琳琅满目的商品信息会晕头转向，从而出现冲动型的购买行为。此外，受众还会因为虚荣的心理，而去一味地追求品牌或名牌商品。由于受众对名牌符号消费的追求，所以一些商家就有了利用符号消费吸引受众注意力的策略和技术。对名牌符号消费的追求，一方面刺激了商品质量的不断提高；另一方面也引发出奢侈消费的不良社会风气。因此，名牌富豪消费也具有两面性。

将受众商品论与注意力经济说应用于传媒教育和学习过程中，就是要让教育者和受教育者明白，在商品经济社会中，所有的人都不可避免地成为在媒体和广告商眼中的商品和财富，成为被媒体人、广告商、厂家、销售员、促销员眼中的"上帝"或要网住的鱼。表面上看，广告商和厂家等要的是受众的注意力和购买力，深层次看，他们要的是受众钱袋中的金钱。受众如果没有批判性分析能力和自我理性克制的能力，就有可能发生"冲动型购买"，从而将不必要的、性价比不高的商品买回家，而失去辛苦赚得的财富。为了让自己的生活消费处于一个比较适当的水平，就必须具有判断购买是否值得的能力。

（七）传播效果理论

传播效果理论先后经历了几个明显的认识发展阶段。刚开始是"一击就中"的速效强大效果论，接着是微弱效果论（又称为有限效果论），再其次是条件效果论（又称为适度效果论），最后是长期强大效果论。速效强大效果论即人们所熟知的枪弹论或魔弹论，微弱效果论包括态度劝服理论和二级传播理论等，条件效果论包括使用与满足理论、创新与扩散理论、涵化理论等。而长期强大效果论包括"沉默的螺旋理论"等。

1. 速效强大效果论——魔弹论

魔弹论，又称为枪弹论、皮下注射论、刺激－反应论，盛行于20世纪20年代至40年代。魔弹论认为，传播媒介具有不可抵抗的强大力量，传播媒介的信息对受众的影响就像做皮下注射或者用枪射击靶子一样，能引起快速的反应。传播媒介能够直接影响受众的思想、感情、态度和意见,甚至直接影响受众的行为。代表人物有哈罗德·拉斯韦尔、西多尼·罗杰森等。

在第一次世界大战至第二次世界大战期间,报刊、广播、电影等大众传媒的信息宣传对受众产生了巨大影响。影响之所以如此巨大,是因为有以下几个主要原因:首先,在战争年月,由于国家和政府对大众传媒的集中控制,使得大众传媒的信息传播或宣传的口径与国家、政府行为高度一致,当政府和国家机器的力量与大众传媒的力量产生和谐共振的时候,其威力显然非同小可。其次,报刊、广播、电影等技术与物质形态属于新兴事物,新兴事物的出现对人们有着天然的神秘的魔力。第三,当时人们了解社会事件和国际形势的渠道比较单一,只有通过有限的大众传媒如报纸、广播来了解国内外新闻大事,人们容易对报纸、广播等大众传媒形成知识和信息上的依赖,这样无形中抬高了这些报纸、广播在人们心目中的地位和作用。在古代社会,因为书籍笨重、经师稀缺、求知渠道单一,所以教师和书籍成为"稀缺品",天、地、君、亲、师,教师也才有了前所未有的"尊严"。

两次世界大战期间发生的宣传现象也提供了事实的证明。德国纳粹党对国内的宣传,激起了德国人的战争狂热。1938年万圣节前夕(10月31日)哥伦比亚广播公司广播的根据科幻小说改编的广播剧《火星人入侵地球》,造成了大规模的社会恐慌。正因为如此,拉斯韦尔著作的《世界大战中的宣传技巧》(1927年)、拉斯韦尔和布卢门斯通合著的《世界革命的宣传》(1939)、西多尼·罗杰森著作的《下一次战争和宣传》(1938)和伦纳德·w·道布所著的《宣传的心理和战术》(1947)等著作中,都多少反映出了这种魔弹论观点。除此之外,一些对充满暴力和色情的电影与报纸的效果研究也认为,黄色新闻和电影暴力毒害了人们的身心,影响了青少年健康人格的形成。二战后的两大意识形态集团的冷战以及各个国家对大众传媒的牢牢控制和严格审查,也能够一定程度上证明,大众传媒的宣传的巨大威力。即使在今天,大众传媒宣传的威力仍然不可小觑。如今,尽管已经进入互联网时代,人们获取信息和读解信息的能力都大大提高，获取渠道多元，但国家和政府仍有传媒信息进行集中控制的可能性和现实性，并且，仍有不可预测的突发危机事件发生的可能性，因此，魔弹论仍有一定的适用的时机和场合。各种传播效果理论之间的关系，并不是简单替代的关系，而是一种适用范围及其大小的关系。

将速效强大效果论应用于传媒教育和学习过程中，就是要让教育者和受教育者认识到，大众传媒以及其他可能的传播媒介，其所传播的信息在一定的时机和场合都具有强大的"杀伤力"和威力。譬如，在天津港爆炸事件、非典或汶川地震等大型灾难性事件中，一个不经意的谣言传播，就会造成极大的社会恐慌。因此，教育者和受教育者要认识到传播媒介的巨大威力，并且要谨慎使用传播媒介，坚守负责任地传播信息，并对谣言、谣传拥有鉴别、辨析的能力和拒斥、辩驳谣言的能力。同时，还要让教育者和受教育者认识到，人们包括传播学家对媒介的作用的认识和研究也有一个逐渐深入的过程。这种认识过程遵循着从低级到高级、从简单到复杂、从无到有的辩证认识论规律。

2. 微弱效果论

微弱效果论，又称为有限效果论或"最低效果法则"，是指大众传媒对受众思想和行为产生的影响是有限的、微弱的、非决定性的。该理论观点盛行于20世纪40至60年代，以拉扎斯菲尔德、霍夫兰和罗杰斯等人为代表人物。微弱效果论认为，大众传媒所传播的信息到达受众身上，要受到个人的信息需求、兴趣、接受能力、社会文化心理、对大众传媒与所涉事物的态度、群体归属关系、社会关系和规范等诸多因素的制约，大众传播在改变受众的态度和观点方面是乏力的、非决定性的。微弱效果论是对魔弹论的质疑和否定。

微弱效果论具体有意见领袖说、说服效果论和创新扩散理论等。

（1）意见领袖说

意见领袖，又称为舆论领袖，是指在群体传播和人际传播过程中掌握较多信息资源、拥有较高威望和信任度的并能够积极影响周围他人对待人和事物观点和态度的人。大众传媒可以直接将信息传播给受众个体，也可以通过意见领袖这个中介将媒体信息传播给受众个体。经由意见领袖将大众传媒的信息传递和解读给受众的传播过程，被称为"两级传播"或"二级传播"。在现实社会中，二级传播，以及二级以上的传播环节都是存在的。在各行各业、各个阶层，都存在着意见领袖。

意见领袖说在20世纪40年代由拉扎斯菲尔德提出。拉扎斯菲尔德等人对1940年美国总统大选期间的选民民意进行调查研究后发现，绝大多数人在竞选运动之初就做出了如何投票的决定。只有大约8%的选民改变了初衷。而改变这些人初衷决定的因素主要是亲戚、朋友和所在团体的劝服作用。大众传播不是选民意愿改变的主要因素，只是众多的因素之一。

拉扎斯菲尔德等人还发现了二级传播的现象，在二级传播中，意见领袖起到了不小的作用。因为信息的传播，就像水波的波动一样，是无限的，不断远播的，所以，二级传播只是说明和解释了部分传播现象。

将意见领袖说应用于传媒教育和学习过程中，就是要让教育者和受教育者认识到，信息传播的过程有二级传播、多级传播等多种形态，而且大众传媒传播的信息对人身心的作用有众多的因素的参与，其中意见领袖和个体对信息的接受能力、性格和气质等都是主要的因素。同时，认识到意见领袖是自然形成的，是一个人威望、能力、社会关系、热情等因素综合作用的结果。当然，意见领袖对大众传媒信息的解读也并非任何时候都正确，每个受众都应该培养自己明辨是非和信息对错的能力。

（2）说服效果论

说服效果论，最早由美国实验心理学家霍夫兰在20世纪50年代提出，其代表作有《传播与说服》《耶鲁大学关于态度和传播的研究丛书》等。霍夫兰关于说服效果的研究的目的是为了探求说服的规律、条件、特征与效果。

霍夫兰的研究发现，人的态度的改变与说服者的条件、信息本身的可信度以及对问题的排列技巧等因素有关。在说服者的条件影响方面，一个享有盛誉的人比少有声誉和没有声誉的人的说服力强。与相关方都没有利益牵扯的第三方说服力要比相关方的人的强。在信息本身的说服力和说服方式方面，通常情况下，对被说服者从正反理由两方面进行解释，效果比较好。如果被说服者本来和说服者的意见相同，则只说出正面的理由就能更好地坚定被说服者的意见。如果被说服者原本不接受说服者的意见，则讲说出正反两方面理由说服效果比较好。对于那些教育程度比较低的人，只说正面的理由说服效果比较好。因为单方面的理由会给教育程度比较低的人留下深刻的印象，从而能够容易地改变他们的态度和看法。在问题的排列技巧方面，霍夫兰发现，如果首先提出论点，则容易引起被说服者的注意。如果最后提出论点，则有利于被说服者对论点有深刻的印象。如果传播观点或内容是受众可能接受的，那么首先提出则有利于引起被说服者的注意。如果首先激发被说服者的兴趣和需要，然后提出问题，则更容易说服被说服者。霍夫兰对说服效果的研究表明，人的态度和观点的改变和保持受说服者自身条件、信息本身可信度以及问题的排列技巧等诸多因素的影响。这个一定程度上颠覆了之前的"魔弹论"的速效强大效果论，认为传播的过程就是一个传播效果递减或不断强化的过程，是被说服者学习和被教育的过程。人们关于人和事物的态度和观点是渐渐习得的，那是一个比较长期的过程。

将说服效果论应用于传媒教育和学习过程中，就是要让教育者和受教育者认识到，人们对于人和事物的态度并非一朝一夕就能改变的。在态度和观点发生变化的过程中，有着说服者、信息本身、被说服者各自的条件影响。因此，之前的"魔弹论"是不全面的。同时，还要让教育者和受教育者认识到，说服的技巧和方式、说服者的威望和能力，以及被说服者的兴趣、需要、能力等都与说服的效果大有关系。教育者和受教育者都应当掌握基本的说服技巧和原则，以便更有效的社会交流。

(3)创新扩散理论

创新扩散理论由美国传播学者罗杰斯在《创新扩散》一书中提出。创新扩散是指"在一个社会体系中的个人随着时间推移通过不同渠道传播关于新事物的信息并接纳新事物的过程"。[①] 1943 年,瑞安和格罗斯在爱荷华州进行的杂交玉米种子的扩散研究开启了创新扩散研究的先河。1962 年,罗杰斯对创新扩散理论做了进一步的研究。对创新信息的传播渠道、对创新信息的推广宣传、创新信息的接受率以及接受决定的形成过程与规律进行了研究,提出了著名的创新扩散的 S 形曲线理论。在创新扩散过程中,开始阶段因为接受创新的新事物信息的人少,所以创新信息的扩散速度比较慢,当接受创新信息和事物的人数达到一定的临界数量,则创新的扩散过程会突然加快。当可能采纳创新事物的人大部分都已经采纳新事物,这时候创新的人数就达到一个饱和点,创新扩散的速率就会减慢,直到可能的采纳新事物的人几乎都已采纳,创新扩散就会渐渐停滞下来,直到被更新的创新事物所代替,而退出历史舞台。

罗杰斯将创新的采用者分为最先采用者(革新者)、早期采用者、早期追随者、晚期追随者和滞后者 5 类人。而创新扩散的过程包括 5 个阶段,即获知阶段、说服阶段、决策阶段、实施阶段和确认阶段。在每个采用者接触创新信息的获知阶段,就是接触创新方面的信息,并获知其大致操作方式;说服阶段是采用者进行创新扩散的第二阶段,此时采用者开始形成有关采用创新事物的态度;在第三个阶段即决策阶段,采用者要比较其中利弊,然后做出采用或放弃采用的决定。在实施阶段,采用者开始采用新事物,进行运用和实践检验。在最后有个确认阶段,如果采用者觉得创新的新事物好,就会坚守已有的决定,而给予积极的评价,否则将会给出负面的评价,这将不利于所谓创新的扩散。从创新扩散的过程来看,创新的新事物一般具有相对的优越性、兼容性、复杂性、可试验性和可观察性等 5 个基本特征。

---

① Rogers,E. M., Diffusion of InnovationsI[M],4th Edition,New York,NY: The Free Press.

罗杰斯曾经对一项新产品的采用做过统计和归纳式的研究,发现最早采用者(革新者)大约占 2.5%,早期使用者约占 13.5%,早期追随者约占 34%,晚期追随者约占 34%,而滞后者约占 16%。① 最早采用者往往是心态比较年轻,有开拓创新意识和精神,喜欢学习和接触新知识与新信息,经常性关注自己感兴趣的领域的新创新、新产品,喜欢与人交流经验和技术。创新扩散的研究表明,采用者或受众需要大众传媒提供新的创新的信息或新事物、新产品,还需要与这方面懂行的人进行学习、切磋和交流,才能形成要采用新产品、新事物、新创新的态度和行为。

将创新扩散理论应用于传媒教育和学习过程中,就是要让教育者和受教育者明白,任何新事物、新创新、新产品最初都是少数人先试先行,接着随着创新信息的传播越来越多的人也跟着采用起来,达到一个临界点就会产生飞速的传播和蔓延,饱和之后会出现递减效应。新事物和新创新的信息必然是一个由少数人到多数人的传播过程,由缓慢到迅速再到缓慢的过程。因为创新扩散的 S 形轨迹,所以关于新事物、新产品和新媒介的素养教育也必然是一个永无止境、无限循环上升的过程。明白这个道理,那么作为新产品的推销者,就要认识到该产品的使用和普及空间巨大,市场前途广阔。但万事开头难,所以在推销的开始,要有耐心、毅力和扎实的努力。作为新产品、新创新的采用者,则要积极了解和学习新产品、新创新的功用和特点,并做出明智的采用决定。同时,要积极地宣传新技术、新创新的好处,不断地培养人们的创新能力和采用创新技术和产品的意识和精神,为国家和社会的创新与发展做出自己力所能及的贡献。

3. 条件效果论

条件效果论,又称为适度效果论,盛行于 20 世纪 60 年代至 80 年代。条件效果论认为,大众传播效果不能一概而论,大众传播的条件、

---

① Everett M. Rogers. Diffusion of Innovations. New York:The Free Press,1983.

场合和情势不同，传播的效果也会迥异。某些条件下，传播效果可能巨大，有些条件下可能微弱，也有可能既不巨大，又不微弱。适度效果论注意到大众传播的各种自变量与因变量之间的相应关系。

魔弹论提出了大众传媒信息传播的速效强大效果论，微弱效果论是对魔弹论的质疑和否定，但适度效果论又是对微弱效果论的修正。这说明，人们对于传播效果的规律、作用机理、效果大小都在做不断深入的研究和分析。

（1）使用与满足理论

使用与满足理论，以受众接触媒介信息的目的是否得到满足来评价传播效果的大小。1959年，卡茨在《大众传播调查和通俗文化研究》中首次提到使用与满足研究的概念，并在1974年由卡茨等人合著的《个人对大众传播的使用》一文中对使用与满足方面的研究做了总结。根据麦奎尔、卡茨等学者的观点，大众传播媒介一般具有以下满足人的需要的功能：认知需要、情感需要、消遣娱乐需要、人际交往需要、个人身份认同需要、社会统合需要、个人安全需要，等等。因为受众使用媒介的目的是各种各样的，所以就可能出现不同方面的信息传播效果评价。

受众因为社会和心理诸多方面的因素，产生了对媒介接触的期待，然后进行媒介接触或使用，从而获得需要的满足。因此，受众根据自己的需要来选择媒介和媒介内容，从而将传播效果与受众自身的需要联系起来。

将使用与满足理论应用于传媒教育与学习过程中，目的就是让教育者和受教育者认识到，传播媒介对受众思想和行为方面产生的效果，首先源于受众的个人兴趣和需要，人们选择不同的媒介和内容以满足自己各方面、各层次的需要，从而得到不同的传播效果。当然，也要让教育者和受教育者认识到，大众传媒对受众的影响，是基于政治的、经济的、文化的等多种社会文化因素，也基于受众个人的条件、能力、兴趣和目的。使用与满足理论，以受众为本，来研究大众传媒的传播效果，是一个新的研究视角。

(2) 知识沟理论

知识沟理论,又称为知沟理论或知识沟假说。所谓知识沟,是指经济、政治、文化、教育等各方面条件比较好的人,会更有可能掌握更多的知识,从而拉大条件好与条件不好的人之间的知识差距,这种知识差距会导致贫富更加分化和悬殊。

20世纪60年代,美国社会富裕家庭儿童与贫困家庭儿童之间的学习能力和学习成绩之间的差距受到社会的广泛关注。富裕家庭儿童通常在入学前都接受了较好的学前教育,而贫困女家庭儿童却未能接受这样的教育。在教育和学习的差距最终导致贫困家庭儿童未来升学、就业和社会地位的不利。美国政府为了实现教育机会的平等,就推出一项补充教育计划,计划中的一个项目就是制作普及性的儿童启蒙教育的电视系列节目——《芝麻街》。

1970年,美国传播学家蒂奇诺等人,对《芝麻街》的教育效果进行了实证研究,发现《芝麻街》项目的实施进一步扩大了贫富家庭儿童间的知识上的差距。因为富裕家庭儿童比贫困家庭儿童更有条件观看《芝麻街》电视系列节目。蒂奇诺在实证研究的基础上于《大众传播流动和知识差距增长》一文中提出了"知识沟理论"或"知识沟假说"。蒂奇诺指出,造成"知沟"扩大的原因主要是经济条件的差距、阅读和理解能力上的差距、知识储备和结构上的差距、社交能力的差距、兴趣和态度方面的差距,以及使用媒介类型的习惯和努力上的差距,等等。

知识沟的提法之后,人们又有了很多类似的提法,如信息沟、传播效果沟、数字鸿沟,等等。知识就是力量,知识就是财富。同样的,信息也是力量和财富。拥有信息量多的人,就容易把握住更多的发展机会,久而久之会造成各方面的差距。知识沟、信息沟、传播效果沟这些概念和理论的提出,说明了人们对贫富之间的差距、教育机会均等、社会公平公正等问题的关注。发现问题和关注问题,才能更好地解决或妥善地处理这方面的问题。因为只有对这些不公平和分化悬殊的社会问题予以关注和思考，才能确保社会的和谐和稳定，确保每个人都有公平竞争和生存发展的机会。

将知识沟理论应用于传媒教育和学习过程中，就是要让教育者和受教育者认识到，人与人之间的社会经济政治地位、社会阶层和行业等条件的不同，会导致人们在知识、信息、能力倾向、价值观等方面的差距，这些差距反过来加剧了人与人之间社会经济政治地位、经济条件等的差距，从而可能引起社会的贫富分化和悬殊。而贫富极度分化和悬殊将会导致社会秩序的动荡和社会危机。要想克服知识沟、信息沟、数字鸿沟和传播效果沟等带来的个人和社会问题，作为社会个体就应该在认知此方面问题及其根由的基础上，努力学习、提高自己，尽可能缩小与他人在这些方面的差距。同时，在条件允许的情况下，为减小人与人之间的知识沟、信息沟、数字鸿沟、贫富差距等做出自己力所能及的贡献。

（3）第三人效果理论

第三人效果理论，1983年由美国哥伦比亚大学戴维森（W. P. Davison）教授在《传播中第三人效应的作用》一文中提出。第一人是指"我"，即传媒信息所涉对象；第二人是指"你"，即披露传媒信息的人或机构；第三人是指"他"，即其余的人。第三人效果理论认为，"你"对"他"的影响要比对"我"的影响要大。即，人们倾向于认为传播媒介对他人的影响要比对他们自己的要大。这种认识观念可能会影响着他们的行为。譬如，人们可能倾向于认为，传媒中的暴力内容对他人的影响要比对自己的大，而做出自己可以去看看你有暴力内容的电视节目、影片或视频的决定或行为，或者可能支持对传媒中的暴力内容有所限制，以防他人遭受不良影响；又譬如，一些厂家的产品安全遭曝光之后，这些厂家因为担心公众不再会购买或减少购买他们的产品而主动去做一些公关和改进产品的行动。

第三人效果理论还认为，当人们认为传媒信息对自己有利的时候，第三人效果的影响强度会减弱；而当人们认为传媒信息对自己不利的时候，第三人效果的影响强度会增大。譬如，当有人赞扬自己的时候，自己会沾沾自喜，自己认为赞扬者对自己影响较大，而对其他人的影响较小（自己会认为其他人可能不以为然）；但当有人批评自己的时候，自己就会懊恼，这时候自己认为批评者对自己的影响不大（因为自己心理上不会认为自己有错，而是认为批评者自己有问题），但对他人的影响很大（自己会认为，批评者的批评使得他人会看轻或嘲笑自己，而在他人面前丧失尊严）。

将第三人效果理论应用于传媒教育和学习过程中，就是要让教育者和受教育者认识到，人们经常有很多的"自以为"。譬如，自以为自己不会受到有害信息的影响，自以为自己经得起别人的表扬和任何的利诱，等等。这些"自以为"，会让自己对可能产生的影响或危险掉以轻心，也可能让自己骄傲自满，失去改进和完善的机会。还可能让自己采取一些过激的行为或行动，等等。因此，学习第三人效果理论，可以让我们时刻警示自己，未雨绸缪，防患于未然。胜不骄，败不馁。正确对待批评和赞扬，不沾沾自喜，也不妄自菲薄。

4. 长期强大效果论

（1）沉默的螺旋理论

沉默的螺旋理论是由德国学者伊丽莎白·诺埃勒·诺依曼在1974年发表的《重归大众传播的强力观》一文中提出。1980年，她在《沉默的螺旋：舆论—我们的社会皮肤》一文中对该理论做了进一步的阐述。该理论认为，大多数人都具有从众心理，恐惧和避免孤立，特别是在巨大的舆论压力之下的时候。如果主流的观点和自己的意见一致，则会"畅所欲言"，但如果主流的观点与自己的意见相左，则会沉默寡言。或者干脆保留自己的意见，或者默认了主流的观点和做法。一方的沉默会使另一方的意见和声音更加坐大，而此方就会越来越沉默，从而形成一个螺旋式发展的过程。

诺依曼指出，国家和政府的控制力量（如宣传部门）、大众传媒的力量，以及其他处于主导地位的力量，营造了有利于他们自己一方利益的"意见环境"和舆论氛围。这个"意见环境"影响着舆论形成的全过程。因此,舆论的形成不是全体社会成员"理性讨论"、"民主协商"的结果,而是"优势意见"的"意见环境"压抑了有不同意见的另一方的"弱势意见"的结果。国家和政府的意志,最终也要靠大众传媒的渠道来影响社会舆论,因此大众传媒所倾向于传播的意见往往是社会中的"优势意见"或"主流思想",因为社会大众追求安全的从众心理,所以,使得这些"优势意见"或"主流思想"呈现出螺旋式增势的轨迹。

沉默的螺旋理论表明,国家的暴力机关是一种社会控制的硬力量,而社会舆论则是一种进行社会控制的软力量。诺依曼因此将社会舆论或优势意见看作是人的社会性的"皮肤",通过这个"社会皮肤"就能感知社会舆论气候和风向的变化。这种软力量和硬力量一起,具有维护社会基本稳定的作用。因此,每一个国家、地区、行业组织、社会细胞等,都会有"优势意见"形成的主流社会舆论。在这种主流的社会舆论,会使大多数社会成员拥有一种相对安全和稳定的社会心理,从而不至于做出过激的或"攻击性"的社会行动。当然,沉默的螺旋理论,是从社会舆论形成的基本面来说的,忽略了社会成员个人性格、禀赋、气质上的差异,因为在舆论形成的过程中,也会有个别成员不怕"孤立",敢于坚持自己认为正确的"弱势意见",而"大声疾呼",从而形成"多数人意见"和"少数人意见"的对立。正所谓"不在沉默中爆发,就在沉默中灭亡。""多数人意见"对"少数人意见"持宽容和包容的态度,则遇到的社会反作用力会减小很多,但如果前者对后者过分地压制或粗暴地干涉,则可能会使"少数意见"派的社会反作用力增强,不利于社会的长期稳定。

美国印第安那大学新闻学院赫伯特·阿特休尔(J. H. Altschull)教授在1984年的《权力的媒介:新闻媒介在人类事务中的作用》一书中系统地阐述了自己关于传播媒介的权力角色。他指出,从媒介发展史来看,政治势力和资本实力这两种势力始终控制着媒介的运作。新闻媒介从来都是"当权者"的媒介。拥有社会控制权力或统治权力的都是少数人或少数派,但这些少数人和少数派利用自己掌握的社会权力来控制媒介的运作,使得媒介软力量成为他们可以依靠的强大思想武器。正是在这两种软硬力量的控制下,才形成社会的所谓的"多数人意见"或"优势意见"或社会舆论。他进一步指出,社会阶层可划分为三个阶层,即统治阶层、社会中间阶层和异议阶层。统治阶层拥有优越的社会政治和经济地位,控制着国家暴力机器和媒介力量,左右着社会中间阶层和异议阶层。社会中间阶层有自己的社会意见,但由于种种原因很少表达自己的社会意见,异议阶层作为反对统治阶层的一股力量总是在想方设法表达自己的社会意见。社会中间阶层成为其他两个阶层争夺的对象。这两个阶层都声称自己代表着社会中间阶层的意见,即所谓的民意,但显而易见,有时候代表民意,有时候则是强奸民意。况且,各个阶层的意见也是五花八门的,不尽相同的。

将沉默的螺旋理论应用于传媒教育与学习过程中,就是要让教育者和受教育者明白,无论是国家的政治生活中,还是人们日常的群体生活中,都会有"优势意见"和"弱势意见",都会有沉默的社会中间阶层和不甘愿沉默的少数异议阶层。各个阶层需要以民主、包容、睿智、科学、中庸的方式来推进公正、进步的社会舆论的形成,以造福人类社会。

(2)涵化理论

涵化理论,又称为"培养理论"、"教养理论"。在20世纪60年代末期由格伯纳等人提出。该理论提出的背景是:电视媒介因为其具有图像、声音和在家中观看等优势在战后开始异军突起,并发挥着越来越大的社会影响。随着电视媒介的普及和影响,人们开始关注和警觉电视中暴力等负面信息给现实社会带来的"传染"效果。因为在这一时期,美国社会的暴力犯罪以及其他犯罪有不断增加的趋势。这种增加的趋势是否与电视媒介的普及和节目的播映有关,成为美国政府专门成立的"暴力起因与防范委员会"支持和赞助格伯纳等人开展"涵化"研究的动因。

所谓涵化理论，是指大众传播媒介所建构的媒介主观现实与社会真实的客观现实之间存在着偏离或差距，这种偏离或有差距的"媒介主观现实"观久而久之会很大地影响人们对社会真实的客观现实的认知和理解，从而在长期的潜移默化过程中影响和参与了人们社会真实现实观的形成，不知不觉地对人们的社会真实现实观产生制约和影响。

一般地讲，人类社会中存在着三个世界：1）是人们生活在其中的真实客观现实世界；2）是传播媒介所构筑的"象征性现实"世界，或说媒介主观现实世界（媒介世界或拟态环境世界）；3）是人们脑中的"主观现实"世界。除了真实的客观现实世界之外，其余的媒介主观现实世界和脑中主观现实世界，都是人类主观的自我构建的世界，这两个世界是对真实的客观现实世界状况与特征的认识和反映，但这种认识和反映显然是偏差的，甚至是错误的。偏差和错误的认知观自然会对人们的思想和行为产生偏执的或错误的"指导"。

格伯纳等人的研究发现，长时间收看电视的人，其关于真实客观世界的观点更加接近于电视中所构建的世界景象。由于观众的兴趣、注意力、利益关切等影响着收视率，而收视率则是电视节目生存竞争的一个尺度。电视节目竞争的结果，就是节目类型和内容的趋同。节目类型和内容的同质化，使得观众的选择余地很小。因此，电视信息对社会公众的影响是基本一致的。因为电视机的普及，电视成为人们获取外界社会信息和日常娱乐消遣的主要媒介，电视所构建的这种媒介主观现实，是长期的和不可避免的。

涵化理论提出之后，格伯纳等人又在其基础上提出了"主流说"、"共鸣说"、"第一级信念"、"第二级信念"等概念。所谓主流说，是指随着电视媒介的"同质化"影响，人们的关于社会的观点开始趋向于"主流的"媒介主观现实观的，从而达成"媒介主观现实观"的共识。所谓共鸣说，是指电视对某些特定群体的影响具有"共鸣"、"共振"的效果。譬如，电视中的暴力犯罪镜头和信息会使妇女或容易受到暴力伤害的弱势群体更加倾向于认为社会的暴力犯罪现象比较严重。容易受害的群体心理与媒介构建的主观现实发生了共鸣、共振。所谓第一级信念，是指人们对社会客观现实的表面认识，如妇女的堕胎率、家暴的发生率，等等。所谓第二级信念，是指人们对社会客观现实的在态度层面或价值判断上的认识，如社会是正常的还是异常的，社会是安全的还是危险的，社会处于健康发展之中还是处于重重危机中，等等。

将涵化理论应用于传媒教育和学习过程中，就是要让教育者和受教育者认识到，包括电视媒介在内的大众传播媒介对人和社会的影响是无孔不入、长期存在和潜移默化的。社会真实的客观现实与媒介主观现实、脑中主观现实一起组成了人们赖以生活的全部现实世界。也就是说，社会的客观现实世界和媒介主观现实世界、脑中主观现实世界是相互作用、相互影响，相辅相成的，都是哲学意义上的"客观存在"的一部分。为了尽可能正确地、客观地认识和理解社会的客观现实世界状况和特征，就必须对媒介主观现实世界和我们脑中的主观现实世界状况和特征保持清醒的头脑和谨慎的批判反思态度，以确保我们的思想和行为尽可能地与客观现实实际保持一致，从而做出正确的抉择和行动。

（3）议程设置理论

议程设置理论，是一种传播者理论，也可以被视为是长期强大效果理论。因为传媒机构尽管不能决定受众如何思考，但是能够决定受众接收和思考什么内容。传媒可以通过议程设置来引导受众关注和思考什么议题和问题，从而有利于议题和问题的解决。这种引导和影响显然是长期的、确定的。因此，我们也可以将其也归属于长期强大效果论。因为在传播者理论部分对议程设置理论已经有比较详细的诠释和说明，在此不再赘述。

第三节 教育学理论与方法

一、"一般发展"教学理论

"一般发展"教学理论由苏联教育学家、心理学家赞可夫提出。一般发展教学理论的根本目的就是以最好的教学效果来促进学生的一般发展。赞可夫先后在1963年的《论小学教学》、1964年的《小学教学新体系的实验》与1975年的《教学与发展》中对"一般发展"的意涵进行过阐述。赞可夫所指的一般发展是指学生在智力、心理、身体等包括智力与非智力因素在内的身心的全面发展。要促使学生在道德、观察力、思维、记忆、言语、意志、情感、价值观等方面的全面发展。赞可夫认为,单纯地追求掌握知识、技能技巧,而不去关心和掌握学生心理发展的规律,不可能促进学生的一般发展。

赞可夫以维果斯基的"最近发展区"理论为基础,经过多年的实验教学,总结出一些一般发展的教学原则,如以高难度进行教学的原则、以高速度进行教学的原则、理论知识起主导作用的原则、使学生理解教学过程的原则、使全班学生(包括差生)都得到发展的原则。

以高难度进行教学的原则,是指在学生现有的发展水平上给学生提出一些一定难度的教学目标和任务,然后指导和鼓励学生克服前面的学习障碍,完成既定的教学目标和任务。这里的认识是以维果斯基的"最近发展区"理论为基础。最近发展区是指儿童已经达到的发展水平与在教师帮助之下经过一段时间努力可能达到的发展水平之间的区域。所谓的高难度就是指指导学生跨越这个最近发展区,达到可能达到的发展水平。这个过程可以被称为是挖掘潜能的过程。这个高难度,是一个学生能够达到的难度,而不是超过了学生的智力水平。

以高速度进行教学的原则是指只要学生懂了教师所讲授的内容,教师就可以继续后面的内容,不要原地踏步。重视通过不断地向前推进教学进度，接触更多的知识，并把过去所学的知识与知识联系起来，贯穿起来，探明其中的规律，做到知识的系统化，从而保证教学的高速度和高效率。"高速度"绝不是赶进度，囫囵吞枣，而是在探明知识之间的规律和特点的基础上的高效率的学习。

理论知识起主导作用的原则，强调理论知识在学生学习过程中的重要作用。所谓理论是相对于技能技巧而言的。理论反映的是知识的内在的本质的联系，是掌握各种技能技巧的基础。只有认识了事物发展的本质，掌握了知识与知识之间的本质联系，才能够明白技能技巧背后的深层的含义。因此，理论知识起主导作用的原则强调从抽象到具体、从复杂到简单的学习过程。

使学生理解教学过程的原则，就是要求教师要将教学过程中的学习内容、学习任务、学习方法、教学步骤和注意事项等明确地告知学生。让学生明确学习的目的和任务，并在学习过程中探索和总结出自己的学习经验和方法，增强自学能力。

使全班学生（包括差生）都得到发展的原则，要求教师对所有的学生一视同仁，使每个学生都能得到自己最大限度的发展。用欣赏、激励、鼓励、热情对待学生，使所有学生感到教师的亲切和爱，从而树立所有学生的学习信心，激发他们的求知欲和学习劲头，使他们获得尽可能的一般发展。

将赞可夫一般发展教学理论应用于传媒教育和学习过程中，就是要让教育者和受教育者认识到，要提高学习成绩和教学效果，必须注意到一些教学规律和理论在教育教学过程中的指导作用。有一定的高难度，就会让学生觉得有挑战，学生才会继续向前努力；有一定的高速度，学生才不会对已经了解的知识的不断重复感到厌倦，还可以尽快地在旧知识和新知识之间建立起联系，"温故而知新"；重视理论知识的统帅作用和事半功倍的作用，能够让学生在掌握技能技巧方面如鱼得水，明白事理；让学生理解教学过程，就能做到有的放矢；让所有学生都能得到一般的发展，正是教育教学的真谛和基本要求。所以，如果传媒教育者掌握了赞可夫一般发展教学理论的精髓,则可能更能做好传媒教育和教学的工作,提高传媒教育教学的效率和质量。

二、教学最优化理论

教学最优化理论由苏联教育家巴班斯基在20世纪70年代初提出。其代表作有《教学过程最优化——一般教学论方面》《教育教学过程最优化——教学法原理》《教育教学过程最优化问答》等。巴班斯基认为,教学的最优化就是根据国家和社会的具体要求,学校、师生的具体情况、科学的教学原则等,选择和制定最佳的教学方案,并在实际中灵活调整和执行,以取得一定条件下的最大可能的教学结果。[①] 也就是说,所谓最优化,是指一所学校或一个班级在一定条件下(一定的时间范围、一定的物质条件、一定的资金花费、一定的精力投入等)尽可能取得的最大教学效益。教学最优化,不仅关注教师"教"的最优化,而且重视学生"学"的最优化。教师要确保自己教学整个过程包括准备、实施和评价过程的最优化,而且要使每个学生都能根据学习目标和任务、学习内容制定出最适合自己的学习方案、模式和方法。

最优化是相对于一定条件而言的,在此条件下是最优的,在彼条件下未必是最优的。因此,在进行教学最优化的时候,要对具体问题、具体条件进行具体分析,才能完成最优化的教学设计。

教学最优化体现在教学过程的各个方面。如教学任务的最优化、教学内容的最优化、教学方法的最优化、教学进度的最优化和教学效果分析的最优化,等等。

教学任务的最优化,是指在明确教学目标和学生目前准备状态的情况下,将教学任务具体化。

教学内容的最优化,是指要对教材中最为主要、核心和本质的内容进行分析和明确,确保学生能熟练掌握它们。

教学方法的最优化,是指要根据教学目标、任务和内容,针对不同

---

① 巴班斯基:《论教学过程最优化》,教育科学出版社,2001年1月第2版。

的学习者选择适宜的教学模式和方法,进行个性化的教学。譬如,讲授、讲演、演示、汇报、练习、活动、游戏、讨论、口头检查、书面测试、抽查等方法的有机结合。

教学进度的最优化,是指要确定适当的教学节奏和速度,提高教学效率,完成教学目标和任务。

教学效果分析的最优化,是指要对教学结果进行客观和科学的测评和分析。要测评,就必须确定最优化的评价标准。如,根据国家教学大纲和素质教育要求,从德、智、体几方面全面衡量教学效果,所评价内容包括在一定时间内以最小的投入取得的最大成果、教学的重点和难点掌握的程度、学校可能提供和使用的教学设备等条件、适当的教学步骤和结构,等等。

将教学最优化理论应用于传媒教育和学习过程中,就是要让教育者和受教育者认识到,教育者可以根据具体情境和条件因时制宜、因地制宜、因事制宜地设计最优的教学方案,并在实施过程中将各种适宜的教学方法发挥到极致,而学习者也可以根据教学的目的、任务和内容、教师的具体学习安排,来选择最适合于自己的学习模式和方法。无论教学处于一个什么条件下,总会有一种在当时条件下的最优方案,人们可以努力地找到并施行。还要认识到,教学过程的最优化是一个系统的、连贯性的教学体系,要对学生的特点、态度、思维方式、接受能力、家庭状况和个性心理等进行了解,以学生为本,做到集体教学和个别教学有机结合,营造积极上进、友善和谐的课堂氛围,激发他们的学习兴趣、求知欲和克服学习困难的勇气,使他们得到德智体各方面的全面发展和进步。

三、结构—发现教学理论

结构—发现教学理论由美国教育家、心理学家布鲁纳在20世纪60年代提出。其代表作有《教育过程》(1960年)、《教学论探讨》(1966年)和《教育的适合性》(1977年)等。结构-发现教学理论提出的背景是美国急于改革美国教育,提高教学质量和在国际上的人才竞争力。结构-发现教学理论认为，任何一门学科都有一个反映其内在规律性的基本结构。教学的目的和过程就是要让学生理解和掌握这些学科的基本结构。学科的基本结构包括各门学科的基本概念、基本原理和规律。要更好地掌握这些基本结构，最好采用发现教学法。

布鲁纳提出的教学原则，有动机原则、结构原则、程序原则、强化原则。

动机原则。布鲁纳认为，激发出学生的学习动机格外重要。动机包括内在动机和外在动机。好奇心、责任心、胜任感、探究兴趣、互助欲是内在动机，而奖励、竞争属于外在动机。内在动机的激发比外在动机更为重要，因为内在动机更为持久和可靠。

结构原则。布鲁纳认为，认为学科知识都有自己的结构，结构反映了学科知识间的联系和规律性。

程序原则。布鲁纳认为，教学活动的程序会影响学生的学习效果。教师应该根据儿童的认知的心理发展规律和水平来设计和选择最佳的教学程序。譬如说，要考虑学生已经掌握的知识结构和水平，学生的学习迁移能力，教学材料的性质以及学生间的差异等因素。

反馈强化原则。没有反馈的教学活动是低效率的。教师只有及时注意和接收学生的学习反馈，才能对所学知识予以及时的强化，才能及时纠正学生在学习过程中出现的偏差，也才能逐渐培养出学生的独立思考、探究能力，从而达到巩固知识和教学效果的目的。

布鲁纳提出"发现教学法"。布鲁纳认为，如何训练学生发现问题、寻找问题、自我学习和掌握学科的知识结构、学会自觉地独立思考是非常重要的。发现教学，是以学生为主体的学习活动。要鼓励学生学会积极思考和探究，指导和培养学生独立思考的意识和态度。发现教学还要求学生要认识到新旧知识之间的联系，不断形成自己新的容量更大的学科知识结构和认知结构。此外，发现教学还强调人的直觉能力和理性分析能力的有机结合。科学技术发展史上，很多发明创造都来源于人们的灵感和直觉能力。所以，培养和形成学生的直觉思维能力也是很重要的。

总之，发现教学有三个基本特征：强调学生对学科基本结构的发现和学习；以教师为指导，以学生为主体；发展和培养探究性思维能力。

发现教学模式是：1）教师按照学科知识的基本结构进行讲解，即讲解学科的基本概念、原理和规律等；2）引导学生观察和探究这些学科的原理和规律，让学生提出问题和假设，然后组织讨论和求证；3）将所学基本概念、原理和规律应用到新的问题解决中去，即运用知识、练习分析问题和解决问题的能力。

将结构－发现教学理论应用于传媒教育和学习中，就是要让教育者和受教育者认识到，包括传媒教育在内的各门学科知识都是有自己的基本结构的，有自己基本的概念体系、原理、理论学说和规律的。在教学的过程中，要根据学生的心理发展水平来确定教学的进度和模式。其中发现教学模式是重要的教学模式之一。传媒教育教学也应该注意培养学生的探究思维能力和习惯的培养，要科学地利用结构——发现教学理论的动机、结构、程序和反馈强化等教学原则，不断地提高教育教学质量和水平。

四、非指导性教学理论

非指导性教学理论由罗杰斯在20世纪60年代提出。非指导性教学理论是人本主义教育理论流派的代表性教育理论之一。

所谓非指导教学理论，是指教师在引导学生进行学习的过程中，不是通过直接的命令、指示，而是通过建立积极的师生关系、平等坦率地交流，帮助学生理解学习的意义和自己的学习需要，激发他们的学习兴趣和干劲。"非指导"并不是不指导，而是更强调一种平等互动的师生关系，更强调教师是一个学生学习的促进者、协助者、合作者和朋友。"非指导性"教学理论建立在学生乐于对自己的学习承担责任的基础上。即每个学生都有学习的欲望、强烈的求知欲，只要教师给他们创造一个温馨、舒适和心理安全的学习环境，学生就会激发出学习的热情和干劲，从而将学习成绩搞上去。因而，非指导教学模式的关键在于良好的师生关系。罗杰斯认为，师生之间只有建立亲密无间的人际关系，每个学生才能面对真实的自己。

在非指导性教学中,教师要做到以下几点:1)教师要对学生真诚。2)教师要学会接受学生独立平等的地位和角色。将学生视为平等独立的个体,给予充分的尊重。3)教师要理解学生的所作所为。教师不对学生的思想和行为做定性评价,只是表示充分的同情、理解和尊重。4)教师要让学生决定自己要学习的内容,让他们自己设置自己的教育目标并选择达到这些目标的方法,教师只是扮演协助者和理解性的支持者。5)教师要让学生进行自我评价。因为学生的学习目标是自己设定的,所以自己才能做出最适当的评价。学生的自我评价能够让自己更能主动、坚韧地学习,并更能主动地承担自己的学习责任和后果。

非指导性教学,实质上是以学生为中心,教师处于顾问和咨询者的作用。教师不对学生的学习进行包办和操纵,而是参与学生的讨论和探究知识的活动。

非指导性教学的目标是:培养能够适应社会变化和知道如何学习和充分发挥自己才干的人。学校和教师传授的知识很快就会过时,因此教学的价值和意义主要在于培养探索知识和适应社会变化的能力,而不是知识的灌输和记忆。[①] 学生探索知识和适应社会变化的能力主要表现在洞察力、创造力、进取心和为自己的选择承担责任和后果等几方面。

非指导性教学的一般程序是:1)创设有利于学生积极思考和表达意见的情境;2)开放性探究,学生不受束缚地发表自己的观点和提出问题,教师对学生的观点不做评论和总结;3)教师提供一定学习资源,并和学生对探究结果进行反思和讨论。

非指导性教学的学习观主要体现在以下几方面:1)学习是一个有意义的心理过程;2)学习是学习者内在潜能的发挥;3)学习者应该

---

① 方展画:《罗杰斯"学生为中心"教学理论述评》,教育科学出版社1990年版,第74页。

学习自己认为最有价值和意义的知识；4）最有用的学习是学习如何学习的方式和在学习过程中获得成功探究知识和解决实际社会问题的经验。

非指导性教学模式，重学习探究过程，不重结论；重学生，不重教师；重学生潜能挖掘，不重知识填鸭式灌输；重学生学习态度、品质形成和自我评价，不重知识死记硬背。

将非指导性教学理论应用于传媒教育和学习过程中，就是要让教育者和受教育者认识到，学生是学校教育和教学的中心，为学生的成长和社会适应能力服务应成为教育教学的出发点。教育者要关注和谐学习环境的创建，学生的兴趣和需要，以及让学生在教学过程中获得如何探究知识和解决问题的方法。受教育者则要养成主动学习和思考的习惯，学会自己选择合适的学习方法，并勇于承担自己选择的责任和后果。教师应该改变传统教学中教师的权威地位和角色，让自己自觉主动地成为学生的协助者和合作者，让学生获得心理的安全，从而能够冷静地思考自己为什么学习，如何学习，并如何承担自己的选择后果和责任，等等。

五、多元智能理论

多元智能理论由美国心理学家和教育学家霍华德·加德纳（Howard Gardner）在1983年提出。多元智能理论认为，人的智能是有结构的，主要包括语言智能、音乐节奏智能、数理逻辑智能、视觉空间智能、身体运动智能、自省智能、交往智能和自然观察智能。语言智能是指人的听说读写的能力，语言智能高的人比较适合从事编辑、作家、记者等职业。音乐节奏智能是指人有感觉、辨别、记忆和用音乐表达情意的能力，音乐节奏智能高的人适合于从事歌唱、谱曲、弹奏等职业。数理逻辑智能是指人具有运算和推理的能力，数理逻辑智能高的人适合于从事数学研究、统计、软件研发、测绘等职业。视觉空间智能是指人具有空间结构、颜色、图形的识别能力，视觉智能高的人适合于从事摄影、绘图、绘画、建筑等职业。身体运动智能是指人具有运行肢体和躯干的能力，身体运动智能高的人适合于从事表演、舞蹈、体育、雕塑等职业。自省智能是指人具有认识和反思自身的能力，自省智能高的人适合于从事社会研究、心理辅导、规划指导等职业。交往智能是指人具有与人相处交流的能力，交往智能高的人适合于从事公关、销售、行政、心理咨询等职业。自然观察智能是指人具有辨别自然环境和社会环境特征和利用环境的能力，自然观察智能高的人适合于从事生物学研究、地质学研究、天文学研究等与自然地理、动植物有关的职业。这几种智能相辅相成，缺一不可。

多元智能理论认为，人的智能是环境化的、多维的和发展的。所谓环境化是指只有处在具体情境下，人的智力水平才能被认知和理解。之前的传统的智能理论过于强调人的语文、数学能力，即过分地强调人的语言智能和数理逻辑智能。这样，学校教师和家长都非常在意学生和孩子的数学和语文能力，而相对忽略了其他方面的智能及其开发。所谓"多维的"是指每个人都有多元化的能力，且各个方面的能力都有先天禀赋的不同和长短优劣。评价一个人的智能，不能只采取一个或部分维度。如有的数学智能较高，而有的音乐智能较高，要因人而异地发展和激发人的智能。

在多元智能理论提出之后，美国心理学家彼得·梅耶、戈尔曼等人又提出一些新的对智能维度的分类。如智力商数（IQ）、情绪商数（EQ）、判断商数（JQ）、逆境商数（AQ）、创意商数（CQ）、健康商数（HQ）、理财商数（FQ）、精神商数（SQ）、发展商数（DQ），等等。

将多元智能理论应用于传媒教育和学习中，就是要让教育者和受教育者认识到，每个人都有多个维度的智能，不同维度的智能有高低不同，正是多个维度的智能在不同的人身上的不同组合，形成了每个人的智能特质，即各有所长，各有所短。在发展多元智能方面，每个人需要做到的是扬长避短和扬长补短。要认识到，"天生我材必有用。"每个人都有自己的特长，并且要因材施教，积极挖掘每个人身上的特长和智能优势。要树立正确的智能评价观，能客观和全面地评价每个人的智能强弱，并且使用多元化的评价方式。要平等对待每一位学生，并让每一位学生的特长智能和其他智能都得到尽可能的发展。

六、建构主义教育理论

建构主义理论流派众多，其主要代表人物有皮亚杰、科恩伯格、斯滕伯格、卡茨、维果斯基等人，20世纪80年代以来较为盛行。皮亚杰同化、顺应、平衡理论为建构主义的发展提供了初始的理论基础。

建构主义教育理论认为，人的大脑中有一个天生的认知结构，这个认知结构有着对人类身体周围世界信息进行反馈和主动适应的建构特性。人类的认识过程是一个自己先前的认知结构中的知识与获得的新知识、新信息相互作用而不断建构新的认知结构的过程。人的认知结构在没有获得新知识和新信息之前是一个相对的平衡态，当获得了新知识和新信息之后，平衡态就变得不平衡。这时候需要通过同化或顺应来重新获得一个相对的平衡态的认知结构。所谓同化，是指个体将从外界获得的新知识和新信息整合到自己已有的认知结构内的过程；而所谓顺应则是指当个体无法将从外界获得的新知识、新信息整合到自己已有的认知结构内的时候，个体这个主体就会改造和重组自己的认知结构，以获得一个新的平衡态的认知结构。

建构主义教育理论认为，学习是学习者以自己的建构方式主动地建构知识或认知结构的过程。在这个建构过程中，学习者需要与他人进行充分的交流和互动。学习者获得知识不是靠教师的灌输，而是靠学习者个人对自己的认知结构的同化或顺应，同化或顺应过程本质上是一个与他者的知识和信息的交互作用，是在教师、学习伙伴和书籍等的帮助下的意义建构过程。因此，建构主义教育理论强调一定的社会文化"情境"、师生之间和学生之间的"合作讨论"、思想资源共享，"意义建构"的效果评价等概念。强调学习者的主体作用的发挥，但又不忽视教师的指导作用。教师是学生意义建构的促进者与合作者，要能为学生提供必要的学习情境和工具，要能激发出学生的学习动机和兴趣，并能组织学生进行切实有效的讨论协商、协作探究与评价。学生是知识加工的主体，因此，学生要用探究、发现的方式去获取知识，要对所学知识进行联系和思考，以形成新的认知和认知结构。

建构主义的教学方法主要有3类。

第一，支架式教学。

支架式教学的步骤：1）围绕当前学习主题和任务，根据"最近发展区"理论要求建立概念性支架或框架。要将学生的学习水平不断提高到一个新的水平，教师需要为学生提供的一种知识的概念性框架，来作为学习和讨论的基础和支撑。2）根据概念性支架的知识点引入问题情境，提出与确定问题。3）让学生进行自主学习和探究这些概念支架中的概念和知识点等问题，教师在学生的探究过程中可适当提示、启发、引导，争取达到无需教师的提示和引导，学生自己就能继续探究的过程。4）让学生进行小组讨论、合作学习。小组讨论、合作学习的目的就是为了集思广益，实现思想资源的交流与共享，以达到对所学知识、概念的全面和正确理解，完成对它们的意义建构。5）进行教学效果评价，如评价学生的自主学习能力、在合作学习中的表现以及完成教学任务的情况。

第二，抛锚式教学。

抛锚式教学是以具有较强感染力的真实事件或真实问题为基础的情境性教学，又被称为基于问题的实例化教学。对真实事件或问题的确定或固定被比喻为"抛锚"。让学生结合当前学习的主题和任务，对真实世界中的事件和问题进行探究，往往能够获得较好的意义建构效果。

抛锚式教学的步骤：1）创设真实的问题情境；2）提出和确定真实事件或问题；3）让学生进行自主学习和探索，以发展学生的自主学习能力；4）让学生进行小组讨论、合作学习、集思广益；5）观察和记录学生的表现，并对学生的表现进行效果评价。

第三，随机性教学。

认识事物可从不同的角度出发。同样的，针对同样的教学内容和概念知识，也可以采用随机的方式进行学习和掌握。这就是所谓的"随机性教学"。每次的随机教学，都有不同的学习目的和侧重点，之所以如此随机教学，是为了从不同的维度对所学概念知识或探究对象有全面的理解和认知。因此，随机性教学绝不是对概念和知识的简单重复记忆和巩固。

随机性教学的步骤：1）结合当前学习主题和任务，创设相关的学习情境。2）让学生进入随机性自主学习。教师可在学生自主学习的过程中给予必要的启示和引导，最终使学生学会独立自主的学习。3）教师对学生进行拓展性思维训练。教师可对学生研究的问题进行启发式发问和拓展，以使学生丰富自己的分析和思考。4）让学生进入小组讨论、合作学习。5）对学生的表现进行效果评价。

综上所述，支架式教学、抛锚式教学和随机性教学具有很多相似的步骤，有着内在的本质联系，都包括情境的创设、学生的自主学习、小组讨论、合作学习、效果评价等步骤，都强调以学习者为中心，强调学习者主动的探究、发现与意义建构，反映了建构主义教学的共性特征。

将建构主义教育理论应用于传媒教育和学习过程中，就是要让教育者和受教育者认识到，学生是教学的中心、学习的主体，教育教学的效果和质量最终体现在学生对知识的主动的意义建构上。教师不过是学生学习过程中的引路人、促进者和帮手。概念框架、情境化、独立自主学习和探究、小组的讨论和协作，以及及时的效果评价都是教学过程中必需的要素。教师要做到以学生为本，一切从学生的认知结构的重组、改造和意义建构出发，为学生创造良好的教学情境和条件。

七、批判教育学理论

批判教育学理论流派众多，产生于20世纪60年代，其代表人物有保罗·弗莱雷、阿普尔、金蒂斯、亨利·A.吉鲁克斯、贝瑞·康柏、鲍尔斯等人。弗莱雷的代表作是《被压迫者的教育学》。批判教育学主要流派有英美流派和德国流派。

批判教育学的基本观点是：教育是政治性的，教育应该充分地考虑到弱势群体的利益。它强调用阶级分析的观点对教育现象和本质进行批判性分析。批判教育学认为，资本主义社会教育的非公平性造就了社会阶级差别和对立。教育再生产了主流意识形态、主流文化和经济结构。批判教育学的目的就是为了揭示教育的这种为统治阶级服务的本质与利益关系，启蒙和教育民众，将自己从被压迫和异化的困境中解放出来，以便改造不合理和不公正的教育和社会。

批判教育学认为，"教育不是反映现实的一面镜子，而是塑造现实的一把锤子。批判教育学研究就是对政治、权力与教育之间的关系进行剖析。就有关课程、考试、管理、教师培训、教育投资等几乎任何一个有意义的教育问题的争议而言，批判教育学研究已经从现有教育学科的边缘进入到现有教育学科的中心地带。"[1]

批判教育学认为，教育应该成为一种使被压迫者不再受压迫的文化和政治的工具，批判教育者应该以批判、抗争和斗争的语言启蒙人们，

---

[1] Torres,C. A. Education, Power, and Personal Biography: Dialogues with Critical Education [M]. New York and London: Routledge,1998: 1,152.

团结人们，一起改造不公正、不公平的社会，结束各种形式的人类苦难。① 因此，教育不再局限于学校和教室，而是要延伸到社区、公共场所等公共领域。批判的教育也不仅仅局限于批判和反思，而是要采取切实的改造社会的行动。从改造社会这一角度来看，批判教育学就是进行批判教育和改造社会实践的行动科学。批判教育学重视启蒙、解放、赋权、民主、和平、正义、政治权利、文化意识形态、社会变革和生态平衡。

批判教育学认为，教育与经济、政治和文化权力之间有着紧密的联系。教育过程中的知识和话语是有阶级性的。它为特定的阶级服务。每一种教育关系都是一种霸权关系的体现。霸权使得为统治阶级服务的话语享有特权优势，使被统治者的话语处于沉默或无视的地位。这种霸权关系体现在教育的方方面面，如学校校园文化、教学管理、教材、教学环境布置、教学方式等方面。

批判教育学者认为，学校应成为推行民主的公共领域。培养具有强烈的民主意识、批判精神和社会责任心的公民应该成为教育的主要目标之一。就师生关系而言，师生关系应该是民主的、平等的和主体间性的交流与对话关系。师生彼此相互信任和尊重。教育是一种人性的解放实践活动，教育必须承担起启蒙与解放人性的责任。

综上所述，批判教育学者强调教育的政治工具性质，重视对教育的民主化改造，使教育成为一个政治民主化、社会公平化、人性自由化的工具。强调教育对社会文化和社会结构的改造作用。

将批判教育学理论应用于传媒教育和学习过程中，就是要让教育者和受教育者认识到，教育与政治、经济、文化和社会有着千丝万缕的联系。教育的过程是一个教化或文化的过程。传统的教育实践中，没有注

---

① ［美］康柏：《批判教育学导论》，张盈堃等译，台北：心理出版社股份有限公司2004年版，第45—46页。

意到教育的过程是一个再生产统治阶级文化意识形态和结构的过程，是一个给社会大众政治洗脑的过程。人们在这个过程中，不知不觉地接受了为统治阶级服务的文化和思想观念，从而丧失了独立的批判反思能力和改造社会不合理现象的精神。批判教育学和批判教育实践的目的，就是为了改造不合理的教育内容、方式和理念等，从而培养更多的致力于进行社会改造和变革的新人。

八、探究教学理论

探究教学是教师引导学生主动查询、讨论和探究如何发现和解决问题的教学活动。古希腊哲学家苏格拉底的"产婆术"，即是一种探究活动。美国教育家杜威提倡的以学生为中心、做中学、"教育即生长"、"教育即生活"、"学校即社会"，布鲁纳提出的"发现学习"，也是一种探究问题的教学活动。探究教学的代表人物有美国教育学家萨奇曼、施瓦布和加涅等人。探究教学法有利于激发学生学习动机和兴趣，发挥学生的主体性、创造性，有利于提高学生的社会适应和解决实际问题的能力，有利于培养学生的合作精神和批判反思精神。

（一）萨奇曼"探究训练"教学理论

理查德·萨奇曼是美国教学法专家。萨奇曼认为，培养学生的探究能力最好的方式就是训练。通过一定步骤的训练，才能使学生逐步掌握探究的规律和方法。

萨奇曼"探究训练"的教学目标：按照科学家组织知识和形成原理的各种方式，教会学生掌握调查和解释某种现象的程序和技巧，发展学生分析和解决问题的能力，并激发学生的学习动机和兴趣。在探究训练过程中，教师是学生学习的组织者、引导者和辅助者。

萨奇曼"探究训练"的教学步骤：1）创设问题情境，提出问题和确定解决问题的方式；2）学生针对问题提出假设，搜集资料，教师则给予一定的启发和辅助；3）学生对获得的资料进行解释和推理，验证提出的假设；4）学生对获得的资料与假设之间的关系进行系统地解释和说明；5）进行总结和评价。

（二）谢夫特"角色扮演"教学理论

谢夫特认为，每个人的情感、态度、价值观念和对事物的看法，都会有所不同，这些因素影响着人们的日常行为。现实生活中，这些因素往往会造成人们之间的误解、猜疑、矛盾和反感。要学会认识和理解别人的思想和行为，就必须换位思考，通过体验不同的角色来认知和理解别人的行为。这就是"角色扮演"的教学模式。

"角色扮演"的教学目标：通过创设问题情境和让学生进行角色扮演，演示思考和解决问题的想法和行为，然后通过讨论来探究各自的情感、心理活动、态度、价值观和解决问题的方式，最终培养学生正确处理问题的技能技巧。

"角色扮演"的教学步骤：1）集体活动准备。教师创设或与学生协商创设一个具体的问题情境，提出问题，并让学生思考和计划问题的解决过程。2）角色分配。教师和学生一起分析各个角色的特点，并对角色进行分配。3）舞台场景布置。角色扮演者商讨剧情、场景、角色的行动路线、对白、动作表情等，并据此设计和布置舞台场景。4）训练"观众"。教师可给作为"观众"的学生分配观察的任务，以便表演结束后的分析和讨论。5）进行表演。表演应该将问题的情境表达清楚，如果没有表达清楚，则可以重新表演。6）讨论和评价。教师组织学生回顾表演的过程和情节，探讨表演的方式和效果，并为下一次的表演做补充和完善的准备。7）再表演。再表演的时候，可让表演和讨论交替进行，尝试用不同的方法表演，以观察各种方法表演的效果如何。8）再讨论和再评价。师生回顾再表演的过程，进行分析和讨论，并探求解决现实问题的方法。9）对表演活动进行总结。教师引导学生对表演的问题情境中使用的各种解决方法及其结果进行概括，将问题情境与现实问题联系起来，探究解决真实问题的方法。

"角色扮演"教学模式是根据社会交往理论提出的情境性教学方式。在角色扮演中，学生理解了个人和社会的交互方式和效果。学会了如何观察和理解人们的情感反应方式，以及自己在情感反应中的不足，从而有助于提高自己解决社会性问题的能力。

将探究教学理论应用于传媒教育和学习过程中，就是要让教育者和受教育者认识到，要想培养学生的独立思考和解决问题的能力，培养他们探究和创新的能力，就必须遵循一定的教学步骤。萨奇曼的"探究训练"教学理论为解决学科知识上的问题和现实社会生活中的问题提供了比较好的教学模式，而谢夫特"角色扮演"教学理论则有助于解决人际交往、社会交流和情感心理方面的问题。不同的教学模式具有不尽相同的功用，因此，需要根据实际需要和实际问题来做明智的选择。

九、教育目标分类学理论

在20世纪50年代至70年代，美国教育学家和心理学家布鲁姆（Benjamin Bloom）、克拉斯沃尔（D. R. Krathwohl）、哈罗（A. J. Harrow）、辛普森（E. J. Simpson）、霍恩斯坦（A. Dean Hauenstein）等人都提出不同的教育目标分类方法。从1949年开始，以布鲁姆为首的一个专家委员会对教育目标做系统的分类研究，旨在为科学设计教育目标和进行教育评价提供统一的标准。1956年布鲁姆等人出版《教育目标分类学》（第一分册：认知领域），1964年布鲁姆与克拉斯沃尔等人出版《教育目标分类学》（第二分册：情感领域），1972年哈罗和辛普森出版《教育目标分类学》（第三分册：动作技能领域）。这三个分册共同组成了一个完整的布鲁姆教育目标分类体系。布鲁姆教育目标体系受美国行为主义心理学的影响很大，将教育目标分为三个领域：即认知领域、情感领域和动作技能领域，而霍恩斯坦1998年提出的教育目标分类体系，受建构主义心理学影响很大，将教育目标分为四个领域：即认知领域、情感领域、动作技能领域和行为领域。霍恩斯坦提出的教育目标分类学说,是对布鲁姆等人提出的教育目标体系学说的修正。[①]

(一) 布鲁姆教育目标分类体系

布鲁姆将教育目标分为认知、情感和动作技能三大领域。每个领域又可以继续细分。

目标体系		亚层次目标	关键词
布鲁姆教育目标分类体系	认知领域	知道	回忆,记忆,识别,列表,定义,陈述,呈现
		领会	说明,识别,描述,解释,区别,重述,归纳,比较
		运用	应用,论证,操作,实践,分类,举例说明,解决
		分析	分析,检查,实验,组织,对比,比较,辨别,区别
		综合	组成,建立,设计,开发,计划,支持,系统化
		评价	评价,估计,评论,鉴定,辩明,辩护,证明,预测,预言,支持
	情感领域	注意	
		反应	
		价值评价	
		组织	
		形成个人品性	
	动作技能领域	知觉	
		准备	
		有指导的反应	
		机械动作	
		复杂的外显反应	
		适应	
		创新	

---

① 邓泽民、赵沛:《职业教育教学设计》,中国铁道出版社,2006年版。

1．认知领域

认知领域的目标分为知道、领会、运用、分析、综合和评价。

知道就是对所学内容进行一定的了解和记忆。

领会就是要对所学的基本概念、原理和规律等进行掌握。

运用就是将所学的理论知识应用于新的情境和问题的解决中去。

分析就是将所要研究的知识整体材料分成若干组成部分并对各个部分之间的联系进行理解的能力。

综合就是要所学的知识的各部分重新地组合，形成一个新的知识体系。

评价就是要能对学习劳动成果进行价值判断。

2．情感领域

情感领域的目标分为注意、反应、价值评价、组织和形成个人品性。

注意，就是学习者愿意做某项学习活动。

反应就是学习者积极地参与到教学过程中来。

价值评价是指学习者能够对某种特定的现象和行为做出接受或不接受的价值判断。

组织，就是将各种价值观进行比较之后形成个人的价值观体系。

形成个人品性，是指在世界观形成的基础上逐渐养成个人的品德、性情和习惯。

3．动作技能领域

1972 年辛普森所做的动作技能领域分类目标分为知觉、准备、有指导的反应、机械动作、复杂的外显反应、适应、创新等 7 个层次。

知觉，是对动作信息的感知。

准备，是活动前的准备。

有指导的反应，是指学习复杂动作技能的早期阶段的模仿和动作尝试。

机械动作，是指习惯性的动作反应。

复杂的外显反应，是指迅速、连贯、精确和轻松自如的熟练动作。

适应，是指学生能调节自己的动作模式以适应具体情境的需要。

创新，是指创造新的动作模式以适应具体情境的需要。

（二）霍恩斯坦教育目标分类体系

霍恩斯坦将教育目标分为 4 个领域，每个领域按照高低程度分为 5 个层次。

	4大领域	亚层次目标	备注
霍恩斯坦教育目标体系	认知领域	概念化	
		理解	
		应用	
		评价	
		综合	
	情感领域	接受	
		反应	
		价值评价	
		信奉	
		行事	
	动作技能领域	知觉	
		模拟	
		组合	
		制作	
		掌握	
	行为领域	习得	
		同化	
		顺应	
		施行	
		实现	

1．认知领域

认知领域包括概念化、理解、应用、评价、综合 5 个层次。

概念化是指对信息或思想进行识别、定义和概括的能力。它包括识别、定义和概括3个亚层次的目标。

理解，是指对信息或思想进行翻译、解释和推断的能力。它包括翻译、解释和推断3个亚层次的目标。

应用，是指搞清楚一个问题和情境，并用适当的原理和步骤解决该问题或应对该情境的能力。它包括搞清楚和解决2个亚层次的目标。

评价，是指对信息、资料或情境进行分析和评判的能力。它包括分析和鉴定2个亚层次的目标。

综合，是指对复杂问题提出假设和解决办法以及答案的能力。它包括假设、解决2个亚层次的目标。

2．情感领域

情感领域是关于情感、价值和信仰的领域。它按照高低程度分为接受、反应、价值评价、信奉和行事等5个层次。

接受，是指觉察（Awareness）、愿意和注意的意向。它包括觉察、愿意和注意等3个亚层次的目标。

反应，是指对一种情境默认、遵从和评估的意向。它包括默认、遵从和评估等3个亚层次的目标。

价值评价，是指对一种事物的价值认可、更喜爱和确认的意向。它包括认可、更喜爱和确认等3个亚层次的目标。

信奉，是指相信一种价值观念体系并将其作为指导原则来奉行的意向。它包括相信和奉行2个亚层次的目标。

行事，是指力行一种价值或信念或修正自己行为的意向。它包括力行和修正2个亚层次的目标。

3．动作技能领域（The Psychomotor Domain）

动作技能领域是关于人的身体的动作和技能的领域。它包括知觉（Perception）、模拟（Simulation）、组合（Conformation）、制作（Production）和掌握（Mastery）等5个亚层次的目标。

知觉，是指识别和接受某种概念、事物、现象和思想的能力。它包括感知（Sensation）、辨认（Recognition）、观察（Observation）和意向（Predisposition）等4个亚层次的目标。

模拟，是指激活（Activation）、模仿和协调一定动作和行为的能力。它包括激活、模仿和协调等3个亚层次的目标。

组合，是指将若干动作串联起来，以达到动作技能认定的水平的能力。它包括整合（Integration）和标准化（Standardization）2个亚层次的目标。

制作，是指能够胜任一定生产或创作任务、完成指定职责的能力。它包括保持（Maintenance）和调适（Accommodation）2个亚层次的目标。

掌握，是指对动作技能的精通或熟练。它包括创意（Origination）和完美（Perfection）2个亚层次的目标。

4. 行为领域（The Behavioral Domain）

行为领域是认知领域、情感领域和动作技能领域的综合。它包括习得（Acquisition）、同化（Assimilation）、顺应（Adaptation）、施行（Performance）和实现（Aspiration）等5个亚层次的目标。

习得，是指接受、知觉和概念化一个概念、思想和现象的能力。它包括接受（Receiving）、知觉（perception）和概念化3个亚层次的目标。

同化，是指对情境、现象、概念和思想做出适当的反应、理解和模拟的能力。它包括反应、理解和模拟3个亚层次的目标。

顺应，是指按照一定的标准对知识、技能等进行价值评价、应用和组合的能力。它包括价值评价（Valuing）、应用（Application）和组合（Conformation）3个亚层次的目标。

施行，是指对情境进行评估和应对的能力。它包括信奉（Believing）、评价（Evaluation）和制作（Production）3个亚层次的目标。

实现，是指对知识和技能进行综合和掌握，并应用于行为的能力。它包括行事（Behaving）、综合（Synthesis）和掌握（Mastery）3个亚层次的目标。

第四节　全息传播系统学理论[①]

宇宙、自然界、人类社会、传播活动等都是处于一个大系统内，具有信息共享和交流并保持一体协调进化和发展的规律和特征。全息传播系统理论（或可称为全息传播系统学、全息传播学），是本书作者将系统论、全息论的观点用于探究传播现象和本质的产物。全息传播理论是本书作者在本章第五节提出的"大众—人际传播理论"的哲学理论基础，而"大众—人际传播理论"又是作者在第六节论述的"跨文化传播与国家形象的塑造学说"的理论基础。

我们这个大宇宙之中存在的一个个相对独立的事物，大至宇宙的整体，小至被人们称为"上帝粒子"的宇宙物质最小单位的希格斯玻色子，都是一个个相对独立又与其他事物相互联系的系统。而系统论就是研究和描述系统存在和发展变化现象、规律和特征的科学。所有的系统都是层级性的，更大的系统包含有更小的系统，这个更小的系统可以被称为这更大系统的要素。系统和要素都有一定的结构和功能，也有规定自我存在、发展和演化的内在程序——或说"基因"。这个基因软件规定着要素或说质料的组装顺序和过程，也规定着它们的结构和功能。例如，万事万物都是由宇宙物质的最小单位——希格斯玻色子这种质料组成的，但是由于"基因"不同，棉花的种子长出来就是棉花，而油菜的种子长出来就是油菜。若干的微观世界组成了中观世界，若干的中观世界又组成了宏观世界，因此，不同的事物之间又有普遍性或共性的特征。例如，微观世界的原子结构和宏观世界的星系结构具有相似性，人身体的各个器官结构和功能都不同，但人身体的每个细胞都具有相同的遗传信息。

[①] 秦学智：《全息传播系统论》，《传媒国际评论》第三辑，中央编译出版社2015年6月版，第1—54页。

人、动物、植物、微生物等有机生命体和一切非有机生命体,皆是由宇宙中最小的物质单位——最小粒子或说希格斯玻色子组成、演化发展而来,所以无论是宏观宇宙、中观宇宙还是微观宇宙,所有存在于其中的万事万物都要受到希格斯玻色子物理性质和物理运动规律的规定,反过来根据这种宇宙间的万事万物,或者我们地球上的人、动物、植物、微生物等有机生命体和一切非有机生命体的普遍的共同的物理性质与物理运动规律及其特征,我们也可以推断出这种希格斯玻色子的原始物理性质和物理运动规律及其特征。譬如,所有的生命有机体和一切非生命有机体,都有不断运动和变化的特征,都有不断在膨胀与冷缩之间转换的特征,都有不断新陈代谢的特征,都有不断解构与建构或说不断离散与重新组合的特征,因此,所谓的上帝粒子也应该具有上面的许多特征,如不断运动和变化的特征、与其他上帝粒子不断组合和离散的特征等。但因为上帝粒子作为宇宙中最小的粒子,具有不可再分性,是宇宙中最小的时空或物质单位,是宇宙中最小的系统,也是宇宙中其他建立在其上的大大小小系统的最小要素,所以它与其他建立在其上的人大小小的系统也是有一些不同的特征的。如,建立于其上的其他系统都会经历"成住坏空"①或生老病死的变化过程,都会不断地膨胀和冷缩,都会不断地新陈代谢,都会不断地解体和新生,都会有形体的灭度,等等。举例来说,一颗植物的种子会萌发、成长为该植物的成体,在萌发和成长的过程中自己变化了形体,但在此过程中自己正在经历蜕变和死亡。因为有了种子的死亡,才有了植物成体的形成,而植物成体成熟过程中也会结出更多的籽粒来。又例如,当我们的宇宙演化到一定阶段(大约136亿年前)的时候,我们的银河系诞生了,在银河系的产生与发展过程中,内部又形成了诸多的类似我们太阳系的恒星系,这些恒星系里的恒星与行星如同人体内的细胞一样,总是在生生灭灭中,最终某一天银河系也会解体消失不见,或者与其他星系碰撞融合成为一个新的

---

① 《世界的成住坏空如何演变》,http://www.dizang.org/wd/fx/121.htm,2015-05-17。

星系，等等。

众所周知，所谓系统，"是由相互作用、相互依存的若干组成部分结合而成的具有特定功能的有机整体。上述定义说明，系统应满足如下三个条件：系统是由一些要素结合而成的整体，这些要素可能是单个的事物，也可能是一群事物组成的子系统；组成系统的各要素之间存在着相互作用、相互依存的有机联系，这是系统与一群彼此无关的事物的重要区别；任何系统都有其特定的功能，这种功能是由系统内部各要素间的有机联系和它的结构所确定的、与各组成要素的功能不同的新功能。"①

从上面的定义中可以看出，系统是由要素组成的，具有一定的结构和功能。一般地讲，系统的要素就是更小的子系统。但希格斯玻色子作为宇宙中最小的物质单位，具有不可再分性，因此这个宇宙最小的单位自身就是自己的要素，也就是说，希格斯玻色子既是自己的要素，也是自己的系统。希格斯玻色子所具有的结构和功能，是建立在其上的更大的各个层级的系统的结构和功能的前提和基础。换句话说，以其为基础的宇宙中形形色色的子系统和母系统，都必须是希格斯玻色子物质属性、结构和功能的放大与扩展，希格斯玻色子所具有的物理性质，决定着宇宙中万事万物的普遍的共同的性质。

全息论，又称为宇宙全息论或宇宙全息统一论，以王存臻、严春友为主要代表，是研究事物间所具的全息关系的特性和规律的学说。全息论的基本原理是："从潜显信息总和上看，任一部分都包含着整体的全部信息。宇宙全息统一论已更名为'全息大统一论'，发展为'一元宇宙全息论'。核心思想和主要观点是：宇宙是一个各部分之间全息关联的统一整体。在宇宙整体中，各子系与系统、系统与宇宙之间全息对应，凡相互对应的部位较之非相互对应的部位在物质、结构、能量、信

---

① 《系统概念的定义》，http://blog.sina.com.cn/s/blog_4bf380070100gcxy.html，2009 – 11 – 09。

息、精神与功能等宇宙要素上相似程度较大。可以通俗地说，一切事物都具有时空四维全息性；同一个体的部分与整体之间、同一层次的事物之间、不同层次与系统中的事物之间、事物的开端与结果、事物发展的大过程与小过程、时间与空间，都存在着相互全息的对应关系；每一部分中都包含着其他部分，同时它又被包含在其他部分之中；物质普遍具有记忆性；全息是有差别的全息。全息论很好地解释了超距作用的原理与机制。全息论已成为极为重要的方法论。运用这一新的方法去认识世界、改造世界，可以收到事半功倍的效果。"①

全息论是探讨宇宙的整体与各个部分，以及各个部分之间的信息结构、信息量和信息关系问题。它认为，任一个部分中的显态信息与潜态信息之和等于宇宙整体的所有信息量。也就是说，宇宙中的子系统是宇宙大系统的缩影，而宇宙中的子系统的子系统又是该子系统的缩影。所有的子系统或孙系统在信息量和信息内容方面都与整个宇宙大系统的信息量与信息内容完全相等与相同。而某一子系统与另一类子系统，或者某一孙系统与另一类孙系统，他们的区别只是在于显态信息与潜态信息上量与质的不同。譬如，人的一个细胞和整个宇宙的信息量相等与相同，任一动物的一个细胞也和整个宇宙的信息量相等与相同，但为什么人的细胞和该动物的细胞又是有差别的？譬如基因上的差别。这是因为，人的细胞与动物的细胞在显态信息和潜态信息上的信息量与信息内容有着一定程度差别。又譬如，同一植物所结出的花与果实是信息全息的，但是花是花，果实是果实，两者在形式上是不同的，之所以是如此，是因为花和果实虽然信息量与信息内容相同，但是他们显现出的信息和潜在的信息是有着差别的。

很多人可能会把信息论或信息系统论与全息论相混，但是这二者却是完全不同的理论和学说。信息论是运用概率论、数理统计法等研究方法研究信息熵、通信系统、数据传输、密码学、数据压缩、信源、信

---

① 《全息论》，百度百科。

宿、信道、编码器、译码器等问题与现象的科学。尽管信息论研究范围极其广阔，但人们一般把它分成侠义信息论、一般信息论和广义信息论三种不同类型：侠义信息论是用应用数理统计的方法来研究信息处理和通信的问题，旨在提高信息传输系统的有效性与可靠性；一般信息论主要研究通信问题，包括噪声理论、信号滤波与预测、调制与信息处理等问题；而广义信息论不仅能包括侠义信息论与一般信息论的问题，而且包括心理学、语言学、神经心理学、语义学等所有与信息有关领域的问题。[①]

全息论由我国学者创立，这得益于全息摄影技术、克隆技术等现代科技思想的进步、分形理论的产生，以及我国"天人合一"、"天人感应"、太极八卦等传统的"全息性"文化思想的影响。现代有关全息现象与规律的研究首先发端于全息摄影技术带来的思想启迪。全息摄影技术理念让人们对整体与部分之间的对立与统一关系产生了丰富的联想。此后20世纪七八十年代有关分形理论的研究和张颖清生物全息论的研究激发了我国众多领域的学者，特别是中医学、哲学、生物学、临床应用学等领域学者对自己所在的专业研究领域的全息现象与规律进行拓展式的研究与应用。如果说张颖清有关生物全息论的研究掀起了我国现代全息论研究方面的第一个高潮，那么20世纪80年代末王存臻和严春友有关宇宙全息论或说普通全息论的研究则掀起了有关全息方面研究的第二个高潮。这个高潮表现在该理论大大地激发了人们将宇宙全息论的一些定律自觉地应用到自己所在学科的研究中去，并引起了一些学者对该理论的某些观点的批评和质疑，以及普通民众对于宇宙奥秘的探究与思考。

一、传播系统论与传播全息论的研究

从知网数据库和网上搜索，发现有关传播系统论的研究比较少，传播全息论的研究尚未发现，而将传播系统论与传播全息论结合起来的研

---

① 《信息论》，百度百科。

究也是尚未发现。因此，作者希望能够将系统论和全息论的理论结合起来应用于传播学的研究中来，以拓展或丰富传播学的研究视角或领域。在所做的全息传播系统论的探讨中，也会提出自己独到的观点或见解。

从系统论的角度研究传播学领域，有马立新所著的《传播系统论》一书及其在一些期刊上发表的有关论文。该书 2005 年由中国社会科学出版社出版发行。

邢艳群在《在系统的视野下》一文中这样评价马立新的《传播系统论》所做的创新与贡献："传统的传播学研究基本上都是囿于所谓的人际传播、大众传播、组织传播和社会传播这样一个自我限定的疆界的。……马立新博士独具慧眼地发现了其固有的理论缺陷，并创造性地为传播学开掘出一大块崭新的研究富矿——商品的市场传播学。作者……开创性地把我们熟悉的商品，看成了一种经济符号文本，从而将其纳入到传播系统的研究领域。……传统的传播分类学更是一个逻辑混乱、概念模糊、自相矛盾、漏洞百出的是非之地……马立新博士以传播系统中讯息流动的向度为据，将人类的一切社会传播现象分为'单向度传播、二向度传播和多向度传播'三大类。马立新博士所构建的单向度传播、二向度传播和多向度传播三分假说无疑是国内外传播学研究中的一个重要的理论创新，在该领域内，它让我们第一次听到了中国学者自己的学术声音，也是对该学科研究的一个开拓性贡献。《传播系统论》以其独到的系统哲学、深刻的学术洞见、多方面的理论创新、严密的逻辑体系为读者勾画了一幅多姿多彩的传播学理论蓝图，在众多的同类主题的著作中独树一帜。"[①]

我们暂且不评论这种评价是过高还是过低，但马立新无疑在传播学的研究方面做出了大胆的尝试。该书从传播本质论、传播谱系论、传播主体论、传播信息论、传播符号论、传播环境论、传播互动论等七个具

---

① 邢艳群：《在系统的视野下》，http://dzrb.dzwww.com/dazk/dzds/t20060106_1317132.htm, 2006 – 05 – 24。

有内在逻辑关系的方面,对传播学研究领域做了系统性的研究和梳理,试图建立一个系统化的以"向度传播"为基础的传播学理论体系。这无疑是马立新的一个比较重要的理论创新。

传播学学者通常将人类传播分为自我传播、人际传播、组织传播和大众传播四种类型。也有的将传播方式分为内向传播、人际传播、群体传播、组织传播、大众传播五种类型。马立新将传播方式划分为单向度传播、二向度传播和多向度传播三种类型。[①] 单向度传播是指传者向受者的信息灌输和发送,而受者除了主动或被动接收之外没有反馈的管道和机制。二向度传播是指两个主体之间的信息交流和沟通,而多向度传播则是三个及以上主体之间进行的信息交流和沟通。单向度传播是为了维持政治、经济、文化、教育、组织或群体等各方面的稳定和发展,而必然存在的一种传播方式,这种单向度传播又被马立新分为市场型、伦理型和政治型三种基本的传播架构。因为传播是一种普遍的现象,无论在哪个领域都会有资讯和信息的交流和传播,所以本书作者认为将单向度传播划分为三种基本类型也是学者自己的一种观点。

如同水的流动是因为高低不平的缘故,信息传播和交流过程中也有"高低不平",传播主体和客体之间也存在信息的"高低不平"或不对称。也正是因为有这些"高低不平"和不对称,人与人、大众媒介与人、群体与人、群体与群体、大众媒介与大众媒介之间才会产生相互交流与传播的需要。

因为某一领域的学者受到个人和学科知识结构的局限,对自己专门的研究领域的研究及其结论也存在着诸多缺陷。譬如,目前传播学对传播现象或模式的分类就有着某些逻辑上的缺陷,这正如马立新指出的:"通常意义上的大众传播所指称的就是大众传媒组织所建构的传播方式。这种分类模式所看到的仅仅是一种表面的现象,即观察到了媒介组织的

---

① 马立新:《单向度传播论——一种新型传播理论的构建》,http://www.1a3.cn/cnnews/dzcb/200910/10021.html。

传播行为是面向大众的,跟一般的人际传播行为不同;但仅就面向大众传播来说,所谓的组织传播在其终端难道不是面向社会大众的吗?还有历来被传播学视而不见的商品的市场传播难道不同样是面向大众的吗?一切的社会政治组织、行政机构、商业组织难道不都是面向社会大众的吗?所以,我以为大众传播这一分类概念及其相应的理论假说存在的缺陷是很明显的,这种仅仅从表象出发的认识论策略显然不仅无法概括和揭示传播现象的全貌和本质,甚至就连大众传播本身的问题也难以理清。用单向度传播来指称更能揭示这类传播现象的实质。"[1] 马立新揭示出一种以前从未从更广泛意义上来认识的大众传播现象的本质和规律,只是将大众传播理解为是通过大众传媒进行的传播活动。显然,这种研究视角忽视了大众传播作为一种更广泛的现象的存在。换句话说,面向大众的传播不仅仅只有通过大众传媒的这种形式,还有市场商品流通、机构宣传、民间组织活动等多种形式。如果一个研究传播现象和规律的学者,仅仅将自己的研究对象局限于通过大众传媒进行的大众传播活动,并由此来推出大众传播的一般性结论,显然是有理论缺陷的。

二、全息传播系统论(或全息传播学)的建构

在充分借鉴和吸收王存臻和严春友的绝对主义的宇宙全息统一论的有关思想成果,以及王兆强等人的相对主义的全息论思想的基础上,作者试图通过本部分建立起一个新的简要的传播学理论体系框架。

(一)基础概念的定义

1. 信息

什么是信息?有关的定义很多。有的认为信息是客观事物所蕴含的内容,有的认为是通讯系统传输和处理的对象,等等。严春友将信息定义为"物质一切属性的总和",认为物质的每一部分都以潜在的方式包含着物质整体的全部信息(即全部属性),并且宇宙统一于物质的属

---

[1] 马立新:《单向度传播论——一种新型传播理论的构建》,http://www.1a3.cn/cnnews/dzcb/200910/10021.html。

性,即信息。① 信息包括显态信息和潜态信息两种。

作者赞同以上定义的部分说法,也认为信息可分为显态信息和潜态信息两种类型。但作者经过思考,认为信息本身有多层的含义,人们在使用的时候会赋予其不同的内涵和意义。尽管如此,作者还是希望对信息的基本内涵和意义,以及基本的分类提出自己的观点。

作者认为,我们日常生活中经常谈及的信息可分为三个层面的意思:一是本体论意义上的信息,二是认识论意义上的信息,三是传播意义上的信息。

首先,本体论意义上的信息,是指事物(即任一个基本粒子、相对独立的母系统或子系统)的内容和形式。宇宙中的任一个事物都有自己的结构、功能、能量、基因程序、运行规律、空间位置、存在状态、作用力大小、与周围物质进行互动和相互作用的方式(所有这些构成了该事物的内容),以及在演进过程中不断表现出的形式。事物的内容和形式,即本体论意义上的信息是信息的本质,它不以人们的意志为转移。无论世界上是否存在可以认识这些事物内容和形式的生命体,这些事物及其内容和形式也必然存在着和演化着。本体论意义上的信息决定着认识论意义上的信息,认识论意义上的信息又决定着传播意义上的信息。

其次,认识论意义上的信息,是指人类总体或个体对本体论意义上的信息的认识,即人类自诞生以来获得和拥有的一切知识,以及人类个体自出生以来获得和拥有的一切知识。"意识是物质的反映",因此,认识论意义上的信息,是本体论意义上的信息的反映或表象。这反映或表象中既有接近本体论意义上信息真相的知识,也有人为的虚构、假想、杜撰或偏执偏见。

最后,传播意义上的信息,是指人类个体或群体作为信息传播者(有时候还是信息的生产者和加工者)将自己亲自或通过各种途径获得

---

① 严春友:《宇宙统一于信息——答施启良先生》,《太原师范学院学报(社会科学版)》,2007年第1期。

的有关本体论意义上信息的认识论意义上的信息,通过各种传播媒介传播出去并与接收者相互反馈沟通的信息。简而言之,传播意义上的信息,是指传者将其获得或拥有的知识传播出去并与受者进行互动反馈和沟通的信息。例如,大众媒体通过记者、编导、编辑、主播等工作人员将获得的关于某一突发事件的知识传播出去,这时候这些知识就是传播意义上的信息。传播意义上的信息是认识论意义上的信息的反映或表象,而认识论意义上的信息是传播意义上的信息的本质,决定着传播意义上的信息。传播意义上的信息在传播过程中会发生变形,即这种对认识论意义上的信息的"反映"也会存在谣传、虚构、假想、杜撰或偏执偏见。

2. 全息与传播全息

宇宙全息统一论所谓的全息是指部分包含着整体的全部信息,是绝对主义的最为广泛意义上的全息。而作者持有相对主义的广泛意义上的全息观点。认为,部分包含着整体的聚合信息,而不是全部信息。打个比方说,高速路上三辆车连环相撞,前面的一辆被撞的车直接感受的是其后面的车辆的撞击力,后面车辆的撞击力是该车辆与其后面车辆力量的聚合。也就是说,部分除了包含自己独有的内在的信息之外,还包含着整体的聚合信息,而不是全部信息。正因为如此,我们对某一部分或事物进行研究,能够得到的是该部分或事物的自身信息以及对周围环境整体和整个宇宙整体的聚合信息。而不像宇宙全息统一论所宣称的那样,任一个部分都包含着宇宙整体的全部信息,只要对这个部分进行研究,就会将宇宙一切的一切发展状况和来龙去脉搞清楚了。果真如此的话,科学家就不用研究天文了,只要研究一滴水或一个原子的内容和形式,就可以将关于宇宙的所有知识获得了。显然这是谬论。又譬如说,通过克隆技术能够将一个无性生殖的动物细胞克隆出一个成体来,尽管这个成体包含着原有成体的所有基因信息,但因为时空不一样该成体所包含的有关周围环境整体和宇宙整体的聚合信息不一样,所以该成体与原成体也不会完全一样。因此,如果获得诸葛亮的一个头发细胞,而就能克隆出另外一个身心、心智各方面一模一样的诸葛亮，是完全不可能的。

综上所述，传播学意义上的全息，即传播全息。传播全息是指传播过程中传播系统的各个要素、各个部分除了包含自身的内容和形式之外，还包含着该要素、该部分周围环境整体、整个国际社会整体以及宇宙整体的聚合信息，即传播系统部分与传播系统整体相对主义的广泛意义上的全息。可包括传播主体与传播客体全息，传播内容与接收内容全息，上级传播系统与下级传播系统全息同源同构，传播方式与传播效果全息，传播要素或部分与传播要素或部分全息，等等。

3. 聚合与信息聚合

聚合，是指与某事物间接相关的一切事物会将所有作用力聚合在与该事物直接相关的事物上，该事物与直接相关的事物发生关联，则实际上等同于与该事物间接相关的一切事物的总和和总作用力发生关联。信息聚合，则是指与某一传播部分或要素间接相关的一切信息会聚合到与该传播部分或要素直接相关的信息上，该传播部分或要素与该直接相关的信息发生关联，则实际上等同于与该传播部分或要素间接相关的一切信息的总和和总作用力发生关联。

4. 传播与全息传播

传播是信息传播主体与信息传播客体之间进行的双向信息交流和沟通活动。在作者看来，英文的 communication 被翻译为"传播"，其本身就是对"传播学"的误读或偏差性的认知。在信息流通及其学科研究领域，communication 一词应被翻译为"沟通"（或"交流"）和沟通学（或交流学）。但鉴于传播学已经成为一个约定俗成的用语，其意涵也渐渐趋于沟通或交流的意义，作者也暂时采用这样的术语，也许未来有一天人们会将传播学更名为"沟通学"或交流学。事实上，在一些学科领域，已经是如此认知和进行研究的，如《现代沟通学》《幽默沟通学》《现代商务沟通学》《医学沟通学》《交流学十四讲》《跨文化交流学》《跨文化交流学：提高涉外交流能力的学问》，以及深圳国际交流学院、同济大学国际文化交流学院等提法。当然，如今它们之间主要的区别在于：目前的沟通学或交流学的研究焦点更多地集中于人际传播领域，而传播学的焦点更多地集中于大众传播媒介和新媒体研究领域。显而易见，这两者其实同属于一般性的沟通学和交流学领域，沟通和交流是人们进行信息传播活动的基本特质。

全息传播，主要有三方面含义。

第一方面，是指传播系统本身的性质和过程而言。在传播系统运动的过程中，传播源或事件的信息是本体论意义上的信息，当传播源和事件一旦发生，这种信息的存在是不以人们的意志为转移的，其性质和内容量作为一种磁场化的时空性的记录也是永恒存在的。人们可以通过各种认知途径去认知和把握他们，对本体论意义上的信息进行反映，从而形成传者自身的认识论意义上的信息，即知识。当传者将自己获得的认识论意义上的信息再进行优选加工后通过媒介物传播出去，这样传播意义上的信息就形成了。如前所述，传者的认识论意义上的信息是对传播源和事件这种本体论意义上的信息的反映，而传播意义上的信息则是对认识论意义上信息的反映。在反映中，有些被反映的信息是能够被比较准确地反映出来，这被反映出来的信息可被称为显态信息。而未被反映出来的信息可被称为潜态信息。因此，所有传播系统及其各个要素的信息都是显态信息和潜态信息的总和。从这个意义上而言，传播过程中传播源或事件的本体论意义上的信息和与其相对应的认识论意义上的信息全息，而传播源或事件的认识论意义上的信息和与其相对应的传播意义上的信息全息，即这三者相互全息。总之，就传播系统本身的性质和过程而言，全息传播是一个由传者将传播源或事件的本体论意义上的信息提炼加工成其认识论意义上的信息，然后在优选加工之后经一定媒介物生产出传播意义上的信息，最后以一定互动的方式与受者进行互动反馈交流的过程。这个意义上的全息传播，要求传者能够尽可能全面、客观和精准地提炼加工本体论意义上的信息，先后生产出认识论意义上和传播意义上的信息，再想方设法通过各种互动的方式使受者尽可能完全接收和理解传播意义上的信息。需要指出的是,在一个传播系统和过程中,传者和受者都具有相对的意义,即传者同时也可能是受者,受者也可能是传者。主客体角色是可以随着信息传播的流向而不断转换的。譬如,打电话的人,在和对方交流过程中讲说时,自身的角色就是传者,当恭听时自己的角色就是受者。同样,电视互动传播、电视现场转播也是如此。一个切实有效的传播活动,必须是传者和受者基于一个共同的目标而达成传者与受者尽可能的全息,即传者和受者双方对要达成的传播目标有尽可能完全的和相同的认知和理解,这样才能使得传者和受者达成最大程度的一致性或理解性。譬如,要完成好一项作战任务,一个排的排长和有关士兵双方必须能够做到尽可能的共同意愿、信息全息分享和一致明智果敢的行动。如果任何一个人对作战任务和目标的认知和理解存在偏差,那么都可能导致作战任务的失败。因此,传播系统各个主体、要素之间尽可能达到信息的共享和全息是非常重要的。

  第二方面,全息传播是指单级或多级传播系统和过程中的全息现象。作者这里所谓的单级传播系统或过程,是指由两人组成的传播系统或过程,亦即人际传播系统或过程。而多级传播系统或过程是指有限与无限的要素或部分组成的传播系统或过程。所谓有限的要素或部分组成的传播系统或过程,亦即群体传播或小众传播。所谓无限的要素或部分组成的传播系统或过程,亦即大众传播。人际传播是两人之间进行的信息沟通和交流过程。这个过程中信息的流动从此到彼只有一级。群体传播或小众传播,是在有限的范围内进行传播活动。一个群体或小众中,总会有长期或临时的负责人或管理者,也会有一定有限的团体成员。这种系统或过程中的信息流动,可以有负责人或管理者与群体其他普通成员间的集体性的和个体性的级别流动,也有普通成员间的水平流动,还有负责人(管理者)与负责人(管理者)间的信息流动,因此,这样的传播是多级传播。同样,大众传播是包含群体传播和人际传播方式在内的多级传播系统或过程。一个单级传播系统中的各个要素是相对全息的,如人际传播的双方都必须对基于一个共同沟通目标的所有信息进行充分的共享和交流，否则就会出现沟通障碍或误解。一个多级传播系统的各个层级的传播系统或过程也必须是相对全息的，如大众传播系统必须与该系统之内的群体传播子系统全息，也必须与该系统之内的人际传播子系统全息。只有这样，才能达到最大也最好的传播效果。

第三方面，是指传者积极主动地以全息理论和传播全息理论为指导，进行卓有成效、切实有效的传播活动。全息传播不是只管投入不问产出、只管传播内容和信息而不管传播效果如何的传播活动。信息传播者要根据全息理论和原理以及传播全息理论和原理，将传播意义上的信息尽可能完整地、近距地、互动性地、情理交融地传播给信息接收者，以达到最大的切实的传播效果。例如，以前传统的电视只管播出自己的节目，而很少与观众互动，进行双向交流，"一千个人眼里有一千个哈姆雷特"，这样传播出的信息就会失真，传播效果也会大打折扣。又如，我国对外传播在基础设施、外交工作、外语频道建设等方面取得了很大进展和成绩，但这种做强做大大众传媒的做法是否达到了比较理想的传播效果，投入与希望获得的产出之间是否还有较大差距，是我们不得不面对和思考的问题。

5. 全息传播过程

全息传播过程是一个传播环路或传播回路，可简称为传播环。在传播环的第一阶段，传播者将传播源或事件的本体论意义上的信息提炼加工成认识论意义上的信息，然后将认识论意义上的信息再经过提炼加工优选而生成传播意义上的信息，最后经由传播媒介传播给受者。在传播环第二阶段，第一阶段的受者成为传者，将对传播意义上的信息的反馈意见回传给第一阶段的传者，而第一阶段的传者则成为受者，将第一阶段的受者的反馈意见消化吸收而后对传播工作的方式和内容做尽可能的改进。当一个传播环结束，往往会接着进行下一个传播环，甚至是环环不已。为了叙述方便，作者将主动开启一个信息传播环或沟通过程的当事方称为开启交流方，而将开启交流方的目标对象称为目标交流方。例如，在一个人际传播活动中，开启交流方和目标交流方双方往往会进行多个回合或多个传播环的交流和互动,最后达到信息交流和沟通的目的。而在一个国际传播活动中,如果开启交流方只是一味地向目标交流方播送或发送信息,而从不建立管道争取和接收目标交流方的反馈意见,从不倾听目标交流方的感受和体会,则这样的传播活动的效果是可想而知的。

6. 全息传播双方

如上所述,全息传播过程本质上是一个又一个的传播环的环环相接,开启交流方和目标交流方在一个传播环的前半部分别是传者和受者角色,在后半部又分别是受者和传者身份,即开启交流方会发生由传者向受者,又由受者向传者的不断转换,而目标交流方会发生由受者向传者,又由传者向受者的不断转换。从此意义上而言,开启交流方又可被称为传–受者,而目标交流方也可被称为受—传者。

在全息传播过程中,要取得最大可能的传播效果,需要传播双方积极的互动和参与,否则就不可能取得最大化的传播效果。

7. 全息传播内容

全息传播的内容不仅包括开启交流方或传—受者想要传播出去的信息,而且包括如何让目标交流方更好地接收、认知和理解开启交流方的真实目的、善意和习惯做法,以及对目标交流方回传意见的反馈和答复。还包括目标交流方可能的希望进一步了解的信息和对传—受者的反馈意见方面的信息,等等。

8. 全息传播分类方式

根据不同的标准和角度,我们可以对传播活动的方式进行多种不同的分类。譬如,按照传播的技术形态,我们可以将传播方式划分为体态语言传播、口语传播、文字或图文传播(甲骨文、石碑文、纸张文、印刷文等)、电子传播(声音传播、视听传播、网络传播等),以及各种综合性的传播形态;根据有无组织性划分为组织传播和非组织传播;根据传播的区域范围,可划分为星际传播、国际传播、国家传播、地方传播等;根据传播的行业属性,可分为行业传播与非行业传播;按照传播的时间维度，可分为历史传播、现代传播和未来传播等；按照传播层级的多少，可分为单级传播和多级传播等；按照传播性质的善恶，可分为善意传播和恶意传播等；按照传播的走势，可分为上行传播和下行传播等；按照传播的公益性质，可分为公益传播和商业传播等；按照传播的主动性划分，可分为主动型传播和被动型传播等；按照是否垂直性，可划分为垂直性传播和水平性传播；按照是否显性，可划分为显性传播和隐性传播；按照传播的具体目的，可分为传达性传播、解释性传播、劝服性传播、鼓动性传播、娱乐性传播；按照传播对象多寡，可分为人际传播、小众传播、大众传播等；按照传播的距离，可分为近距传播和远距传播；按照学科研究领域，可分为政治传播、文化传播、经济传播、教育传播等。此外，在大众传播领域，学者按照传播载体通常将大众传播划分为报纸传播、电视传播、电影传播、杂志传播、广告传播、网络传播等。还有的学者按照传播的方向多少，划分为单向传播、二向传播和多向传播三类。以上分类方法都可以根据传者受者双方的偏好与应用场合和时机，自主灵活地使用，也就是说各种分类都有其一定的妙用。

在对全息传播学的建构中，作者倾向于按照传播对象的数量规模对传播方式进行划分。具体而言，可分为人天传播、人内传播（自我传播）、人际传播、小众传播和大众传播五种类型。

人天传播，是指个体与神、佛等精神或信仰领域的主宰者的交流与对话。譬如，个人对神、佛、仙、精灵等信仰世界的祷告、祈求、言说、赞美、说唱、舞蹈等。

人内传播，是指个体在接收到外界环境新的信息刺激后在脑中展开的同化或顺应的平衡与发展心理认知结构的信息交流活动和过程。在人内传播过程中，外界环境新的信息通过人的感知觉等神经网络将信息传至脑神经中枢，然后与脑中原有的认知结构中的信息进行交流、争论并最终形成判断和推理，达成平衡。

人际传播，是指二人之间进行的信息交流和沟通的活动。

小众传播，是指三人及三人以上一定有限数量成员的正式或非正式的群体之间进行的信息交流和沟通活动。如群体传播、影院传播、剧院传播、微信朋友圈传播等都属于小众传播。

大众传播，是指通过报纸、杂志、广播、电视、广告或网络等传播媒介向无限目标对象进行的信息交流和沟通活动。如报纸传播、杂志传播、电视传播、微信公众号传播等都属于大众传播。

9．全息传播效果与评价

全息传播所要达到的效果，就是目标交流方能够对开启交流方的真实传播意图、善意动机、习惯做法、传播内容、意见答复等有较好的认知和理解，并最终形成好的印象与较强的给予持续关注和加强彼此友谊的意愿，并尽可能做对开启交流方有利的事情或行为。

全息传播效果评价，即采用各种可行的评价方式方法（形成性评价和结果性评价相结合）对开启交流方和目标交流方双方的有关状况进行检视和评估，以达到改进交流内容和方式、不断增强传播效果的目的。

（二）全息传播系统的基本特征

1．传播系统同源

根据宇宙全息统一论，成体宇宙的生灭是宇宙原始全息包的"绽放"和"萎缩"，再"绽放"和再"萎缩"，循环不已。根据生物全息论，成体生物本源于原始"种子"，而种子遇到适宜的条件就发芽、成长、结籽，而后再发芽、再成长和再结籽。具体的全息包和种子有形式上的变化和发展，但其蕴含的"基因"信息却是永恒存在的。

事实上，传播系统的本源也是这样。所有的传播系统都有同一的本源。人类的现代传播系统来源于古代的传播系统，而古代的传播系统来源于更为原始的传播系统。人类最为原始的传播系统可追溯到动物的传播系统，而动物的传播系统又可追溯到微生物的传播系统，有机生命的传播系统可追溯到无机物的传播系统，无机物的传播系统最后都可追溯到宇宙原始的全息包的结构、性质与功能。总之，传播系统同源，传播系统同理。

2. 传播系统同构

宇宙间的任何同类事物都具有相同或相似的结构。譬如，微观世界中的电子不仅公转而且自转，而宏观世界中的银河系、太阳系、地球等事物也都在公转和自转。这是因为宏观世界是以微观世界的物质和规律为基础同构出来的。

同样的，传播系统也是同构的。高级而复杂的传播系统是以低级而简单的传播系统的物质和规律为基础同构出来的。譬如，网络传播系统是由符号传播、声音传播、视听传播、图文传播、文字传播等更为低级的传播系统同构出来的，印刷传播系统是建立在原来的手抄文字或手绘图文传播系统的基础上，并与之同构。

我们经常会说家国同构。家庭是社会和国家的细胞。同样的，从中央到地方的各级传播系统也具有上下同构的特征。国外和国内的传播系统也具有同构的性质，一个传播系统都必须有开启交流方和目标交流方、传播内容和方式等要素。我们可以得出结论说：宇宙中的一切传播系统同构，地球人类的一切传播系统同构，越是高级和复杂的系统，其中所包含的更为低级而简单的子系统也越多。譬如，大众传播系统中，不仅包含小众传播系统，而且包括人际传播系统、人内传播系统和人天传播系统。这五大类型的传播系统本身就是同构性质的。

显而易见，传播系统整体和要素之间是相互规定和制约的关系。当传播系统的要素及其数量发生改变时，传播系统的整体性能也会发生相应改变。当传播系统的要素不变时，传播系统的结构决定着其功能，传播系统的结构与要素都不同则也可以具有相同的功能。同一的传播系统结构可以有多种功能。如同宇宙间的万事万物一样，传播系统也具有等级结构性。一般地讲，低层次传播系统的要素之间彼此结合程度较大，而高层次传播系统的要素之间结合程度较小。更小的传播系统是更大的传播系统的一部分，母系统与子系统之间的关系和系统与要素之间的关系同构。传播系统与外界环境之间发生着物质、能量和信息交换的关系。

3. 传播系统全息

传播系统是社会诸多系统的一个子系统，社会诸多系统又是整个宇宙系统的子系统。宇宙本身的全息性、生物本身的全息性，都在说明传播系统的全息性。万事万物不是孤立存在的，而是普遍联系的。普遍联系规律和宇宙的网状特性决定着宇宙的全息性、生物的全息性以及传播系统等诸多系统的全息性。例如，严春友、王存臻在《精神全息论》一文中论述了人类的精神发生史与个体认识发生过程、时代精神的认识层次与个体精神的认识层次之间存在着全息关系。个体认识发生过程由早期感性直观的认识到中期知性分析的认识，再到成熟期理性综合的认识过程，分别对应着人类精神发生史的古代认识、近代认识和现代认识过程。而个体精神的最低、中间和最高的认识层次分别对应着时代精神的最低、中间和最高的认识层次。个体精神和社会整体精神是全息同构的。彼此是相互作用和相互影响的。

传播系统全息不是绝对主义的广义全息，而是相对主义的广义全息。从信息的总和上看，传播系统与传播系统之间、传播系统要素与要素之间的信息内容和总量是相同的，但因为本文前面提到的聚合信息的原因，传播系统与传播系统之间、传播系统要素与要素之间的信息总有差异，并不会完全相同。也许正是这个原因才导致了万事万物的千差万别。但另一方面，信息的异同也正反映了宇宙的同一性和多样性的有机统一。

宇宙全息的本质是宇宙中微观世界基本粒子的客观规律与特征决定着中观世界和宏观世界的客观规律与特征，它们不仅在物质组成上同构，而且规律与特征同构。这种同构以信息的全息来加以保障。也就是说，宇宙整体及各个要素要维持一个统一稳定的系统，宇宙整体就必须对宇宙中各个子系统或要素进行信息的规定。宇宙系统整体将所有的信息"输入"到各个子系统和要素中，来实现对子系统或要素的物质、能量和作用方式等的规定。而系统的各个子系统或要素也必须对这一规定予以回应，从而使宇宙整体的各个部分有机地联系在一起。相反，如果整体不能将信息输入到各个部分中去,那么各个部分就会产生"执行"上的混乱,久而久之,整个系统也会陷于崩溃的状态。从这个意义上而言,传播系统全息就是传播系统整体对各个部分所做的信息上的输入和规定,以及各个部分必须回应和接受这种信息的输入和规定。例如,人与动物、植物都是由原子组成,但人的信息属性规定了人身上的原子必须具有和接受人的属性,而不是动物和植物的属性。

4. 传播系统整体性

传播系统是一个大系统,一个系统自然是一个整体。传播系统整体具有大于各个部分之和的属性和特征。每个传播要素或部分也只有在传播系统中才能具有此种系统的属性和特征。因此说,传播要素是传播系统整体的要素,传播系统整体是传播要素的整体。譬如,一辆汽车的各个部件被拆卸开来就不是一辆汽车,而树身上的树枝被砍掉就很难再发生作用。某一处蝴蝶翅膀的振动会引起另外一地产生龙卷风的蝴蝶效应也是这种相互作用关系的体现。

5. 传播系统感应

因为传播系统、要素、环境之间存在的普遍联系、整体性、关联性、全息性、同构性等,传播系统各个要素之间普遍存在着感应关系。而且,结构上相互对应的部分,感应越强。譬如,下级宣传部直接对应着上级宣传部,他们之间存在着信息上的对应交流和管理的关系。

6. 传播系统重演

传播系统重演,是指新的传播系统的诞生必然会重演整个传播系统的历史发展过程。譬如,人类个体胚胎的发育史就是人类进化史的缩影。

7. 传播系统全能

传播系统全能,是指传播系统中的每个要素都具有发展成为一个相对独立的更大传播系统的能力。这如同前面提到的克隆技术可以培育出新的成体。

8. 传播系统对称

传播系统对称,是指传播系统内存在着结构上的对称关系。对称性应属于宇宙事物的普遍特征之一。

9. 传播系统隐显

传播系统隐显,是指传播系统是由显性部分和隐性部分两大部分组成。主要是指传播系统的信息存在和流通,既有显性信息的存在和流通,也有隐性信息的存在和流通。譬如,开启交流方有时候会掩藏自己真正的传播意图和动机,等等。

综上所述,全息传播系统论是从系统论和全息论的理论出发,对传播现象和规律进行新的审视和研究,其中不乏作者对一些基础概念的自我认知、发现与思考。事实上,全息传播系统论是一种更为完善的系统论,它和一般系统论和一般全息论一起不仅能够帮助我们从一个新的角度认识传播系统的规律和特点,并且尽可能充分地利用这些规律和特点去不断地完善我们的传播系统、传播理念、传播内容和传播方式方法等,不断地优化我们的传播系统工作,不断提高传播效果、质量与水平。

第五节 大众—人际传播理论

本书作者在"全息传播系统论"基础上创立的"大众—人际传播理论",主要在论说和强调一个焦点:即包括组织传播、非组织传播等在内的大众传播与小众传播都是以人际传播为基础的活动,大众传播和小众传播离开了人际传播就如同无源之水,无本之木,效果不会深刻和明显。学术、文化、外交等一切人类社会活动都是如此。这就像一位马拉维国家的人士所说的,中国在非洲投入了巨资,兴办了对外传播的传媒体系,但由于在两国人民接触和交流方面的机会较少,即人际传播环节的不足直接导致了所取得的传播效果不是很理想的,例如,中国国际广播电台(CRI)自1961年9月1日正式开始对非洲的斯瓦希里语广播，经过54年的发展，"已从单一的短波节目，逐步发展集短波、中波、海外调频、卫星和在线广播以及海外实体孔子课堂为一体的综合性对外传播媒体，每天播出的广播节目时长累计17小时，覆盖非洲东、中部地区国家的近1亿人口。"[①] 按理来讲，传播效果应该提高了不少，但有关调查研究发现，由于收听收看设备方面的不足、语言的障碍和人际交流的严重不足，导致很多的非洲人对中国的政治、经济、文化和教育等国情及其特点的了解仍然极其有限，甚至无暇也无从了解。像这种情况要改变的话，只有不断增加和丰富人际层面的交流与对话，不断加强人员互访、真人实地的相互接触和交流，让更多的中国人走进非洲，才能让更多的非洲人走近中国。

目前，传播学者从不同的维度将传播形式分为人内传播、人际传播、群体传播、组织传播、小众传播、大众传播、品牌传播、影视传播、网络传播等多种形态。但在作者看来，抛却媒介技术的属性特征（如影视传播、网络传播）和目的性特征（如品牌传播、营销传播、旅游传播、宣传性传播）等特征，单就从信息辐射的范围和传播过程中信息流动的一般特征来看，无论是在真实世界中的信息传播，还是在网络虚拟世界中的信息传播，传播都有五种基本的形式，即人天传播、人内传播（自我传播）、人际传播、小众传播（也可称为群体传播，包括非正式群体传播与正式群体传播，正式群体传播即组织传播）和大众传播。

一、人天传播

人天传播，是指个体与神、佛等精神或信仰领域的主宰者的交流与对话。譬如，个人对神、佛、仙、精灵等信仰世界的祷告、祈求、言说、赞美、说唱、舞蹈等。

[①] 中国新闻网：《中国对非洲斯瓦希里语广播形成多元化立体式格局》，http://www.chinanews.com/cul/2011/09-02/3301227.shtml。

二、人内传播

人内传播，是指个体在接收到外界环境新的信息刺激后在脑中展开的同化或顺应的平衡与发展心理认知结构的信息交流活动和过程。在人内传播过程中，外界环境新的信息通过人的感知觉等神经网络将信息传至脑神经中枢，然后与脑中原有的认知结构中的信息进行交流、争论并最终形成判断和推理，达成平衡。人天传播和人内传播都属于个人性的具有完全独立性的自主传播，而人际传播、小众传播和大众传播则是要与其他个体发生传播关系，个体一旦进入其中，则不能做到完全自主，需要关照集体以及其他个体的传播意识与行为特征等。因此，人天传播和人内传播不是本篇要研究和分析的重点。[①] 在此，不再赘述。

三、人际传播

人际传播是人类社会中最为普遍的传播现象，它是人际传播、小众传播和大众传播三种传播形式中最简单、最直接也最为基本的传播形式。它是小众传播和大众传播的基础，而小众传播和大众传播则是人际传播的高级形态。高级形态的传播是低级形态传播的延伸和发展，在高级形态的传播中，必须包含有低级形态的要素，也必须有低级形态传播活动的参与。也正是从此意义上，作者将目前传播学理论和思想中所谓的人际传播称为"一般人际传播"，而将小众传播和大众传播过程中的人际传播现象分别称为"小众人际传播"和"大众人际传播"。作者之所以对这三种基本传播形式做如此的称谓，是为了从作者上述的对于传播现象和规律的认识出发，对小众传播和大众传播的现象和规律做出自己独到的研究结论，以便更深入地揭示小众传播和大众传播的本质特征，并在此基础上探究文化传播、跨文化传播和国家形象塑造的规律和特点，给文化传播、跨文化传播和国家形象塑造工作提供理论上的借鉴和指引。

---

① 人内传播能否成为一种信息传播的方式，目前学术界尚有争论。作者认为，人内传播不仅是人类进行信息生产和加工的思维机能，也是一种信息传播现象和传播形式。

第一章　理论基础与传媒教育应用

人际传播是指一个体与另一个体之间直接面对面或间接面对面（通过电话、手机、网络交互媒介等）进行的互动式信息交流和沟通活动。人际传播的过程只需一个环节或阶段就可完成，从此意义上而言，人际传播是个一级传播（或一阶传播）的过程（如下图所示）。

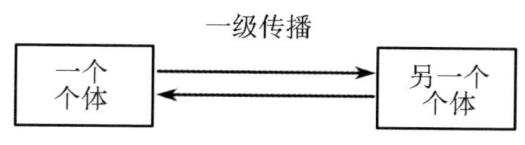

人际传播过程图示

在有关全息传播系统论的篇章中，作者将具有一个传播环路或传播回路的全息传播过程称为传播环。在传播环的第一阶段，传播者将传播源或事件的本体论意义上的信息提炼加工成认识论意义上的信息，然后将认识论意义上的信息再经过提炼加工优选而生成传播意义上的信息，最后经由传播媒介传播给受者。在传播环第二阶段，第一阶段的受者成为传者，将对传播意义上的信息的反馈意见回传给第一阶段的传者，而第一阶段的传者则成为受者，将第一阶段的受者的反馈意见消化吸收而后对传播工作的方式和内容做尽可能的改进。当一个传播环结束，往往会接着进行下一个传播环，甚至是环环不已。

在一个传播环或传播回路中，传播交流的双方的角色会发生由传者向受者，或者受者向传者的角色转换。因此，只用传者或受者来表示信息传播当事双方的身份或作用，就容易产生角色的混乱。并且，一个传播过程或传播环中，总有一个主动开启这一段沟通交流的甲方，也有响应这一段沟通交流的乙方。因此，作者将主动开启一个信息传播环或沟通过程的当事方称为开启交流方，而将开启交流方的目标对象称为目标交流方。例如，在一个人际传播活动中，开启交流方和目标交流方双方往往会进行多个回合或多个传播环的交流和互动，最后达到信息交流和沟通的目的。而在一个国际传播活动中，如果开启交流方只是一味地向目标交流方播送或发送信息，而从不建立管道争取和接收目标交流方的

· 195 ·

反馈意见，从不倾听目标交流方的感受和体会，则这样的传播活动的效果是可想而知的（如下图所示）。

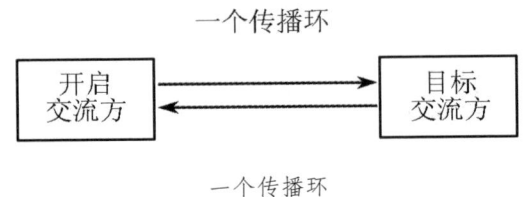

一个传播环

人际传播活动既可以在两人之间独立发生，又可以发生于小众传播和大众传播等传播活动的过程中。如果说人际传播是两个个体之间的信息交流活动，那么小众传播是由正式组织或非正式组织负责人一方在一次传播活动中向不少于两人的有限受众的群体进行信息传播与反馈活动，以及正式组织或非正式组织个体成员之间在一次传播活动期间进行的人际传播活动，而大众传播则是由大众媒体或组织方或管理方经由大众媒体在一次传播活动中面向无限的不确定的受众进行的信息传播与反馈活动，以及受者个体彼此之间在一次传播活动期间进行的人际传播活动。如果将小众传播和大众传播进行的信息传播比作人体内的动脉，受者对传播者所做的反馈比作人体内的静脉的话，那么包含在小众传播和大众传播活动之中的个体间的人际传播活动则如同人体内的毛细血管一样。没有毛细血管，血液和营养无法周遍全身，人体的各方面功能也会大受影响，同样，没有发生于其间的人际传播活动，小众传播和大众传播的效果也会大打折扣。

四、小众传播

如前所述，小众传播，又可称为群体传播，包括非正式群体传播和正式群体传播两类（正式群体传播一般也称为组织传播）。群体是指三人或三人以上的人，为了共同的目标或兴趣爱好而以一定方式保持联系并定时或不定时地参与群内组织者组织的集体性活动的人群。像QQ聊天交友群、购房群、交谊舞群等基于一定兴趣爱好、利益、立场、观点或目标而在活动中自发形成的，未经官方权力机构认可或批准的群体，就是非正式群体。而像企事业单位、工会、党团等基于一定目标、利益或价值观建立的经过官方权力机构认可或批准的群体，就是正式群体。正式群体拥有相对固定的目标、规范、编制和明确的行为准则，对每位群体成员的角色、权利和义务都有规定或定位，其解散或解体必须履行一定的官方行政或法律程序。而非正式群体则自然形成，自然解体，群体对群体成员只有软约束力，没有硬约束力，群体成员拥有自由退出的权利。在正式群体的活动过程中，群体成员间也可能形成各种各样的非正式群体，这些非正式群体成员的互动对正式群体活动的开展与效果也会产生一定影响力。因此，群体传播，事实上包括正式群体传播和非正式群体传播两类。

无论是正式群体还是非正式群体，都会有组织者和被组织者。在正式群体中，一般行政领导是群体活动的组织者或领导者，而在非正式群体中，自然产生的意见领袖是群体活动的组织者或领导者。在群体的信息传播活动中，一般包括两个传播现象或传播环节。一是组织者或领导者针对群体所有成员的"广播"与反馈互动；二是群体成员间的人际传播与互动。

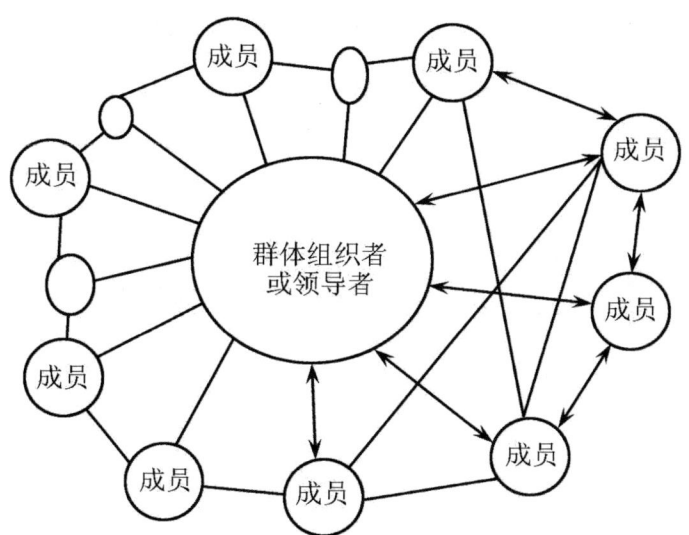

如上图所示，群体成员间的信息传播与互动，可能有很多种形式。

如一成员与群体所有其他成员的个体交流与互动，一成员与其他一个或多个成员的个体交流与互动，一成员与其他成员自然形成的非正式群体的交流与互动，等等。

从宏观上看，组织者或领导者针对群体所有成员的"广播"与反馈互动是"一对多"同时的信息传播活动，但从微观上看，组织者或领导者针对群体所有成员的"广播"与反馈互动是若干个"一对一"的人际传播活动。这若干个"一对一"的人际传播活动的累加，以及群体成员间和亚群体的人际交流和互动，一起构成了群体传播的图景。从微观上还可以看出，人际传播特征是群体传播的本质特征之一，换句话说，人际传播活动作为人类社会中人与人之间进行传播的最基本和最基础的形式，是群体传播的基础和重要组成部分。群体传播是人际传播的高级形态之一，是人际传播活动得以延伸和拓展的一种形态。此外，如果我们将组织者或领导者针对群体所有成员的"广播"与反馈互动定为一级传播（或一阶传播）的话，那么一级传播活动的基础上进行的群体成员间的人际交流以及亚群体的信息交流活动则可称为二级传播（或二阶传播），这样去看群体传播的话，群体传播一般地是个二级传播的过程。当然，如果将亚群体传播和亚亚群体传播等更小系统范围的传播水平计算在内，则群体传播可以是二级以及二级以上层级的传播活动（如下图所示）。

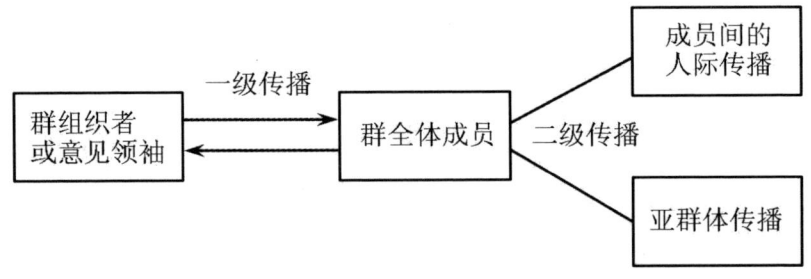

群体传播过程图示

五、大众传播

大众传播是通过大众传播媒介向广大受众进行的信息传播活动。如下图所示，大众传播包括大众传媒向其他大众传媒、大众传播直接向个体受众或群体受众的多级传播活动。在大众传播活动中，既有通过大众传媒直接向个体受众的一级传播，也有包含群体传播在内的三级传播，以及更多亚群体或亚亚群体的三级以上的多级传播活动。

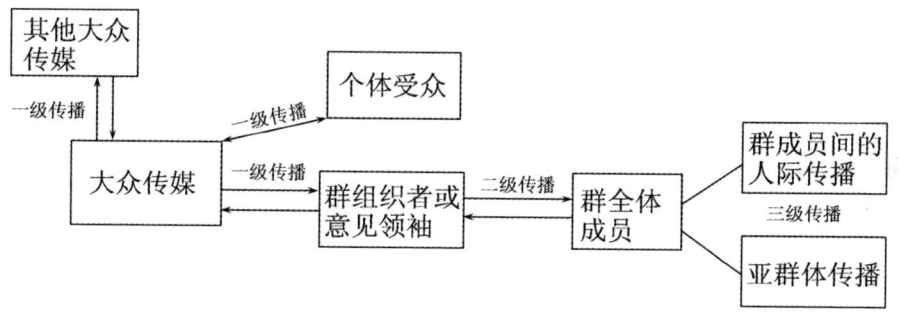

大众人际传播模式图

大众传媒向广大受众传播信息，不是大众传媒机构的每一位成员分别传布信息，而是作为一个整体进行活动和表现的。在此一意义上而言，我们可把大众传媒称为集体人（或称为集合人、"众"人、聚合人）。集体人的发声或传播信息，就如同一个有着巨大影响力和公信力的意见领袖或个体传者一样，是一种组织化和定期化的人际传播形式。大众传播主要包括以下几种情形：大众传媒向其他大众传媒（如某电视台向其他电视台，或视听媒体向纸质媒体等）的一级传播，大众传媒直接向个体受众的一级传播，大众传媒经群组织者或意见领袖向群全体成员进行二级传播、三级传播以及亚群体或亚亚群体的四级及四级以上的多级传播。

如果我们把作为一个整体的大众传媒看作一个集体人的话，那么，集体人向集体人、个体受众或意见领袖的信息传播活动也就是一种人际传播活动。此外，我们把同一级别的传播称为平级传播，不同级别的传播分别按照层级称为一级、二级、三级等级别传播。如大众传媒向其他大众传媒之间、一群体意见领袖与另一群体意见领袖之间、同一群体个体成员之间的传播就可称为平级传播,而在大众传媒活动中,大众传媒向意见领袖的传播则可称为一级传播,而由意见领袖向群体成员的传播随之可称为二级传播,其余以此类推。在小众传播中,也存在平级传播和多个层级传播的情形。

群意见领袖对群全体成员的传播,从宏观上看是"一对多"的传播形式,但从微观上看,意见领袖实际上是和每个群成员进行了"一对一"的传播活动。当群意见领袖向群成员集体进行讲话或传达信息和精神的时候,可以将群成员集体看作一个集体人,由此可见,群体传播或说小众传播事实上也是人际传播的一种高级、复杂的形态。同样的,大众传播的实质是"一"对多的直接人际传播或者经由意见领袖的间接人际传播。换句话说,从宏观上看,大众传播是"一对多"的传播形式,但从微观上看,大众传播实际上仍然是"一对一"的传播形式。大众传播必须通过集体人或意见领袖分别作用于受者个体,才能产生可能的传播效果。

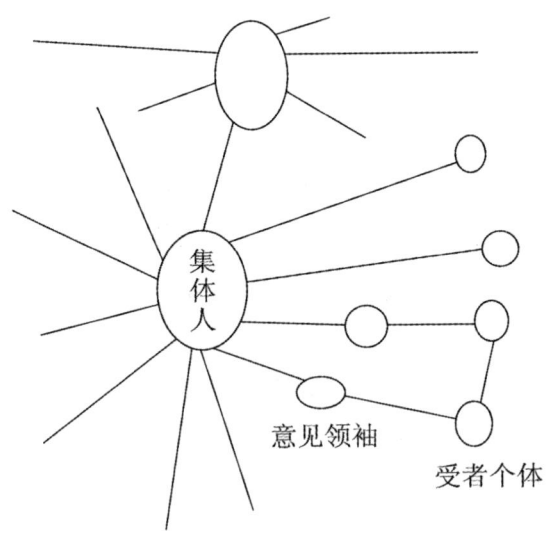

集体人、意见领袖、受者个体三者相互传播作用示意图

从微观构造的意义上而言，大众传播是人际传播的高级形态之一，是一种特殊的人际传播形式。和小众传播一样，大众传播不能违背人际传播的基本规律和特点。也因此，集体人的传播内容和形式，和受者个体的客观环境和主观世界都是包括跨文化传播在内的大众传播的致效因素。也都直接关系到国家形象的塑造。

六、机构传播

除了人际传播、小众传播、大众传播三种基本的社际传播形式外（社会交际，简称为社际），还有一种基本的社际传播形态，就是政府机构、商业机构或非营利机构进行信息传播的活动形态，可将这种传播形式称为机构大众——人际传播（简称为机构传播，如下页图所示），机构传播除了以行政命令式的文件、通知等在机构内部进行的非大众传播活动外，还有依次经过大众传媒、意见领袖等进行的多级传播活动。

如果我们认定大众传播一般地主要经过了三级传播过程，那么，一般地，机构传播将主要经过四级传播过程。

机构传播，不是指机构里每个人分别进行的传播活动，而是指机构作为一个共同目标和意志的整体进行的有一定意图和规范的传播活动。也就是说，机构在机构传播中的作用，同大众传媒一样，实际上是作为一个集体人或集合人的角色来进行传播活动的。

我们根据大众传媒在大众传播中所起的角色和功能称大众传媒为"传媒人"，而同样的，我们根据机构在机构传播中所起的角色和功能称机构为"机构人"（机构人，传媒人都可称为集体人，集合人或聚合人）。

在机构传播中，机构人与传媒人进行的信息交流活动本质上是一种集体人对集体人的人际传播活动。传媒人与意见领袖间进行的信息交流活动本质上是集体人对意见领袖个体的人际传播活动。而意见领袖对群成员进行的信息交流活动本质上是若干个意见领袖对若干个群成员的人际传播活动。因此，机构传播，宏观上看，是包含大众传播、群体传播和人际传播在内的多级传播活动，而从微观上看，仍是一个在各个传播

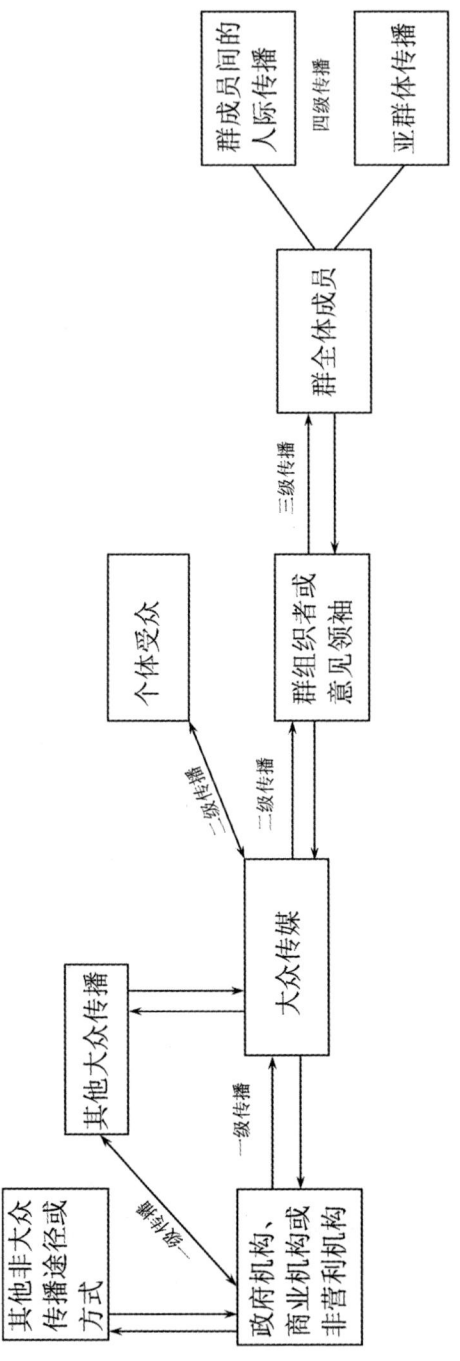

机构传播模式图

阶段中进行的人际传播活动的集合。机构传播，和大众传播、小众传播一样，是一种高级而复杂形态的人际传播活动。如果将人际传播比作人体的细胞，那么，机构传播、大众传播和小众传播就是由若干个这样的人体细胞组成的一个更大规模的复杂的多层级的有机体。

从系统论角度看，人天传播、人内传播和人际传播属于微观系统，小众传播属于中观系统，而大众传播和机构传播属于宏观系统。如下表所示：

	系统层次	系统属性
大众—人际传播系统	人天传播	微观传播系统
	人内传播	
	人际传播	
	小众传播	中观传播系统
	大众传播	宏观传播系统
	机构传播	

第六节 跨文化传播与国家形象的塑造学说

从本质上看，任何文化的传播都是跨文化的传播。每个人会有不同的文化差异，因此人际传播是一种跨文化传播；地域文化各有不同，因此不同地域文化的传播是跨文化传播；不同民族的文化有差异，因此跨民族的文化传播是跨文化传播；不同性别、社区、国家间的文化传播都是跨文化传播。从这个意义上而言，大众—人际传播理论也正是文化传播和跨文化传播的理论或范式基础，它们遵循着相同的逻辑和原理。当然，大多数情况下，人们将异国文化、异族文化、不同地域文化等文化差异较大的文化之间的文化传播理解为跨文化传播。

一、跨文化传播的一般路径和模式

根据大众—人际传播理论，跨文化传播必然经由人际传播、小众传播、大众传播和机构传播等渠道。而更高级和更复杂的传播形式总是包含着更低级和更简单的传播形式，前者和后者是包含与被包含的关系。现将文化和跨文化传播的一般路径和模式图示如下：

跨文化传播 {
- 人际传播→包含人天传播和人内传播
- 小众传播→包含意见领袖对群体所有成员的传播和群体内人际传播
- 大众传播→包含大众传媒作为"集体人"向所有社会大众的传播、所以可能的小众传播和所有可能的人际传播活动
- 机构传播→包含所有可能的机构利用大众传媒的大众传播、所有可能的机构内与机构外的小众传播，以及所有可能的人际传播
}

跨文化传播的一般路径和模式图

总而言之，所有较高级和较复杂的传播形式总是包含着所有的较低级的传播形式。

二、跨文化传播的主要障碍因素

影响跨文化传播效果的因素主要来自于主、客观两方面以及跨文化传播过程各个环节中。主要有以下几方面：

（一）政治文化因素

政治文化是否具有普适性，是否具有高效性和先进性，会影响政治文化的传播。因为数学文化、科技文化等具有世界范围内的普适性，这样的文化遭遇的政治文化障碍较小，容易传播。而政治文化是关于一国政治体制和运转机制、意识形态的文化，直接关系到一国社会系统的稳定和发展，因此，政治文化是最不容易被外方接受的文化内容和形态。但在国际传播和外交活动中，政治文化又是一个敏感和难以避免的话题。

客观上讲，每个事物都可以说是某个圈子的事物。处于不同圈子的事物会受到不同圈子力量和因素的约束、制约或助力。这就是所谓的圈

子理论。不同的世界圈子会对不同国家和地区的人们的接受意识和能力有深刻的影响,如北约、欧盟、东盟、上海合作组织,等等。当然,圈子的组成并非一成不变的。圈子也会有此起彼伏,此消彼长。

当前,世界各个国家正向全球化方向发展。信息通信技术和交通技术的发展,使得地球村时代渐渐向人们走来。而不同的民族文化,特别是政治文化之间将会发生交流、碰撞、冲突与融合的现象。在这种跨文化的传播过程中,政治文化因素可能是最为顽固的因素,在这方面所引起的冲突也就会更加激烈。但是,从长远看,人类的文化将会走向一个共同化和多元化都十分明显的阶段。也就是说,国际社会将会在主流文化上渐渐趋同,而在地域文化上更加包容和开放。如果文化的价值观不断趋同,则必然会有利于跨文化的传播及其效果。

(二) 传播者因素

传播者是否具有公信力,传播者的品格、能力、努力、传播策略、手段、语言和技术等,都会影响到传播效果。

公信力是指一个人、组织或机构因为自己思想、态度、言语和行为的公平、正义、诚实、高度负责、民主等品质,以及切实高效的能力与行动力而赢得广大群众认可、信任、支持、拥护或赞美后所产生的一种软实力。简而言之,公信力是一种赢得公众信任和支持的力量。

《论语·为政》说过:"人而无信,不知其可也。大车无輗,小车无軏,其何以行之哉!"一个人失去了公信力,很难在社会上立足,一个机构丧失了可信度也会遭到人们的唾弃,而一个国家和政府失去了公信力,或公信力不足,则会影响自己在国际上的信誉度和话语权,以及国际政治、经济、文化和教育等关系。同样的,一个具有公信力的媒体或传播者就会拥有更多的受众和用户,反之,则会失去更多的受众和用户。公信力是衡量媒体和传播者权威性、信誉度、舆论影响力的一个重要指标。公信力也是媒体和传播者品格、能力、价值观、努力程度等综合素质的一种外在体现。跨文化传播者有无公信力,直接影响到文化传播与跨文化传播的效果和目标的达成。

(三) 传播内容因素

传播的内容是否能满足受者的兴趣和需要，是否具有适用性和实用性，都会影响到传播效果。

内容为王，是传媒人士熟知的从业理念之一。它是传统媒体商业模式的核心内容：以内容吸引用户，将用户量、发行量或收视率作为广告价格的依据。维亚康姆公司的总裁雷石东曾经说过：传媒企业的基石必须而且绝对必须是内容，内容就是一切。

一般地讲，有了更优质的内容，才能吸引到更多的用户，而用户量的增大必然会带动媒体产品发行量或购买率的提升，其市场的影响力、市场占有率以及广告销售价也会得到相应提高。

内容为王的实质，就是坚持用户至上，通过对内容的创意、精加工以生产出满足用户或受众各方面或某些特定方面需求的高质量、强针对性的产品。内容为王，并不等于说不重形式。内容是事物存在的基础，形式是内容存在的方式。内容决定形式，形式依赖于内容，它们是相辅相成的缺一不可的关系。同一种内容可以采取不同的形式，同一种形式可以表现不同的内容。形式对内容的发展起着促进或阻碍的作用，随着形式的发展，内容可以被表现得更为丰富和充分。在数字网络媒体的今天，受众的阅读习惯、内容的生产机制和流通渠道等，都会影响到内容的表现形式，但优质、精炼、短小、强针对性的便于阅读、了解和使用的内容确是广大用户与媒体人的不变追求。一个有着华丽的便捷的形式，如果没有高质量内容的支撑，迟早也会被用户或受众抛弃。譬如说，微信的公众号采用了微信技术，便于用户享用，但同样技术平台的微信公众号能不能持续火热下去，就主要取决于是否具有不断更新的优质、精炼、高效和切实实用的内容。

对于大多数用户来说，现在是快阅读、轻阅读和易阅读的时代。但即使人们更多地依赖于网络电脑终端和手机终端，人们对于内容的选择还是倾向于好的方便的切实有用的内容。可以说，内容为王，在任何时候、任何时代都不会过时。因此，精心创意或精编简单直观、结构清晰、新颖意外、可笑可靠、针对性强、饱含情绪、故事完整、具有一定具体细节并且用户可以轻松分享的优质内容，是获得更多用户的重点所在。

（四）受者因素

受者的兴趣和能力、生活经验和习惯、语言水平、认知水平、思维方式、文化程度、知识结构、跨文化语境知识、职业和生活需要等，都会影响到跨文化传播的效果。

人与人之间，因为原生家庭和社会环境，以及自身综合素质的不同，往往存在诸多难以避免的误解和沟通困难。不同人的语言符号系统、思维方式、心理素质、价值观、性格趋向、人生阅历等的不同，通常对同一事物、现象、言语、文字、行为等持有不同的观点和看法，因此彼此之间达到最大程度的共识是很难的。正因为如此，人与人之间需要包容、理解和换位思考，以取得可能的最低程度的共识。

在小众传播、大众传播，特别是国际传播中更是如此。不同国家和民族有不同的文化传统和生活方式，这些有诸多异质性的文化在发生相遇之时，免不了不理解、排斥、碰撞、冲突、理解、好奇、接纳、拥抱和融合，但通常在文化接触的初期阶段，不理解、排斥、碰撞和冲突多于理解、好奇、接纳、拥抱和融合。万事开头难，也正是文化与跨文化交流和传播的真实写照。因此，加强对受者有关语境、语言、国情、机构等方面知识、技能、价值观和态度等综合素质的培训、教育或沟通，是从根本上提高跨文化传播效果、塑造国家真实客观形象的关键所在。

（五）时间和空间因素

传播者和受者的时间不一致或者受者自身并没有足够的时间接受国际传播，以及空间的距离障碍，都会影响跨文化传播的障碍。尽管有网络化的国际化，但虚拟空间仍然是一个鱼龙混杂的复杂的间接的经验。具有很大不确定性和模糊性等难以实证的特征。这些都会影响到跨文化的传播效果。

现代的通信技术的发展，使得电讯信息可以以声音广播、视听广播、光盘、新媒体等传播手段，将所需要传播的讯息和内容传送到世界各地。但是，这些传播信息和内容中有多少能够被受者接收到、消化和吸收，却是个未知数。接收者有没有语言沟通和理解的能力，有没有空闲时间，有没有在工作和劳动场所接收的设备，等等，这些因素都会影响到文化与跨文化传播的效果。

空间因素也很重要。远距离交流，不如近距离交流。书信来往，电邮传送，网络聊天与问答，都不如面对面沟通那么切实有效。因为人与人的交流，不仅是信息的相互传递，而且是包括情绪情感、音容笑貌等在内的友谊增进活动。人们总是倾向于接受熟悉人的观点，而不太愿意接受陌生人的意见。尽管网络拉近了国家与国家、地区与地区、组织与组织、人与人之间的距离，使得地球更像是一个村庄，但这个村庄的每户与每户人家的地理空间又是那么巨大和遥远，使得人们觉得不可能做到像一个自然村那样，各户人们是那么容易接近和交流。也因此，跨文化的传播的确有着现实的实际困难。这些都会直接影响到跨文化传播的效果与传播目的的达成。

（六）经济条件因素

无论是国家与国家之间，地区与地区之间，还是家庭与家庭之间，经济发展总是不平衡的。世界上存在着发达国家，也存在着欠发达国家。美国、英国、法国等发达国家多集中于北美洲和欧洲，而发展中国家多集中于亚洲、非洲和南美洲。中国和印度是两个最大的发展中国家，也是目前经济发展比较迅速的金砖国家之一。即使是一个国家和地区内，经济发展也是不平衡的。我国的经济发展就存在着沿海与内地，东部、中部与西部，城乡之间的经济发展差距。就是大城市、中等城市和小城市之间也存在着较大的发展差距。

经济条件因素在很大程度上决定着传媒产业的发达程度。美国目前有几大在国际上享有盛名的传媒集团，如美国在线—时代华纳集团、沃尔特迪斯尼集团、通用电气集团、新闻集团和维亚康姆集团等，它们中的大多数都拥有广播电台、电视台、网络、报纸和杂志等媒体形式。这些媒体的影响力已经成为美国重要的软实力之一。而传媒产业比较落后、传媒竞争力比较弱小的国家或地区,在传播本国文化和扩大自己国家影响力方面就会感到力不从心,收效甚微。因此,通过发展经济,不断增大传媒产业方面的投入,增强传媒竞争力,是提高跨文化传播能力和效果的重要手段之一。

(七)人类寿命、脑力和精力因素

每一个生命个体在自己的国度都有很多生活和工作需要经验,除非与跨文化有关的政治人士、外交人士、学界精英、文化艺术人士等会参与或关注跨文化传播,一般的受者是很少关注异国文化,甚至新闻信息的。即使有这方面的兴趣爱好或需要,人类的寿命、脑力和精力的有限性都会影响到跨文化传播的深度和广度。

每个民族、每个国家的人民都有自己的日常生活。除非是具有一定的物质条件,且喜欢在异国他乡进行旅游、访学、参观或进行外事活动和交流的人,一般人们是不会过多地关注他国人民的日常文化生活和习惯方式的。这不仅与个人、家庭和国家的生活状况有关,而且与人的寿命长短、脑力和精力大小、兴趣爱好有关。不可否认,由于人类生命长度的有限性,生有涯而知无涯,任何一个生命个体是不可能穷尽各国的一切文化知识的,甚至不可能穷尽一个国家和地区的文化知识的,也因此,跨文化的传播和交流活动是极其有限的。我们不能奢求异国文化或异域生活的人们一定要理解我们本国或本地区的文化生活,同样,我们也难以做到对异国文化和异域生活有足够的了解。总之,跨文化传播是一个长久的普遍的有着诸多条件或因素限制的文化交流活动。人们无法获得最好的文化传播,只有可能的更好的文化传播。

三、跨文化传播的目的、本质及其特征

跨文化传播与国家形象的塑造之间有着内在和紧密的联系,这不仅在于一个国家本来的实在和面目如何,而且在于跨文化的传播者和感知

者各自如何对用以传播国家实体形象的信息进行编码和解码,如何做、说和感知。

伴随着地球村化的过程,跨文化的交流和传播及其研究的规模、频次、水平、重要性和必要性等都跃上了一个新台阶。影响跨文化传播或交际的因素众多,有政治意识形态、经济条件、文化价值观、文化差异、思维模式、自觉和不自觉形成的虚假意识、社会环境特征、知识背景、信息掌握的匹配度、语言和符码意义差别、国际权力关系、立场、地位、目的、动机、态度、情感、情境、认知能力、民族中心主义、霸权主义、宗教、种族、性别、阅历等,这些因素既存在于信息交流和传播过程中(即存在于信息的生产、流通、分配、消费和再生产几个环节中),又存在于信息交流和传播过程之外。正因为跨文化交流和传播与国家形象塑造之间有着紧密的内在的联系,而跨文化交流与传播又极其复杂,所以跨文化交流和传播与国家形象塑造方面的研究难度极大,范围极广,涉及很多跨学科的领域。也正因为如此,国外学者使用的学术研究术语"intercultural communication"或"cross-cultural communication"(communication 意为:交流,沟通,交际,传播等)在中国被不同相关学科领域的学者做了不同的理解和翻译(在外语界、对外汉语界、语言学界和心理学界,常被翻译为跨文化交际学,其研究重点在语言交际、非语言交际、社会交往和人际关系等方面;在国际政治、国际关系等学界常被翻译为跨文化交流学,其研究重点在跨文化交流模式与特点、中外思维方式差异与跨文化交流关系等方面;在新闻传播学界,常被翻译为跨文化传播学,其涵盖面较广,研究重点在符号学、文化观念体系差异与冲突、社会互动与认同、传播理论与传播效果、权力关系与传播秩序、传媒组织与传播行为、技术发展与传播伦理等方面),这种理解和翻译也成为他们所从事学术研究的焦点和相对独立领域。

通过对近几年来将近百篇有关文化传播与国家形象塑造方面的文章的泛读和其中自己感觉比较"耐人寻味"文章的研读(这些文章中有

倪建平的《中国在中亚文化传播和国家形象塑造》《中国在非洲的文化传播和国家形象塑造》,聂朝昭、卢颖的《纪录片的文化传播与国家形象的塑造》,以及宋正 2013 年 10 月 27 日发表在《光明日报》上的《文化传播与国家形象塑造》等),以及一些有关书籍的浏览(如孙英春的《跨文化传播学导论》,胡文仲的《跨文化交际学概论》,李智的《中国国家形象——全球传播时代建构主义的解读》,任孟山的《国际传播与国家主权》等),作者发现,大多数相关论述都对国家形象的概念和内涵进行了界定和分析,对国家形象塑造的意义、重要性和必要性,以及国家形象塑造的策略等提出了自己的思考。有的还提出了国家形象的分类、国家形象塑造的原则,以及有些研究国家形象的国外学者们的一些理论和思想。在学习这些研究者的成果过程中,既发现了这方面研究的大致状况,也发现了自己能够探究的主题。在研读中,作者发现,由政府主导的国家形象传播不如民间自由地进行国家形象传播的效果,政治和外交传播效果不如跨文化传播的效果,也就是说,跨文化传播对于国家形象的塑造有着更为久远和深刻的作用和意义。那么,文化传播与跨文化传播是什么样的关系?如何理解跨文化传播的内涵、目的、本质及其特征?跨文化传播与国家形象塑造的关系如何?从跨文化传播的角度思考国家形象塑造应有的基本原则和策略是什么?这些都需要做出必要的探究和思考。因此,对这几个问题做出研究性的回答将是本部分的目的和任务。

(一) 跨文化传播的内涵

无论是文化传播还是跨文化传播,都绕不开对文化的定义和理解。我们就先从文化的定义谈起。广义的文化定义是指人类在社会发展过程中所创造的物质财富和精神财富的总和。侠义的文化定义一般是指社会的精神财富,如意识形态以及与之相适应的制度和组织机构等。1871年英国文化学家泰勒在《原始文化》一书中将文化定义为"一个复杂的总体,包括知识、信仰、艺术、道德、法律、风俗,以及人类在社会里所得一切的能力与习惯。"①

  文化可以从不同的角度或用不同的标准进行分类，如精英文化和大众文化之分，高雅文化与低俗文化之分，饮食文化、服装文化、旅游文化和建筑文化之分。在文化传播和国家形象塑造这个主题的宏观研究方面，作者采用物质文化、制度文化和精神文化这种划分。也就是说，从物质文化、制度文化和精神文化这三方面来探讨文化传播和国家形象塑造的问题。据此，我们可以将文化传播划分为三大类：物质文化传播、制度文化传播和精神文化传播。同样的，将跨文化传播划分为跨物质文化传播、跨制度文化传播和跨精神文化传播。也可以将国家形象塑造划分为三大类：国家物质形象塑造、国家制度形象塑造和国家精神形象塑造（对于国家形象塑造在后面的文中将会有所论述）。

  那么，文化传播与跨文化传播有何区别？它们之间是何关系？依作者看，二者是包含与被包含的关系。前者包含后者。作者认为，文化传播是指在同一文化群体内或不同文化群体间的文化扩散过程和活动，在这个过程中包含物质的、制度的和精神的思想和信息的交流与互动。因此，文化传播可以分为两大类：一类是在同一文化群体内的文化传播；另一类是不同文化群体间的文化传播。前者我们可以称之为文化群内文化传播，简称为内在文化传播；后者我们可称之为跨文化群文化传播，简称为跨文化传播。

  也就是说，文化传播有内在文化传播和跨文化传播之分。内在文化传播是指在同一文化群体内的物质的、制度的和精神的文化流动、辐射、扩散、渗透和融合。而跨文化传播则是指不同文化群体之间的物质的、制度的和精神的文化流动、辐射、扩散、渗透和融合，是一个具有不同特点的内容和形式的文化群体与个人向其他不同的文化群体与个人进行的物质的、制度的或精神思想的交流与互动。

  根据上述跨文化传播的定义，文化群体有可能是或者以国家为单位

---

① 爱德华·泰勒：《原始文化》，连树声等译，上海文艺出版社1992年版。

的、以地区为单位的、以社区为单位的、以阶层为单位的，或者以种族、民族为单位的，或者以宗教界或团体为单位的，等等。本部分旨在探讨以国家为文化群体单位的跨文化传播。我们可以称之为跨国跨文化传播，而其他范围内的跨文化传播，可依次称为跨地区跨文化传播、跨社区跨文化传播、跨阶层跨文化传播、跨种族跨文化传播、跨民族跨文化传播、跨宗教文化传播，等等。此外，按照文化的物质、制度和精神三个划分维度，我们可将跨文化传播分为跨物质文化传播、跨制度文化传播、跨精神文化传播三大类。

跨物质文化传播，就是不同文化群体之间的物质的交流和贸易往来。有的学者将物质文化划分为物质生产文化和物质消费文化两种。物质生产文化包括采集狩猎文化、游牧文化、农耕文化和工业文化等。物质消费文化包括饮食文化、服装文化、建筑文化和交通文化等（吃穿住行）。而该学者认为物质文化传播的原则有物质性、地域性、开放性、时代性和多样性等原则。[①] 跨物质文化传播的主要目的就是通过经济贸易往来、赠与或回赠来互通有无，满足不同的物质文化需求。这种物质文化需求主要表现在三个方面：物质的实用性、物质的观赏性和物质文化的再造性。如中国出口丝绸、瓷器、服装等，进口大米、大豆、石油等，就是通过商品交换来满足对方和己方的物质文化需求；而进口外国的艺术品、用以观赏的动植物则是其物质的观赏性的表现；从国外紧扣原料然后用来再加工为高科技、高附加值的产品则是体现物质文化的再造性。尽管在物质文化的载体上，也会负载和传递国外的物质文化设计、科学技术和社会思想观念等精神领域的内容，但这一功用并不是十分突出。因此，根据物质文化传播的三大特征，我们可以认为，跨物质文化传播的目的就是通过经济贸易和商业往来来满足彼此物质上、心理上和再造性等方面的满足。

跨制度文化传播，就是不同文化群体之间的制度思想和组织模式及

[①] 周鸿铎：《文化传播学通论》，中国纺织出版社2005年版，第87—93页。

其方式方法的交流和传播。从历史发展的纵向传播看，制度文化总是随着人类社会发展和人类对人类发展规律的认知的发展而不断发展和进步的；从现实社会发展的横向传播看，制度文化是由先进制度文化的国家和地区向落后制度文化的国家和地区扩散、渗透的，而落后制度文化的国家和地区客观上不得不受到先进制度文化国家和地区的制度性优势压力。跨制度文化传播的目的具有双重性，一是为了加强和完善一个国家和地区的行政管理体制和机制，通过权力结构设计上的健全，做到权力制衡和最大可能地为国家和民众利益服务的目的；二是先进制度文化的国家和地区使得越来越多的相对落后的制度文化国家和地区接受自己制度文明的洗礼，从而在制度文明上走向和谐发展和基本趋同。譬如，我国周朝诸侯制度的建立和发展以及到秦朝统一天下后实行的郡县制，英国发展出来的君主立宪制，美国的三权分立总统竞选制度，以及欧洲社会发展出的现代国家制度等，都是制度文化的纵向和横向的传播和发展。

跨精神文化传播，就是不同文化群体之间的精神思想观念或意识形态的交流和扩散。"所谓精神文化是指属于精神、思想、观念范畴的文化，是代表一定民族的特点反映其理论思维水平的思维方式、价值取向、伦理观念、心理状态、理想人格、审美情趣等精神成果的总和。"[①] 人与动物有着本质的区别，主要在于人有自己的理想、信念和事业等精神的追求和丰富的心理活动，因此精神文化在社会生活中的重要性不言而喻。精神文化是人们的精神食粮，这种精神食粮是人积极活动和发展的统帅和主导力量，起着充实、丰富和激发人们热爱生活、奋发图强、抵御寂寞孤独，克服重重困难，进步与发展的作用。因此，跨精神文化传播的目的就是保持和促进精神文化的繁荣和发展，提升民众和社会的精神文明水平，丰富和改善人们的精神文化生活，以及增进不同文化群

---

① 曾丽雅：《关于建构中华民族当代精神文化的思考》，《江西社会科学》，2002年第10期。

体对其他文化群体精神生活内容和形式的了解、学习和借鉴。

总结跨物质文化、跨制度文化和跨精神文化传播的目的的共性特征，我们可知，跨文化传播有几个主要的目的，这几个主要目的可以被人们理解为递进式或金字塔式的，也可以被人们认为是并行不悖的。换句话说，它们可以被看作是并行关系或层层递进关系。

（二）跨文化传播的目的

跨文化具有同质和异质两方面成分。跨文化传播的目的在于实现同质性的意义共享和异质性的意义参照、借镜、互补和丰富。从跨文化传播者的角度看，一个文化群体向其他文化群体进行跨文化传播，其目的就是使知道、使了解、使理解、使认可（事实上或部分认可或不认可）、使接受（事实上或部分接受或拒绝）、使实行（事实上或部分实行或拒绝实行）。"知道"是指获知某一事物存在或现象发生的信息，但对其是怎样存在的或现象是怎样发生的，以及该事物或现象的本质及其特征等进一步的信息无从获知，也无法做出是非美丑的判断。"了解"是在知道某一事物或现象的基础上，对该事物或现象存在或发生的方式、内涵或本质特征的信息有了一定的获知，并形成了自己一定的判断或看法。而"理解"则是不仅获知该事物或现象存在或发生的方式、内涵或本质特征的信息，而且通过探究和思考获知了其中的原因、原理和道理等，并能根据自由、平等、尊重、多样化发展的原则做出比较公允的判断和分析。"认可"是指在理解的基础上对一事物或现象做出自己肯定的评价，部分认可是指对一事物或现象的某些内容或部分做出肯定的评价，而对其余部分则不予认可。"接受"是指在认知、决策态度上认为对一事物或现象所认可的内容或形式可以和能够被己所用。而"实行"则是指将自己接受的内容和形式付诸实践、实施或行动。

1. 使知道

人对事物的现象和本质的认知都要经历一个循序渐进的过程，这种过程像德育过程规律一样也要遵循一个知、情、意、行的发展过程。同样，人际关系的发展和跨文化传播也是如此。人际关系的发展，要经过一个从陌生到熟悉的过程，正所谓"路遥知马力，日久见人心"。"一回生二回熟"。譬如，张三不知道李四，经人介绍知道了李四，但不了解他。经过一段时间对李四有所了解，但不能或不太能理解李四的思想和行为，后来理解了。理解了但不完全认可。认可的部分自己并不接受，更不会实行。在这个过程中，张三经历了认知的发展、情感的变化、意志的锻炼和行为方式的效仿或拒绝。而跨文化传播，作为两个不同文化群体之间的文化交流和互动，也需要经历这一系列过程（因为群体由不同的个体组成，传播首先必须经历个人性的经验）。譬如，古代中国对欧洲、非洲和拉丁美洲文明不知道，到了清代通过传教士知道一些西方国家，但不是很了解。到了今天，对世界上很多国家有了一定的了解。一般地，亲自接触、道听途说或通过媒介获取知识和信息，是知道的主要手段和方式。"知道"是跨文化信息传导到跨文化人群所产生的认知反应，是跨文化传播的第一步。

2. 使了解

"知道"是了解的前提和基础。通常，在人们不知道一事物的情况下，人们很难对此事物产生"了解"的愿望和好奇心。当然，知道了，因当事人不感兴趣或觉得关系不大，人们也未必想去进一步了解。跨文化传播也是这样。特别是，因为跨文化传播是两个或多个不同文化群体之间的文化交流活动，人们在自己所属的文化群体中就能够独立生活，并不必需依赖于其他文化群体生活，换句话说，外部文化群体在很大意义上而言，是一种"知道"或"了解"的对象。通过媒介或学习了解，或实地了解，对学习者而言既是一种知识或信息的获得，也是一种好奇心、探究兴趣或快感的满足。如登山爱好者攀登世界一处又一处的高山，旅游爱好者到各处旅游胜地去旅游，出国留学、访学、考察、学术交流等，都是"了解"的方式和手段。正如有些学者所论述的："出国留学，从直接意义上，是不同国家之间的教育合作和交流；扩而大之，是各国科技、文化、教育乃至社会、政治、军事交流的重要形式。对于每一个特定时期、每一个具体的个人来说，出国留学的动机、过程、内容和结果是千差万别的。但从总体和根本上来说，出国留学实际上是一座不同文明相互沟通、交流的桥梁，它所发挥的是促进世界不同类型文明之间沟通、交流、学习和融合的作用。"①

3. 使理解

"理解"不仅体现在对外部文化群体所持文化内涵、本质特征和形式的探知上，而且体现在不论强弱大小、先进落后而给予的自由、平等、尊重和多样化发展的原则和态度上。根据建构主义的观点，世界是客观存在的，但是人们对于世界的理解却是由每个个体决定的。每个个体根据自己过去的经验和所持信念或立场来感受、解释和建构现实。因此，尽管有时候我们自己努力地去追求客观地"理解"世界，但是由于主、客观众多因素的限制，我们对于世界的理解总是带有一定主观的色彩，跨文化群体之间的对于世界的理解甚至是迥异的。因此，如何处理和对待不同文化群体在文化思想观念以及行为模式和习惯上的分歧和差异，最终就是一个理性、原则和态度的问题。我国处理国际关系的和平共处五项原则——"互相尊重主权和领土完整、互不侵犯、互不干涉内政、平等互利、和平共处"的基本精神可以用于对待跨文化传播方面的问题。也就是说，对于跨文化传播而言，不同的跨文化传播群体及个人都应采取"互相尊重各自文化群体文化权利和文化社会生活完整、互不侵犯、互不干涉、平等互利、和平共处"的基本原则和精神。只要抱有这五项原则和精神，那么这种跨文化的理解才能够受到不同文化群体的尊重和认可。

4. 使认可（事实上或部分认可或不认可）

如前所述，"认可"是指在理解的基础上对一事物或现象做出自己肯定的评价，部分认可是指对一事物或现象的某些内容或部分做出肯定的评价，而对其余部分则不予认可。

有些人爱吸烟，尽管很多不吸烟的人能理解但很少能认可。跨文化

---

① 李忠杰：《架设世界不同文明交流的桥梁》，《神州学人》，2009年第8期。

交流也是如此。我们能理解美国社会人人具有持枪的权利,但我们很难认可。认可不认可,直接关乎一个文化群体的形象塑造。当外部文化群体认可我们文化群体的成分多,不认可我们文化群体的成分少,那么我们文化群体的形象在他们眼中就相对较好;反之亦然。根据一个有关中国国家形象的调查报告,"超过三分之一的海外受访者表示在他们的印象中 中国是一个很'有魅力的'国家。南非受访者对中国魅力的认可度最高,超过50%的南非受访者同意中国是一个'有魅力的'国家的说法;排在其次的是英国,46%的英国受访者认为中国是一个'有魅力的'国家;40%左右的马来西亚、澳大利亚和美国受访者也认可中国是一个'有魅力的'国家的说法。印度民众 对中国'魅力'的认可度相对最低,为32%。尽管超过70%的海外受访者表示对中国有所了解,但整体来讲,海外民众对中国的印象依然是神秘多于熟悉。在三个发达国家美国、英国和澳大利亚,都有超过三成的受访者表示中国给他们的感觉是'神秘 的'。印度受访者对中国的'神秘'印象也较高。认为中国'神秘'的受访者比例在马来西亚和南非略低一些。"[①] 由此可见,认可的程度如何直接与国家形象的形成与塑造有关。

5. 使接受(事实上或部分接受或拒绝接受)

如前所述,"接受"是指在认知与决策态度上认为对一事物或现象所认可的内容或形式可以和能够被己所用。我国清朝末期留给西方人的是"东亚病夫"、野蛮僵化、封闭保守、专制落后、官权专横民权不彰的形象,当时日本留给西方的是积极开放、文明进取的国家形象。什么原因造成了这一巨大差距呢? 显然,其原因是:日本积极融入西方近代文明,主动接受和吸收了西方的政治、经济和文化制度思想之精华,而清朝只是部分接受了西方的军事、冶金等技术,拒绝接受西方相对先进

[①] 中国外文局对外传播研究中心,察哈尔学会,华通明略(Millward Brown):《中国国家形象调查报告 2012》,http://www.china.com.cn/international/txt/2012-12/20/content_27470693_4.htm。

的国家体制和政治制度。这种反差,使得西方在很大程度上认可日本的国家形象,而厌恶大清国的国家形象。

国家与国家之间,没有永恒的朋友,只有永恒的利益。从利益博弈论出发,一个落后愚昧、封闭保守、跟不上现代化步伐的中国是西方不喜欢的,一个意识形态上和西方根本对立的中国也是西方不喜欢的,但一个政治、军事、经济、文化强大和团结统一的中国也是西方不喜欢的。如同一个人一样,太弱太穷被人瞧不起,太富太猛又遭人嫉恨。正是因为这样的现实利益纠葛和心理态度,我国的国家形象在改革开放之前被视为疯狂的、饥饿的、狂热的、非理性的中国,而改革开放之后的中国国家形象虽说已大大改观,但时不时地还被西方媒体妖魔化为具有威胁性的、有崩溃可能的、人权问题严重的国家。

中国和西方国家作为不同的国家文化群体,彼此都有接受和拒绝接受对方文化内容和形式的地方。这是跨文化传播必有的现象。

6. 使实行(事实上或部分实行或拒绝实行)

如前所述,"实行"则是指将自己接受的内容和形式付诸实践、实施或行动。智利国家形象基金会媒体中心主任珍妮弗·萨尔沃曾说道:"一个国家的政治、经济、军事等'硬件'和政治思想、文化传统、公民素质等'软件'构成了国家形象的基本框架。此外,政府与国民的主观作用也不容低估,他们的言行往往能改变外界对一个国家形象的评价。"[1] 随着改革开放的进行和跨文化传播规模的扩大,国家形象问题成为影响国际关系和国际事务合作的重要的软实力的问题。随之也得到了中国国家领导人和国内媒体的特别重视。譬如,由国务院新闻办公室发起的中国国家形象宣传片的出笼和在美国的播映就是一个典型的例子。

在跨文化传播中,政府、企业、媒体、文化团体的表现以及国民在

---

[1] 新华网:《全球视野下的中国国家形象》,http://news.xinhuanet.com/world/2011-11/22/c_111185684.htm。

国外的言谈举止等都关涉到国家形象的形成和塑造。日本东京大学名誉教授山本吉宣曾指出："普通国民在塑造国家形象的过程中可以发挥重要作用，企业也是重要的存在。企业积极向世界输出先进技术并举办与社会贡献有关的活动，有助于树立良好的国家形象。"[1] 新加坡品牌推广咨询公司创始人约尔格·迪策尔也曾说："人们对国家形象的评价一般是看整体观感，但一些细节也至关重要。如海关人员的态度是否友善，当地饮食是否可口等，都可能决定一个人对某个国家的形象观感。"[2] 因此，我国政府不仅要重视政府人员的工作表现，而且要重视媒体的报道和宣传，还要重视企业与个人的活动表现。

（三）跨文化传播的本质及其特征

如前所述，不同的学者，特别是不同学界的学者对 intercultural communication 有着不同或不尽相同的理解。有的倾向于理解和翻译为跨文化传播，有的倾向于跨文化交流，有的倾向于跨文化交际，还有的理解和翻译为跨文化沟通。单从词义上分析，跨文化传播带有强烈的传播者的主观意图，而跨文化交流、交际和沟通则带有当事双方平等交往的色彩。

作者仔细思考后认为，内在文化传播的本质在于精英文化与大众文化、高雅文化与低俗文化、主流文化与非主流文化在同一文化群体中的自由交流互动、相互作用和影响。换句话说，内在文化传播的本质是同一主体（国家或地区等）内的各种文化力量的作用、影响、失衡、平衡、再失衡与再平衡。它遵循的是无休止运动、失衡、平衡、再失衡和再平衡的循环往复的规律。而跨文化传播的本质在于不同内容和形态的文化沿着可能的文化渠道在不同的文化群体中进行扩散、排异、交融、

---

[1] 新华网：《全球视野下的中国国家形象》，http://news.xinhuanet.com/world/2011-11/22/c_111185684.htm。

[2] 新华网：《全球视野下的中国国家形象》，http://news.xinhuanet.com/world/2011-11/22/c_111185684.htm。

激荡和进化,或在于不同内容和形态的文化沿着可能的文化渠道在不同的文化群体中进行物质的、精神的或制度的信息的流动和扩散。异域文化在嬗变和传播的过程中,其精华和与本土文化同质的部分会被本地化、吸收和消化,成为本土文化的有机生长点和有机组成部分,是本土文化进行创新、繁荣和发展的原料、兴奋剂和助推力量,其异质的部分要么被用来互补,要么和糟粕的部分一起被屏蔽或遗弃掉。兹总结跨文化传播的本质特征如下:

1. 文化扩散

扩散是一切传播的根本特征之一。因此也必然是包括跨文化传播在内的文化传播的特征之一。从更广泛意义来讲,扩散是宇宙物质和信息的普遍现象,也是自然界和人类社会中的普遍现象。人类社会的发展需要扩散,文化的发展也需要扩散。扩散可以促进生物结构和功能的变化,也可以促进人类社会结构和功能的变化。对于文化传播而言,扩散有自发和自觉之分。

2. 文化排异反应

根据百度百科的定义,"排异反应(rejection)是异体组织进入有免疫活性宿主的不可避免的结果,这是一免疫过程。"[①] 排异反应有急性和慢性之分,生物体一旦发生排异反应,一切移植手术(如肾移植或骨髓移植)都会前功尽弃。

人体的免疫系统天然存在着一种排斥外来组织的倾向,当外来组织嵌入或被移植到人体后,人体就会产生排异反应。应对排异反应的方式就是服用抗排异反应的药物。2006年左右的时候美国研究人员曾指出,"共刺激阻滞剂 belatacept(LEA29Y)与环孢霉素一样能有效预防肾移植术后的排异反应,同时不具有肾脏损害、增高血压和血脂等方面的副作用。免疫系统对移植物的正常反应是将其识别为一种异物,然后通过

---

① 百度百科:《排异反应》,http://baike.baidu.com/view/621173.htm? fr = aladdin,2013 - 11 - 23。

信息传递来促使机体产生 T 细胞以排斥该异物。在 T 细胞攻击肾脏前，第二信使——共刺激信号的产生是必需的。Belatacept 是一种阻断共刺激的注射蛋白，通过阻断第二信使来保护肾脏免遭排斥，但同时不会抑制免疫系统对其他病毒或病原体的应答反应。"[①] 因为植入患者体内的新器官会被患者免疫系统认为是"异物"而遭到排斥，所以术后患者也需终生服药来保持对免疫系统的抑制效果。

  作者以为，与人体的免疫系统对移植物自然产生的排异反应一样，跨文化群体——这一社会有机体在经受跨文化传播的时候也会自然产生排异反应。我们可称之为文化排异反应。与物质文化传播相比，制度文化和精神文化传播所产生的文化排异反应可能会更大更强一些。譬如，中国的汽车产业会对国外的汽车产业产生排异反应，那么克服这种排异反应的法子，就是让中国的汽车产业认识到国际竞争和合作的重要性，认识到自由开放的汽车贸易市场对于汽车工业发展的重要性和必要性。国外的汽车产业要想打入中国市场，也需在汽车设计和制造方面做合乎中国人思想观念和行为习惯方面的改变。中国的工业产品出口也是如此。在制度文化传播方面，国家制度和政体制度与企业管理制度、知识产权管理制度等方面相比，一个社会有机体自然产生的文化排异反应要强烈得多。但并不是没有办法抗击文化的排异反应。如日本明治维新的成功，通过充分适度的"西化"和现代化发展，首先在精神文化传播方面做出了积极的抗排异反应的举措。我国实行改革开放，加入世贸组织，积极和国际社会接轨，首先在经济方面做出了较好的抗文化排异反应的变化。因此，随着时代的进步，精神思想观念的发展，相信我国在制度文化和精神文化传播方面也会做出好的抗排异反应的举动和变化。

  [①] 刘斌：《一种抗排异反应的新药》，http://www.biotech.org.cn/news/news/show.php?id=30058,2006-01-12。

3. 文化交融

交融是指不同文化群体之间的文化交往和不同文化元素的接触和混合。历史上，战争、贸易往来、人口迁徙、公主和亲、宗教文化传播都会促进不同民族文化间的交融。春秋战国、魏晋南北朝、隋唐、宋朝、元朝、清朝等朝代都是中国历史上民族大融合的主要时期。在交融过程中，各种先进的科学技术、文化思想、一地独有的产品，以及异域民族的语言、服饰、历史、地理、风情、民俗、生活观念、信仰和思考方式等知识和信息等都得到了较为广泛的传播，从而刺激和促进了世界文化的繁荣和发展。

无论文化的交融是主动的还是被动的，但文化只有交流起来才是健康的发展，才能保证文化的进化、繁荣和发展。在多元种族和各种民族文化并存的国家，跨文化的冲突和交融也会更加频繁和激烈。在这样的国家，文化的交融也就显得更为紧迫和重要。不同宗教文化和不同观念文化的民族只有学会相互尊重、和平共处，才能共同建立一个和平发展、互利共赢、在文化上博采众长的和谐世界。

跨文化的交融是有坚实的基础的。世界上不同种族文化的同质性决定了人类文化普适性价值的存在，其异质性决定了各种不同文化可以优势互补、互通有无、去粗取精。2014年7月中国国家主席习近平对拉美国家进行访问，有媒体报道说，尽管中国和拉美国家之间依然存在相互认知上的不足，但两种古老的文明对话已经在开启。习近平的出访之旅将会使得两种发展悠久的文化走向交融。习近平说："中拉相距遥远，但双方人民有着天然的亲近感。"中国社科院拉美所副所长吴白乙解释说："'天然的亲近感'源自两个大陆的文化相通。中华文明孕育的是有文化、有哲学、有天下理想的民族，拉美土地上则繁荣着混合文化派生出来的天然乐观主义，他们崇尚自然、自主和理想的英雄主义。"①

---

① 林如萱、裴剑容：《中拉文化走向交融》，http://news.xinhuanet.com/world/2014-07/23/c_1111768218.htm。

跨文化的交融使得你中有我，我中有你。文化因交流而丰富多彩，因互鉴而繁荣发展。

4．文化激荡

根据汉语词典的解释，激荡就是因受冲击而动荡。仔细思考两种不同文化和文明的接触，我们都会发现在跨文化交往中都会产生文化激荡的事实和现象。可见，激荡是跨文化传播的本质特征之一。当代表着世界上当前发展趋势的文化遇到相对滞后的文化之时，前者总会给后者带来巨大的震撼和动荡，而两种不同类型的文化如农耕文化和游牧文化相遇也会彼此激荡。物质文化相遇时双方可以做到和平共处、互通有无、互利互惠，但精神文化和制度文化在彼此相遇时常常会因文化的排异反应和自我中心主义而唇枪舌剑、斗争激烈。西方文化与美国印第安人文化的接触，西方文化与日本文化的接触，以及中国文化与西方文化的接触，无一例外。就像一个封闭生活了很久的人一下子进入另一个不同生活信仰和观念的世界，自己心灵受到的冲击和震撼是巨大的，他或她最终不得不相信天外有天，山外有山，人外有人。

20世纪初期，衰弱的中国受到外来文化思想的巨大冲击，从而引发中国思想社会和现实社会的巨大震荡。自由主义、无政府主义、马克思主义、文化保守主义、文化相对主义、全盘西化思想、改良主义、革命主义、人文主义、科学主义、威权主义、西方民主政治观念、文化进化论以及传统的百家争鸣百花齐放等思想重叠冲突，纷争不断，并引发造成社会巨大裂变的动荡。中华社会面对现实的社会问题和强势的西方文化的冲击而不得不做出割裂式的思考，要么否定传统文化，推倒孔家店，通过反传统走向现代化，要么背着传统文化包袱艰难缓慢地走向现代化。由于中国传统文化的惯性，中国的历史发展事实证明，中国选择了后者，走向了一条艰难而曲折的现代化探索之路。在这条道路上，中国遭遇了一个又一个的现代性问题和现代性危机。这种现代化的社会转型一直到今天还没有完全实现。

不过，从人类的进化史上看，不同类型文化的相遇所带来的这种激荡总体上是有益的。要想减少动荡造成的危害和不安，最好的办法就是加强跨文化交流和理解，落后不足的一方积极主动学习先进富裕的一方，而后者则需和平友好地引导和帮助前者。当然，这种跨文化的理解不是很容易实现的，它需要一个自由开放的长期发展的过程。

5. 文化进化

任何生物的发展都会存在遗传和变异两种情况，以适应不断变化的生存环境，这种遗传和变异的过程就叫进化。威尔逊等社会生物学家认为人类的进化是"基因—文化的协同进化"（有的翻译为基因—文明的协同进化）的结果。① 人类的进化不仅包括生物进化，而且包括文化进化。根据作者的理解，文化进化是指人类所创造的文化内容、形态和模式都在随着人类生存和发展的自然环境和社会环境的变化而变化，同时也会在继承前人文化的基础上不断自我创新和发展，还会通过跨文化交流与竞争而不断地将人类文化推向现代化、高级化和先进化，反过来促进和推动了人类的生物进化。② 从人类文化发展史来看，人类文化总的方向和趋势是不断进化的。

在有关文化进化的研究方面，先后出现了古典进化论、相对进化论和新进化论，新进化论是对古典进化论的否定之否定。古典进化论认为所有人类文化的进化必须遵循一个一般性的规律和基本的发展阶段，不

---

① 协同进化（co-evolution）一词最早由 Ehrlich 和 Raven 在讨论植物和植食昆虫（蝴蝶）相互之间的进化影响时提出来的。但他们未给协同进化下定义，不同的研究者对该词常有不同的定义。Jazen 给协同进化下了一个严格的定义：协同进化是一个物种的性状作为对另一个物种性状的反应而进化，而后一物种的这一性状本身又是作为对前一物种性状的反应而进化。这一定义要求特定性——每一个性状的进化都是由于另一个性状；相互性——两个性状都必须进化。见百度百科：《协同进化》。

② 泰勒认为人类的文化是依次经过巫术、宗教和科学三个阶段。而摩尔根将文化发展依次划分为蒙昧社会、野蛮社会和文明社会三个阶段。有的学者对自然界的进化做了大胆的猜想，认为"迄今为止，自然界业已经历了四次伟大进化：以'基本粒子'为单元体的'核素进化'，以'原子'为单元体的'化学进化'，以'细胞'为单元体的'生物进化'，以'智能人'为单元体的'文化进化'。"在过去的一万年里，人类的文化进化已经成为人类进化的主要内容。见 http://www.qstheory.cn/zxdk/2013/201319/201309/t20130927_275383.htm。

能跳跃,将文化的进化设想为单线的,一个模式的。显然这不符合不同人类种族在不同自然环境和社会环境下进化和发展的事实。

毋庸讳言,人类文化存在优势文化与劣势文化、低级文化与高级文化、先进文化与落后文化之分。在文化的发展方面,人们基于不同的文化进化观点,也会抱有不同的文化发展思想。如从一国文化发展角度看,有的钟情于文化保守主义,有的青睐文化激进主义,有的喜欢折中主义;从跨文化传播的角度看,有的推崇文化多元主义,有的仍然执迷于文化殖民主义和文化霸权主义。

但是,作者同意文化生态整体主义者的观点:"从太空看,地球就是一个生命整体,离开这个体系,任何生命个体、种群、物种都不可能存在。只有确立地球是一个生命整体的理念,人类才能真正认清人与人、人与自然的关系;才能找到实现可持续发展的认识和实践的可靠基础;才会明白伴随经济全球化、信息化而来的世界文化的交流、激荡,不是哪种文化将'吃掉'哪种文化,不是哪种文化要一统全球。人类只有明白了这些基本道理,才会抛弃以往自我中心主义、利己主义等荒谬的思想观念。无论人们主观上对当代正在发生的人类文化激荡如何认识,适应性进化的铁律必将要求人类所创造的文化圈适应自然生态圈而进化,从而必将趋向世界文化的生态化统合,这种统合是生态学向现代科学全面渗透和充分吸取各民族优秀传统文化营养,向生态整体主义文化的复归。"① 由此可见,要想树立文化生态整体主义的观点,去除人类不同文化的利己主义和自我中心主义的狭隘性和排他性,就必须提升全人类共享地球发展的一切文明成果的意识,用文明、理性、包容、平等、尊重和友爱来做地球人类文明的共同伦理道德基础。

四、跨文化传播与国家形象塑造的关系

本部分旨在探讨国家形象的定义和分类,并以作者对跨文化传播和国家形象内涵的理解和把握为基础,探寻和思考跨文化传播与国家形象

---

① 孙家驹:《可持续发展与文化适应性进化》,《江西日报》,2011年12月26日(B03)。

塑造之间的辩证关系。

(一) 国家形象的定义与分类

很多学者对国家形象都下了自己的定义。如"国家形象是国内外公众对一国经济、政治、文化等各方面状况的综合认知和整体评价。良好的国家形象不仅能够提升一国的国际影响力，而且能够增强本国公众的凝聚力。"① "国家形象是特定国家的内部社会公众和外部国际公众通过复杂的心理过滤机制，对该国的现实（政治、经济、文化、地理以及所作所为）形成的具有较强概括性的、相对稳定的主观印象。"② 作者认为，国家形象是一个国家的综合实力或全面实力（硬实力与软实力，包括政治、军事、外交、经济、科技、文化、教育、国民素质、历史、地理、人物风情、民风民俗等）在国内感知者（受众）和国际感知者（受众）群体或个体心目中投射的印象（印象包括认知、评价、生活图景、精神面貌和性格特征等）。国家形象可以分为国内形象和国际形象两类。国内形象是指一国内部感知者（受众）对自己国家综合实力的形象感知；而国际形象是指一国外部感知者（受众）对该国综合实力的形象感知。（作者认为，将感知一个国家形象的人称为"感知者"，比称为"受众"要好些。其原因是，从字面上看，"受众"被动意味较强，但感知国家形象的人既有可能是被动感知，也有可能是主动感知。本文以下部分，作者在需要的地方将使用"感知者"这个词汇，而把被感知的国家称为"对象国"。）

从文化划分和文化传播的角度看，国家形象又可分为物质形象、制度形象和精神形象。当然也可以有其他种类的划分。本部分将从物质形象、制度形象和精神形象划分的角度论述。物质形象是指一国政府、企业、组织和个人在进行物质文化贸易和交往的过程中给感知者留下的各种关于物质文化的感知印象，包括物质的质量、美观、丰裕程度等。制

---

① 宋正：《文化传播与国家形象塑造》，《光明日报》，2013年10月27日（07）。
② 吴友富：《中国国家形象的塑造和传播》，复旦大学出版社2009年版，第4页。

度形象是指一国的国体、政体,以及各个地方行政、企业、组织管理制度和政策的规定、制定和实施的情况如何在制度文化信息感知和交流中给感知者留下的总体印象。而精神形象是指一国的文化观念、国民信仰、意识形态、性格气质、为人处世态度、习惯、能力和作风等在精神文化交往中给感知者留下的总体印象。

形象和印象必须通过直接或间接接触、交往、感知才能产生。往往第一印象的作用和影响较大。国家印象的产生也是如此。因此,在如今全球化、网络化、信息化的跨文化交往日益频繁的时代,无论是政府、组织还是个体,都对国家形象的好坏和塑造有了更多的重视和关注。拥有好的国家形象的国家,不仅政府说话有威力,而且交往的组织和个人有尊严。好的国家形象能促进一国跨文化交流事业的进行和发展,而不好的国家形象则会阻碍一国跨文化交流事业的进行和发展。

(二) 跨文化传播与国家形象塑造的关系

跨文化传播是一种组织、群体或个体之间的交往活动。在多方面交往中,人们才会对接触的对象产生一定印象,最终形成一种较为固定的综合认知和评价,即形象。国家形象的建立和塑造也是如此。反过来,国家形象的建立和塑造也会影响到跨文化传播的进行。好的国家形象会吸引更多的国家参与到与该国家的跨文化传播中来,并能更好地保证跨文化传播活动的顺利进行,从而增进国家的硬实力与软实力。因此,跨文化传播与国家形象塑造二者之间存在着必然的因果关系。前者是后者产生和变化的前提所在,后者对前者具有反作用。它们是相辅相成、相互作用和影响的辩证关系。

1. 跨文化交往和传播是国家形象形成和塑造的前提

说到底,国家形象的形成和塑造是由当事方双方在跨文化传播过程中互动完成的。如果将传播国家形象的一方称为客体的话,那么感知国家形象的一方就是主体。这样,国家形象的建立和塑造可以描述为:主客体双方交互作用而后给主体留下的大致印象。如果是自由开放式的交互,并且言语和时空不受约束和限制的交互,那么,所形成的国家形象和国家的真实实力或实体是近似的,否则则有存在较大失真的可能。

根据理性经济人假设,人们在经济活动中是有一定理性的,并且遵循自利的原则。"消费者追求满足最大化,生产要素所有者追求收入最大化,生产者追求利润最大化,政府追求目标决策最优化。"[①] 在对对象国国家形象的感知中,感知者也难以完全避免利益驱动的法则。根据信息不对称理论,各类人员对有关信息的了解是有差异的,信息掌握充分的一方往往处于有利的地位,而掌握不充分的一方往往处于不利的地位。因此,在跨文化传播中,国家形象感知者由于各自掌握的有关对象国的实体或实力信息的差异,也会造成对该国国家形象的感知偏差。特别是,在接触怀有不同立场和目的的媒体偏向性报道之后,这种感知偏差就会更加明显。

因此,要想让感知者感知到相对更真实的国家形象,就必须加强跨文化交往和传播,也必须拿出实际的行动来表现互利共赢的和合精神,既消除敌意、变陌生为熟悉,又能培养起感知者友好的态度和情感。

2. 跨文化交往和传播的规模、频次和深度决定着国家形象的真实度

张三和李四、王五交往,张三和李四每隔一年见一面,而和王五隔三差五就见面。显而易见,张三对李四的了解不会有对王五理解那么深。张三和李四、王五有经济交往,张三和李四经济交往规模小于和王五的经济交往规模。那么,摒除其他因素来讲,对于张三来说,客户李四的重要性相对不如王五。跨文化交往和传播以及国家形象的塑造也是如此。如果一国的存在和发展对于另外一国具有较大的重要性和必需性,那么另外一国在塑造和传播该国国家形象方面就会多加注意,也会谨慎处理彼此的关系,还会尽可能加深彼此的了解、理解和包容。尽管客观上存在着对某些国家国家形象的有意歪曲,但总体上看,如果彼此之间的跨文化的传播正常化、经常化、自由无障碍化,那么对于彼此国

[①] 百度百科:《理性人假设》,http://baike.baidu.com/view/339947.htm? fr = aladdin,2014 - 07 - 08。

家形象的塑造是会越来越接近真实和客观的。之所以如此说，是因为即使因为政治意识形态的因素导致政府和不良媒体的有意歪曲和妖魔化，也抵不住民间组织和个体通过真实的跨文化交往而得到的国家形象的可信度。当然，跨文化传播与语言认知能力、解码和编码的能力等有很大关联，语言的不通和跨文化交流能力的受限也会影响到人们对某一国国家形象的形成和改变。

最后还需指出的是，感知者的态度对某一国国家形象这一客体的感知有着很大的重要性。态度的心理结构包括认知、情感和意向等三个因素。假如一个感知者先前根据过去的信息、情况（这可能是真实的也可能是被妖魔化了的）的认知和宣传，形成了自己对某一国国家形象的先入之见，那么这种刻板印象就会影响到感知者后来对这一国家国家形象的感知态度、行为和习惯。

3. 跨物质文化传播是国家物质形象变化的决定性因素

跨文化传播是在不同文化群体、不同族群之间进行的，每个文化群体都有自己原有的生活观念、生活习俗和方式，以及精神生活，因为物质文化传播是以人们可见的能够满足人们日常生活需要的方式和形态出现在人们的生活里，所以与跨制度文化和跨精神文化相比，跨物质文化传播很少遇到不同文化群体生活习惯的排斥反应和抵触情绪，从而能够被最迅速和最广泛地接受，甚至因为能够"互通有无"、新颖、时尚而被推动为流行文化。如中国古代出口国外的丝绸、茶叶、瓷器等，而引进或进口外国的蕃薯、玉米、马铃薯、西瓜、黄瓜、蚕豆、洋葱、大蒜、胡椒、芝麻、番茄、葡萄、苜蓿等作物和玛瑙、琥珀、珊瑚、琉璃、珍珠等物品，这些物质文化的交流丰富和改善了人们的物质生活，促进了交流地的经济繁荣和人口增长，也使交流对象彼此有了更深的了解，从而形成有关对象国的国家物质形象。除了实物的贸易和交流，旅游过或亲身经历过对象国的人对对象国物产、人口和地理等物质文化信息的散播，以及由对象国积极主动的对外物质文化信息传播并由此产生的多级传播，也会引起感知者对对象国国家形象的产生、形成、变化和发展。如13世纪意大利旅行家马可·波罗口述的《马可·波罗游记》（即《东方见闻录》）曾经激起了欧洲人对东方的许多想象和激烈向往。许多没有亲身到过东方的人就是从有关东方的叙述或传说中凭着想象构筑起自己对这些东方国家和地方的形象。

如今，跨物质文化及其信息的交流仍然是绝大多数外国人形成对对象国国家形象的直接的带有较强直观性的途径和方式。根据2014年5月我国外贸进出口数据，2014年前5个月，我国进出口总值10.3万亿元。其中，出口5.4万亿元、进口4.9万亿元。① 由此可见，我国的物质文化交流的程度。通过贸易和享用交流商品及其信息，人们对对象国的国家物质形象有了比较直观的印象。从这个意义而言，跨物质文化及有关物质文化信息传播是国家物质形象变化的决定性因素。

4. 跨制度文化传播是国家制度形象变化的决定性因素

制度文化是人类为了社会正常生存和发展的需要而主动创制出来的规范体系，是对各种社会关系的规范和规定。它包括政治制度、法律制度、经济制度、人才培养选拔制度、行政管理制度以及其他各种强制性的规范和规定等。制度文化是物质文化和精神文化变化发展和相互作用的产物。也就是说，物质文化和精神文化的综合作用决定了制度文化的形成和发展，反过来制度文化对物质文化和精神文化又具有反作用。好的制度文化能够促进和激发物质文化和精神文化的大繁荣和大发展，坏的制度文化也能够阻碍和延缓物质文化和精神文化的变化和发展，甚至给社会带来巨大的破坏作用。

制度文化是物质文化和精神文化变化和发展的结晶。因此，制度文化反映着物质文化和精神文化发展的程度和水平。特别是制度文化反映着主流文化的价值、精神和理念，这种主流文化的价值、精神和理念的规范和规定同时也主导和制约着物质文化和精神文化的发展。"作为物

---

① 中国投资咨询网：《2014年5月我国外贸进出口数据》，http://www.ocn.com.cn/info/201406/chukou091110.shtml，2014-6-9。

质文化和精神文化的中介,制度文化在协调个人与群体、群体与社会的关系,以及保证社会的凝聚力方面起着不可或缺的显著作用,深刻地影响着人们的物质生活和精神生活。"① 因此,从制度文化特征方面就可以看出或观察这种制度文化影响下的社会行为和活动的基本模式和精神状况。

因为制度文化对于物质文化和精神文化的巨大推动和阻碍作用,所以制度文化的创新和建立健全直接影响着物质文化和精神文化的创新与发展。我国著名经济学家吴敬琏曾在《制度重于技术》一书中指出:制度安排的作用重于技术演进自身。即推动技术发展的关键主要在于制度的创新,而不主要在于技术自身的演进。对于社会的繁荣和发展来说,制度具有根本性、全局性、稳定性和长期性的作用。以我国为例,改革开放将我国的社会主义计划经济制度改变为社会主义市场经济制度,我国因此而获得了长足的进步和发展。到 2013 年,我国 GDP 在世界各国排行中处于第二位,GDP 达到 8.3 万亿美元,实际增长率为 7.8%,而位居第一的美国 GDP 是 15.83 万亿美元,实际增长率为 2.2%。根据总部位于瑞士日内瓦的世界经济论坛 2013 年 9 月 4 日发布的《2013 全球竞争力报告》,在 148 个国家和地区中我国竞争力继 2012 年之后,再次排名第 29 位,领先于其他金砖国家。这是针对宏观经济环境、医疗卫生、基础教育、高等教育、金融市场发展水平等 12 个衡量指标进行统计分析而得出的结论。这说明,中国在经过多年的开放式发展之后终于取得巨大成就。当然,中国在一些指标上仍然是薄弱的,如腐败问题列全球第 68 名、安全问题列第 75 名、企业问责制不健全列第 54 名和道德标准低列第 54 名等。② 而这些问题的根源在很大程度上仍然可以追溯到制度文化建设上。所以制度文化建设在保证国家和社会

---

① 百度百科:《制度文化》,http://baike.baidu.com/view/1237164.htm? fr = aladdin,2014 - 07 - 20。

② 姜思羽:《〈全球竞争力报告〉:中国位列 29 名前景光明》,http://www.chinanews.com/gn/2013/09 - 11/5274659.shtml。

正常和顺利发展方面举足轻重。

从跨制度文化传播的角度看，国家的制度文化建设和传播得如何直接关系到感知者对国家制度形象的感知。显而易见，要建立优良的能够被世界普遍认可的社会制度是第一关键。譬如，廉洁高效的政府运行制度、国家行政管理制度、现代企业制度以及与外国进行政治、军事、经济、文化、外交、教育交流的制度，直接关系到外国人对一国国家形象的观感。其次，就是要加强对本国社会制度及其有关方面的解释和传播，让外国人深度了解中国的国情、制度的历史沿革，以及制度变革的动态、机遇和挑战等。

5. 跨精神文化传播是国家精神形象变化的决定性因素

人类是有丰富精神创造活动的高级动物。人类在长期从事物质生活和生活的过程中不仅创造了社会所需要的制度文化，而且创造了社会所需要的精神文化。一个被人们广泛引用的关于精神文化的定义是："所谓精神文化是指属于精神、思想、观念范畴的文化，是代表一定民族的特点，反映其理论思维水平的思维方式、价值取向、伦理观念、心理状态、理想人格、审美情趣等精神成果的总和。"[①] 精神文化在一切文化中是处于最高层上层建筑的位置，在这个下面是同属于上层建筑范畴的制度文化，而它们的基础便是物质文化。物质文化属于社会的经济基础范畴。

精神文化是人类的精神食粮，也是人类生活的精神家园。精神文化的富裕程度和品质好坏决定着人的精神生活面貌和状态。积极现代的精神文化能够让人奋发图强，自强不息，乐观进取，幸福生活；而消极落后的精神文化使人气馁，浑浑噩噩，悲观厌世，消极懒惰。

物质文化属于硬实力，制度文化和精神文化属于软实力。包括精神文化在内的一切文化都必须经历平衡——失衡——再平衡——再失衡的

---

① 曾丽雅：《关于建构中华民族当代精神文化的思考》，《江西社会科学》，2002年第10期。

循环往复的过程。国家形象的形成和塑造正是在这种循环往复的过程中完成和实现的。在跨文化传播中,外国感知者对对象国国家形象的感知因为跨文化传播手段和方式的不同而具有不同程度的延迟效应。同时,感知者对对象国国家形象的感知也会随着对象国自身的各方面的变化而变化。譬如,我国唐朝、宋朝、元朝、明朝、清朝、民国、新中国改革开放前与后时期的国家形象都有显著的不同。

不同文化群体拥有不同的精神文化。当同一文化群体的人习惯了同一文化群体的精神生活的时候,对其他文化群体的精神文化往往会存在接受、不适应性或排斥性反应。在这种文化反应和调适中久而久之就会形成对对象国国家形象的建构。显而易见,跨精神文化传播是国家精神形象变化的决定性因素。

6. 国家形象的好坏对跨文化传播具有反作用

事物之间的关系常常是作用与反作用的关系。国家形象的形成必须在跨文化的交往和传播中实现,反过来,已经建立起来的国家形象又会对跨文化的交流和传播带来巨大影响。一般而言,好的国家形象会吸引更多的国家和地区与之进行跨文化交往和传播,坏的国家形象会阻碍或吓退更多的国家和地区与之进行跨文化交流和传播。因此,国家形象就是一种软实力,是能够和硬实力相辅相成的一种实实在在的力量。

清末之时,我国国力衰退、官场腐败、人民精神萎靡,中西文化种种接触之后,给外国感知者留下了愚昧、野蛮、落后、"东亚病夫"的形象,这种形象使得更多的西方列强加入到欺凌和侵占中国的行列中来。民国时候国家形象稍有改观,但又很快陷入到混乱纷争中。新中国建立后,因为意识形态的分歧和斗争,国家形象又遭到西方资本主义阵营国家的妖魔化。这种国家形象也影响了中国与这些国家的跨文化交流和传播。

1978年改革开放以来,我国国家的政治形象、军事形象、经济形象、教育形象等得到较大改观。但由于国家很多方面没有和国际接轨,意识形态之间还有较大分歧和差距,国民素质还有很大问题,跨文化交流的规模和程度还不是十分好,以及西方国家和媒体出于自己利益或无知而有意无意地"妖魔化"等主客观原因使得我国国家形象对于国外许多的感知者而言仍然是模糊不清的。"在许多人眼里,中国要么很落后,要么很富有;要么很文明,要么很愚昧;要么很强大,要么很怯懦;要么很可怜,要么很可怕……"[①] 显而易见,真实的中国与外国感知者眼中的中国国家形象仍然存在着很大差距。当然,国家形象是外国感知者主观对对象国真实客观的反映,这种主观反映本身只能不断接近客观的真实,不可能完全等于客观的真实。

当前,西方国家存在的各种妖魔化中国的论调,即是对中国国家形象的歪曲,这些歪曲的反映已经影响到中国国家与外国跨文化的交流与传播。由上可见,国家形象与跨文化传播之间的关系是相辅相成的关系,也是作用与反作用的关系。处理二者的关键在于:要让它们之间形成一种良性循环互动的关系。

五、从文化传播角度看国家形象塑造应该遵循的基本原则或策略

在前面两部分,分别论述了跨文化传播方面有关的知识,如物质文化、精神文化、制度文化之间的关系及其传播与物质形象、制度形象、精神形象之间的关系,跨文化传播者的几个目的——使知道、使了解、使理解、使认可、使接受和使实行,跨文化传播的本质及其特征,以及跨文化传播与国家形象塑造的辩证关系。本部分将从这几方面来探究国家形象塑造应遵循的基本原则或策略。

(一)物质、制度和精神文明建设齐头并进,努力打造全方位优良的国家形象

跨文化及其传播与国家形象的形成息息相关。文化的不同方面的交流和传播直接关系到不同方面的国家形象的形成和塑造。如,物质文化

---

① 中国作家网:《重塑国家的文化形象》,http://www.chinawriter.com.cn/bk/2007 - 06 - 19/28705.html。

及其传播直接关系到国家物质形象的形成和塑造。改革开放前，我国还是一个经济落后的国家，到现在为止我国已经成为世界上第二大经济体，国民生产总值排名世界第二。物质文化是基础，经济实力和科技水平的提升是我国突破国家物质形象困境的根本方法。

制度文化是物质文化和精神文明共同作用的产物，但是却对物质文化和精神文明的发展起着约束和规范的反作用。目前，我国在政治制度、经济制度、行政管理制度、企业管理制度、文化和教育制度方面还有很多待完善之处，制度上的瑕疵和漏洞，所导致的社会问题，如官员以权谋私的腐败问题，公民权利经常受到侵害的问题，社会不公的问题等，很大程度上影响了我国的国家形象，给了外国感知者以妖魔化或肆意诋毁的口实。

在精神文明建设方面，我国任重而道远。这主要是因为我国在新中国成立后所构筑的主流意识形态在经历文革动荡、改革开放、市场经济的洗礼和流行文化的激荡之后出现了一个"不接地气"的问题。其主要表现在相当多的党员和民众缺乏足够虔诚、坚定的信仰、信念，人们在很大程度上都在"向钱看"，甚至肆无忌惮地追求个人和家族的私利。心口不一、缺乏诚信、唯利是图等道德沦丧，社会不正之风盛行，言语举止粗糙，不文明现象严重，这给外国感知者留下了诸多不好的印象，影响到我国在世界各国人心目中的国家形象。这种不良的精神素质和文化状况也直接波及到制度文化和物质文化领域。主要表现在：有法不依，目无法纪，潜规则盛行，电信诈骗不断，人情、面子、关系代替了规章和契约；假冒伪劣产品泛滥，欺诈广告屡见不鲜，人口拐卖事件频发，空气、土地、食品等污染严重，等等。

因此，在构筑我国良好国家形象方面，首先，我们应该做到，继续扩大改革开放，建立健全社会主义市场经济体制和机制，积极发展进出口经济贸易，推动社会经济结构转型、升级换代，推动高科技自主创新，发展高科技、高含量的行业和产品，不断有序提升国家经济、军事、教育等硬实力和软实力。其次，积极推动制度创新，让能够良性循环的制度落到实处，同时不失时机地向世界展示我们创新了的优秀制度文明。最后，积极推动精神文化创新、发展和传播。我国是个历史文化悠久的国家，有着优良的文化传统，在地球村时代应该通过研究创新，实现古为今用、洋为中用，在古今中外优秀文化的基础上构筑既具有人类普世价值又具有中国浓郁文化特色的新型优秀文化。文化的融合和创新是一个艰巨而漫长的过程，不能毕其功于一役，因此，我们需要通过扎实的工作，一步一步地实现我国文化复兴的远大目标，实现我国的"文化梦"。

（二）在全球化时代，跨文化传播应尊重文化的多元化，平等对待，求同存异，将理解和认可作为跨文化传播和国家形象建构工作的关键

跨文化传播有使知道、使了解、使理解、使认可、使接受和使实行等几个目的。其中，使知道、使了解是初级目的，使理解和使认可是中级目的，使接受和使实行是高级目标。

不同国家有不同的发展历史和文化沿革，各自的国家和民族文化都带有自己的特色。之所以，不同国家和民族文化之间仍能进行交流和传播，是因为人类的一些语言是通用的，人们可以使用这些通用语进行获知和了解，还因为人类的文化具有共性或普世价值以及可以共享的文化学习能力和智慧。譬如，中国的造纸术、火药制造技术、陶器制作技术等传到西方，西方人在此基础上进行再创造之后又传回东方和中国。

世界的繁荣和发展必须有不同文化的参与和融合。尽管不同文化之间存在的差异性和分歧会导致不同文化之间的冲突和斗争，特别是不同宗教文化之间的纷争可能并非很短时间内能够平息和融合，但是，随着人类科学理性和包容能力的增长，随着全球化跨文化传播的步伐，随着文化与文化、文明与文明之间的冲撞、激荡和融合，地球人类建立共同的地球人类文化的时日终将到来。在这个时日到来之前，解决不同文化之间分歧和冲突的根本方式就是彼此平等尊重、多元包容和求同存异。

基于现实的考虑，如果让不同的文化群人口接受或实行自己的文化和文明内容和方式，显然是一种奢求，或者是一种很难企及的目标，而我们在进行跨文化传播的时候又不能仅仅满足于使知道和使了解的初级目标，因此我们进行跨文化传播的重点和焦点应该放在使理解和使认可上。如果不同文化间的人口能够实现文化间的理解和认可，并且抱着去粗取精、扬长避短、相互学习和借鉴的精神和态度，那么，跨文化传播才能走向良性循环和发展，国家形象的建构也才能更加走向真实和客观，不同文化和民族间的和解、合作、互利共赢才能落到实处，人类也才能共享太平盛世。

（三）抓住跨文化传播的本质及其特征，遵循跨文化传播规律循序渐进积极构筑良好国家形象

好事不出门，恶事行千里。每个国家都想将自己美好的一面而不想把不好的一面展示和传播给其他国家。也就是说，无论什么制度和意识形态的国家，都很注意和顾及自己的国家形象。因为有了好的国家形象这个软实力，国家之间的合作共事才会变得更加容易。因此，我们要遵循跨文化传播的本质规律，促使和积极参与到跨文化的扩散、排异、交融、激荡、进化的文化过程中，以便积极构筑良好的国家形象。为此，我们需要注意以下几方面：

1. 积极营建和完善本国文化思想体系，在物质文化、制度文化和精神文明建设上都要狠下工夫

经过多年的改革开放，我国经济、军事、教育等实力都有长足的进步和发展。我国进出口贸易和在海外的经营和发展都有了前所未有的进展。但是，我们的不足和缺憾也是客观存在的。我们的许多产品的质量与发达国家相比还有差距，国民素质在国内外的表现还经常受到诟病，我们自身崭新的现代的健康的文化思想体系还在建设中，等等。这些文化发展上的不足使得我们在进行跨文化传播的时候，特别是制度文化和精神文明传播的时候往往心有余而力不足，或者底气不足。因此，如何像国家主席习近平同志所说的,建立一种"新形态"的中华物质、制度和精神文化体系,将是我们面临的重要战略性任务。

2. 以传播学理论为指导,利用一切可利用的传播手段和方式积极进行跨文化传播

到目前为止,传播学已经提出了"5W"论、有限效果论、议程设置论、多级传播论、意见领袖论、社会责任论、拟态环境论、刻板印象论、高低语境文化区论,以及有关受众的社会类型论、个人差异论、社会关系论、满足需要论和社会参与论等理论,这些理论与众多学者以及作者在本文中的思考都可以成为指导我国跨文化传播工作的参考。有理论研究作为跨文化传播实践工作的基础,就会少走弯路。

同时,要注意利用政府、外交、组织(包括社会团体)、公民个体、外国友好媒体和人士等一切途径,以及广播、电影、电视、广告、网络、学术交流、旅游、汉语学习与推广等一切传播手段和方式进行整合式的立体化的跨文化扩散和传播。只有不断地重视和切实有效地推动我国跨文化传播工作和事业,才能渐渐地在外国政府和民众心中树立起真实客观、积极有为、愿与世界各国和平共处、互利共赢、勇于担当的国家形象。

3. 正确认知和对待跨文化传播必然会引起的文化排异反应,积极促使不同文化间的交融、激荡和进化

如前所述,不同文化相遇时各自都会产生一定程度的文化排异反应。这如同一个人习惯了小时候的饮食习惯而难以改变一样。但是只要跨文化传播活动不断,不同文化间的接触和交流不断,并努力寻找不同文化的结合点、生长点,根据受众心理有针对性地、有的放矢地传播,那么,这种文化排异反应的程度就会越来越降低,而文化的融合和相互借鉴与吸收的程度也会越来越高。这是跨文化传播必然要遵循的规律。

与跨物质文化传播相比,制度文化和精神文化相遇,在一些看起来差异很大或者基本对立的问题或方面,会有更大的激荡。譬如,农耕文化和游牧文化的碰撞和冲突,大陆文化和海洋文化的碰撞和冲突,东方天人合一文化和西方天人二分文化的碰撞与冲突等,都会产生文化的激荡,而后必然迎来文化的相互学习和借鉴,从而走向更高水平的合作与竞争,这个过程就是文化的进化。

因此,我国在进行跨文化交流与传播过程中,要不怕两种文化的接触与激荡,而是要积极地参与到这种跨文化的交流和融合当中,因为激荡才能让文化的发展更有活力,更有创新的能力。跨文化传播的道路是曲折的,但其前途却是光明的。

(四)遵循跨文化传播与国家形象塑造的互动关系规律,积极开拓,脚踏实地地构建公开、透明、可信、充满中国文化魅力的国家形象

在上面的有关部分论述了跨文化传播与国家形象塑造的关系,即跨文化传播与国家形象塑造是决定与被决定的关系,作用与反作用的关系。没有跨文化传播,外国的感知者就很难获得对对象国的国家形象,对象国也很难达到树立、改变和更新国家形象的目的。因此,进行跨文化交流和传播要常抓不懈,要通过各种方式的跨文化传播手段,不断扩大其传播的规模、频次和深度,同时,要从物质文化建设和传播、制度文化建设和传播、精神文明建设和传播三个维度拓展和完善国家的物质形象、制度形象和精神形象。因为国家形象的好坏对跨文化传播具有反作用,所以不得不在文化的各个方面都要注意到国家形象的塑造问题。一只老鼠坏一锅粥,如果政府注意到自身的形象,但赴国外旅游的公民不注意自身的言谈举止,或者在国外经商、办企业的公民不注意自己的言谈和行为,做些违法乱纪或欺行霸市、唯利是图的事情,都会给国家形象抹黑,因此,上至政府行为、组织行为,下至公民个人在跨文化交往中都要提高和注意自身的素质、态度和行为。

在物质形象、制度形象和精神形象的塑造中,与物质形象相比,制度形象和精神形象的塑造特别重要。这是因为制度和精神本身就是一种巨大无形的软实力,在整体国家形象塑造中占有较大的比重。一个开放包容、和平发展、合作共赢、以人为本、和睦共处、具有人类真、善、美普世价值的国家形象要比一个独裁专制、愚昧落后、精神猥琐的国家形象更能受到世人的尊重，其物质文化交流也会因此得到人们更多的重视和参与。目前担任中华人民共和国驻坦桑尼亚联合共和国大使的吕友清在接受记者的采访时曾针对国人在坦桑尼亚恶习缠身的现象指出："……根本上说，国家形象是最大的国家利益。当某些具体利益和国家形象发生矛盾和冲突的时候，一定要以国家形象为先。我们从四个方面来抓中国人的形象问题。第一是规范人的行为。第二，提高产品质量，做到货真价实，维持良好的性价比。第三，规范公司的行为、企业的行为，主要让企业履行社会责任。第四，确保援外项目的效果。"① 具体措施就是成立华人华侨组织，每个行业成立自己的行业协会，做到自我组织、自我管理、自我教育和自我保护。②

总之，跨文化传播与国家形象的塑造是形影不离、相互作用和影响关系，塑造国家形象必须搞好跨文化传播。我们要从宏观、中观和微观三个方面构筑政府、组织和公民多个主体多个层面良性互动的跨文化传播体系，营建良好的国家形象，为实现中国与世界各国文明的交流与借鉴、和平与发展而努力。

---

① 吕友清：《国家形象是最大的国家利益》，《南方都市报》，2014年7月13日（AA18）。

② 吕友清：《国家形象是最大的国家利益》，《南方都市报》，2014年7月13日（AA18）。

第二章 传 媒

本章将对传媒的定义、分类、功能以及与人类语言之间的本质关系做出一定的阐释和探究。传媒问题是传媒素养教育的核心问题之一。因此，对传媒问题进行理论探讨有其应当的价值和意义。

第一节 传媒的定义与分类

传媒是信息传播媒介或信息传播媒体的简称。但在实际运用中，根据个人理解和偏好的不同，会使用"媒介"、"媒体"、"传媒"、"传播媒介"、"传播媒体"、"信息传播媒介"等不同的术语来指代相同或不同的意义。这些术语在人们的日常生活中都有不同程度的使用。在不同的知识领域或职业领域，也有不同的意指。因此，从学术研究的准确性上看，应该对"媒介"、"媒体"和"传媒"这三个基本概念有统一的标准规定。

一、传媒的定义

在本书中，特做出以下的定义：

媒介：又称为"媒体"，是指最广泛意义上的、使双方发生关系的人或物。与"介质"、"中介"同义。如，苍蝇是能传播疾病的媒介。

传媒：全称为"信息传播媒介"或"信息传播媒体"，是指在信息传播领域的一切专门负载和传播人类社会信息的工具、手段和实体设备。如，电影、电视、手机、网络等。

第二章 传 媒

传媒机构：又称为"传媒组织"，是指专门从事信息生产和传播的组织或机构。如，电视台、报社、网站等。

类传媒：与"传媒"的专门性相对，又称为"非专门传媒"。"在传媒素养教育领域，除了专门负载和传播信息的传媒之外，还有一种非专门的但仍然具有一定的负载和传播信息功能的物质形态，如邮票、文化衫、芭比娃娃等。前者我们可以称之为'传媒'或'专门传媒'；后者我们可以取名为'类传媒'或'非专门传媒'。邮票，是作为邮资已付的证明，具有一定的历史、文化、知识、艺术和象征的意义；文化衫一般是指在服装上设计一些具有特定意义的文字或图案的短袖圆领衬衫，尤其是 DIY 文化衫更能体现穿衣者的个性和想要表达的文化意义；而芭比娃娃，作为'塑造童心之美'的偶像玩具，蕴含着设计者的文化理想和教育梦想。它们都可以作为极具教育意义的教学资料。因此，在实际教育教学中，可以将邮票、文化衫、芭比娃娃等'非专门传媒'，即'类传媒'纳入到传媒素养教育教学的过程中。"[①]

传媒不仅仅是"意识产业"，而且已经成为重要的经济产业。传媒是人们交流思想、情感、态度和价值观的工具，其文本是人们思想、情感、态度和价值观的载体，其产业是一种包含人们思想、情感、态度和价值观等"意识产业"在内的经济产业。换言之，传媒是工具，是载体，是思想，是意识，是产业。它具有工具性、载体性、产业性和意识性等特征。

从终极意义上说，传媒是一种人类为了不断提高自己的信息和文化传播能力而创造的可以和其他传统文化内容和形式相互衔接、相互补充、相得益彰的始终跟踪时代进步脚步的时尚文化。所谓的传媒素养教育应该是既弘扬传统优秀文化，又更多地反映时代生活特点的传媒文化普及教育。

---

① 秦学智、秦倩、何娟：《传媒素养教育的几个重要概念辨析》，《现代传播》，2011 年第 12 期。

二、传媒的分类

从不同的角度可以对传媒进行归类。罗杰·费德勒将传媒分为人际领域传媒、广播领域传媒和文献领域传媒三种形态,并把人类语言形式分为表达性语言[①]、口头语言、书面语言和数字语言等四种。[②] 在费德勒四种传媒语言形式理论的基础上,我们可以做出进一步的思考。表达性语言中如舞蹈、手势语言(包括哑语)、美术(绘画、雕塑等造型艺术,特指其中的绘画)、服装、摄影、摄像等,书面语言中的插图(照片、图片或图表)等可以看做是影像语言;表达性语言中的音乐、口头语言中的说唱、演讲、节目主持等可以看做是听觉语言;书面语言中的文字可以看做是文字语言;而数字语言则既可以是声音的、影像的或文字的,也可以是这三者的混合或任意两者的混合。

此外,我们还可以有很多分类方法和分类。如,根据科目和学科分类,我们可以将传媒分为语文传媒、音乐传媒、美术传媒(这里指绘画)、雕塑传媒、摄影传媒、报纸传媒、杂志传媒、电影传媒、广播传媒、电视传媒、网络传媒、广告传媒、手机传媒、戏剧传媒、文学传媒(小说、散文、故事书、诗歌、辞赋等)、舞蹈传媒、建筑传媒、陶俑传媒、陶瓷传媒、剪纸传媒、服饰传媒、书法传媒、动画传媒、漫画传媒、相声传媒、小品传媒、栋笃笑传媒、二人转传媒、讲演传媒、播报传媒等。此外,还有人际传媒、小众传媒、大众传媒、工具类传媒、实物类传媒、馆藏类传媒;普通语言传媒、文学艺术语言传媒、综合类语言传媒;旧有传媒与新兴传媒;传统传媒与现代传媒等其他分类方式。

[①] 表达性语言,即表意语。
[②] [美] 罗杰·费德勒:《媒介形态变化:认识新媒介》,华夏出版社2000年版。

第二节 人类、传媒与语言

人类的生存和发展需要传媒能力的提高,而传媒能力的核心就是语言的出现。换言之,人类对传媒能力的需要导致了口语和文字以及更高级语言形式的产生与发展。探析人类、传媒与语言三者之间的关系,对于如何把握传媒素养教育的精神或精髓,是十分必要的。

一、人类与语言

人类的生存与传媒的发展相伴而行。人类最早的传媒形式是信号、符号、肢体语言等表意语言,以及口头语言。因此,换句话说,人类的发展与语言的发展相伴而行。语言的产生和发展完全出于人类信息传播与沟通的需要。换句话说,语言素养(或传媒素养)是人类最重要的生存技能和发展技能之一。

需要沟通和具备沟通信息的能力,不仅是人类,而且是动物。"我们知道,鲸、海豚、猴子、鸟和昆虫的复杂歌声和啁啾声能够远距离、高效地向它们同类的其他成员传送信息"。[①] 蜜蜂社会如果没有自己特有的沟通信息的方式,那么,蜜蜂社会的组织和发展都是不可能的,也是难以想象的。生物是通过传送信息和接收信息来报警和接警。如果没有信息的交流和传播,就不会有生物之间的协同和合作,生物群体的生活将不复存在,而个体的生活也不可能持续。

完全有理由相信,表意语言和口头语言的发展,使得人类具备了一般动物难以比拟的得天独厚的生存与发展能力,最终使得人类从动物界脱颖而出,成为"万物之灵"。传媒能力对于人类整体和个体生存与发展的重要,直至今日。换言之,传媒从人类诞生的那一刻起,就一直是人类生命生活、赖以生存和活动的必要工具。

---

① [美] 罗杰·费德勒:《媒介形态变化:认识新媒介》,华夏出版社 2000 年版,第 47 页。

如果将实现完全直立行走，使用自制石器、棍棒等简陋工具，以及能够使用信号语言双向交流作为人类诞生或人类区别于灵长类动物的标志的话，那么，第一批严格意义上的人类当出现在 250 万年前。这些人中，包括"非洲东部和南部出现的能人（Homo habilis）和卢多尔夫人（Homo rudolfensis），以及直立人和匠人（又译东非直立人）。能人和卢多尔夫人拥有发达的头颅，他们的脑容量从 800—1100 立方厘米不等。瘦高的体形也让他们更为引人注目"。[①] 而古人类学会自种食物和自养动物，则"标志着它们已从动物的自然选择生存形态开始向人类的选择自然生存形态分离，从此走进了原始人类的主动生活道路"。[②]

（一）口语的产生

"正是人类大脑、头盖骨、舌头和喉咙等身体的进化，才使得说话和语言沟通成为可能。"[③]"哺乳类动物在四肢行走生存阶段时，由于生存的体态因素决定了其头部位置较低，喉咙的发展受到限制和压迫，所发出的音阶和音频数量很少，声音太过于单调，或长音，或短音，或连续发出一个同样的单音，而且没有任何音阶和音频的连续变化。从它们所发出的声音来看，这些并不是语言，而是种群之间求生存活动中的信号。因为当它们遇到危险时，会发出一种单音的信号告诉同伴脱离危险；当遇到丰富食物时也发出一种单音信号来召唤同伴来取食；当遇到迁徙、遇到离队时，也发出一个单音信号来召唤；当遇到天敌时也会发出一种信号告知同伴作好提防和逃跑的准备。还有，它们所发出的简单信号的响亮声音还能起到号召和震慑等作用。从它们所发出的简单信号来看，都是有其意思和作用的，都是本群体在求生存活动中的单一表白，但这些表白由于过于单调，只能一方发出和对方接

---

① Pedro Lim：《时空探索：追踪古人类》，李亦萌译，http://www.civilization.com.cn/wm/kgfx/t20080402_231710.htm。

② http://www.life-secret.com/newEbiz1/EbizPortalFG/portal/html/index.html。

③ [美] 罗杰·费德勒：《媒介形态变化：认识新媒介》，华夏出版社 2000 年版，第 47 页。

受,而不能交流,换句话来讲,它们只有语而没有言。但这种简单的表白方式是语言发展的基础,是高等动物语言发展的过渡性形式。因为如果动物没有能发出声音的声带生理体系,就根本不可能会有今后人类语言的出现。

自实现直立行走之后,孕育着原始人类的诞生。原始人的喉咙从此不受压迫和限制,彻底解放,不断增大,不断循环使用,所能发出的音阶和音频不断提升。随着发音声带系统的不断使用和扩大,便使古人类逐步掌握所发出的音阶能达到18度左右的适用性范围,音阶和音频的适用性掌握得越多,可以组成的单一表白数量就越多。他们逐步能把一个或几个不同的音阶和音频交叉地组合,并能固定地代表在生活中的某种意思,不断积累,互相传播、互相交流,逐步形成了传播和使用范围内互相认同的人类族群语言。所谓人类语言,是指人类族群把一个或几个不相同的音阶和音频组合或交叉地组合起来,固定地代表生活中的事和物的意思,并互相之间达到用来交流的具体体现。人类语言的出现不仅能起到经验交流、工作交流、生活交流、技术交流、文化交流和学术交流的作用,还能起到相互理解,实现共生性的统一步调,使人类生活得更加和谐等作用。它对推动人类文明社会的不断发展起着极其深远的影响"。[1]

"从头盖骨化石上搜集到的解剖数据可确认,距今4万到9万年前,现代人类获得了说话的身体能力。作为家族或部落群体内部人际沟通实际需要的自然发展结果,口头语言的基本形式也许出现在这个进化过程中相当早期的阶段。看来,那些能够更有效地通过口头语言传播指令并分享他们知识的人,获得了提高他们生存机会的重要竞争性优势。由于没有现存记录,关于口头语言的起源将永远是一种猜测。然而,我们可以肯定,它在现代人类中的扩散跨越了几千年。虽然与我们对当今社会和技术变化的体验相比,这是一段很长的时间,但相对于生命存在于这

---

[1] http://www.life-secret.com/newEbiz1/EbizPortalFG/portal/html/index.html.

个星球的40亿年和400多万年的人类进化而言,它只占了短暂的一刻"。①

口语语言和肢体语言相比,具有很大的优越性。聋哑人通过口型、手势打哑语,其表现力和传递信息的能力显然无法和口语相比。

(二) 文字的出现

"古人类属于群居性生活的高级动物,是由大小不同的族群所组成。它们为了求生存的需要,经常分工合作,集体去捕猎和取食。族群组成的时间越长,数量就会相应增加,年轻力壮的去捕猎和取食,老少弱残者留在洞穴里做后勤。族群大的很快会将近处的猎物捕完,近处根本无猎可捕。为了寻求食物来源,必须要到更远的地方进行捕猎和取食。久而久之,捕猎的地带不断地远离自身族群的栖息地。而留在洞穴里的老少弱残者,如何去将前线成员所捕的猎物和食物拿回来呢?捕猎地点离得太远了,又如何能找到正确的方位呢?有些聪明的古人类采用了很简单而又实用的原始办法:即年轻力壮的捕猎队伍在每天出发去捕猎时,在沿路上关键的地方,都画上一个简单的符号来代表某种意思,如箭头,'←'这个符号是代表向左边走;'↑'表示直行;'→'是表示向右走等。后勤的成员就能沿着符号所表达的方位快速、准确地去到捕猎地点,并能将猎物和食物及时带回洞穴里。实现本族群共生性的生存效果。

自从古人类懂得以一个简单的符号来代表某种意思之后,他们就在此基础上逐步发展了用不相同的简单符号来固定地表达不相同意思,并在族群里不断通过想象方式来增加不相同的符号数量,这样,逐步能把不相同的符号分别固定地代表不相同的意思。在族群里不断积累、传播,逐渐形成了简单的约定俗成的多样性的文字。后来,他们还把简单的符号用硬物刻在木块和竹块上,最终成为传播和使用范围内人类族群

---

① [美] 罗杰·费德勒:《媒介形态变化:认识新媒介》,华夏出版社2000年版,第48页。

文字的出现。自从人类发明了造纸和印刷技术之后，人类的文明成果才能得以保存下来，人类的文字才能得到蓬勃发展。所谓文字，就是指人类族群把一个或几个不相同的符号用不同方式组合起来，固定地代表生活中的事和物意思的具体体现。人类文字的出现，不仅起到传播和保留生存经验的作用，还能起到积累经验教训、教育后代成长、社会各领域先进性的展现、文明成果的相互交流等作用。它对人类文明社会的发展有着极其深远的推动作用"。①

如果人类没有进化出或创造出人类特有的信息传播媒介，那么，人类社会进化的速度之慢将是无法想象的，甚至人类的生存都是极为困难的。想象一下我们现在的生活，如果我们的生活中，没有电话、手机、笔、纸张、电脑、打印机、复印机、书籍、报纸、杂志、广播、电视等，我们一天的生活该如何度过。这样，我们和家人、朋友的通讯就成了问题，更不用说，我们如何学习别人的经验，如何表达自己的思想观点、如何交流我们内心的情感和感受，以及如何进行抽象思维等。因此，从传播思想和信息的角度看，传媒即语言，语言即传媒。换句话说，传媒是语言化的传媒，语言是传媒化的语言。

二、语言及其形式的发展

语言，最初是指口语。语言中的"语"是指"言"，②而"言"的本义即说话、言语。《说文》中说："直言曰言，论难曰语。"对两种说话和言语的方式进行了区分。"语"和"言"组成"语言"，就是指包括直言和论难在内的一切口头语言。当文字产生以后，为了与口头语言相区分，人们将文字称之为"书面语"，而将口头语言称为"口语"，如"语文"中的"语"即指口语。这样，"语言"这一概念的意义也得到了延伸或扩展。"语言"不再只指"口语"，有时也指"书面语"。

人们对"语言"概念意义的理解并没有就此停步。最终，人们将

---

① http://www.life-secret.com/newEbiz1/EbizPortalFG/portal/html/index.html.

② 《广雅》曰："语，言也。"

"语言"概念的意义抽象为"表达、交流和传播人们思想与感情的重要交际工具"。① 甚至扩大到一切生物界或自然界，如动物语言、植物语言和自然语言等。这样，除了口语、书面语之外，交流思想和感情的一种非口头、非文字的方法，如用一系列信号、符号、手势或规则的表意性语言，手语、旗语、机器语言、计算机语言、体态语言、图像语言、图画语言、音响语言、音乐语言等，人们有时也称之为"语言"。一般地，人们称这样的语言为"表意语"。口语、书面语和表意语是迄今为止人类语言最基本、最简单的语言形式，它可称之为人类语言的"三要素"。这三要素是组成人类各种高级语言形式，如戏剧语言、舞蹈语言、报纸语言、杂志语言、广播语言、电影语言、电视语言、网络语言、广告语言、手机语言等的基础。

三、语言与文本

无论是低级的还是高级的语言，在通常情况下都是以文本的形式存在的。所谓文本，是指创作者为了实现一定创作目的利用某种简单或高级语言形式而创作的全部信息内容。它可以是一句话、一个字、一幅照片、一个绘图、一部电视剧、一则新闻、一个片断、一首歌曲、一本书、一篇文章、一段舞蹈、一部戏剧，等等。例如，电影语言是以电影文本的形式存在的，电视语言是以电视文本的形式存在的，戏剧语言是以戏剧文本的形式存在的，等等。

因此，关于语言的教育，事实上就成了关于语言文本的教育。传媒素养教育，也是这样，应以文本为核心而进行相关的教育教学。

四、语言的分类

语言可分为口头语言（口语）、书面语言（文字）、表意语（信号、符号和体态语等）三种基本形式。这三种语言形式不断发展、组合，形

---

① 《现代汉语词典》说：语言是指"人类所特有的用来表达意思、交流思想的工具，是一种有特色的社会现象，由语音、词汇和语法构成的一定的系统。'语言'一般包括它的书面形式，但在与'文字'并举时只指口语"。

成更发达和更复杂的语言形式。于是,语言概念的内涵和外延都得到了不断丰富和发展。

在本文中,"语言"的概念是指"人类所特有的用来表达意思、交流思想、沟通情感的"信息传播工具。这种工具可以是肢体的(如眼神、音容笑貌、舞蹈表演等)、口头的、文字的,也可以是图画的、声音的、图像(影像)的、美术(造型艺术)的、电子的或数字技术的。换言之,语言即传媒。如下图所示,根据语言表达的方式,我们可将语言分为文字语言、听觉语言(包括口语、音乐等有声音传播的语言)、视觉形象语言(包括图画、图像、肢体行为、造型艺术[①]语言等)三大类。根据语言组织的方式,可将语言分为普通语言(包括非艺术形式的肢体语言、口头语言和书面语言)、文学艺术语言[②](艺术语言,英文称为 artistic language 或 artlang,是指基于艺术的乐趣而创造的语言。通常指文学、美术、音乐、舞蹈、戏剧、曲艺、电影、播音主持、节目访谈等传统或现代艺术形式)和综合类语言(包括报纸、杂志、广播、电视、网络、手机、广告等基于现代印刷技术和电子技术的各种语言形式)三大类。就文学艺术语言而言,"艺术家的创造绝非仅仅为了制造时尚,也不是为了营造围困自我的迷梦,而是我们进一步深入对象,楔入那本真的自然的一种方式。因此,艺术作品就是一条通道,在这条道上,艺术理想与创作者相互扶持,共同摸索;在这条道上,艺术改变着人,它不断将艺术家引入健康的精神生活,引入对奇妙而新颖的精神世界的爱好与关切之中"。[③]

[①] 造型艺术是指绘画、雕塑和建筑等,有时候也称为"美术"。

[②] 诗人 T. S. 艾略特曾经说过:"诗之所以具有诗性,也许是因为诗所包含的要比普通言语所能传达的更多,而不是更少"。这句话比较恰当地指出了艺术语言与普通语言之间的关系。

[③] 《浅说艺术语言》,http://www.54tsinghua.cn/classic/arts/phiosophy/M.944967812.A.htm。

语言类型表

划分方式	类型		备注
语言	根据语言表达的方式	文字语言	包括任何物质载体上的，如骨头上的、石头上的、纸质的、布袋上的、丝绸上的等等，以及任何字体的
		听觉语言	包括口语、音乐等有声音传播的语言
		视觉形象语言	包括符号、图画、图像、肢体行为、造型艺术等
	根据语言组织的方式	普通语言	包括非艺术形式的肢体语言、口头语言和书面语言等
		文学艺术语言	文学艺术语言是指基于文学艺术的乐趣而创造的语言。通常指文学（小说、散文、诗歌、童话、寓言、故事等）、美术、音乐、舞蹈、戏剧、曲艺、电影、播音主持、节目访谈等传统或现代艺术形式
		综合类语言	包括报纸、杂志、广播、电视、网络、手机、广告等基于现代印刷技术和电子技术的各种语言形式

作者之所以将艺术形式也视为一种重要的语言形式，是因为这些艺术形式有着和传统意义上的口语和文字语言一样的功用，它们都是表达意思、交流思想、沟通情感和传播社会意识形态即"传情达意"的工具。《现代汉语词典》说：艺术是指"用形象来反映现实但比现实有典型性的社会意识形态，包括文学、绘画、雕塑、建筑、音乐、舞蹈、戏剧、电影、曲艺等"。① 这些艺术形式由于其表达意识、交流思想、反

---

① 中国社会科学院语言研究所词典编辑室编：《现代汉语词典》第 5 版，商务印书馆 2006 年版，第 1613 页。

映社会意识形态的作用，有越来越多的学者开始将这些艺术内容和形式称为"艺术语言"。① 齐春红在《艺术语言的学科性质之我见》一文中讲道：1992年，骆小所先生运用深层修辞理论首创艺术语言学。艺术语言学是一门边缘学科。它和修辞学、语用学、社会语言学、文学、美学、符号学、社会学、心理学、思维学科都有密切的联系。并且与其他相关学科既有区别，又有联系。我们应认识到艺术语言学的独立性和边缘性，以便更深刻地认识这门学科的研究领域、研究视角和研究方法。② 在《艺术语言的思维特质研究》一文中，她指出艺术语言通过意象、隐喻、转喻三种思维形式完成对它自身的创造。并指出艺术语言赖以产生的经验机制——原型、象征等民族思维的积淀和个人独特的社会情感经验。艺术语言往往突破形式逻辑的规律而有自身特殊的规律。③ 总之，人们对艺术语言的认识在不断地加深。

五、语言即传媒，传媒即语言

综上所述，从语言及其形式的发展一直到语言的分类，我们可以得出结论：语言即传媒。换言之，任何传媒都是以语言的形式来传播信息、意识形态等内容的。当然，我们由此并不能得出"传媒即语言"的结论。

语言是传媒，属于传媒，但传媒并不完全等同于语言。这是因为传

---

① 参见骆小所：《浅谈艺术语言和情感逻辑的关系》，《修辞学习》2001年第1期；骆小所：《论艺术语言的形式美》，《云南师范大学学报（哲学社会科学版）》1997年第2期；周旭东：《艺术语言语法超越初探》，《现代语文（语言研究版）》2006年第10期；周春林：《艺术语言运思研究》（博硕士论文）云南师范大学2001年；王燕：《艺术语言和普通语言功能比较研究》（博硕士论文）云南师范大学2000年；杨育彬：《普通语言与艺术语言的功能比较研究》（博硕士论文），云南师范大学2001年；郭健：《艺术语言学意象原理及其应用初探》（博硕士论文），云南师范大学2000年，等等。

② 齐春红：《艺术语言的学科性质之我见》，河南教育学院学报（哲学社会科学版），2002年第4期。

③ 齐春红：《艺术语言的思维特质研究》，云南师范大学学报（哲学社会科学版），2005年第5期。

媒除了语言这种形式外，还有承载语言这种形式的物质载体。[①] 与承载语言形式的物质载体相比，语言形式就是内容，而物质载体就是形式。比如，口头语言是以空气和声波、发音器官等为物质载体的，相对于它们来说，口头语言就是内容。书面语言的载体是书本、纸张、报纸、杂志等，相对于这些物质载体来说，文字语言是内容。影像语言的载体是光盘或远程传输设备及声频和视频波等。相对于这些载体来说，影像语言即内容。

尽管如此，作者在此想要提出一个命题：传媒即语言。

传媒即语言。这是因为，撇开传媒的技术外壳或条件，如口语需要空气传播，竹书需要竹简和书写用笔，纸书需要纸张和书写用笔，印刷书籍需要纸张、油墨和印刷机，电子书需要电脑机器和软件等，广播需要广播发射机和接收机，电影需要电影放映机、银幕和电影胶片等，网络资料需要网络技术、电脑及程序等，传媒事实上就成了语言。事实上，人们阅读书籍，是要与书籍中表达人类思想和感情的语言进行交流和对话，而不会太多地关心书籍油墨、纸张和印刷书籍的印刷机的好坏；人们收听、观看或浏览广播、电影、电视、网络等，也是要与其中的语言进行交流和对话。

传媒即语言。这是因为，谁也不能否认，语言是传媒的核心内容。如果传媒没有了自己的语言形式和内容，那么，即使再有好的技术支撑，它也徒劳的、毫无意义的。传媒语言是传媒的灵魂，是信息得以传播和起作用的关键部分。传播者和受者因为有了传媒语言而能够互相明白和理解，能够互相交流和沟通。也就是说，从这个深层次意义上讲，传媒即语言。

如前所述，传媒最初表现为体态语、符号语言、信号语言、简单的音乐语言等表意语以及口语。接着出现了书面语（依托一定载体和技术

[①] 传媒即人类沟通思想和感情的传播媒介。它包括传媒语言和支撑传媒语言活动的技术条件两大部分。

的文字语言、印刷传媒语言),由口语、表意语或书面语组成的高级语言形式(戏剧语言、舞蹈语言、相声语言、小品语言以及广播语言、电影语言、电视语言、网络语言等电子或数字语言等)。

六、语言的特征：语言是工具性与人文性的统一

作为一门人文应用学科,语言学科是语言的工具训练和人文教育的综合。所谓语言,其实质就是传播信息的工具或载体,即传媒。最初的传媒是体态语言和手势语言、口头语言、符号语言或图画语言、原始舞蹈语言和音乐语言。文字发明后,又增加了文字语言。随后新的语言形式不断增加,如影像语言、漫画语言等等。随着语言的不断丰富,关于语言的教育也就不断丰富起来。发展到近代,关于报纸、广播、电影、电视、网络等大众传媒的教育也就应运而生。

传媒即语言。如果将语言称为一种能力、技能或艺术[①],那么,传媒即语言艺术。换言之,语言艺术教育即传媒素养教育,传媒素养教育即语言艺术教育。

第三节 传媒的功能

传媒技术形态已经发生了前所未有的变革。信息通讯技术迈向了4G 时代,交通运输技术迈向了高铁时代。这 2 项技术的变革,直接影响到全球化的广度与深度,以及地球村的形成。传媒对人类生产生活的方方面面都产生了巨大影响,它与政治、经济、文化、教育、休闲都有紧密的联系,在信息爆炸时代,传媒的功能与影响更加凸显,也更具作用和意义。

对于传媒都有何种功能,不同学者有着自己的思考。1948 年,美国政治学家、传播学者拉斯韦尔在《社会传播的结构与功能》一文中

---

① 艺术是具有一定审美水平的、高度浓缩的、可用于展示或表演的人类信息传播活动。如音乐、舞蹈、工艺品、说唱、美术等。

分析了传播过程中的诸要素，提出了所谓的5W模式，这个模式奠定了传播学研究的5大研究领域：控制研究、内容研究、媒介研究、受众研究和效果研究。除此之外，拉斯韦尔还提出传播的"三功能说"，即传媒具有监察环境、协调社会和传承文化的功能。美国社会学家C. R. 赖特认为，传媒具有监测环境、解释与规定、社会化和提供娱乐等功能，而美国学者施拉姆则将传媒的功能总结为政治功能、经济功能和一般社会功能，等等。

事实上，我们所说的传媒本身有着多方面的含义，如传媒是传播信息的工具、载体或手段，传媒是一种机构、组织或行业。具体可分为三个方面的含义：1）工具、载体或手段；2）机构或组织；3）行业、职业或事业。因此，传媒的功能和影响，首先也应该从这方面含义的角度入手去谈。其次，因为任何事物都会有正面的与负面两方面功能，因此，我们去看传媒的功能和影响，也应该关照到传媒的两面性和辨证性。

一、作为工具、载体或手段的传媒功能

传媒是沟通人与人、人与组织、群体与群体、组织与组织、地区与地区、政府与社会大众、国家与国家的桥梁、纽带或工具，是人要传递或传播所有信息或内容的工具、载体或手段。广义上的媒介是人各方面的器官与功能的延伸，但新闻传播学意义上的媒介是指人传播信息的器官与功能的延伸。人传播和接收信息的器官或组织有：口、眼睛、耳朵、皮肤、大脑、手、人体姿势或动作，等等，因此，随着人类智力与科技的发展，人在这方面的交流信息的器官与功能一直在延伸，口的延伸产生了人类口头语言、手语，口头语言的延伸产生了文字语言，文字语言的延伸产生了承载文字语言的配套性的载体及其技术的延伸，如甲骨、石碑、竹简、绵帛、纸张、电子空间，等等，而文字语言本身也在发展，繁体字、简化字、手抄文字、印刷文字、电子文字，等等。烽火台、瞭望台、望远镜可以视为是眼睛的延伸，而烽火、狼烟、旗语、灯光等信号可以看作是口的延伸。耳朵的延伸产生了鼓和击鼓等传播声音的工具和手段,收音机可以看作是耳朵的延伸,电视机可以看作是耳朵和眼睛的延伸,等等。皮肤的延伸产生了衣服及丝绸制作和棉纺等技术,大脑的延伸产生了算盘和电子计算机等技术,手与手语的延伸产生了传感器、旗语、鼠标、键盘、机械手,以及锄、铲、撬等农业与工业生产工具。人体姿势或动作语言的延伸产生了舞蹈、戏剧、雕塑、绘画、电影等艺术传媒形式,现在人已经能够在身体器官和功能的各个方面进行延伸,机器人的出现就是一个证明,未来的生物机器人技术将会把人体的延伸发挥到更高的程度。

作为工具、载体或手段的传媒,不仅大大方便了人类的信息传播生产、流通、分配和销售的全过程,而且大大地方便了人类的生产生活、社会交往和情感沟通。

最初的人类使用口语传播、原始符号传播和动作语言的传播方式,随着文字的发明,人类可以将口耳相传的与正在发生的事情以文字的形式记录下来,这样人类长期以来积累的知识、经验和智慧就能实现更为长久的保存与传播。文字的发明以及负载文字的载体媒介的技术进步,使得人类读书、学习、写作等进行知识传播和创新的行为更加便利,也因此有了人类文明的轴心时代、古代经书的传播和结集,这些信息传播技术的发展与广泛应用反过来刺激了人类古典文化的进步与发展。机器印刷技术的进步,使得普及教育成为可能,如今的数字宽带网络技术使得知识和信息的爆炸,以及更为广泛的知识普及成为可能。智能手机、平板电脑等移动终端技术的进步,又使得人类对信息和知识的接触可以得到随时随地的实现。而大数据和云计算技术更使得人们对知识的储存、提取和应用更为方便和灵活。有用户参与创作的社会化媒体或新媒体更是迎来了一个新的信息制作的模式和时代,譬如微博、微信公众号的出现,让专业的媒体记者可以直接从微博用户或微信公众号用户中搜寻、挑选可用的新闻素材或新闻产品,从而大大地节省了新闻制作成本,也提高了信息传播的速率。

有了报纸、杂志、电视、电影、广播、网络等媒体形态以后,企业广告自己的产品也变得更加容易起来。这也刺激了企业产品的营销与生产。同样重要的是，手机，特别是智能手机的出现，方便了人们的社会交往和情感沟通。只要自己愿意，人们社会交际的圈子可以大幅扩大，而被人们视为沟通家人、朋友和同学的书信邮寄方式也已经让位于电子邮件、电话、QQ、微信等现代通信方式，弹幕视频技术的发明也使得媒体人与受众、受众与受众之间的言语、思想和情感互动交流有了支撑和可能，远程遥控和电视技术使得人类进行星系探索和太空研究有了可能。美国东部时间2015年7月14日上午7：49（北京时间19：49），新视野号（New Horizons）探测号飞掠冥王星，随后不久发回了比以前更为清晰的冥王星照片，至此，太阳系兄弟九个终于都有清晰的"证件照"。总之，作为工具、载体或手段的传媒使得人体各方面信息传播器官和功能都得到了不断地延伸，也使得人类社会生产生活的方方面面有了前所未有的便利、进步和发展。可以说，没有传媒的工具性功能的进步与发展，人类就无法在一个更为广泛的空间和一个更大的舞台来做出自己气势辉煌的事业来。

综上所述，作为工具、载体或手段的传媒，本质上是人们进行信息传播的工具，是信息内容的载体或形式。它是中性的，可以传播各类政治、经济、文化、教育和娱乐等信息；它是人类各方面传递信息的器官和功能的延伸，是与时俱进的，人们进行沟通和交流将会越来越便利；它是人性化的，人类将会利用不断发达的科技使其更像人类本能的器官功能一样，应用自如，甚至成为人体构件的一部分。

二、作为机构或组织的传媒功能

作为机构和组织的传媒，本质上是人的思想和行为主体。这是因为机构或组织是个体人的集合。从不同的社会角度来看，个体人可以是"政治人"、"经济人"、"文化人"和"教育人"。这里所谓的"政治人"、"经济人"、"文化人"和"教育人"有别于人们描述某一行业从业者的概念。也就是说，这里的"政治人"不是指专业从事政治活动或政治研究的政治家、政客、政治活动家或政治学研究者，"经济人"

不是指专业从事经济活动或经济研究的金融人士、银行家、企业家或经济研究者,"文化人"也不是指知识分子或掌握一定文化知识和技能的人,而"教育人"也不是指专业从事教育工作或教育研究工作的人士。而是指某种属性意义上的人,如政治人是指人是具有政治属性的人,经济人是指人是具有经济属性的人,其余依此类推。也正是因为这些属性,作为机构和组织的传媒才具有了诸多方面的性质、和功能。作为机构和组织的传媒功能,可以从两个角度来看,一个角度是传媒与政府、民众和文化的关系;另一个是传媒与政治、经济、文化和教育的关系。

(一) 传媒对政府、民众和文化的功能

1. 传媒机构是政府工作的帮手、监督者、批评者和促进者

一个社会的政府在统治和管理国家事务的过程中,有成绩也会有缺点。一般地讲,政府是社会主流文化的捍卫者、领导者和倡导者。而传媒作为政府的帮手,具有积极传播主流文化的社会责任。与倾向于分众化、零碎化、低俗化、生活化、娱乐化、多元化的流行文化相比,社会主流文化具有黏合和融合社会各阶级、不同民族文化的功能,具有高雅化、集中化、严肃化、统一化、工作化等特征。在一个正常发展的社会,这两种文化都是必不可少的。这是因为,人们必须劳逸结合,人们必须能够不断地在主流文化和流行文化之间切换。只有主流文化没有流行文化,就会导致国民生活完全政治化,也容易导致诸如"文革"那样的浩劫;只有流行文化而没有主流文化,那么社会就会失范、就会六神无主,结果势必会导致天下大乱、社会动荡不宁。因此,主流文化和流行文化是相辅相成、缺一不可的关系。

认识到主流文化和流行文化的这种辩证统一关系,传媒机构就必须既要响应政府的号召积极弘扬健康向上的主流文化,也要满足普罗大众对流行文化的基本需求,并在两者之间保持一个适度的平衡。

传媒机构与政府保持一致,弘扬积极健康的社会主流文化,就要自觉地维护政府的权威,积极有效地阐释政府政治权力的合法性,传播社

会的主流意识形态和价值观念，积极主动地参与到政治决策和献计献策的事务中来，并积极主动地塑造健康正常的政治文化，为国家的政治文明建设做出自己力所能及的贡献。当然，我们也应该清醒地看到，传媒与政治的辩证关系中，政治对传媒有着决定性的作用，传媒必然对政治有着反作用，但在政治对它的决定性面前，传媒首先必须在根本上与政府保持一致，做社会的建设者和促进者，而不是纯粹的否定者和推墙者。在总统戈尔巴乔夫推行民主化改革以前，苏联大众传媒处于党和国家的严密控制之下，大众传媒的主要任务就是传播和宣传党的意识形态和思想路线。此时的大众传媒是党和政府的帮手和喉舌工具。在推行民主化改革之后，苏联媒体渐渐成为政府的挑战者和对立面，很大程度上改变了人们对政府的信任和服从，而成为瓦解苏联的强有力宣传工具。传媒的舆论方向会影响或左右社情民意的方向以及人们的生活行为，因此，传媒是否遵循现行法律和政府政策规定对于社会的管理与统治，以及社会秩序的安全和稳定，有着巨大的作用。

2. 传媒机构是社情民意的传播者和反映者，要传播和反映社会的真实，做沟通民意与政府决策的桥梁

传媒机构是用来传播政府信息、社会信息、科技文化知识等信息的，是社会信息流动的主导者、构建者和整合者。传媒机构会从众多的社会信息中精选出对社会有着重要作用或者人们最感兴趣的内容而去报道、发表或出版。在传统媒体时代，大众传媒主要是单向传播者，将自己认为的政府重大新闻信息和其他信息传播给自己的受众。而在如今的web2.0 互联网时代，人人都成为自媒体，可以通过手机和电脑等移动终端随时随地转发、发表和接收信息，并通过网络平台与其他媒体进行互动交流。因此，传媒机构能够通过自己相关的网络平台随时随地搜集社情民意方面的信息，并对其加工传播。因此，传媒机构越来越成为政府与民众、民众与社会、企业与用户之间的中介和桥梁，一旦政府、传媒机构和民众三者之间的沟通平台建立并完善，作为民众利益的代表和实现民众利益的领导者和组织者，政府就更能接地气，更能与民众心贴心，从而做到科学化管理和决策。这种传媒机构的功能，是其他任何的组织无法替代的。

3. 传媒机构是优秀文化的加工者、传播者、加工者，要塑造和保持优秀的主流文化，并将其作为自己必须承担的神圣责任

人们学习文化，接受文化教育，一是通过家庭教育，二是通过学校教育，三是通过社会教育，四是通过自我教育。

首先，家庭教育中，父母的文化修养至为重要。由于父母的文化修养参差不齐，价值观念也复杂多样，所以，人们所接触的文化知识和熏陶也是五花八门的。这种五花八门的影响很难承担起了解和学习民族和国家的主流文化的责任。众所周知，主流文化和大众流行文化都是不可或缺的，主流文化对于黏合多元文化、维护不同地区和民族之间的融合和和谐统一，有着不可忽视的作用。

其次，学校教育中，优秀的学校文化和教育者最为重要。主流文化中，最为重要的两个方面是人文精神和科学精神。好的学校教育，应当将优秀的人文精神和科学精神培养给所有的学生，让学生既有优秀传统文化的底蕴，又有优秀现代文化的熏陶；既有积极进取、努力拼搏提高自己和家庭生活质量的能力，又有心系民族、报效国家的品质。而失败的学校教育则会将社会的不正之风、自私自利与急功近利的思想意识带给学生，影响和消解优秀的主流文化的发展，久而久之，优秀的主流文化就会变异，社会弊端就会丛生，整个国家和民族就有陷入社会动荡的危险。

再次，社会教育中，不仅政府、各行各业的从业者的社会形象至关重要，而且专门从事社会教育的机构以及进行信息传播的传媒机构的所作所为也非常重要。广义的社会教育是指一切社会生活和活动对人身心发展的影响，而侠义的社会教育是指除了家庭和学校教育之外的一切作用于人身心发展的教育活动。文化馆、少年宫、图书馆、博物馆、纪念馆、公园、影院、社区机构等青少年教育机构和成人教育机构举办的文化补习学校、培训班、讲座、报告会、函授、远程教育等都属于社会教育的范畴。除此之外，报刊、广播、电视、电影等机构进行信息传播活动也属于社会教育的范畴。

社会教育可分为两大类：社会生活环境教育和社会机构教育。除了家庭生活环境和学校生活环境之外，人们更多的是在真实的现实社会生活中体验、感受各个社会阶层的劳动和生活，这是一种最为自然、真实的生活教育。人们在这种真实的社会生活中感受冷暖、欺骗、歧视、自卑、高傲、自私自利、助人为乐、高尚、低俗、积极进取、颓废、麻木不仁、乐观、平淡、急功近利等好的和不好的社会生活，并反思其因果关系，从而做出自己的生活和职业选择。这种真实的社会生活环境教育，是人直接社会经验的来源，直接关乎个人价值观念、人格、品质的形成。俗话说，社会是个大熔炉。蓬生麻中，不扶自直。因此，最高最好的社会教育，就是通过社会文明制度的建设，将社会变成一个良性循环、自我净化、理想美好的社会，让身处其中的人无形中得到真善美力量的潜移默化。当然，任何一个社会制度和机制再健全和完善，还是避免不了假丑恶现象的滋生，甚至泛滥。在这种情况下，社会机构所进行的社会教育就是一条很好的路径。良好的社会教育，能够有利于在家庭教育和学校教育之外不断地增长人们的知识、能力，促进良好价值观念、兴趣、爱好、特长等的进步和成长，丰富人们的精神和文化生活，让人们学会更好地生存、生活和发展。特别是，关于生命的教育，关于家庭和谐的教育，关于心理健康和养生保健的教育，这些都是社会教育非常宝贵的地方。

与文化馆、少年宫、社区文化机构的社会教育相比，报社、广播电视台、影院、网络等大众传媒机构进行的信息传播活动，在如今的微时代已经成为日益显著和日益重要的社会教育力量。每一次国家或国际事件经过大众传媒的传播，都会引起巨大的蝴蝶效应。特别是，针对国家面临的重大问题、重大政策的讨论，针对公共权力领域"将权力关进笼子里"、"官员公示财产"等问题的讨论，大众传媒都能通过议程设置的功能而引起社会的热烈讨论和共鸣，从而引导社会舆论的走向。譬如，死磕派律师参与的重庆"李庄案"、"北海案"、贵阳"黎庆洪案"，以及周正龙华南虎照片造假案，如果没有大众媒体的积极参与式的报道，恐怕这些死磕派律师和网友、专家寻求真相、还原事实的努力也是很难成功的。因为大众传媒代表着或左右着民意所向，能够形成一股强大的社会舆论力量，这种力量是任何一个当事人都欣喜、恐惧或敬畏的。但大众传媒有时候因为某些政治集团、商业集团或力量的干扰并不能按照揭示事件或问题真相的路子走，从而也会加大问题解决或真相披露的难度。

最后，自我教育中，自我的志向和终身学习的能力非常重要。活到老，学到老。学习如逆水行舟不进则退。自我的学习，不仅可以从前辈或富有经验的人那里学习，而且可以通过自我的实习实践的经验中学习，还可以从书本、报刊、杂志、广播、电视、网络、手机等媒体中学习。学习的时机和场合无处不在，只要肯于学习、善于学习、坚持不懈地学习，个人的文化品位和修养就会不断得到提升。在面对客观世界时，人的主观能动性具有认识和改造的作用。同样，在改造自我和提升自我的过程中，离不开自我主观能动性的积极发挥。主观能动性与个人见识、才智和品德的成长与进步密不可分。

综上所述，无论是家庭教育、学校教育、社会教育还是自我教育，都离不开大众传媒工具的参与。如读书看报、看电视节目、上网浏览，等等，都离不开传媒信息的传播。因此，如果传媒机构所传播的信息是优秀的主流文化的信息，或优良的流行文化的信息，那么就会给人们的信息接触创造一个良好的信息生态环境。人们在这种环境下成长，势必就会将优秀文化不断传承下去。也因此，大众传媒机构必须将创造、加工和传播优秀文化、弘扬主旋律、传播好声音和正能量作为自己头等的社会责任和使命。

（二）传媒对政治、经济、文化和教育的功能

1. 政治功能

传媒机构具有"政治人"属性。人在某种意义上而言是政治动物。人在社会中，不可避免地受到所处的政治制度环境条件的制约，也不可避免地多多少少地参与到社会的政治生活当中，这无论是主动地还是被动地，所有的个体都要受到所处的政治环境条件和政治活动的作用和影响，并且和自己的主观性发生交互作用，最终形成自己的政治价值观。

古代思想家亚里士多德曾经提出过自己的政治人假设，他认为，人是群居性的社会性动物，人与人之间具有一定的合作精神，能够协调彼此的利益。传媒因为具有作为信息传播载体的功能，所以作为机构或组织，就更具有一般自然人不具有的"政治人"优势。传媒机构可以利用自己掌握的媒体工具宣传法治、合作扶助精神，设置政治议程和公共事务议题，揭露腐败、违法等社会黑暗面，抑恶扬善，启蒙社会，教育和帮助更多的人做好"政治人"，尽力承担自己应当承担的社会责任。

那么，一个合格的政治人具有什么样的特征呢？一个合格的政治人，应该能够懂得什么是政治，明白政治在社会生活中的作用和地位，具有独立的政治是非判断能力，具有一定的政治参与意识、能力和水平，能够主动积极地推动社会政治秩序向文明、开放、民主、平等、科学管理方向稳定发展。

作为一个有着"政治人"属性的传媒机构在推动政府和社会进行物质文明和精神文明建设方面责无旁贷。具体而言，传媒的政治功能主要表现如下：

首先，传媒是政府的宣传工具。传媒是政府各项政策、规定的解释者、阐释者、传播者。新闻传媒及时将有关政府的重要会议、领导人活动和讲话精神、政策出台等新闻信息报道出来，引起人们关注和讨论政治议题，关心国家时事，从而能够培养人们的政治价值观、政治敏锐力和政治行动力。譬如，传媒对"一带一路"、"国企改革"、"互联网＋"等战略决策的报道，让人们对国家领导人的政治和经济谋划有了了解和认识，从而转向对国家战略的关注、支持或参与，并有可能激发个人的国家和民族自豪感与奋发拼搏精神，等等。

其次，传媒是形成社会公共舆论和进行民意表达的工具。传媒可以通过政治议程的设置，形成公共政策舆论导向，影响公共政策的制定与落实，实行民主监督，塑造良好的政治文化环境，等等。公共舆论是一个政权、领导力或执政力的合法性基础。受到公共舆论认可的领导，其意图和决策就能得到广泛深入的贯彻，反之，不被公共舆论认可的领导，其权威就会大打折扣，其意图和决策就很难得到切实的执行。

最后，传媒也是相对独立的文化组织，担负有社会公器对政治活动进行监督和监察的职能，担负有引导政治文化不断进步和革新的使命，能够影响政治进程。一切不受限制的权力都会遭到滥用，一切不受权力限制的领导都可能做出违法乱纪的事情。这是因为人性具有贪婪、自私和投机取巧的一面，这一面如果没有道德和法律的约束，没有群众和媒体的监督，就有可能泛滥成灾。因此，传媒不仅具有自己的利益关切，更重要的是它还要对人民群众的公共利益做出关切，正因为传媒具有这种得天独厚的舆论监督优势，所以监测环境、替民监督政府和社会的运行、弘扬真善美、鞭挞假丑恶，就成为其义不容辞的职业伦理责任和义务。

众所周知，经济基础决定上层建筑，上层建筑对经济基础具有反作用。上层建筑是建立在一定经济基础上的各种制度、国家机器、政治组织和意识形态的总和。它分为两种：一类是政治上层建筑，一类是思想上层建筑。政治上层建筑是指一定经济基础上的政治、法律制度，以及军队、警察、法庭、监狱、政府机构和党派等政治组织。思想上层建筑是指一定经济基础上的政治思想、法律思想、伦理道德思想、文学艺术思想、哲学思想、宗教思想等社会意识形态。政治和法律制度是政治上层建筑中最为稳固和核心的内容，也决定着政治上层建筑的其他方面和思想上层建筑，还决定着整个社会结构。落后的政治制度和社会结构，阻滞或窒息了社会发展的生产力，而先进的政治制度和社会结构，能促进或解放社会发展的生产力。要建立一种新的政治制度和社会结构，有革命和改革两种方式。革命的方式，是疾风骤雨式的、暴力式的，带有很大破坏性，具有现代理性思维和科学思想的人们是不赞成的。改革或改良的方式，是渐进式的，也是最为适宜的方式，一方面，它能除旧布新，革除弊端，振兴创新，另一方面，它具有很大的继承性和延续性，能最大限度地减少社会的动荡和人民的不幸。历史上看，处于战乱的人民，很多无辜受害，流离失所，甚至家破人亡。因此，革命不如改革和改良。这种思想也体现在习近平同志的讲话中。2015年5月5日，习近平在中央全面深化改革领导小组第十二次会议上指出"只要对全局改革有利、对党和国家事业发展有利、对本系统本领域形成完善的体制机制有利，都要自觉服从改革大局、服务改革大局，勇于自我革命，敢于直面问题，共同把全面深化改革这篇大文章做好。要引导大家争当改革促进派，着力强化敢于担当、攻坚克难的用人导向，把那些想改革、谋改革、善改革的干部用起来，激励干部勇挑重担。"[①] 习近平同志号召干部和群众争当改革的促进派。这种思想反映出我国正处于一个伟大的变革时局当中。变革的时期，也是转折的时期，也是过渡的时期，也是既得利益阶层与改革促进派之间存在激烈和巨量较量的时期。在这一时期，传媒机构的作用非常重大。如果传媒机构掌握在改革促进派手中，就会积极响应力促改革的号召，就会积极传播有利于促进改革的信息，教育更多的干部和民众自觉地参与到国家的改革开放大业中来。某种意义上而言，传媒机构是个政治文化的净化器，是社会良心好坏的晴雨表。它对坚守和巩固先进的思想上层建筑，建立促进社会变革和发展的公共舆论至为重要。一言以蔽之，传媒的政治功能在所有的功能当中，是最为重要的。

2. 经济功能

人在某种意义上而言是经济动物。人们总是倾向于在自己的经济活动中获得尽可能多的经济利益和机会。目前，我国的传媒机构具有企业

[①] 《习近平呼唤改革促进派》，http://finance.chinanews.com/gn/2015/08-06/7451742.shtml。

和事业单位的双重性质,事业单位的性质决定了其"政治人"的角色和功能要放在所有角色中的首位。而其企业的性质决定了传媒机构必须要通过一定的经济活动来谋求自己"经济人"的生存和发展。因此,传媒机构想方设法推出和广播广告、节目等产品,以及进行相关的经济活动,是理所当然和天经地义的。但是,如果传媒机构出于生存竞争的需要,一味地追逐经济利益,就会放任和松懈自己的政治责任和社会责任。譬如,庸俗、暴力、色情、虚假等传媒信息的传播,作为传媒机构就负有不可推卸的责任。同时,因为传媒传声筒、监察社会环境、反映社情民意和揭露社会黑暗面的功能,又会使得记者、编辑、管理者陷入徇私枉法、营私舞弊的腐败陷阱。总之,传媒机构的这种"经济人"身份或性质,决定了传媒机构有可能失守应该持有的道德责任底线的可能。

传媒的经济功能不仅表现在传媒本身就是一个产业,是国家经济的一部分,而且表现在传媒具有搜集、加工和传播经济信息的功能,具有传播经济科技的功能,还有对企业产品进行推介广告的功能,譬如,经济频道、经济栏目及其举办的一些推介活动,媒体对一些生产消费方式的倡导,媒体对国内国际经济问题的报道和评论,对经济违法犯罪现象的揭露和批判,对人们就业、工作和创业等生活的关注和探讨,等等,这些传播活动对国家的经济生活都会产生巨大影响。

传媒及其文化产品已经成为经济社会发展的强大推动力。通过对历史、民俗等文化资源的利用,经过新的创意、设计和构思,人们可以创造出新的传媒及其文化产品。传媒经济与文化的融合,越来越成为综合国力竞争的重要因素,成为经济社会发展的重要支撑,也越来越能满足人们日益增长精神文化需求。以动漫产业为例,"充满娱乐因素的动漫拥有独特的经济价值,在此基础上依靠独特的发展路径,不断扩展衍生品领域,形成了包括动漫图书、报刊、电影、电视、音像制品、舞台剧以及与动漫形象有关的服装、玩具、电子游戏等衍生产品的生产和经营的产业。"[1]

---

[1] 陆俊,胡燕:《多视角解析动漫文化的功能》,《人民论坛》,2012年5月11日。

3. 文化功能

任何事物都具有一定的功能，这无论是物质的、制度的还是精神的事物。传媒机构不仅经营着传媒产业，而且时时刻刻都在传播社会信息和文化，因此，它具有巨大的文化功能。

所谓文化是人类创造的结晶。人类创造了文化，文化反过来又培养和塑造了更能创造文化的人类。文化涵盖人类生产生活的方方面面，是人类赖以生存和发展的物质、制度和精神基础。它可以是历史、地理、风土人情、习俗、生活方式，又可以是文学艺术、思维方式、价值观念和行为规范等。因此，人在某种意义上而言也是文化动物。

作为文化动物，人须臾离不开文化的熏陶和供养。先进的文化让人阳光灿烂、积极进取、热衷于创造和快乐；落后的文化使人精神萎靡、消极颓废、沉迷于守旧和奢靡。因为传媒机构实际上传播的是传媒文化——社会真实文化的虚拟建构，所以传媒机构的文化功能非常突出。我们人类赖以生存和发展文化环境，除了社会真实的文化环境，就是虚拟的传媒文化环境。随着微时代和大数据时代的来临，虚拟的传媒文化环境对人的培养和塑造作用越来越巨大。

（1）传媒机构创造和加工的传媒文化起着整合和引导社会的作用。

一般地讲，传媒机构既传播主流文化，也传播大众流行文化。通过对主流文化和大众流行文化等所有的社会文化的传播，来实现多元文化价值、思想和行为的规范、整合、包容、重新组织和统一。每一种文化都有一定的偏向，如主流文化偏向于集中、统一、协调、秩序化和等级化，而大众流行文化偏向于分众化、去中心化、多元化、包容和彼此平等化。主流文化更强调社会秩序的稳定、人与人之间的和谐、集体性目标的实现和集体性任务的落实，具有较强的确定性，但容易导致固化、单一、保守等弊端；大众流行文化更强调多元文化的和睦相处、共生共长、人个体的自由平等、个性发展与创造创新，具有很多的不确定性，因此容易导致各行其是、我行我素等自我中心主义的泛滥。因此，传媒机构在传播社会文化和信息的时候，应该两者兼顾，适度平衡，才能有利于塑造一个健康美好的传媒文化环境。

传媒文化不仅在一国范围内起着整合社会文化和引导社会的作用，而且在国际范围内也起着整合整个世界各个民族国家文化和引导国际社会的作用。20世纪二三十年代，意大利思想家安东尼奥·葛兰西曾经提出一个关于文化领导权的问题。文化领导权，也被人们翻译为"文化霸权"。葛兰西所说的文化领导权或文化霸权，是指在具有高度民主程度的资本主义社会，统治阶级的统治方式不再是通过暴力，而是通过社会教化、媒体宣传、树立道德和精神楷模等方式，让民众自觉地接受他们所制定的一系列社会政策和制度，以达到他们统治的目的。事实上，在任何一个朝代，统治者都会使用暴力和社会教化两种软硬兼施的方式来统治和管理社会。在社会教化方面，统治者一般会树立一种用以规范民众思想行为的国家层面的指导思想。如汉朝初期以黄老道家思想为治国和社会教化的指导思想，汉武帝以后以儒家思想为治国和社会教化的指导思想。在国民党统治时期，以三民主义为治国理政和社会教化的指导思想，在新中国成立后，以马列主义、毛泽东思想为治国理政和社会教化的指导思想，在改革开放以来，以邓小平理论、"三个代表"思想和科学发展观为治国理政和社会教化的指导思想。在不同的时代，之所以统治者都会树立一种与这个时代相结合的指导思想，是因为就是要通过对社会文化的塑造、引导来让民众自觉地接受他们希望接受的文化思想。一旦民众被洗脑，或接受了这种社会文化，那么，民众就会心安理得地认为统治者的统治是合情合理的，这样统治者的统治和管理也就实现了合法化。一旦统治和管理合法化，统治者就更能保证他们对社会文化的领导权，以及对民众的统治和管理。在一国范围内，是如此，在国际范围内，对文化领导权的争夺也是如此。

如果一个国家的文化能够被更多的国家所接受，那么，这个国家就会对其他国家拥有一种强大的文化领导权。这种强大的文化领导权，反过来有助于这个国家在国际政治、经济、军事等方面拥有优势和发言权。美国是如今世界上唯一的超级大国，美国的强大不仅在于其有强大的军事力量、比较合理的合乎美国国情的社会制度和鼓励创新创造的美国特色文化,而且在于其有世界上首屈一指的传媒实力。拥有众多的国际化的传媒集团和强大的传媒实力,使得美国的文化输出及其影响广泛和巨大。"全世界的广播 60% 是美国一家干的;全世界的电视 75% 是美国一家干的;全世界的电影 80% 美国一家干的,他就是用文化改造别人,包括欧洲都讲,美国是文化侵略。"[①]

当然,对一国文化和世界文化的领导是否切实有效,除了在于这种文化的传播和输出,还在于民众对这种文化的接受程度。什么样的文化,民众才乐于和倾向于接受呢?显然是合乎本国社会民众社会生活实际的,具有普世价值的文化。美国文化之所以具有较大的影响力,不仅在于其传播本国文化的传媒实力,而且在于其文化价值的广泛适用性。我国文化具有几千年的发展历史,有着许多优良的文化传统,但由于我国国际化传媒实力还较弱,我国在文化输出和传播方面做得还远远不够,并且,我国的现代文化还需要进一步提炼,因此,我国传统与现代文化在国际上的影响力还有巨大的提升空间。重视对外国传播我国的优良文化,不仅是让外国更多地了解、认识和学习我们,而且在于让我国的民族文化的影响力在国际上处于其应有的地位,并发挥其应有的"领导"作用。

(2) 传媒文化起着规范人思想和行为、塑造自我人格的作用。

文化是人们的精神土壤。人们在文化土壤中生活,文化土壤也造就了每个人的人格,并规范了人的思想和行为。广义地说,文学、艺术、音乐、美术、雕塑、舞蹈、建筑和戏剧等艺术形式都是传媒,所谓传媒就是传情达意的载体和工具。通过这种工具所创造出的内容本身也是文化的一部分。

传媒文化是社会真实文化的再建构,如今的网络文化就是现实世界

---

① 洪勤辉:《文化的功能与作用》,http://theory.people.com.cn/GB/40537/17376462.html,2012 年 3 月 13 日。

生活的投影和对未来世界生活的想象与虚幻。无论是虚拟世界的文化还是真实世界的文化，都具有塑造人们人格、价值观念、道德、情感、意志等作用。人格的形成说到底是主观因素与客观因素相互作用的产物，是先天因素和后天因素交互作用的产物。在后天因素中，人们创造的传媒文化环境在信息爆炸和宽带网络的时代日益重要。人们用越来越多的时间沉浸于传媒文化的海洋中，从中感知世界、自我，学习知识、浏览信息、交流情感、娱乐身心，甚至在这一文化世界中谋生。不同的传媒文化导向、思想观念和意识形态，都会成为影响人们世界观和人格形成的重要因素。当传媒文化整体上呈现出积极向上的勃勃生机的时候，人们沉浸于这样的环境中，久而久之也会潜移默化，成为一个要求积极向上、勇敢进取的人；但如果传媒文化整体上呈现出萎靡不振、趋炎附势、低级趣味、急功近利，人们渐渐也会受此感染，成为一个玩世不恭、缺少社会责任心责任感、缺乏独立见解和思考、小格局小心胸的人。因此，传媒文化的品格高低，直接决定了其受众的品位高低，而传媒文化的品格高低直接取决于传媒人的品位高低。传媒舆论代表着社会的正义和良心，如果传媒人放弃传媒作为社会公器的功能，一味地满足自我的经济利益，那么，整个社会的伦理道德、人格品位就岌岌可危。

马丁·路德·金曾经说过："一个国家的繁荣，不取决于它的国库之殷实，不取决于它的城堡之坚固，也不取决于它的公共设施之华丽；而在于它的公民的文明素养，即在于人们所受的教育，人们的远见卓识和品格的高下，这才是真正的利害所在，真正的力量所在。"所以传媒人实际上承担着重要的文明教化的使命，他们必须民主、科学、开放、包容，必须有强烈的社会责任感、人本主义的情怀和浓浓的忧患意识，要能以天下为己任，时刻关心国家和人类的前途和命运，要敢于探索真理、追求真理、弘扬真善美，抨击假丑恶，大力传播民主科学的知识和观念，牢牢坚持人文精神与科学精神的有机统一。切实担负起"以科学的理论武装人，以正确的舆论引导人，以高尚的精神塑造人，以优秀的作品鼓舞人"的职业伦理教化的责任和义务。只有这样，才能站在社会文明的制高点上，为建设和塑造积极健康向上、具有强大感召力和凝聚力的传媒文化而做出应有的贡献，才能无愧于改革开放时代和社会大众对于传媒人的期待和希冀。

4. 教育功能

传媒具有传播重要自然和社会信息、监测环境和组织社会舆论，反映、解释和揭示社会真实以促进公共利益和社会良性发展的功能，这也是传媒存在的核心价值和意义。传媒机构传播自然和社会信息，包括价值观念、宗教、哲学、科技、文学、艺术、明星娱乐等方面信息，这本身就是一种知识的普及教育活动。对这些信息的来源、背景、涉及的现象和问题、产生的根源、作用和意义等的评论和剖析，实质上就是知识的解释活动。反复的同类性质的信息的报道和传播，实质上就是知识的巩固和复习活动。当受众将对这些信息的疑惑通过传播渠道反馈给传播者，传播者给予及时的答复，这实质上就是教育上的教学互动和反馈活动。也就是说，从教育的角度看，传媒人的活动本质上是一种"文化"、"教化"、"心理沟通"、"教育教学"活动。健康积极的传媒文化使人进步进取，而黄色暴力低俗的传媒文化使人落后颓废。因此，传媒作为机构和组织，作为产品和内容，都具有巨大的教育价值和功能。

好的传媒，包括大众传媒、小众传媒和人际传媒，都会强调和增进社会的公共利益，强调公民的全民参与性，关注社会的科学治理和法治文明建设，最大限度地满足人民知情权的需要。传媒通过记者的采访和报道，来针对社会热点和难点问题进行探讨，并设置议程监督问题的解决过程和结果。也可以利用民意测验的方法来搜集和摸底群众意愿，给政府和企业提供必要的参考信息。传媒一个最有力的影响社会的方式，就是广泛深入地开展新闻批评报道。如焦点访谈、实话实说等栏目，敢于直面社会真实棘手问题，非常有利于社会诸多问题的解决和进展。当然，传媒人如果做出"媒体失范"、传媒"权力寻租"、违反职业伦理、报道偏颇等事情来，就会导致传媒品牌和信誉的减弱或丧失。

朱永新曾经富有诗意地说道："教育，应该是亮丽的。亮丽的教育，是更加富有人性的教育。教育，不仅仅是为了未来，更是为了当下；不仅仅是为了培养接班人和经济发展，更为了人自身的成长。实现人的尊严和价值，自由和发展，是教育的根本追寻。不再是分数的奴隶，不再是考试的机器，不再是你死我活的战场，而是美好事物汇聚的中心。不再用一个模式培养，不再用一个标准评价，不再用一次考试定夺，而是让个性亮丽绽放，让每个人成为唯一，成为大写的人，成为真正的自己。"[1] 由此来看，传媒人在传播活动中，应该注重和强调人的尊严、价值、自由、发展、平等、成长、包容、个性、创新等品质。

三、从辩证思维的角度看传媒的两面性功能

传媒从工具和载体的角度看，具有信息传播和负载信息的功能，从机构和组织的角度看，具有政治、经济、文化和教育等社会功能，但要从辩证思维的角度看，传媒的功能具有两面性。所谓两面性，其实就是中性，即传媒之于人既有好的一面，也有不好的一面。好与不好，关键在于利用传媒的人如何对待，能不能适度对待。具体而言，传媒的两面性或中性功能具有以下几方面特征：

（一）高尚与平庸

传媒可以是高尚的，也可以是平庸的，甚至是低俗的。传媒是政治动物、经济动物、文化动物和教育动物的结合体，也是文化产业与意识形态的结合体。传媒传播的是各种各样的文化思想，反映着不断变化的社会现实，同时也夹杂着自我的经济和精神需求。在一个崇尚集体主义的时代，传媒报道的多是可歌可泣的，甚至多半被英雄化的人和事，从而将社会文化导向一个英雄崇拜、爱国主义和民族主义思潮旺盛的方向。在一个多元经济时代，传媒为了自身的经济利益和迎合大众的品位，传媒就会泛娱乐化、平庸化，追求收视率、收听率和经济收入，从而将社会导向一个媚俗的商业主义的方向。这两种方向极端的发展，对

---

[1] 朱永新：《教育，让美梦成真》，《人民教育》，2013年第7期。

社会都是有害的。前者，可能让人民失去自我，甚至失去应有的个人权利；后者可能导致民众和社会的颓废、平庸和堕落，使大众成为媚俗的牺牲品。

传媒业界也产生了分化，一种是勇于承担传媒天然的职业伦理责任，勇于担当拯救社会、救民于水火、解民于倒悬、针砭时弊、促进政府和社会建设的历史责任；另一种是只想着自己的经济利益，松懈自己的社会责任，而一味地迎合低级趣味。前者敢于直面社会真实，保持足够的清醒和前瞻，以提供积极健康、正能量的传媒文化产品为最大追求；后者挖空心思，构思传媒假事件，引起波澜，吸引眼球，利用谎言和虚构麻醉大众，也麻醉自我，充满一种虚幻的满足。甚至，传播黄色新闻、暴力色情、粗野、纵欲信息，完全一个玩世不恭和空虚无味的心态。这正如有些人士指出的："表面看来，泛娱乐化打破了一本正经、打破了高高在上、打破了主流权威，给人一种众生平等、集体狂欢的美好感受，但实际上，泛娱乐化遮蔽了对重大问题的深入探究，破坏了对严肃问题的深刻思考，使整个社会在智识上和审美上都趋于浅薄与平庸。"①

以互联网的发展为例，互联网是中性的，互联网可以促进不同文化间的交流与沟通、促进全球认同和理解，也可以散布文化帝国主义、恐怖主义、分裂主义、极端主义等不良思想，加剧世界的不平等和矛盾冲突；可以便利民主科学思想的传播，也可以放任封建保守愚昧思想的泛滥；可以增加人们从事商业和工作活动的便利，也可以使人们沉溺于网络虚拟世界不能自拔；可以唤起人们关心时事、参与政治的热情，也可以导致人们对政治活动更加的冷漠无视；可以让人们的视野更加开阔，精神生活更加丰富，也可以使人们对社会生活感觉单调乏味，形单影只。总之，传媒充其量只是一种人造物，它存在的意义在于人们对它的意义赋予。人们用它来做好事，它就是好的工具；人们用它来做坏事，它就是坏的东西。技术决定不了人，而人能决定技术的用途和意义。

---

① 张贺：《泛娱乐化伤害了谁》，《人民日报》，2013年6月20日（17版）。

（二）建构与解构

所谓建构是指人或组织在自我认知系统的基础上对周围世界信息的刺激进行同化或顺应以平衡、完善自我认知系统的过程。所谓同化，就是自我认知系统中已经具有相同或类似周围世界信息的归置空间或安放位置，而将它们归置到此认知空间结构中。所谓顺应，是指自我认知系统中没有相同或类似的周围世界信息的归置空间或安放位置，自我认知系统自动生长出或创造出新的归置空间以归置它们。打个比方说，一个房间里，有已经占用的空间，还有很多未被占用的空间。已经被占用的空间里放有衣柜、鞋柜、书柜等家具，衣柜用来放置衣服、鞋柜用来放置鞋子、书柜用来放置书。如果买了新的衣服、鞋子、书，则会自动地将这些衣服、鞋子和书归置到各自的位置空间中。但房间里从来没有买过电脑桌，有一天买了电脑，怎么办？显然，需要给房间里添置一个电脑桌以放置电脑。这样，旧有的东西有了安放的位置，新的东西也有了安放的位置，达到了这个房间摆设的一个平衡或完善。

建构有三个层级，即想法上的、说法上的和做法上的。想法上的建构，是指人或组织认知系统结构的完善与平衡过程。说法上的建构是指人或组织将自己想法上的建构用言语或口头语言解说或表达出来，或者说，说法上的建构是想法上的建构的口头语言表达。而做法上的建构是指人或组织将自己想法上的建构或说法上的建构用文字语言、图像语言、声音语言等单独或综合的方式表达或呈现出来，或者说，做法上的建构是想法上的建构或说法上的建构的文字语言表达、图像语言表达、声音语言表达或综合语言表达。以个人为例，当个人接触到一个新的新闻事件信息，个人就会在头脑中形成一个想法上的建构。将这种想法上的建构口头表达出来，就形成了说法上的建构。再将这种说法上的建构用文字表达出来，或者以动漫作品的方式，或者以戏剧、小品的方式，或者以电视剧等方式表达出来，就是做法上的建构。以媒体为例，当媒体发现一个新的新闻事件信息后，就会形成一个报道创意或计划，这个创意或计划就是想法上的建构，当将其落实到文案上的时候，就形成了说法上的建构。而将这些想法上和说法上的建构落实到传媒成品的时候，就形成了做法上的建构。

所谓解构，就是对某一认知对象的结构和机理进行破解、还原和重组，以把握研究对象的过程。在某种意义上而言，问卷调查法、相关法、实验法等量化的实证分析的研究方法，就是一种解构的方法。量化研究的方法如果不与质的研究方法相结合，很容易导致盲人摸象式的结论。头疼医头，脚疼医脚，就是一种局部治疗的观念，一般地只能治标不治本。但解构作为建构过程中一个必要的环节或基础，还是有其作用和重要性的。

就建构和解构二者的关系而言，建构类似于零件的组装，但又不同于组装。组装是既有的零件的拼合，没有新的创造；而建构是既有的认知系统的改造和完善，有着新的创造和内容。同样的，解构类似于整体的拆解，但又不同于拆解。拆解是既有的整体的拆卸和松解，没有新的创造；而解构是认知系统对既有的整体对象的碎片化的研究和分析，试图对整体对象的结构、现象及其成因做出结论，有着新的创造和内容。不破不立。建构是解构基础上的建构，换句话说，没有解构，就无法形成建构；反过来，解构的目的和归宿是建构。建构与解构是一体两面的关系。

在理清了建构与解构二者的关系之后，我们再来看传媒的建构和解构功能。传媒如同人的脑中世界，是社会真实的镜子世界，或虚拟的社会环境，这种虚拟的社会环境如同我们的大脑精神活动的部分是身心的一部分一样，也同样属于我们真实世界的一部分。镜子具有反映周围世界事物的功能，但它自身也是这个世界的一个事物。传媒与真实世界的关系也是如此。

传媒所建构的世界某种意义上而言，是一个文化的信息世界，也是一个各种思想、观点、知识、表达的海洋世界。在这个建构世界中，充斥着各种各样的解构观点和思想。譬如，对什么都上纲上线的泛政治化的观点，对什么都玩世不恭的泛娱乐化的观点，对什么都横加指责的泛道德化的观点，对什么事情都简单化或复杂化的观点，等等，这些不同的观点实际上是站在不同的立场上对这个世界或社会发生的事情或事件的解构。如前所述，解构本质上也是一种建构，在人们解构的过程中，同时也在建构着什么。

不同的传媒机构可能具有不同的品格。譬如，由南方报业传媒集团主办的《南方周末》以"反映社会，服务改革，贴近生活，激浊扬清"为特色，习惯于关注民生，坚守良知，对社会真实进行深度的披露或解剖，《环球时报》则更关注从中国的视角看世界，因为是《人民日报》社主编和出版的国际新闻类小报，所以更多地站在执政党的立场去报道国内外事件。无论哪一种特色或品格，都体现了各自的传媒建构观和解构观。都是一种对社会真实环境的虚拟。

（三）过时与即时

由于传媒载体的演进，目前几乎绝大多数的传媒信息都有可能长时间地保存下去。譬如，知网数据库，会把期刊文章、学位论文、会议论文搜集、存储并发布出来，人们随时随地都可以查阅；网络上发布的信息，不经删除都可能永久地保存和查阅。这样，特别是在网络传媒中就拥有丰富的过时和即时的信息。超文本链接技术又会使得即时的和过时的信息，或类似的信息紧密联系在一起。因此，人们接触到的信息往往是海量的，阅读的时候就会产生信息过剩、时间浪费、腰酸背疼、眼睛发酸等问题。

如果人们的确百无聊赖，想要打发和消磨时间，网络视频、电影、电视等海量的免费的信息，足以让人们去娱乐和休闲；如果人们想要了解最新的动态和信息，那么只有寻求传媒的即时信息；如果人们想要历史地研究和分析某方面的状况，人们也必须借助过时的传媒信息；但如果人们有很多工作要做，但由于兴趣使然，一则新闻或信息就会让人们陷入信息的海洋中而不能自拔，让时间任意溜走而耽误了正事。因此，传媒的即时功能和过时功能，各有其利弊，其关键在于人的把握是否适度。

传媒的技术及其应用是无限发展的。人们生活的方式也是与时俱进的。以前人们普遍依靠书信通信，现在书信几乎成为历史。移动通信时代的来临，让人们时刻能够接收到过时和即时的信息，并为此乐此不疲或不堪其烦。以前人们抄书背书，"学富五车"，现在人们不需抄书背书，无限的书籍和阅读材料应有尽有，随意抓取。信息短缺时代已经让位于信息过剩时代。也许正是传媒的这种发展而来的过时与即时信息都可保存的功能，使得我们人类进行信息搜集、保存、查询、沟通和交流的时候如同走进了一个自由王国。

（四）同化与异化

同化是指不同的事物或同一事物的不同方面向同一方向演化。而异化是指相同的事物或同一事物的不同方面向不同的方向演化。事实上，同化和异化现象是所有事物发展过程中都有的现象。每个人或组织既存在着同化的现象，也存在着异化的现象。譬如，社会化就是一种同化现象，而个性化就是一种异化现象。主流文化对不同民族文化和亚文化的影响就是同化的现象，而消解主流文化的大众流行文化的发展就是一种异化现象。同化和异化既是一个事物发展过程中的两个方面，也是事物发展过程中的两个阶段。譬如，当一种非主流的文化演变成主流文化的时候，此时该文化就主要发挥着同化非主流文化的作用。在封建社会，封建文化是主流文化，但发展到资本主义社会，资本主义文化就成为主流文化，而封建文化则成为非主流文化。而无论是封建文化和资本主义文化，其发展过程中同化和异化作用始终都伴随发生着。同化和异化是否为好为坏，主要取决于其在事物发展过程中起着促进还是阻碍的作用。所以，不能简单地认为，同化一定好，异化一定坏。反之也是如此。

传媒的发展也是如此。当传媒弘扬社会主流文化的时候，传媒主要发挥着同化的作用。而当传媒主要传播流行文化或多元文化的时候，它主要起着异化的作用。在一个单元文化主义的时代和社会里，一般不存在文化认同的危机。因为社会中有一种单一的意识形态思想占着绝对主导或主宰的地位，不容任何其他具有挑战性的意识形态文化的对抗，甚至存在。这时候，所有的社会个体倾向于成为"单面人"。单面人，也被称为"单向度的人"。这一概念由美籍德裔哲学家马尔库塞在其重要著作《单面人——发达国家精神意识形态研究》中提出。马尔库塞认为，由机器、技术、市场、商品等组成的资本主义工业社会是一个单面的社会，它提供的是标准化、模式化、批量化、流水线生产化以及丰富的物质财富，以及传媒工业化生产的海量的标准化、模式化、受到社会设计和控制的精神资源。人们处于这样的生活环境中，人们无暇深入思考，更多的是接收或逃避，屈服于并开始一味地认同现实，容易麻木，丧失批判性、超越性、个性的自由和创新活力。人们更多地倾向于随波逐流，得过且过，而很少去为社会的公平、正义和更完善合理的社会制度而呐喊和努力。

单面人更多地出现在极权主义的社会里。极权主义主要有两种：一种是采用恐怖和暴力手段而维护的极权主义，一种是采取垄断资本和生活资料手段而维护的极权主义。这两种极权主义都能利用自己的强势来压制不同意见和声音，压制人们对现状的不满和批判，从而牢牢地保护自己的既得利益和特权。

除了单面人是可能的传媒同化与异化作用的产物之外，人性异化人、电视容器人、电脑人、游戏人等也都可能是传媒同化与异化作用的产物。美国心理学家弗洛姆，曾经提出"人性异化"的思想。他认为，人类有着共同的人性，衡量一个社会是否健全的标准便是看这个社会是否能按照人性的特性和规律去充分发展，能否为人类生存问题找到一个完美的答案。凡是一个社会不能按照人性或者实现人性和人类生存的更好的发展，那么这种社会就是一个有问题的社会。人类在这样的社会生存，多少就会发生人性异化现象。所谓人性异化，在他看来，就是人性受到外在因素的控制、伤害，失去了尊严和价值，人本身不再是人生的目的，而是外在的劳动、消费、金钱、权势等成为了人生的目的。同样的，当一个民族感觉自己的民族文化在世界民族文化中的地位和作用受到前所未有的影响和挑战的时候，也会产生文化认同的危机。譬如，"五四"运动时期，出现的"全盘西化"思潮，加拿大文化精英掀起的"媒介素养教育"浪潮，都体现了一种文化认同上出现的危机。

日本学者中野牧在《现代人的信息行为》一书中提出了"容器人"的概念。所谓"容器人"是指在电视等屏幕媒介传播环境下，人们多了"视听"、"触屏"等体验，少了人与人面对面的交流和沟通，这样的生活习惯容易造成自我心理的孤独和封闭，不希望对方了解自己，自己也不想了解对方的内心世界，表现出过多注重自我感觉和自我意志，以及对传媒的过分依赖。这样的容器人，习惯于生活在虚拟世界中，但往往表现出对真实世界的不适应。这个过程中，有传媒文化对他们人格的同化，也有对他们人性的异化。他们可能会更多地迷恋电子产品，严重依赖即时的通讯软件，崇拜品牌和符号化的生存方式，更注重自我的舒适，而不太在意他人的生活。尽管"容器人"会有这样那样的表现，但这的确是传媒科技和现代生活的进步的结果，正像任何生物都会有比较强的自我调解和适应能力那样，人类自身也拥有比较强的自我调节和适应能力，也有自我觉醒的能力，所以，相信未来的触屏一代，也会找到应对触屏方式带给自己的所有不利的影响的。

目前，我国传媒的国际影响力还非常有限，除了我国传媒实力还不太强大之外，我国的政治文化、经济文化、教育文化等诸多文化方面还有很多缺陷，吸引力还比较弱小。更重要的是，我国的传媒传播方式、效率和内容方式还有较大的拓展空间，这直接影响到西方受众对我国传媒报道的看法。如果我们的传播不能带给外国受众更好的利益或更多的启示，那么，国外的受众也不会将自己宝贵的时间花费在我国传媒的收听、收看和阅读上的。因此，传播是否有效，是否有吸引力，其关键在于自我的实力、品牌和信誉如何。

（五）加法与减法

传媒具有加法和减法功能。传媒曝光一个人或企业，就会将此人或此企业弄得名誉扫地，传媒褒扬一个人或企业，就会将此人或此企业头

第二章 传 媒

上罩上一层光环。因此,传媒是个放大器或扩音器。

传媒的加法和减法功能还表现在新的传媒技术对传统的传媒形态和传统行业既是个挑战,也是个机遇。譬如,报纸在遇到网络、手机等新媒体的冲击之后,如果不加妥善的应对,就会面临严重的生存危机。但是,如果顺应新媒体技术的发展趋势,主动地实现与新媒体技术的融合和改造,开始将报纸办成在线报纸和线下报纸两种形态,然后再拓展此方面的业务,那么报纸业也许就会迎来一个新的发展机遇和空间。同样的,如果传统的制造业、商业实现"互联网+"行动计划,将移动互联网、云计算、大数据、物联网与传统的制造业、商业等行业结合起来,就有实现新的升级换代和巨大飞跃发展的可能。目前的互联网交通、互联网医疗、在线教育、互联网购物等领域已经有所发展,大大地方便了人们的日常生活和企业的生产与营销。线上信息传播和营销与线下实体经济的紧密结合,将会大大盘活、加强资金的流动,业务的开展,信息的反馈,也必将大大促进企业、机构、组织的改造和升级。

某种意义上而言,传媒的加法和减法功能具体表现在人类各层次需要的满足上。可以想象的是,未来的营销将会是美感、价值观和新的生活方式的结合。因为未来的社会生活必然会越来越人性化,所以未来的企业生产、经营和销售也会越来越人性化。美国心理学家马斯洛将人类的需要分成生理需要、安全需要、爱与归属需要、尊重需要、自我实现需要和自我超越需要等几个层次。比较目前各种各样的广告营销和马斯洛的需要层次需要,我们可以看出,广告营销有的是以生理需要为诉求,有的是以安全需要为诉求,有的是以爱与归属需要为诉求,有的是以尊重需要为诉求,有的是以自我实现需要为诉求,也有的是以自我超越需要为诉求。同样的,研究和洞察更广泛意义上的传媒传播活动,我们也可以看出,马斯洛的需要层次学说也是适用于各种各样的传播需要诉求的。

美国社会学家拉扎斯菲尔德与罗伯特·默顿在论文《大众传播、大众鉴赏力和有组织的社会行动》中曾经对大众传播的正负功能做过探

· 281 ·

讨。他认为，大众传播的正功能主要表现在：通过议程设置赋予个人、团体、社会问题以及社会行动以重要的社会地位，使它们成为社会瞩目的焦点；重申社会准则和规范，使违背社会准则和规范的人和事受到舆论的谴责，以及可能的政府追责与法律惩戒。其负功能则主要表现在：有传媒构建的虚拟社会环境，具有麻醉功能，能让用户得到虚幻的满足，从而导致幻想现实与真实现实的脱节，以及用户个体社会适应能力的下降，甚至导致犯罪和不良后果；传媒内容的普遍低俗或平庸化，会导致用户审美水平和鉴赏力降低，不重经典阅读和深度思考；因为海量多元的信息，很容易占用用户的工作和学习时间，造成工作和学习时间的流逝；因为各种各样的信息和他人对众多问题的思考，容易让用户不再做独立思考，从而导致批判思维能力的下降；外国西方文化强势输出，以及对本国文化弊端的感受，容易让用户产生民族文化认同危机；因为过多地使用电脑和手机等传媒工具，导致运动减少，辐射增加，从而可能影响个体身心健康。此外，人们过多地依赖传媒进行间接交流，会导致面对面的社会交往较少，从而与社会群体产生疏远，等等。

　　总之，传媒本身就是一种文化，这种文化不断地改变着人们的生活观念、生活方式和习惯，它带领人们不断地走向文明、民主和科学，也会给社会和人们带来种种的不适和新的问题。色情、暴力等文化的泛滥，也是传媒工业文化带给这个社会的一个负能量的产物。

第三章　传媒素养

传媒素养，又被称为"媒介素养"、"媒体素养"、"媒体识读"、"媒体认知"等，是指一个人所具有的关于传媒的知识、技能，以及传媒法规、道德、经济、政治等方面的理解与认识水平等。本书中，一般情况下（除非引文中和需要特殊说明的地方），一律使用"传媒素养"这个能够比较明确地表示"传播信息的媒介素养"意涵的术语，一般不使用"媒介素养"、"媒体素养"这样的术语来表示"传播信息的媒介素养"的意涵。由于传媒是从低级到高级不断发展和丰富的，所以传媒有传统的传媒素养和现代的传媒素养之分。在不同的时代，不同阶级或阶层的人们对素养的重要性和必要性的认识也是不同的，关于传媒素养的思想也是五花八门、千差万别的。但是，正如口语素养是文字素养、广播等听觉素养的前提一样，文字素养和表达性语言素养也是影像素养的前提。从过去和现在来看，传媒素养是人成为社会人的必要条件之一，素养与人类和个人的命运相始终。

第一节　传媒素养的定义和分类

一、传媒素养的定义

什么是传媒素养？仁者见仁，智者见智。

美国传媒素养研究中心将传媒素养定义为包括传统读写素养在内的

一切传媒素养。他们认为，"'传媒素养'是一个包容性较大的术语。它包含了近用、分析、评估和创制传媒的全过程。随着传媒技术在家庭的普遍应用，随着多媒体教育的发展，学生近用计算机和网络越来越成为可能，'传媒素养'也在将素养的基本概念（即'读'和'写'）扩展至各种传播形式——从电视到T恤衫，从广告牌到多媒体环境。"①

本书作者对传媒素养概念的认识也经历了一个不断更新的过程。2005年的时候作者曾经如此定义："传媒素养是指信息时代中的人们在具备读书写字能力的同时，所具有的正确的认知、解读和运用各种传媒知识、技术和信息的能力。而传媒素养教育，就是指导人们理性认知并积极享用大众传媒，有组织、有系统、有计划、有目的、有程序和有思想政治头脑地培养人们全面解读、批判和运用传媒信息的能力。在媒体、网络和信息时代，这种素养教育是不可或缺的。"②

在2008年博士后报告《传媒素养教育论》中，本人在绪论和正文中曾分别将传媒素养描述为："传媒素养：是指关于传媒的知识和技能，以及与之相伴随的批判思维能力和公民思想意识及社会行为能力。它包括功能素养和思想素养两方面。传媒素养包括专业/职业传媒素养和通识/普通传媒素养两类。前者是传媒从业人员必须具备的传媒专业知识和技能，以及思想素养等；后者是指普通大众应具有的起码的传媒知识和技能，以及思想素养等。"和"传媒素养是关于包括文字、声音、形象（图画、符号、图像等）等基本传媒形式，以及由这些基本传媒形式发展而来的全部较高级的传媒形式在内的知识和技能。③ 传统语文素养、文学艺术素养和新兴传媒素养等都是传媒素养的有机组成部分。"

---

① 美国传媒素养中心（Center for media literacy），http://www.medialit.org/faq_best.html#difference。

② 秦学智：《媒介素养教育：中国教育发展的新动向》，华北水利水电学院学报（社会科学版），2005年第4期，第33—34页。

③ 秦学智：《传媒素养教育论》"传媒素养"一章，中央教科所博士后出站报告，2008年。

至此，本书作者已经不再和许多其他的学者一样，将传媒素养视为"与传统读写素养相并列的一种新的素养形式"，而是认为新兴传媒素养是传统语文素养的一种扩展、延伸或发展。

2011年在《传媒素养教育的几个重要概念辨析》一文中，本书界定为："传媒素养是指个人经过后天训练、培养和实践而达到的应对各种传媒的智力和非智力水平。和一般素养一样，它也主要包括知识、技能、情感、态度、价值观和思想道德品质等几个维度。"①

二、传媒素养的分类

有什么样的传媒，就有什么样的传媒素养。因此，我们在此可以借鉴传媒的分类理论来尝试对传媒素养进行分类。当然，传媒素养的分类并不一定非要完全和传媒的分类一模一样。我们可根据传媒素养自己特有的若干内涵，增加、扩大或减小分类。

罗杰·费德勒除了将传媒划分为人际领域、广播领域和文献领域三个领域外，他还将传媒语言划分为四种：即表达性语言（或称为表意语言）、口语语言、书面语言和数字语言。于是，我们可以借此将传媒素养划分为表达性语言素养（或称为表意语言素养）、口语语言素养、书面语言素养和数字语言素养。毫无疑问，每一种能够自圆其说的分类方法，都是对传媒特性的一种合情合理的认识。它在一定程度上能够反映我们认识传媒的程度和水平。

依据不同学科或科目可将传媒素养分为：语文传媒素养、音乐传媒素养、美术传媒素养（这里指绘画素养）、雕塑传媒素养、摄影传媒素养、报纸传媒素养、杂志传媒素养、电影传媒素养、广播传媒素养、电视传媒素养、网络传媒素养、广告传媒素养、手机传媒素养、戏剧传媒素养、文学传媒素养（小说、散文、故事书、诗歌、辞赋等方面素养）、舞蹈传媒素养、建筑传媒素养、陶俑传媒素养、陶瓷传媒素养、

---

① 秦学智，秦倩，何娟：《传媒素养教育的几个重要概念辨析》，《现代传播》，2011年第12期。

剪纸传媒素养、服饰传媒素养、书法传媒素养、动画传媒素养、漫画传媒素养、相声传媒素养、小品传媒素养、栋笃笑传媒素养、二人转传媒素养、讲演传媒素养、播报传媒素养等。此外，还有人际传媒素养、小众传媒素养、大众传媒素养、工具类传媒素养、实物类传媒素养、馆藏类传媒素养；普通语言传媒素养、文学艺术语言传媒素养、综合类语言传媒素养；旧有传媒素养与新兴传媒素养；传统传媒素养与现代传媒素养；报纸素养、书籍素养、杂志素养、电视素养、电影素养、网络素养、手机素养、游戏素养、新闻素养、广告素养等各种各样的分类方法。

众所周知，传统性与现代性总是并行不悖，现代性往往又以传统性为基础。比如，口语传媒的出现并没有完全取代表意语传媒，文字传媒的出现并没有完全取代口语传媒，电子传媒的出现也并没有取代文字传媒。它们彼此有竞争有合作，在竞争中求发展，在合作中求生存。

传统传媒素养与现代传媒素养共存共荣，其关系如同传统传媒和现代传媒之关系一样。人类可以步入现代传媒素养时代，但并不等于说这个时代的一切传媒素养都是现代的。现代的东西和内涵是现代的这个时代才拥有或发明创造出来的，而传统的并没有完全离我们而去，它甚至会和现代的东西纠缠不清，以至于我们无法将其完全割舍。正如现代家庭装饰中采用了古典的风格一般，传统的东西有时会和现代的东西实现巧妙的或天衣无缝的珠联璧合。

任何传媒素养都有其传统性和现代性。虽然有竞争性，但它们之间往往能够实现很好的结合。因为经典的东西总是经典。语文素养有传统语文素养和现代语文素养之分；舞蹈，有原始舞蹈和现代舞蹈之分；音乐有古典和现代之分；口语语言也有古代和现代之分，等等。所以，每一个传媒领域都有自己的传统内容，也都有自己的现代内容。目前，在实际的传媒素养教育教学中，我们实际上是以现代的内容为主，而以古典的为辅。例如，语文教学中，是以现代文为主，而以文言文为辅的。

由于传媒具有历时性和共时性，因此传媒素养也具有历时性和共时性。这样如何划分传统的和现代的传媒素养，对于人们更好地认识传媒素养这一概念和问题，以及如何在操作层面上实践传媒素养都具有比较重要的意义。

从历时性方面讲，传统传媒素养和现代传媒素养的区分，可以以时间和内容来划分。从共时性方面讲，它们二者之间的区分，可以以目前广大人群中特别是基础教育中普及教育的程度来划分，还可以传媒素养所具有的现代性与传统性来划分。

不同的分类方法，各有其用处。因为传媒是个大家族，错综复杂，所以，分类便于我们认识或者按照一定的逻辑顺序去讲授或去学习和掌握这些素养知识与技能。我们知道，小众的传媒内容可以借由大众的传媒来传播或镶嵌于大众传媒语言之中。因此，大众的传媒素养包含有小众的传媒内容和信息。因此，在讲授或学习传媒素养的时候，我们可以按照大众传媒的分类，如报纸、杂志、广播、电视、广告、小说、电影、网络去讲或去学习，也可以按照大众传媒所涉及的主题或内容去讲或去学习。在讲授或学习的时候，我们还可以深刻领略听觉语言、文字语言和视觉形象语言各自的魅力和特点等。

第二节 传媒素养的构成

传媒素养由两大部分组成。一部分是传媒素养教育的公共目的，即公民素养、批判性或辩证思维能力；一部分是传媒素养教育的自我目的，即与传媒有关素养。

一、与传媒有关素养

作者将"与传媒有关素养"细分为以下几部分：传媒认知与审美素养、传媒使用/操作素养、传媒表达与传播素养、传媒道德和法规素养、传媒研究素养和传媒文化创意素养等。

（一）传媒认知与审美素养

传媒认知与审美素养，主要包括传媒认知素养和审美素养两部分。具体而言，传媒认知素养包括观看、观察、倾听、阅读或辨析传媒文本及其信息的知识和技能，认知传媒技术及设备的知识和技能，以及认知传媒功能与影响的知识与技能等。传媒审美素养主要包括鉴别和领会传媒或传媒艺术品的美的知识和技能，以及进行传媒美学谈论、讨论、评论和讲述的知识和技能。

其中，观看、观察技能，是指通过眼睛获得对人或事物运动信息捕捉与判断的能力。譬如观察对方的表情姿势等体态语言而洞悉对方真实意图等。倾听和阅读素养是指阅读和理解文字材料、听力材料或视听材料的知识与技能。鉴别和领会能力，即观赏能力，是指人类出于休闲娱乐的目的而通过观看/阅读传媒文本而获得审美愉悦的能力。鉴别和领会能力是人人必备的一种传媒素养。

（二）传媒使用/操作素养

由于传媒技术的发展，传媒技术设备和操作程序日趋复杂，传媒技术含量日趋增大。人们要想成功地使用或操作传媒技术或设备，就必须学会有关的知识和技能。因此，近用媒体成为人人必备的一种素养。

（三）传媒表达与传播素养

传媒表达与传播素养包括口头表达、笔头表达（写作与批评）、动手表达（制作与演示）、表意表达等知识和技能。其中，口头表达素养是指能够用口头清楚表达思想情感或讲述传媒文本的故事情节及其意义的知识与技能。具体包括会话素养、演说素养、主持素养、讲故事素养、小品素养、相声素养等。笔头表达素养是指进行文字材料、录音材料和视听材料整理与写作，以及批评（评论、评估、评述等）的知识和技能。动手表达素养是指进行传媒制作与演示的知识和技能。表意表达素养是指进行艺术表演和传媒营销的知识和技能。

(四) 传媒道德和法规素养

有传媒素养的人不能不了解和掌握有关的传媒道德、法律法规。了解和掌握了，还要认真遵守并以身作则。因此，传媒道德和法规素养是传媒素养的应有之义。

(五) 传媒研究素养

有传媒素养者懂得传媒研究的必要知识和技能。他能够迅速地搜寻有关资料和信息，较好地确定研究主题，准确地描述研究问题，并能选取适当的研究方法和路径实施研究工作。他知道研究什么，如何研究，为什么研究。他会从内容分析、叙事分析、符号学、意识形态研究、类型学研究、类型片研究、主创作者研究、明星研究、文化研究、结构主义理论研究、现象学理论研究等研究方法中选取最适宜的方法，或综合各种方法，对传媒文本进行研究分析；会从文献研究、访谈、参与式观察、口述历史、政治经济学研究等研究方法中选取最适宜的方法或综合各种方法，研究传媒组织和传媒产业；会从观察、提问、焦点小组、口述历史、问卷调查等方法中选取最适宜的方法或综合各种方法，对受众进行研究分析。总之，他会使用一切可能的定量和定性的研究方法，来研究可能的有价值研究的传媒问题，并撰写出符合相关研究规范的研究报告。①

(六) 传媒文化创意素养

传媒文化创意素养是指有关传媒文化创意的知识和技能。传媒文化创意需要较深厚的社会文化底蕴，较高的文化创新能力，以及机智敏锐的文化产业眼光和过人的毅力、胆识和气魄等优秀品质。这是"与传媒有关素养"中最高境界和最高水平的素养。可从小培养受众这方面的思想意识与行为习惯。

---

① Jane Strokes：《媒介与文化研究方法》，黄红宇、曾妮译，复旦大学出版社2006年版。

二、公民素养与批判性或辩证思维素养

（一）公民素养

公民素养是传媒素养教育的公共目的，即一切教育形式的公共素养要求。它主要包括公民民主素养、公民人文素养、公民科学素养和公民行为习惯素养等四个方面。

公民民主素养，是指公民当家做主、追求民主社会生活、实践依法治国理念的知识和技能。

公民人文素养，是指公民热爱和看重优秀社会文化艺术，支持、提倡或积极投身于学术研究，崇尚真、善、美，追求思想自由、个性解放，关怀他人与社会，并具有相关社会人文知识和技能。

公民科学素养，是指公民所持有的辩证唯物主义的科学态度、方法和信念。有科学素养的公民，能够热爱科学，追求科学，进行批判性思考，并具有以科学态度和方法对待一切事物的胆识、勇气、思想和行为。

公民行为习惯素养，是指公民具备或掌握起码的公民行为习惯的知识和技能，并基本养成良好的公民行为习惯。

（二）批判性或辩证思维素养

每个人都应具备对人和事物的批判性反思和辩证思维能力，并具有批判性反思和辩证思维的意识、精神和行为习惯。能不唯上，不唯书，不受表面现象和任何虚假诈骗信息的干扰和欺骗，并且具有深度分析和科学探究问题与根源的能力。

此外，传媒素养还可以被划分为两个较大的方面：**功能素养和思想素养**。功能素养突出有关传媒的知识和技能，而思想素养主要表现为传媒文化的社会价值和心理价值。换言之，传媒素养是集功能性与思想性于一身。

第三节 传媒素养的层次/水平

作者根据多年教学的经验,将传媒素养的层次/水平初步划分为以下 7 个,以待商榷。

一、获知水平

在这一水平,对相关传媒知识与技能仅仅是听说、看见,有印象但谈不上了解。

二、有所了解水平

在这一水平,对相关传媒知识与技能仅仅有所了解,但谈不上深知或明白。

三、理解/明白水平

在这一水平,对相关传媒知识与技能已经理解和明白。但谈不上分析和鉴赏。

四、分析和鉴赏水平

在这一水平,对相关传媒知识与技能已经具备较强的逻辑分析能力和艺术鉴赏力。并能够从事分析、解释和鉴赏一定传媒作品的工作。但谈不上模仿。换言之,动手能力较弱。

五、模仿水平

在这一水平,对相关传媒知识与技能已经能够模仿,换言之,能够以原始文本或情境为基础,从事模拟、角色扮演、仿制、仿写、改编、扩写、缩写等模仿性学习活动。但谈不上完全掌握。

六、掌握水平

在这一水平,对相关传媒知识与技能已经完全掌握,心领神会。能够"随心所欲而不逾矩"地进行写作、制作、表达、展示、传播或销售等活动。但谈不上真正的创新或创造。

七、创造/创新水平

在这一水平,已经从"制造"转变为"创造"。具有独立的自主知识产权。并表现出较强的创新精神和创造能力。

传媒素养的层次/水平一步步提高。一是符合一般事物的结构性特征;一是符合学生心理发展的特点和规律。从幼儿园至大学,可以根据这几个层次/水平阶段思想来确定不同学段的传媒素养教育目标和要求。

第四节 传统传媒素养时代和现代传媒素养时代

关于传统的传媒素养时代与现代传媒素养时代的区分,相对来说比较容易。可以将大众传播时代到来的时间作为传统传媒素养时代与现代传媒素养时代的分水岭。1833年,本杰明·戴出版只卖一便士的《太阳报》,被许多历史学家看做是大众传媒的起源。因此,作者建议将1833年作为传统传媒素养时代和现代传媒素养时代的分界线。

综上所述,我们看到传媒素养是一个永恒的话题。"活到老,学到老"。随着新的传媒技术和文化的出现,并且这种发展越来越成为人们生活观念和方式中的一个重要组成部分,人类必然要学会新的传媒素养,以适应社会发展的客观要求。否则,优胜劣汰,没有或不懂传媒素养的人会在不断变化的社会中遭遇不利的尴尬生存处境。传媒素养与人类或人类命运相始终。

第四章 传媒素养教育

本章将对传媒素养教育的基本规律和基本理论进行探讨与建构。将对传媒素养教育的定义、必要性、必然性、历史发展概况、目的、对象、内容、分类、功能、特征、实质、实施途径、评价、教师要求、学科建设,以及与相关相近教育形式间的区别和联系等问题进行探究和分析。

第一节 传媒素养教育的定义与分类

传媒素养教育是传媒教育的一部分。传媒教育,是指有关传媒知识和技能,以及与之相伴随的批判思维能力和公民思想意识及社会行为能力的教育。它包括传媒专业教育(或称为传媒职业教育,或职业传媒教育)和传媒素养教育(或称为普通传媒教育、一般传媒教育或通识传媒教育)两类。

传媒专业教育,是指培养受教育者的职业/专业传媒素养的教育。而传媒素养教育是指培养受教育者的通识/普通传媒素养的教育。因为所有的教育都可以说是一种素养的教育,专业教育是专业素养的教育,普通教育是普通素养的教育,所以本书作者认为现有的"传媒素养教育"、"媒体素养教育"或"媒介素养教育"等提法不是特别的清晰和明确。对于面向广大公众的素养的教育,倾向于使用"通识传媒教育"、"普通传媒教育"或"一般传媒教育"这样的提法,以区别于

"专业传媒教育"、"职业传媒教育"或"传媒专业教育"这样的概念。但鉴于目前新闻传播学界很大程度上接受了"传媒素养教育"或"媒介素养教育"、"媒体素养教育"（media literacy education）这样的提法，这几种提法中，本书作者倾向于使用"传媒素养教育"这一术语，故在本书中除非引文中和需要特殊说明的地方，一律采用"传媒素养教育"这一术语。而在本书封面题名上倾向于采用"传媒教育学（普通素养篇）"这一提法。

一、传媒素养教育的定义

（一）对传媒素养教育的不同认识

一方面，世界上不同国家有着不同的国情和对传媒素养的不同发展要求；另一方面，一个国家在不同的发展时期，传媒素养教育在目标、内容和方法等思想和实践上都会呈现不同的特点。因此，对传媒素养教育多样化的理解在所难免。

英国考克斯委员会（Cox Committee）1989年在《考克斯报告》（Cox Report）中陈述说：传媒素养教育（Media Education）致力于增强儿童批判性地理解传媒的能力。其目的旨在通过鉴赏和分析传媒艺术品系统地发展儿童的批判力和创造力，旨在培养更为主动与具批判力的传媒使用者，使他们不但会理性地消费传媒产品，而且能为丰富传媒产品的多样性作出贡献。[1]

传媒素养教育学者安德鲁·哈特（Andrew Hart）重视各种传媒形式间的关系，关注（address）价值观念、权力控制、品质、意识形态，以及所有制形式、传媒生产过程和受众反应等问题。对如何组织教学、如何教学等方面都有论述。他认为，传媒素养教育的目的不仅在于让儿童理解传媒，同样地享受、评估和参与传媒。[2]

瑞妮·霍布斯（Renee Hobbs）认为，传媒素养教育是关于传媒产

---

[1] Department of Education and Science. (1989). The Cox Report. London: HMSO.

[2] Hart, Andrew (1991): Understanding the Media: A Practical Guide. London: Routledge.

业的学习过程,以及积极主动地分析、评估和利用传媒信息的过程。通过此过程的经历,来培养儿童的公民素养。①

香港基督教服务处认为,"传媒素养教育旨在让受众在接收传媒发放之信息时不致处于被动状态,而易受其内容(包括文字与影像)所渲染及影响。传媒素养教育就是让受众透过认识不同媒体之特质及表达手法,使其能有效运用思考能力,辨识与批判传播之内容,避免受不良信息荼毒"。并且,他们还认为,"传媒素养教育是一个长期倡导工作,应以生活化方式推行。其中可以考虑的是先训练老师、家长、社工等,让他们明辨传媒挑选信息内容及表达方式之一贯手法和背后意义、明白信息之正面及负面影响力,然后在不同的生活环节将有关技巧传递予青少年,装备他们迎接这急速转变的资讯世界"。②

香港传媒教育协会将传媒素养教育定义为,"学习如何和传媒打交道,它教导年轻人如何认识、分析、运用和监察大众传媒,一方面培养他们成为精明和有品位的传媒消费者,另一方面鼓励他们监察和改善传媒,做个既有责任心又有批判能力的公民"。③

帕金翰将传媒素养教育定义为,关于报纸、杂志、书籍、广播、电影、电视、录像、摄影、广告、音乐唱片、电脑游戏、网络、生活快照、经典电影或文学作品等传媒的教育教学。"其目的就是发展人们理解、批判、创新的传媒文本能力以及主动参与传媒活动的兴趣。它不同于利用传媒而进行的教学。例如,将广播、电视、电影、录像、科幻小说或电脑等用作讲授科学、历史或地理等课程知识的手段。"④

---

① Hobbs, R. (1998). Building citizenship skills through media literacy education. In M. Salvador & P. Sias (Eds.), The public voice in a democracy at risk (pp. 57 – 76). Westport, CT: Praeger.

② 香港基督教服务处:《对〈二零零零年"淫亵及不雅物品管制条例"检讨谘询文件〉的意见》〔2000 – 6 – 15〕, http://www.hkbu.edu.hk/~alicelee/media – education/HKAME_chinese.html。

③ http://www.hkbu.edu.hk/~alicelee/media – education/ref_whole.htm。

④ Buckingham, D. (2003). Media Education: Literacy, learning and contemporary culture. Cambridge: Polity.

从以上定义看，大多数学者将传媒素养教育定义为主要关于大众传媒的教育。受这些思想的影响，作者 2005 年时，将传媒素养教育定义为，"指导人们理性认知并积极享用大众传媒，有组织、有系统、有计划、有目的、有程序和有思想政治头脑地培养人们全面解读、批判和运用传媒信息的能力"。① 现在看来，这种定义还是不太周全的。

（二）作者对传媒素养教育的思考和定义

人类一切教育都是通过传媒而进行的。这种通过传媒而进行的教育又可分为两种目的的教育。一是通过传媒而进行的关于传媒知识和技能的教育；一是通过传媒而进行的关于非传媒学科知识与技能的教育。当然，无论哪种教育，其教育的"育人功能"都是一致的，即在所有形式或目的的教育中，培养人正确或健康的情感态度与价值观是它们的最高目标和努力方向。

在"通过传媒而进行的关于非传媒学科知识与技能的教育"中，虽然传媒学科知识和技能的教育教学并非该种教育的直接目的或目标，但由于传媒作为教育手段的使用，其教育教学结果一定程度上导致学生传媒表达能力的提高，如数学课、数学知识竞赛可能会促使学生数学口头表达或笔头表达能力的提高；历史课或历史知识竞赛可能促使学生历史口头表达能力或笔头表达能力的提高，等等。子夏曰："贤贤易色，事父母能竭其力，事君能致其身，与朋友交言而有信。虽曰未学，吾必谓之学矣。"② 从孔子弟子子夏"虽曰未学，吾必谓之学矣"的思想来看，虽然"通过传媒而进行的关于非传媒学科知识与技能的教育"之直接目的并非传媒知识和技能，但它在一定程度上具备这种作用和效果。如果从教育效果上而非教育目的上而言，这样的教育已有若干传媒素养教育的内容或成分。

---

① 秦学智：《媒介素养教育：中国教育发展的新动向》，《华北水利水电学院学报（社会科学版）》，2005 年第 4 期，第 33—34 页。

② 《论语·学而》。

但传媒素养教育（与职业传媒教育或传媒专业教育相区别）却是根据其教育目的而论的。即"通过传媒而进行的关于传媒知识和技能的面向广大受众的通识教育"才能被称之为传媒素养教育。

从许多传媒素养教育学者的定义中可知，传媒素养教育是关于传媒知识与技能的普及性教育（内中隐含公民社会品质的教育，公民教育），这一点在很大程度上有着共同一致的意见的。

因此，作者尝试对传媒素养教育定义做一二表述，以待商榷和完善。

在2008年本人博士后报告《传媒素养教育论》"传媒素养教育"一章中给出了两个表述不一样但意义相同的定义：那就是，"传媒素养教育是指关于一切传媒内容和形式的面向广大受众的普及性教育，它旨在培养人们相关的传媒素养（即传媒知识、技能、情感、态度、价值观，以及思辨能力和公民素养）。"和"传媒素养教育就是关于正确认识传媒真面目并适当合理投入其中的，以旨在培养广大受众科学合理地、富有社会责任感地接收、鉴别、分析、处理、加工和创制传媒信息与思想的能力的教育，简而言之，就是培养受众正确认识、使用、评估和创制传媒文本及其信息的教育。"2011年，在《传媒素养教育的几个重要概念辨析》一文中定义为："传媒素养教育是指根据一定的社会要求与受教育者的身心发展规律，通过一定的教育手段使受教育者能够掌握或具备一定传媒素养的培养人的活动。它不仅培养受教育者的传媒知识、技能，还培养与传媒有关的情感、态度，以及现代社会所要求的价值观和思想道德品质等修养。"[①]

这三个定义在作者的眼中，表达的意义都是相同或一致的。它们试图从不同的角度来确认或辨别传媒素养教育的真实意义。

最后，作者还需要强调的是：传媒素养教育是关于传媒学科知识和

---

① 秦学智，秦倩，何娟：《传媒素养教育的几个重要概念辨析》，《现代传播》，2011年第12期。

技能的普及性教育教学活动。其初级目的是为了向学生讲授或分享有关传媒的知识和培养他们必要的传媒技能，其高级目的是为了培养学生的批判性反思维能力、正确的情感态度和意志力、积极健康的人文思想和主动创造创新精神，以及积极进行传媒参与和实践的公民行动能力。换言之，在教书和育人二者的关系上，传媒素养教育应当将育人功能置于其中心的位置。

传媒素养教育应当有明确的社会定向，应当教给学生适当的社会价值标准，应当有助于教学质量和教学水平的提高，应当有助于学生传媒能力和意识的增强，应当有助于学生辩证思维能力和公民道德修养的提升。

二、传媒素养教育的分类与判定标准

本部分将尝试对传媒素养教育进行分类，并试图提出传媒素养教育教学的判定标准。分类可以让人们对一个事物认识得更加明晰和清楚，判定标准能够方便人们做出必要的判断。它们都是传媒素养教育研究应该涉及的内容。在分类部分，将提出传统传媒素养教育与现代传媒素养教育、传统传媒素养教育时代与现代传媒素养教育时代等概念或命题，其科学性或合理性尚待商榷。

（一）传媒素养教育的分类

有什么样的传媒，就有什么样的传媒素养。同样的，有什么样的传媒素养，就有什么样的传媒素养教育。因此，关于传媒素养教育的分类，和关于传媒的分类以及传媒素养的分类一样，其实还会有更多的分类方法。根据罗杰·费德勒关于传媒的分类方法，可以将传媒素养教育划分为人际领域、广播领域和文献领域三个领域的素养教育；根据罗杰·费德勒关于语言的分类方法，可以将传媒素养教育划分为表达性语言（或称为表意语言）、口语语言、书面语言和数字语言等四个方面的素养教育。毫无疑问，每一种能够自圆其说的分类方法，都是对传媒、传媒素养及素养教育特性的一种合情合理的认识。它在一定程度上

能够反映我们认识它们的程度和水平。(对这一部分的理解请参考"传媒的分类"和"传媒素养的分类"两部分内容)

例如,根据受教育者的对象,可将传媒素养教育划分为:教师传媒素养教育、学生传媒素养教育、家长传媒素养教育、社区人员传媒素养教育、传媒从业人员传媒素养教育、工人传媒素养教育、农民传媒素养教育、其他社会公众传媒素养教育等。根据教育对象的不同,可灵活确定教学内容和教育的方式方法。如,学生传媒素养教育,可采用学校正规教学与校外课堂教学相结合的方式,学习关于主要是大众传媒的知识、技能、文化、法律、思想道德等内容。传媒从业人员的传媒素养教育,可包括传媒从业人员如何利用大众传媒进行有关大众传媒内容的传媒栏目制作和栏目研发,传媒从业人员应该具备的客观公正报道素养,以及传媒素养教育的理念传播等内容。根据受教育者是否是成年人还是未成年人,将传媒素养教育分为未成年人传媒素养教育和成年人传媒素养教育两大类。当然,也可以进一步细分,如将成年人传媒素养教育分为青壮年传媒素养教育与老年人传媒素养教育等多种类型。

根据文化教育的取向,可将传媒素养教育划分为精英文化传媒素养教育与大众文化传媒素养教育。如大众文化传媒素养教育是关于通俗、大众和流行文化的,如流行小说和通俗小说等。

根据组织者的不同,可将传媒素养教育分为多种类型,如学校传媒素养教育、媒体传媒素养教育、社区传媒素养教育、公民团体传媒素养教育、政府机构传媒素养教育(如扫盲运动中的识字教育)、研究机构传媒素养教育、其他组织者传媒素养教育等。

根据不同学科或科目可将传媒素养教育分为:语文传媒素养教育、音乐传媒素养教育、美术传媒素养(这里指绘画素养)教育、雕塑传媒素养教育、摄影传媒素养教育、报纸传媒素养教育、杂志传媒素养教育、电影传媒素养教育、广播传媒素养教育、电视传媒素养教育、网络传媒素养教育、广告传媒素养教育、手机传媒素养教育、戏剧传媒素养教育、文学传媒素养(小说、散文、故事书、诗歌、辞赋等方面素养)

教育、舞蹈传媒素养教育、建筑传媒素养教育、陶俑传媒素养教育、陶瓷传媒素养教育、剪纸传媒素养教育、服饰传媒素养教育、书法传媒素养教育、动画传媒素养教育、漫画传媒素养教育、相声传媒素养教育、小品传媒素养教育、栋笃笑传媒素养教育、二人转传媒素养教育、讲演传媒素养教育、播报传媒素养教育等。

因为从传播思想和信息的角度看，传媒即语言，语言即传媒。换句话说，传媒是语言化的传媒，语言是传媒化的语言。所以，按照我们基础教育中几十年来一贯开设的课程或科目来划分，我们可以将语文、音乐、美术等培养人们传递信息、表达思想和陶冶情操的科目称为传统传媒语言科目，而将代表时代传媒语言潮流的或时代传媒语言时尚的传媒语言科目称为现代传媒语言科目，如传媒研究、报纸、杂志、小说、广告、广播、电视、电影、网络、信息技术、摄影、摄像、照明、灯光、编剧、传媒文化创意等。

此外，还可以根据不同的标准划分为初等传媒素养教育、中等传媒素养教育、高等传媒素养教育；正文化传媒素养教育、负文化传媒素养教育；人际传媒素养教育、小众传媒素养教育、大众传媒素养教育、工具类传媒素养教育、实物类传媒素养教育、馆藏类传媒素养教育；普通语言传媒素养教育、文学艺术语言传媒素养教育、综合类语言传媒素养教育；听觉语言传媒素养教育、文字语言传媒素养教育、视觉形象语言传媒素养教育；旧有传媒素养教育与新兴传媒素养教育；传统传媒素养教育与现代传媒素养教育，等等。

（二）现代传媒素养教育与传统传媒素养教育的区别与联系

时代总是在前进，现代的可能很快成为传统的。因此，谈论传统传媒素养教育和现代传媒素养教育只具有当下的意义，不具有未来的意义。

1．现代传媒素养教育与传统传媒素养教育的区别

现代传媒素养教育与传统传媒素养教育只是相对而言的。可从多个维度去理解。从不同维度去理解，会有不同的答案。有些取向是传统的，但形式或内容是现代的；有的形式是传统的，但内容或取向是现代的；有些是内容是传统的，但形式或取向是现代的，等等。具体而言，主要有以下两个维度：

（1）传媒形式上看。现代传媒素养教育的形式有：广播、电影、电视、网络、手机、数码摄影、视频、动画等一切电子传媒形式；传统传媒素养教育的形式有：语言文字、报纸、杂志、板书讲授等。

（2）传媒内容上看。现代传媒素养教育的内容是指关于现代社会内容的；传统传媒素养教育的内容是关于过去社会内容的。

现在我们可以根据这两个维度来对传统传媒素养教育和现代传媒素养教育进行界定。传统传媒素养教育是指利用传统传媒形式进行有关传统传媒素养的教育。现代传媒素养教育是指利用电子传媒形式进行的关于现代传媒素养或传统传媒素养的教育，也指利用传统传媒形式进行有关现代传媒素养的教育。传统形式的传媒包括书籍、报纸、小说、诗词、音乐、歌曲、舞蹈、美术、文学、戏剧、散文、博物馆、纪念馆等非电子传媒形式；而现代形式的传媒是指电话、传真机、手机、e-mail、广播、电影、电视、网络等电子和数字信息传播媒介（见下表）。

传媒素养教育的性质	传媒素养教育的构成	举 例
传统传媒素养教育	传统形式+传统内容	利用传统教育教学形式进行的关于古典小说，古典书籍，古典音乐、古典舞蹈、古典美术、古典建筑艺术，古代报纸等的教育教学。
现代传媒素养教育	传统形式+现代内容	利用传统教育教学形式进行的关于现代小说，现代书籍，现代音乐，现代舞蹈，现代美术，现代报纸，现代戏剧，现代报纸等的教育教学。
	现代形式+传统内容	利用现代教育教学形式进行的关于古代内容或题材的教育教学，如关于古装电影、古装电视、百家讲坛等电视栏目等的教育教学。
	现代形式+现代内容	利用现代教育教学形式进行的关于电视新闻、情景喜剧、肥皂剧、现实题材的影片等的教育教学。

总之，传统的传媒素养教育的特点主要有：（1）以传统传媒为内容或教材；（2）以传统传媒为手段或教学形式；现代的传媒素养教育的特点主要有：（1）以经过精心挑选的传统的和现代的传媒为内容或教材；（2）采取传统传媒与现代传媒相结合的教学方式。

2. 传统传媒素养教育与现代传媒素养教育的联系

传统传媒素养教育与现代传媒素养教育共存共荣，其关系如同传统传媒和现代传媒的关系，以及如同传统传媒素养与现代传媒素养的关系一样。人类可以步入现代传媒素养教育时代，但并不等于说这个时代的一切传媒素养教育都是现代的。在现代的这个时代，很多传统的东西并没有完全离我们而去，它甚至会和现代的东西纠缠不清，以至于我们无法将其完全割舍。正如现代家庭装饰中采用了古典的风格一般，传统的东西有时会和现代的东西实现巧妙的或天衣无缝的珠联璧合。

任何传媒形式的素养教育都有其传统性和现代性。虽然有竞争性，但它们之间往往能够实现很好的结合。因为经典的东西总是经典。语文素养教育有传统语文素养教育和现代语文素养教育之分；舞蹈，有原始舞蹈和现代舞蹈之分；音乐有古典和现代之分；口语语言也有古代和现代之分，等等。所以，每一个传媒领域都有自己的传统内容，也都有自己的现代内容。目前，在实际的传媒素养教育教学中，我们实际上是以现代的内容为主，而以古典的为辅。例如，语文教学中，是以现代文为主，而以文言文为辅的。

现代传媒素养教育的问世，绝不是要替代传统的传媒素养教育，而是要扩展和丰富传统的传媒素养教育。它是传媒科技发展和社会经济进步对现代教育的客观要求，也是教育领域对这些客观要求的必然顺应。现代的和传统的传媒素养教育，彼此之间只有尽可能实现最佳的有机整合和适应于传媒科技发展和经济社会进步的调整，才能完成时代赋予教育的历史使命。

无论是传统传媒素养教育还是现代传媒素养教育，都可以采取两种教育取向。一种是以赫尔巴特教学理论为指导的传统教育学派取向，强调教师、书本、课堂中心,和以利维斯主义为代表强调教师对学生灌输精英文化思想;另一种是以杜威实用主义教育思想指导的,强调以学生为本、以学生经验为前提、以活动为中心、做中学与以帕金翰"超越保护主义"(开放、信任、实践活动、理论反思)思想为代表的精英文化与大众文化兼顾的取向。

3. 传统传媒素养教育时代与现代传媒素养教育时代的历史划分

为了便于理解传媒素养教育的历史发展,有必要对传统传媒素养教育时代和现代传媒素养教育时代,或整个传媒素养教育发展的历史阶段做一总括性的划分。在此,需要提请注意的是,传统传媒素养教育时代与传统传媒素养教育是有区别的,同样的,现代传媒素养教育时代与现代传媒素养教育是有区别的,它们分别是两个不同的概念。换言之,现代传媒素养教育最早实际发生的时间可能并不与现代传媒素养教育时代开始的时间相一致。这种时代的划分只是为了一种学术研究或人们认识传媒素养教育历史的便利,除此之外,别无他意。

作者倾向于将传媒素养教育的发展划分为三个时段:古代传媒素养教育时代、近代传媒素养教育时代和现代传媒素养教育时代。并且,这种划分的标准是以传媒技术的重大革新为标志。

作者倾向于将古登堡印刷术的发明作为古代传媒素养教育时代与近代传媒素养教育时代的分水岭。将电子广播技术的发明作为近代传媒素养教育时代与现代传媒素养教育时代的分界线。这样,古登堡印刷术发明前,为古代传媒素养教育时代;发明后至电子广播技术发明时,为近代传媒素养教育时代;电子广播技术发明后为现代传媒素养教育时代。近代传媒素养教育萌芽于近代传媒素养教育时代开始之时。现代传媒素养教育萌芽于现代传媒素养教育时代开始之时。

作者将古代传媒素养教育时代和近代传媒素养教育时代统称为传统传媒素养教育时代,这样可以将传媒素养教育发展的历史一分为二,划分为两个时段。

综上所述,由于传媒与传媒素养具有历时性和共时性,因此传媒素养教育也具有历时性和共时性。这样如何划分传统的和现代的传媒素养，对于人们更好地认识传媒素养教育这一概念和问题，以及如何在操作层面上实践传媒素养教育都有比较重要的意义。从历时性方面讲，传统传媒素养教育和现代传媒素养教育的区别，可按时间和内容来划分。从共时性方面讲，它们二者之间的区分，可按目前广大人群中特别是基础教育中普及教育的程度来划分，还可按传媒素养教育所具有的现代性与传统性来划分。不同的分类方法，各有其用处。

（三）判定一项教育是否属于传媒素养教育的标准

作者提出几条用以判定一项教育是否属于传媒素养教育的标准，其中有的为充分条件，有的为必要条件。

1. 充分条件

（1）关于传媒并通识性的（充分条件）

关于传媒的并通识性的，这无论是关于传媒技术、传媒技术设备、传媒功能（政治、经济、文化、教育等功能）、传媒讯息及传媒讯息文本等自身要素，而且包括传媒组织、传媒营销、传媒道德和法规、公民传媒传播权等外围的社会性知识。这无论是口语传媒、文字传媒、印刷传媒还是电子传媒、数字传媒。无论是大众传媒、小众传媒还是人际传媒。无论是组织传媒还是非组织传媒，等等。这是判定一项教育是否属于传媒素养教育的总的标准或简易标准。其他标准皆为此简易标准的细化。

（2）通识性的、以传媒文本为载体并以传媒文本为研究或教学对象的（充分条件）

在教育教学中，以传媒文本为载体，针对传媒文本的内容或形式、受众、制作者相关知识、文本对现实建构或再现的情况、文本要表达的主题思想和隐含意图，以及文本背景知识等方面进行探究、思考、分析、讨论、核实和评价，即传媒素养教育。这是发挥传媒文本的文化载体、传承和思想教育、娱乐等功能。

（3）通识性的、以传媒内容为议题的并以培养学生的思辨（critical

thinking）能力为目的的（充分条件）

这是对学生进行传媒思辨素养的教育。①

（4）通识性的，以了解、理解和掌握传媒知识为目的的（充分条件）

这是对学生进行传媒知识素养的教育。传媒知识包括传媒自身的知识、传媒产业的知识、传媒的历史知识、传媒的科学和技术知识、传媒传播的理论知识和历史等。

（5）通识性的，以了解、理解和掌握传媒技能为目的的（充分条件）

这是对学生进行传媒技能素养的教育。可以传媒制作、传媒技术教学、参观和观察传媒制作过程等方式来进行。

（6）通识性的，以传媒文本或以传媒议题为教学研究内容，并以培养学生健康的社会品格、公民意识和道德行为习惯为目的的（充分条件）

这主要是发挥传媒素养教育的公民教育和社会文化教育功能。

（7）通识性的，以传媒文本或以传媒议题为教学研究内容，或以传媒活动（包括传媒制作、传媒宣传、传媒表演、参观传媒组织或企业、关于传媒的社区服务等）为手段，培养学生健康思想情绪情感、态度和价值观的（充分条件）

这主要是发挥传媒素养教育的情绪情感、态度和价值观教育功能，以及心理健康教育等功能。

2．必要条件

传媒素养教育教学必备的几项必要条件：

（1）以学生日常传媒经验为基础的。

---

① "critical thinking" 常被人们翻译为"批判性思维"。批判或批评一词对于大多数人来讲，其思想过于激进或心理上较难接受。作者以为，使用比较中性的词"分析性思维"或"思辨"较好。

（2）与社会生活紧密联系的。

3．不是传媒素养教育教学的判断标准

（1）传媒或传媒文本仅被用作课程教育教学的手段。

譬如，在历史教学时，使用计算机、投影仪等多媒体教学手段讲授历史史实；或使用图片、影像、音乐、声音等文本作为辅助教学的手段（仅仅作为一种直观教学或知识呈现的形式，而没有讲有关图片、影像、音乐、声音等文本讯息的建构、真实、鉴赏、制作、背景等知识）时，该教学为纯粹的历史教学，并非历史课程教学与传媒素养教育教学的整合。我们可称之为教育技术与课程整合，而不是传媒素养教育教学与课程整合。

（2）传媒或传媒文本仅被用作课程教育教学的载体。

譬如，当所讲授的数学知识以传媒文本的形式呈现，以便于远程教育教学或直观教学，或节省板书时间时，该教育教学为数学教育教学，而不是传媒素养教育教学。

第二节 传媒素养教育及其思想的历史性进步与发展

不同的人类社会有着不同的主导教育模式。农业社会是学徒式的主导教育模式，工业社会是班级授课制的主导教育模式，信息社会为传媒化的主导教育模式。这些主导教育模式之所以会发生变迁，是因为社会经济、传媒科技、传媒语言以及社会文化教育观念的发展和变化。

最早的人类传媒当是我们的口、眼睛、面部、四肢等躯体。我们现代人所享受的语言、艺术、音乐、舞蹈等直至今天也是表达和传播我们思想和信息的重要形式。如果将能够表达和承载人类思想、情感的东西，如字词、句子、段落或抽象的符号概念等，称为语言的话，那么，肢体语言、口头语言是最早产生的语言，也是最基础的语言。这两种语言是后世所产生的新的语言形式的基础，是文字语言的基础，是舞蹈语言的基础，是绘画或漫画语言的基础，也是现代影像语言的基础。其作为一种基础性的语言和语言形式，是其他形式的语言得以存在和发展的前提所在。现在的语文教育，实际上就是关于语言和文字的教育，这种教育不仅包括对语言和文字的书写、运用功能性知识的教授，而且包括使用语言和文字接收、传播、表达和交流自己思想的能力教育，以及关乎公民道德观念、国家身份认同、政治经济文化思想等方面的教育。但是，随着语言形式的不断丰富和发明，传统语文学科所担当的教育教学任务和内容需要不断加强和丰富，但是因为一门学科固定学时的限制，新的语言形式似乎不能在一门课程体系里面进行，也因此，新的课程门类也在出现，如信息技术教育课程、综合实践活动课程等。实践出真知，理论指导实践。要想统筹规划学校语言类学科课程的内容和未来发展，就必须对这方面的内容和形式进行深入研究。因此，随着传媒的进步与发展，传媒素养教育及其思想也在进步与发展。

一、世界传媒素养教育发展概述

对于符号、信号、口语、游戏、原始艺术等传媒素养教育而言，全世界各民族开始的时间都是一致的。符号、信号、游戏、原始艺术传媒素养教育始于几百万年前人类出现的时候。而口语传媒素养教育始于十多万年或几十万年前（？）。对于文字传媒素养教育而言，中国、埃及、巴比伦等四大文明古国，属于开展文字传媒素养教育最早的国家。

根据逻辑和事物发展的规律可推断，当一种传媒问世之后，伴随而来的必然是该种传媒的素养和教育。同样，如果这种素养和教育要普及的话，这种传媒首先必须能够达到普及化的程度。同样，如果书籍、报纸、广播、电视等要成为真正的大众传媒，必然首先要有可以进行大众传播的技术及其设备等。根据这种推理，书籍、报纸、杂志、广播、电视、广告、小说、戏剧、音乐、手机等传媒的教育最早开始的时间都应在它们问世不久。但是，真正普及性的、较大规模的却要等到这样的传媒各方面传播条件成熟之后。

因此，我们可以推断，相对来讲，足够普及性的语文传媒素养教育或书籍传媒素养教育（主要是《圣经》及古希腊人文思想等的教育）

最早发端于文艺复兴运动时期①和宗教改革运动时期的欧洲。由于文献领域的传媒技术革命（特别是古登堡印刷术的普及），马丁路德、加尔文等倡导宗教知识普及运动，夸美纽斯等人提出"将一切知识教给一切人"等普及教育的主张，西方文明中认为人人应该接受教育的思想开始蔓延开来，但是直到19世纪初，西方文化才接受这一思想。到19世纪中后期，美国等国也开始接受这一观念。而我们国家关于人人受教的观念虽说萌芽于孔子时代，但大约到20世纪初新文化运动或"五四"运动的时候，由于白话文的提倡，才逐步使得对于语言与文字的学习变得容易和普遍起来。在19世纪中后期以后，一些传教士为了传教事业开始针对中国读者进行办报（建立在现代排版和机器印刷技术的基础上的），这一直发展到中国人开始自己办报以及办杂志。到19世纪末，为了中国政治改革和其他目的而办报的风气开始张扬起来，如康有为和梁启超等人的办报实践。这一种新的书面语言的传媒一直持续发展到今天。之后，报纸、杂志和广播、电影、电视等电子传媒的兴起和持续发展繁荣，奠定了现代传媒发展和繁荣的基础。在传媒演化的过程中，传媒素养及其教育始终跟随着传媒前进的步伐。

同样的，相对来讲，足够普及性的报纸、杂志和小说传媒素养教育只能始于廉价报刊、杂志和小说的出现，当然这样的教育更多地是以媒体评论性和研究性文章，以及讨论或研讨为主。而进入正式学校课程体系的报纸和杂志传媒素养教育则可能最先发轫于1875年至1880年美国"进步教育"之父帕克主持领导的昆西学校实验。

美国"廉价报刊"运动和初期可用作教材的书籍稀少等原因导致了美国"读报运动"（把报纸当课本）的出现。在早期的美国社会，报业比较发达，报纸内容也比较正统（新闻、教育、娱乐三大功能齐备，

---

① 文艺复兴时期，是指大约从14世纪到16世纪古典艺术、建筑、文学和学识的人文主义复兴时期，它标志着从中世纪到现代时期的过渡。起源于14世纪的意大利，后来蔓延到整个欧洲。人文主义对于批判性的思维意识、人性意识的觉醒都起到巨大的作用。

时间位于煽色腥主义，即黄色报纸时期之前），但由于教育行政权掌握在地方政府、教育发展滞后等原因，教育的教材编写和出版不能满足教育的要求。因此，把报纸当作课本成为必然之需、应然之举。

最早将电影、广播应用于教育和宣传的则属美国、德国、英国等国家，最早在学校里开始电影传媒素养教育的国家则有英国、加拿大等英联邦国家（美国在电影商业兴起之际和发展之时，也一直没有停止对它负面影响的批评。对于广播等大众传媒的作用机理和效果，大众传播业者、企业主和大众传播研究人员比较关注。因此最先希望提高自己大众传媒素养的可能就是这些人）。而最早开始电视传媒素养教育的则有加拿大、美国、澳大利亚等国（英国为了对付电视、广播的负面道德影响，设计了公共广播电视制度。因而关于电视的传媒素养教育来得晚些）。而网络传媒素养教育则随着网络技术的成熟和网络文化的迅速扩张而普遍引起人们的重视。

我国近代普及性的正规的语文传媒素养教育发生于20世纪初，始于清末癸卯学制（即1904年《奏定学堂章程》）实施之时。而有证据显示，我国由传媒自身宣传或"推广"有关传媒知识的报刊传媒素养教育则最先发生于1815年我国第一个中文近代刊物《察世俗每月统记传》的创刊之日。此后如1895年维新变法运动时期出现的读报运动等都可看作是中国大地上实际发生的传媒素养教育运动。近代资产阶级革命性质的正规的传媒素养教育始于1912年《通令》和《标准》颁布之日。白话文教育始于1915年。共产党的识字教育（扫盲教育）始于1921年8月。识字教育，一般是针对处于正规学校教育系统之外的成人文盲或半文盲的，而学龄儿童的识字教育一般是在正规学校系统之内进行。扫盲教育不仅要扫除文字盲、而且要扫除见识的盲区。我国国内最早由民间发起的针对社会公众的识字教育始于1912年晏阳初平民教育运动时期（晏阳初投身于平民教育运动，源于第一次世界大战时期在法国针对中国劳工进行识字教育的经历）。

有研究者蔡尚伟和李朗对我国1949年以前的传媒素养教育萌芽或

发展状况进行了考察和研究。① 这种梳理是有其合理性和科学性的。

1815年第一个中文近代刊物《察世俗每月统记传》的创刊，标志着我国近代报业的开始。报刊的出现，为我国民众认识报纸，或者提高报纸素养提供了物质基础。因为自己是新生事物，所以报刊在发展初期会采取一切可能的手段宣传自己、广告自己，让人们认识和了解自己。这样介绍报刊性质、功能和作用等内容的文章就不可避免。

1815年8月5日，《察世俗每月统记传序》一文对报纸灌输新知、启迪民智、去恶扬善的作用做了极大肯定和宣传。② 1834年1月，《东西洋考每月统记传》"新闻"栏刊载的《新闻纸略论》一文，论述了"新闻纸（报纸）在西方的起源与发展历程、新闻纸性质、类别及新闻自由等报纸的基本问题"。③ 1872年4月30日，《申报》第一号刊登的《本馆告白》，介绍自己"雅俗共赏"的办报宗旨。④ 1896年，梁启超《论报馆有益于国事》一文发表。⑤ 1898年8月31日，上海《汇报》发表评论文章，揭露谤上、惑众、好异、导谣、失实、自欺等六大报刊宣传恶习。从中文报刊诞生起至清末民初，都有许多报刊文章，"介绍报纸性质、功能与作用"，"介绍报纸采写编知识"，以及介绍"对报纸负面作用的批判"。⑥ 这些文章为能够接触报纸的公众提供了可能的报纸知识。

---

① 蔡尚伟，李朗：《1949年以前的中国媒介素养教育萌芽——媒介素养教育的本土化考察》，《西华大学学报（哲学社会科学版）》，2005年12月第6期。

② 《察世俗每月统记传序》，嘉庆二十年七月初一日（1815年8月5日）《察世俗每月统记传》第1期。

③ 蔡尚伟，李朗：《1949年以前的中国媒介素养教育萌芽——媒介素养教育的本土化考察》，《西华大学学报（哲学社会科学版）》，2005年12月第6期。

④ 申报馆：《本馆告白》，同治十一年三月二十三日（1872年4月30日）《申报》第1号。

⑤ 梁启超：《论报馆有益于国事》，《时务报》第1册，光绪二十年七月初一（1896年8月9日）。

⑥ 蔡尚伟，李朗：《1949年以前的中国媒介素养教育萌芽——媒介素养教育的本土化考察》，《西华大学学报（哲学社会科学版）》，2005年12月第6期。

"清末，我国出现了以提高国民素质为宗旨，以官吏和士绅阶层为主体、城乡百姓为对象的读报、讲报活动。仅 1901 年至 1911 年间见诸记载的阅报、讲报所（处）就有 220 余家，可见当时民间的读报、讲报活动的兴盛。阅报所（社、处）扩大了报纸传播的范围，使更多的人能接触到报纸，讲报处（所）的日常活动为一般市民国民素养及报纸素养的提高起到了重大的促进作用"。①

在 19 世纪末，随着电影的发明和电影技术流布到中国，人们也渐渐有了更多关于电影的知识。1896 年 8 月 11 日，上海徐园内的"又一村"放映了"西洋影戏"（即电影）。这是电影引入中国的标志。1897 年，《游戏报》第 74 号刊登了《美国影戏记》的文章，介绍自己的电影观后感。1895 年 5 月 2 日，上海《趣报》发表了《徐园记游叙》也介绍了自己对电影的认识。②

进入 20 世纪，随着电影产业的兴起，我国民众关于电影的知识越来越丰富。1905 年，第一部国人自拍影片《定军山》诞生，意味着中国电影产业的起步。"20 世纪 20 年代，国人开始探讨电影功能、作用与使命。1921 年创刊的《电影周刊》在其《发刊词》中将电影视为一种与学校教育几乎同等重要的社会教育工具。同一期《电影的好处》一文将'维系道德改良风化的好处'列在首位指出电影的伦理教化功能，并以数千年来深入国人骨髓的儒家文化伦理道德观作为评判标准"。③ 自 1920 年《影戏杂志》创办至 1949 年，中国共计出版了 600—700 种电影刊物。这些刊物为提高公众对电影功能和作用，以及原理的

---

① 蔡尚伟，李朗：《1949 年以前的中国媒介素养教育萌芽——媒介素养教育的本土化考察》，《西华大学学报（哲学社会科学版）》，2005 年 12 月第 6 期。
② 《徐园记游叙》，上海《趣报》光绪二十四年（1898 年 5 月 2 日）。
③ 蔡尚伟，李朗：《1949 年以前的中国媒介素养教育萌芽——媒介素养教育的本土化考察》，《西华大学学报（哲学社会科学版）》，2005 年 12 月第 6 期。

知识发挥了积极作用。①

1918年10月14日,北京大学成立"新闻学研究会",并于1919年4月20日创刊《新闻周刊》。此后全国各地新闻学会或研究会及相关刊物纷纷成立或问世。1924年,明星电影公司的创办者之一周剑云和该公司的摄影主任汪煦昌等人开办"昌明电影函授学校"。与此同时,新闻教育机构也纷纷成立和运作。

1923年,上海大来公司私设广播电台,开播"新闻简报、音乐、演说和其他特别娱乐节目",为我国广播事业之始。广播业利用报刊媒体不断地宣传自己,同时,不断地开拓业务。至1937年,全国百瓦以上的广播电台已达到51座。一些广播专业期刊也相继问世。"民国时期,报纸中也出现一些文章,指出广播的负面作用,这也是传媒素养教育发展的一个标志。如1935年7月1日《申报》发表署名为都君的时评,指责电台经营者职业操守的缺失。同时,该文章对播音的内容也进行了批判,批评当时私营电台播出的娱乐节目为了迎合大众,'大都偏于低级趣味,殊乏涵义可寻',至于'鄙俚油滑之对白,回肠荡气之歌唱,足以诱发青年颓废之观念',对私营电台为了收听率而传播低俗内容的行为进行了抨击,并将之提高到影响青少年人生观的高度,以提高青年抗拒电台提供的低俗文化的'低水平满足'的意识与能力,是广播素养教育的提升。1936年3月17日《立报》发表署名为'了了君'的短评,他对北平的广播以旧戏为主、商业广告为辅的内容大为不满,指出'这是把一种很好的工具用错了地方'。这些文章的作者,对广播采取了批判的态度,一方面体现出在传媒素养教育的长期潜移默化之下,民众对传媒的认识已经日趋成熟;另一方面也更加启发了民众对传媒的逆向思考,培养了民众对传媒的思辨意识"。②

---

① 谢其章,史海:《声光色影蓦然回首 被遗忘的民国电影刊物》,新浪网,2005/04/21,来源:《书屋》。

② 蔡尚伟,李朗:《1949年以前的中国媒介素养教育萌芽——媒介素养教育的本土化考察》,《西华大学学报(哲学社会科学版)》,2005年12月第6期。

人们关于传媒素养教育的专门书籍和文章也越来越多。如邵飘萍 1923 年出版了我国新闻采访学专著。① 惜莹 1935 年在《新闻教育问题》一文中指出："读报运动的目的，首先的自然是企图读报人数的增加，而最重要的还是养成看报人有鉴别报纸好坏的能力。因为看报人有了鉴别报纸好坏的能力以后，报纸的销路当然要和报纸改进与否而成正比例。报纸要求销路增加，一定要设法改进他的阵容和实质，而需要对于新闻学识素有研究和经验的人才来参加工作。新闻教育机关为应报业的需要，自然要改进他的办学方针。新闻教育更加发达，看报人的程度也跟着提高。于是新闻教育和新闻事业在连环的体系上同向前进了。"② 1942 年《上海记者》上《论新闻教育》一文，指出"阅读报纸、讲述故事、练习写作新闻稿，编辑小读物，这些都是社会教育的关于新闻教育方面的事业"。③

综上所述，报纸、广播、电影等传媒在中国的发展，其实也是一种不断发展的传媒运动。在这场传媒运动的过程中，人们对传媒的认识也在不断丰富，传媒研究和传媒素养教育研究也得到了不同程度的发展。而这些对于引导传媒的影响和作用，指导传媒素养教育事业都起到了其应有的历史作用。

二、传媒素养教育思想观念的进步与发展

人们对传媒素养教育的认识，和对任何一个领域的认知一样，有一个从自发到自觉、由浅入深、由低级到高级的过程。对传媒素养教育的认识也不例外。以英国传媒素养教育的发展为例，在利维斯之前，因为新兴传媒对传统传媒素养教育影响不大，故人们仍然自觉不自觉地沿袭着旧有的传媒素养教育方式。当利维斯之时，人们不得不正视新兴传媒的教育功能。他们和普通人类的本能反应一样，采取了坚决保护传统教

---

① 邵飘萍:《实际应用新闻学》，北京京报馆，1923 年版。
② 惜莹:《新闻教育问题》，《报学季刊》第 1 卷第 3 期，申时电讯社 1934 年版。
③ 瞿学文:《论新闻教育》，《上海记者》第 5 期，上海记者会社 1941 年版。

育观念和信仰的方式。

利维斯主义的"接种免疫"时期,是想用传统的经典文学(如诗歌、散文、小说、辞赋、戏剧以及其他各种体裁的作品等)传媒素养教育来对抗流行小说、广告、电影等流行传媒的消极影响。他视广告、流行小说等为批判的靶子和对象。也就是说,在利维斯的时代,已经将流行传媒的内容引入到课堂教学中。当然,其目的是为了免疫和"预防接种"。

文化研究时期,虽然开始正视流行文化中的积极因素与消极因素,特别是注意意识形态方面的影响,但这时候仍然保持着精英主义的文化取向。

荧屏理论时期,符号学、结构主义理论被引入到电视等传媒研究与教学中来。这三个时期各有特点,但其共性的特征是强调文本分析和批判。不太重视新兴传媒制作在促进学生传媒素养的作用(大多停留在传统的写作素养上,如让学生写观后感、读后感什么的)。当然,这时候仍然保持现代主义的精英主义的文化取向。

帕金翰超越保护主义时期,可能受到后现代主义理论及多极化世界格局的影响,开始试图推崇多元主义的文化取向。其主要表现有:给学生以相当程度的信赖,让他们尽可能地充分地展示自我,甚至他们感兴趣的任何内容。并强调实用主义的"做中学"教育观念。

分析传媒素养教育思想发展演变的历史脉络,我们可知,传媒素养教育思想离不开社会大的哲学、人文、科学等社会思想背景,离不开对世界发展变化的回应。在过去的几十年里,世界开始由二极世界(冷战时期)经单极世界(苏联解体后美国行使世界霸权)向多极世界格局转变。二极世界时期对政治意识形态的强调给传媒素养教育及其研究打上了政治意识形态的烙印;单极世界中美国文化的扩张,使得人们不得不关注传媒文本的文化性,以及传媒世界的文化生态;而多极世界并存的现实则要求人们增强对多元文化的宽容和理解。这些背景条件的变化,都迅速地反映到传媒素养教育的研究与实践当中。

但是，作者认为，多极世界和多元文化主义绝不是无政府主义，绝不是要抛弃教育的政治、伦理、道德、文学艺术审美、公民人格等思想导向功能。而是要千方百计地教会学生如何积极主动地认识，什么才是真、善、美的政治、伦理、道德、文学艺术审美、公民人格等思想精神，从而激发他们去健康地追求和实践。

因为世界上没有一成不变的东西，所以，传媒素养教育的思想观念也必将永远地进步和发展下去。

第三节　传媒素养教育的目的和对象

在传媒素养教育的定义中，就有传媒素养教育目的的身影。但是定义中对传媒素养教育目的的论述不可能足够地具体，本部分希望对传媒素养教育的目的有更多的阐释。

一、传媒素养教育的目的

关于传媒素养教育的目的如何，有许多探讨和理解。香港传媒教育协会主席、香港大学张志俭博士曾经谈道：传媒素养教育有四个目的：理解传媒产业、对传媒信息进行解码和编码、传媒制作及欣赏与自我超越。其任务有四个：道德教育、公民教育、文本解读学习和项目学习。[①]

多伦多大学罗伯特·摩尔根（Robert Morgan）对安大略省的40位高中教师面访后，将传媒素养教育的目的总结为以下几点：（1）让学生了解不同传媒的影响、力量和危害；（2）发展学生健康地怀疑和批判思考各种传媒信息的能力，尤其是关于传媒如何操纵和建构信息；（3）帮助学生明智地对待大众传媒（使学生多多了解传媒对事物的刻板印象和意图，并且能对传媒的影响做出正确反应）；（4）利用传媒的力量教育所有学生；（5）为学生提供理智的可用于自我保护的传媒观

---

① 秦学智：《媒介教育：超越社会和自我最有效的途径之一——访香港传媒教育协会主席、香港大学张志俭博士》，《大学·研究与评价》，2007年第7、8期。

点，比如提供关于消费者社会的评论，以及对诸如种族和性别方面的成见提出挑战；(6) 以文本的形式解构传媒。

1990年，帕金翰认为，传媒素养教育的目的不仅是儿童能够"阅读"或者弄清传媒文本的意义，也不仅是能够写作传媒文本，它还应使儿童能够有条理地思考"阅读和写作传媒文本的过程"，而且能够理解和分析读者和作者的活动。

吴翠珍曾对"英国媒体教育目的的更迭"做过专门研究。她认为，"媒体的科技形式与应用既然是一种不断的历程，那么媒体所呈现的文本性质可能依其不同的传媒特质（attribute）、符号系统，以及所涉及的经济规模与所处的政治气候等主、客观因素而有不同的影响层面。因此英国传媒素养教育的目标也因时依地而演化"。[①] 当然，她的观点仍然是对帕金翰传媒素养教育目的发展观的阐释（Buckingham，1998）。

在辨别与抵制阶段，传媒素养教育的目的就是要竭力保护英国精英文化传统，保护英国精英文化遗产、文字、语言和价值观念等，就是在于"教导学生批判传媒内容并进而抗拒大众媒体的普化与对精英文化贬抑"（此时，代表作为Leavis与Thompson1933年所著的《文化与环境：批判觉知的训练》）。[②] 在文化研究阶段（20世纪50年代末至60年代），人们视大众艺术为文化的一个组成部分。"因此传媒素养教育应首先建立个体的日常生活经验。此时期的传媒素养教育，虽然仍保持精致文化与大众文化的品位区辨精神，但是相较于上一阶段，教导灌输单一美学标杆的专断哲学已经淡化许多。"[③] 换言之，传媒素养教育的目的在于教导学生在认同和包容大众文化的基础上如何提升自己的文化品位。在

[①] 吴翠珍：《前言：媒体与教育》，http://www.cpeng.tcu.edu.tw/teaching/901/file/chil/。

[②] 吴翠珍：《前言：媒体与教育》，http://www.cpeng.tcu.edu.tw/teaching/901/file/chil/。

[③] 吴翠珍：《前言：媒体与教育》，http://www.cpeng.tcu.edu.tw/teaching/901/file/chil/。

荧屏教育理论阶段（20世纪70年代），电影与电视教育协会（The Society for Education in Film and Television）发行《荧屏荧屏教育》期刊（Screen and Screen Education），受符号学、结构主义、心理分析、后结构主义、阿图塞（Althusser）的意识形态与马克思主义等观点的影响，从"传媒政治经济的生态与意识形态角度，将影视产品视为国家机器的一环，形成银幕理论。此时媒体教育的重点在于由教师负担知识提供者的角色，要求学生扬弃以往以个人为主体的微观论点，而致力于凸显媒体文本背后潜藏的意识型态，以系统化的分析方式呈现传媒组织与政治经济之间纠葛牵连的繁复关系。简言之，媒体教育已由过去精英文化的保留、流行文化的抗斥、阅听人的主动性与多元释义等观点，由'去迷思化'（dymystification）的功能所取代"。[①] 1980年代后，英国受众研究结果显示，受众在传媒影响面前，并不总是被动的，而是一个独立主动的意义建构个体。这种研究结论也直接地影响了英国当时的传媒素养教育目的和内容取向。这些变化"可由1989开始实施的国定课程（The National Curriculm）明文赋予媒体教育六项任务看出：（1）了解媒体教育与媒体研究。（2）教导有关阅听人的相关概念。（3）辨识事实与意见的区别。（4）讨论大众文化之小说与戏剧。（5）发展教授广告、宣传、劝服的教学方法。（6）以国家课程为标准，发展出媒体教育施行策略。至1991年止，英国已有三分之一的学校实施进阶媒体研究课程，并有超过三分之一的中学毕业生参加媒体研究科的中等教育证书考试（GCSE）。在1996年全英国有25000名学生参加GCSE考试（16岁），另有8000名大学预科生参加媒体研究的高阶检定考试（A Level，advanced level）。此项数据显示，英国媒体教育不但成为国定课程的核心之一，也在学校教育及中等教育证书考试上获得学校与师生相当程度的认同"。[②]

---

① 吴翠珍：《前言：媒体与教育》，http://www.cpeng.tcu.edu.tw/teaching/901/file/chil/。

② 吴翠珍：《前言：媒体与教育》，http://www.cpeng.tcu.edu.tw/teaching/901/file/chil/。

综上所述，传媒素养教育的目的绝不是一成不变的。它会随着时代的进步而进步，随着人们认识的变化而变化。在人们对它的理解方面，也会有不同程度的差异。尽管如此，我们仍可对传媒素养教育的目的进行总体上的阐述。那就是：

传媒素养教育的目的就是要不断提升学生的传媒素养。这里的传媒素养既包括有关传媒的知识、技能、情感、态度、价值观，也包括教育的一般目的所要求的具有一定批判思维能力的公民素养。关于传媒知识、传媒技能、批判思维技能等功能素养的教育相比思想素养的教育来说，是基础，是工具和手段。而思想素养教育则是灵魂和最高目标。[①]

从生活目的的角度看，传媒素养教育的目的，首先是教导学生如何过上理性而健康的传媒生活；其次，教导他们怎样过上理性而健康的社会生活。

二、传媒素养教育的对象

因为传媒素养多层次、多方面，且不断发展和变化，所以传媒素养教育的对象为一切可能的受众。包括教育部门领导、教师、学生、家长、社区工作人员、传媒从业人员、工人、农民、其他社会受众等。

第四节　传媒素养教育教学的内容及理论探讨

本节将对传媒素养教育教学的内容进行概括性的和相对抽象性的探讨。关于传媒素养教学的更为详细的内容描述参见第三部分"传媒素养课程与教学"有关章节。

一、传媒素养教育教学的内容

关于传媒素养教育的内容，从不同层次、角度去描述都会有不同。

[①] 在"传媒素养"一节，作者曾论述道："传媒素养还可以划分为两个较大的方面：**功能素养和思想素养**。功能素养突出有关传媒的知识和技能，而思想素养主要表现为传媒文化的社会价值和心理价值。换言之，传媒素养是集功能性与思想性于一身。"

有学者曾总结说:"对于大学层次来说,主要内容是传媒经济、传媒科技、传媒文化和美学;对于小学层次来说,主要内容是传媒把关人、传媒类型及特征、信息制造技术、电视语言等。曼纽尔·阿尔法拉多(Manuel Alvarado)等学者将其概括为四个部分:1)传媒运行机制,即了解传媒的基本特征及社会因素对传媒的控制。2)传媒真实性辨别,即学习辨别新闻、纪录片、戏剧以及传媒故事与现实之间的差异。3)传媒基本论题分析。有研究者指出,阶级、性别、年龄是传媒中经常被表现的内容,而且经常被表现为'角色定型',如妇女在传媒广告中大多被表现为家务劳动者等。因此,角色定型成为传媒素养教育中经常被讨论的基本问题。4)受众,即主要讨论受众与传媒的关系。"①

作者认为,从总体上看,传媒素养教育的内容应包括:

(一)学习与传媒直接有关的知识、应用技能、法律法规、道德操守知识等。包括传媒类型、特点及历史、传媒作用和影响、传媒对现实的建构与解构。

(二)(以主题形式或研究性学习等方式)学习传媒承载的社会内容和科学文化知识。

传媒素养教育的目的,首先是教导学生怎样过上理性而健康的传媒生活;其次,教导他们怎样过上理性而健康的社会生活。要如此,必须让学生对前辈人的家庭生活和社会生活有所了解,对同时代社会各阶层家庭与社会生活有所了解,对未来社会生活发展的可能趋势有所估计和分析,对有关传媒的知识如道德知识、法律法规知识、传媒文化霸权与民族文化保护与创新知识、不同社会阶层文化之间作用和影响知识,以及对多数民族文化传播与少数民族文化保护与创新等知识有所了解和掌握。传媒素养教育应当鼓励教师使用报纸、杂志、广播、电影、电视、网络、广告等大众传媒手段或小众传媒手段及内容,来为所教学科教学

---

① http://hznz.zjol.com.cn/gb/node2/node26108/node27331/node30269/userobject15ai2033856.html.

服务，为教育服务。在教学过程中，教师和学生不仅学习了大众传媒的内容，而且会对大众传媒的形式有所学习，甚至会激起他们对这些大众传媒的制作和使用兴趣。

（三）学习和探究传媒产业知识、运作实践机理及商业意图。包括了解不同类型传媒发展的动因、了解世界上的通讯社、传媒集团等传媒组织等。

（四）能正确分析传媒事件发生的原因和结果，如八卦新闻、娱乐记者的行为、对某一公众人物的报道等。

（五）对传媒文本进行符号学和意识形态等理论分析，能进行一定程度的传媒批评和传媒研究，如传媒文本、信息及影响力、价值观等研究。包括思考报纸版面风格与目标受众的关系，正确地理解传媒与政治、传媒与经济、传媒与文化、传媒与教育、传媒与性别等之间的关系，正确地理解传媒生态环境条件与传媒生存发展之间关系，以及其他社会背景因素及其文本所蕴藏的价值观等。

（六）能够使用学会的传媒知识和技能，进行传媒创作（包括文本创作和产品创作），并学会如何推销自己的传媒作品，以及对传媒反馈做出合理反应。

（七）学习有关人际关系的知识、公共关系的知识、组织关系的知识，以及其他社会关系方面的知识等。

（八）学习和了解大哲学家、大思想家、大文化名人、大明星的思想及作品，以获得思想的启迪和人生境界的开悟。

（九）能够使用传媒手段宣传民族和世界优秀文化传统，现代公民理念，不断提升个人和周围社会的生活质量和文明程度，形成积极进取、包容远大的世界观、社会观和人生观。

二、传媒素养教育教学内容的理论探讨

本部分将对传媒素养教育教学的几个层面进行勾勒或理论构图，也将对传媒素养教育教学内容与语言教育教学的关系进行探讨。

(一)传媒素养教育教学的几个层面

如图所示,这几个层面的教学都要以传媒文本为中心或基础。因为文本是教育者和受教育者之间的中介,文本是内容和意义的载体,或者说是通过载体所传递的内容和意义。从文本出发,教育者可以从宏观层面出发,经中观层面到达微观层面;也可以从微观层面出发,经中观层面到达宏观层面;还可以从中观层面出发,扩展至宏观层面和微观层面;也可以从宏观层面直接过渡到微观层面,或从微观层面直接过渡到宏观层面,等等。具体的教学方式方法,要视具体情况而定,其中因素既有教育情境因素、教师个人因素、学生个人因素、文本因素、教学材料因素,以及教育资源是否便利等因素。

宏观层面:拟态的传媒世界(传媒文本的功能、再现、建构)与其要反映的社会世界或其赖以产生的真实世界。

中观层面:传媒产业:包括传媒文本的生产者及其生产过程、销售者(传播者、把关人)及其销售过程、受众及其反馈过程等。

微观层面:文本的形式和种类、语言(包括语言要素、文法、种类等)、文本目的和意图(政治、经济、文化、教育等目的和意图,隐含的价值观或意识形态)等。

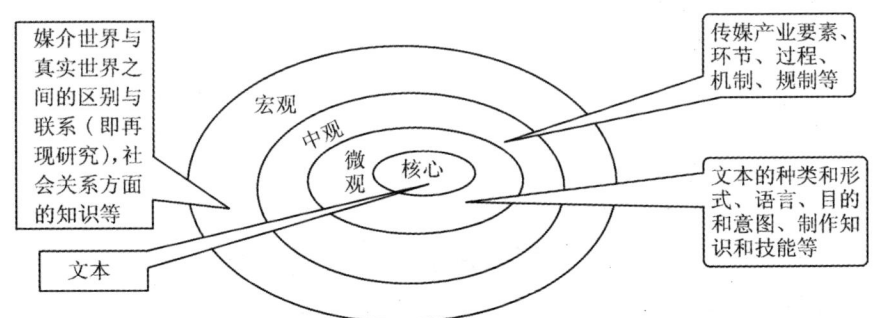

(二)传媒素养教育教学内容与语言教育教学的关系

任何传媒都是以语言的形式来传播信息、意识形态等内容的。因此,传媒素养教育主要是围绕各类语言的教育教学而展开。

语言属于传媒,但传媒并不完全等同于语言。因为传媒除了语言这种形式外，还有承载语言这种形式的物质载体。与承载语言形式的物质载体相比，语言形式就是内容，而物质载体就是形式。比如，口头语言是以空气和声波、发音器官等为物质载体的，相对于它们来说，口头语言就是内容。书面语言的载体是书本、纸张、报纸、杂志等，相对于这些物质载体来说，文字语言是内容。影像语言的载体是光盘或远程传输设备及声频和视频波等。相对于这些载体来说，影像语言即内容。

因此，传媒素养教育除了要对各类语言进行教育教学外，只要有必要，也要对承载它们的载体的特点、技术原理和必要操作技能进行教育教学。比如，计算机、摄像机、照相机、录音设备、投影仪，以及各种计算机制作软件的操作知识和技能，有必要的话，就要教给学生。如下图所示：

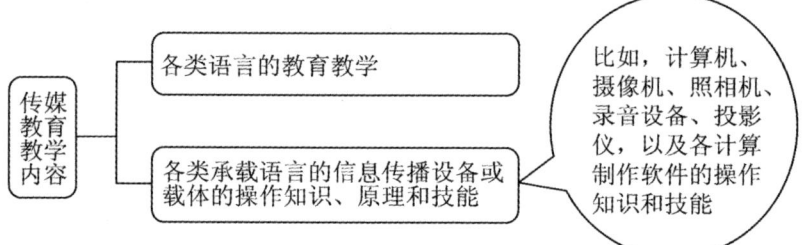

由上可见，传媒素养教育主要包括两个方面的教育，各类语言的教育教学和信息技术原理、知识和操作技能的教育教学。传媒素养教育主要是关于传媒语言知识和技能的教育。

第五节 现代传媒素养教育兴起的背景及原因

现代传媒素养教育的兴起，有其现实的背景和原因。其根本原因在于传媒及传媒业的繁荣和发展，这种发展导致了人们对传媒素养的重视和严重关切，也使得传媒素养成为现代社会生活的一种必须素养。

一、传媒的发展以及传媒技术的推广和应用等引起天然需求

人类的信息传播手段经历了从口头传播、信号传播、书信传播、印刷传播、电子传播、网络传播等多个发展阶段。在不同的传媒发展阶段,要求人们所具备的基本传媒素养无论在内涵和外延上皆有所不同。一般地讲,基本传媒素养的内容是随着传媒的发展而发展,丰富而丰富。自人类进入文字记载时代迄今,在大多数的岁月里,读书识字一直是普通百姓家梦寐以求却高不可攀的事情。文字素养或书籍素养就成了教育工作者一直努力的方向。

但是,人们自觉地认识到识字素养对社会进步的作用还是近代的事情。在西方,由于印刷技术的改进和发明,以及宗教改革运动和文艺复兴运动的兴起,普及教育和国家义务教育的思想开始广为社会所接受。要想实现"将一切知识教给一切人"的崇高远大理想,就必须从识字教育做起;要使得人们拥有思想学习和判断的权利,就必须先学会掌握最基本的信息传播手段。当文字成为社会的知识、经验、文化的书写符号的时候,当书籍等成为知识、经验、文化和文明的载体的时候,文字和书籍等素养就成为一个文明社会和生活在其中的个体发展的必须。我国对文字、书籍等素养的社会要求,也是随着我国社会文明和思想文明进步的程度加深而不断增大的。

1911年辛亥革命的爆发,彻底葬送了封建君主专制制度。科学、民主、平等等共和的思想慢慢被广大人民群众所接受。特别是那些受过西方思想熏陶的并对中国教育独钟的知识分子,如晏阳初、梁漱溟、陶行知、陈鹤琴等人,他们将中华民族振兴的希望寄托于中国教育的改造和进步上。在《天演论》中,严复以"物竞天择"、"适者生存"的生物进化理论阐发其救亡图存的观点,提倡鼓民力、开民智、新民德,号召自立自强,给国人思想很大的启迪和开拓。

1943年与爱因斯坦、杜威一起被美国一百余所大学和科研机构评为"现代世界最具革命性贡献的十大伟人"之一的晏阳初,"一生改变

了世界上上亿贫苦民众的命运"。① 他最早对在法国服务的华工（中国工人）开展了识字教育。② 1920年回国，1922年晏阳初领导的中华平民教育促进会发起全国性的识字运动。在定县进行乡村建设试验时，他提出中国农民的问题主要是"愚贫弱私"，开始探索识字教育、生计教育、卫生教育和公民教育等一套综合的农村改造方案。晏阳初曾经说过："我们都希望有一个更好的世界，但其确切含义是什么？世界最基本的要素是什么？是黄金还是钢铁？都不是，最基本的要素是人民！在谈及一个更好的世界时，我们的确切含义是需要素质更好的人民。"他主张人民要有"免于愚昧无知的自由。"③徐秀丽在评价晏阳初领导的中华平民教育促进会的历史贡献时说："20世纪二三十年代，因应教育普及化和民主化的时代潮流，扫盲运动在全国范围内掀起热潮，众多机构、团体和学者介入其中。而以平教会为这一运动的主力和中坚。平教会的扫盲运动在一定范围内取得了相当的成功，对民众识字率以及对其文化水平的提高产生了积极的作用。在扫盲运动中，教材教法不断完善，民众教育经验不断丰富，晏阳初等平教会知识分子为此付出的努力值得充分肯定。但是，平教会扫盲运动的总体成效与他们的预期存在着很大的差距，个中原因，大而言之，与当时整个国家的政治经济社会状况密切相关，具体而言，则与民众尤其是农民对文字的需求程度有相当

---

① 江登兴：《晏阳初：与爱因斯坦齐名的中国人》，《中国改革·农村版》，2002年第2期。

② 1917年中国对德宣战，有近20万华工在欧洲战场上服务，但饱受语言不通之苦，晏阳初于耶鲁毕业后第二日到法国服务华工。在法国战场，晏阳初尝试着从复杂的中国文字中选中一千个常用字用来教华工识字，后来创办了《华工周报》，数月后晏阳初收到了一位华工写的信。这位华工为了表示对晏阳初的感激，决定捐出他三年在法国泥泞的战场上积蓄的三百六十五个法郎。晏阳初后来说，这是冒着生命危险赚来的血汗钱，这封信后来改变了他的一生："我去法国，原是想教育华工，没想到他们竟教育了我。"于是："我立志回国以后，不做官，不发财，把我的终身奉献给劳苦的大众。"摘自江登兴：《晏阳初：与爱因斯坦齐名的中国人》，《中国改革·农村版》，2002年第2期。

③ 江登兴：《晏阳初：与爱因斯坦齐名的中国人》，《中国改革·农村版》，2002年第2期。

的关联。"①

识字教育能够改变很多民众的生活和命运,可见文字的力量一旦与人们的创造性和进取心相结合就会产生无比巨大的作用。

新中国成立后我国也进行过多次的扫盲运动。从20世纪50年代初期到60年代中期,我国就先后掀起四次扫盲运动高潮。扫盲工作主要有编写识字教材、创新识字教育方法、建立扫盲组织、动员全民参与等。扫盲工作紧贴扫盲对象的生活实际,例如扫盲对象是农民时,利用"识字记工课本,从农民自己的姓名学起,然后学土地的名称,各种农活、农具和牲畜的名称,以及记账格式。由于贴近农民的日常生产,仅用两三个月的业余时间,就可以使农民初步掌握记账、记工的本领"。各地成立扫盲协会,加强组织和领导,"发动识字的人教不识字的人,使一切识字的人,包括工人、农民、市镇居民中识字的人,包括学校教员,高小以上学校的学生、国家机关和人民团体的工作人员"。②

1950年,我国6亿人口中有4亿多是文盲,文盲率为80%,学龄儿童入学率仅占20%。针对这种现状,1950年9月,教育部和全国总工会联合召开第一次工农教育会议。会议明确指出:"推行识字教育,逐步减少文盲。"9月27日,毛泽东接见了与会的全体代表,并与学习劳模亲切握手、合影。于是掀起第一次扫盲运动高潮。在此之前,华北大学校长、中国文字改革的坚决倡导者吴玉章在1949年8月25日写信给毛泽东,提出为有效地扫除文盲应迅速进行文字改革。1949年10月,中国文字改革协会成立,其中一项任务就是研究汉语拼音方案。这些准备工作为50年代初扫盲运动的开展做了前期准备。

1951年,中国人民解放军西南军区文化教员祁建华发明《速成识字法》。这是一种借助注音字母的辅助作用,利用汉字字形、字义、字

---

① 徐秀丽:《中华平民教育促进会扫盲运动的历史考察》,《近代史研究》,2002年第6期。

② 宋洁:《建国初期农村扫盲运动的特点》,《党史文苑》,2006年12期。

音相同相异的特点,来提高识字速度的方法。11月29日,重庆《新华日报》报道了祁建华的《速成识字法》。

1952年4月26日,《人民日报》发表社论,号召各地"普遍推行速成识字法"。5月15日,教育部发出《关于各地开展"速成识字法"的教学实验工作的通知》,指出:"在全国范围内,在广大的工人农民中间普遍地推行速成识字法,有计划地有步骤地扫除文盲,已是当前刻不容缓的重大任务。"9月6日,全国总工会发出《关于在工人群众中推行"速成识字法"开展扫除文盲运动的指示》。9月23日至27日,教育部和全国总工会在北京联合召开了全国扫除文盲工作座谈会。会议提出扫除文盲的标准,是使文盲半文盲认识2000字左右,能够阅读通俗书报和写三五百字的短文。

1952年11月5日,中央人民政府委员会第19次会议通过决议,成立中央扫除文盲工作委员会,任命楚图南为主任委员,李昌(兼党组书记)、林汉达、祁建华为副主任委员。扫除文盲工作委员会设办公厅、城市扫盲工作司、农村扫盲工作司、编审司。

在政府的统一部署和社会各界力量的一致努力下,全国逐渐形成"亲教亲,邻教邻,夫妻识字,爱人教爱人,儿子教父亲","读书声声响,处处是课堂,互教又互学,师生大家当"的扫盲形势。到1953年止,全国扫除职工文盲近100万人,扫除农民文盲308万人。另有许多从"扫盲班"毕业的学员升入了业余学校。[①]

1955年,在中国共产党七届六中全会上,毛泽东再次强调了扫盲工作的重要性和必要性。他指出:"扫盲运动,我看要扫起来才好。有些地方把扫盲运动扫掉了,这不好。要在合作化中间把文盲扫掉,不是把扫盲运动扫掉,不是扫扫盲,而是扫盲。"12月1日,共青团中央发布《关于在七年内基本扫除全国青年文盲的决定》,指出"扫除旧社会遗留下来的大量文盲,提高人民的文化水平,是有战略意义的任务,为

---

① 吴珏:《毛泽东与新中国的四次扫盲高潮》,《湘潮》,2007年12期。

了适应农业合作化运动的发展，必须加快扫盲的速度。"12月6日，《人民日报》发表社论《要在七年内基本上扫除全国青壮年文盲》。

1956年1月30日，教育部发布《关于评奖扫除文盲优秀教师、优秀工作者、优秀学员、先进单位的暂行办法》《颁发识字证书及业余小学、业余中学毕业证书暂行办法》。2月9日，《光明日报》发表社论《把扫除文盲运动推向高潮》，号召广泛动员一切社会力量，大规模地开展扫除文盲运动。3月15日，全国扫除文盲协会成立。3月29日，中共中央和国务院发布《扫除文盲的决定》。于是，1955年末1956年初，第二次扫盲运动被掀起。

在扫盲运动中，人民群众发明了很多教学形式。工矿企业采取"长班短班结合、集中分散结合、脱产业余结合、自学辅导结合"等形式，农村采取"农闲多学、农忙少学、大忙放学、忙后复学"等形式，做到了"学习方法大家找，怎么方便怎么好"。总之，充分发挥人民群众的聪敏才智，动员一切可以动员的力量，尽力实现扫盲工作的目标计划。到1957年上半年，全国有2200万人脱盲，并有160万人达到高小和初中毕业文化程度。扫盲工作取得了阶段性的胜利。

第三次扫盲运动高潮发生于"大跃进"的年月。1958年开春，我国各个领域充满了"大跃进"的思想。3月初，教育部、团中央、全国总工会、全国妇联、全国扫除文盲协会召开扫盲先进单位代表会。全国扫除文盲协会会长陈毅号召人们要扫识字盲、文化盲和科学盲。会议向全国发出5年内基本上扫除全国青壮年文盲的倡议。3月7日、5月20日，《人民日报》先后发表社论《掀起规模壮阔的扫盲大跃进》《用革命精神扫除文盲》。一个新扫盲运动局面开始形成。

这时候，应运而生了许多扫盲口号，如"社会主义是天堂，没有文化不能上"、"工业化、农业化，没有文化不能化"、"技术是个宝，没有文化学不了"、"文化跟着生产走"、"生产到哪里，学习到哪里"、"雪地是块大石板，文盲写字写得欢"、"千人教万人学，万人教全民学"等。并且，出现了扫盲典型县——黑龙江省宁安县，1958年1月，率先宣布成为基本无文盲县。根据各地汇报的数字统计，1958年1月到9月共扫除青壮年文盲1亿人。其中，肯定有很多水分，但是扫盲运动所取得的成绩却是毋庸置疑的。

第四次扫盲高潮发生于1960年5月。1959年10月对一年来的新扫盲做法和经验进行了总结，此后用2个月的时间实现了青壮年无文盲县的目标。他们的经验为：一是学习和掌握汉语拼音方案；二是借助注音字母；三是大量阅读注音书报，不断扩大识字量。该县的经验和做法在1960年先后受到山西省委和毛泽东、党中央的高度重视。1960年4月22日，中共中央做出专门指示。5月1日，《人民日报》发表社论，号召学习和推广万荣县的注音识字经验。5月11日，中共中央发布《关于推广注音识字的指示》，指出："山西省注音识字经验，是我国革命文化中一项重要的创举，应当在全国迅速推广。"于是，再次掀起扫盲运动高潮。

实践证明，"注音扫盲一般经过100小时左右的教学，学员即可达到扫盲标准：能写书信、诗歌和阅读报纸"。到1964年，对国民文化素质的调查显示，"15岁以上人口的文盲率，已经由解放初期的80%下降到了52%；1亿多人摘除了文盲的帽子"。[①]

功夫不负有心人。从历次的扫盲运动看，每一次扫盲运动都取得了令人可喜的成绩。并且，除了掀起扫盲运动高潮，以促动扫盲工作的迅速开展外，我国，特别是改革开放以来，一直比较重视扫盲工作的实施。

但是，我们还应看到，尽管我国在扫盲工作上已经做出了巨大的努力，却由于人口基数大、地区文化教育发展不平衡等原因，我国文盲人数仍在增加。2000年中国成年文盲人数为8700万，占全世界文盲总数的11.3%。到2005年，中国的成年文盲人数增至1.016亿，年增长率

---

① 吴珏：《毛泽东与新中国的四次扫盲高潮》，《湘潮》，2007年12期。

约为 3.36%。① 2007 年 5 月 1 日，《中国青年报》报道，根据一项普查结果，2006 年贵州省六埔村有 30% 的成年人是文盲。实际数字还要更多。很多曾经接受过小学教育的农民，已忘了基本的读写技能。

虽然我国法律规定实行 9 年免费义务教育，但是一些地方的失学现象仍然严重。这反而加剧了文盲现象。经济贫穷导致教育落后，教育落后又难以改变经济贫穷，导致二者之间的恶性循环。因此，我们需要思考解决这些问题的办法了。

正如有人指出的："当前中国农村正在推行'两基'，一是基本普及九年制义务教育，二是基本扫除青壮年文盲。目前多数公益团体都把注意力放在前者，较少有人关注后者。事实上，后者的意义相当重大，丝毫也不逊于前者。"② 有调查显示，文盲家庭子女文盲的比率远高于非文盲家庭；父母受教育程度越高，子女受教育的比率越高，受教育的程度也越高；妇女的受教育机会和受教育程度远低于男人。"事实上基本文化素质的欠缺是贫困的主要根源之一，在一些贫困山区，男人不敢出外打工，妇女甚至不敢上街买东西，皆因不识字不会算术，害怕被人骗。在大量农村劳动力涌入城市的今天，大量没有受过教育或教育水平很低的农民工只能从事报酬很低的简单体力劳动，他们的扫盲教育也是一个不可忽视的问题"。③ 可见，扫盲工作是造福子孙后代的事情，特别是妇女的扫盲工作，直接关系到整个国民素质的提高。

正是因为扫盲运动的重要性，世界各地许多国家都非常重视扫盲工作的开展。印度喀拉拉邦的"民众科学运动"就是从扫盲开始着手，并辅以科学文化知识、社区健康生活和公民观念的宣传教育，取得了巨

---

① 《我国开展扫盲运动五十多年 文盲人数仍在增加》，http://www.ttstudy.cn/campus/2007/79988.html。

② 《乡村教育志愿者计划：打造中国的全民扫盲运动》，http://village.blogbus.com/logs/318182.html。

③ 《乡村教育志愿者计划：打造中国的全民扫盲运动》，http://village.blogbus.com/logs/318182.html。

大的成就。

巴西文盲比例高达国民人口的七分之一，高居南美各国之首。平均每人每年读书少于两本。为减少巴西国内文盲的比例，巴西总统卢拉在2007年12月21日签署法令，决定免除巴西图书出版商、进口商和经销商每年总计约1.6亿雷亚尔（约合5930万美元）的税款。巴西政府还同时宣布，巴西各出版商已同意，将每年营收的1%留出，用以建立一个总额4500万雷亚尔的特别基金，用于促进巴西国民的阅读水平。[1]

根据官方估计，玻利维亚的文盲比例约占国民总数的13.3%。2006年7月，在玻利维亚莫拉莱斯政府的统一部署下，瓜拉尼人民大会和印第安民众教育委员会以及其他的民间组织开始对20万印第安人进行扫盲。这只是扫盲运动的第一阶段。玻利维亚政府所开展的扫盲运动将使110万人受益。[2]

坦桑尼亚在刚独立时，文盲率高达75%。20世纪70年代初开展了大规模的扫盲运动，到70年代末，文盲率已降低到20%多一点。正像我国解放初期一样，坦桑尼亚等非洲国家也将扫盲与国家振兴联系起来。前总统、杰出政治领袖尼雷尔曾说："假如一些人受的教育水平很高，而另一些人则完全是文盲，那么就不能建立起社会主义的坦桑尼亚。"他认为"文盲的人不论在促进国家发展或发展他们自己方面都永远不可能发挥他们的作用"，因此，"应该着手扫除现存的大量文盲"。[3]

埃及从50年代初开始扫盲运动，到1966年，埃及的文盲人数仍占总人口的63%。1970年第67号法令《新扫盲法》颁布。《新扫盲法》的实施，有力地推动了埃及扫盲工作的开展。到2003年9月，埃及教

---

[1] 《巴西发起扫盲运动 总统对出版业免税》，http://print.qx100.com/html/20050113/298678115632961.shtml。

[2] 《玻利维亚开展大规模扫盲运动使110万人受益》，http://www.chelder.com.cn/news/2006/5871.html。

[3] 《非洲的教育发展》，http://www.uniwant.com/show.aspx?page=3&&id=3781&cid=312。

育部、地方发展部、信息部和青年部再次发动全民扫盲运动。扫盲的重点是 15 – 45 岁的人群。从 2003 年起，埃及政府每年投入 3 亿埃镑，力争 5 年左右使 750 万人脱盲，基本消除全国的文盲现象。[①]

就整个非洲来讲，非洲文盲率 1960 年为 90% 以上，1970 年下降至 71.1%，1985 年下降至 54%。可见文盲率在整个非洲呈逐年下降的趋势，这与非洲国家对扫盲工作的重视是分不开的。

沙特阿拉伯以盛产石油并富甲天下而出名，但在七十年代初期沙特全国的文盲总数约达 400 多万，文盲率为 75% 以上。为了改变文化教育落后的状况，沙特政府 1972 年颁布了《成人教育法》，并制定了 20 年扫盲规划（1975～1995 年）。1972 年至 1974 年底为扫盲规划准备阶段，主要做好物力、人力、组织、财力等项准备工作。1975～1980 年这五年为第一个规划实施阶段。要求年扫盲率在 4% 以上。1981～1993 年这十三年为攻坚阶段。1994～1995 年这两年为扫尾阶段。要求将前期遗漏的文盲全部扫除干净。第一个五年规划实施后，到 1981 年沙特已开办 2792 所成人扫盲学校。到 1983 年底，全国共扫除男性文盲 821180 人，女性文盲 480800 人，收到了预期的效果。沙特扫盲教育的方式，除建立扫盲学校外，还有开办暑期学校、夜校，举办职业培训等途径，扫盲工作也得到了沙特伊斯兰大学和沙特国王大学等大学的智力和财力支持。为确保扫盲工作的顺利进行，沙特还成立了成人教育扫盲最高委员会，并为各地的扫盲工作制定了具体实施条例。应该说，在沙特各界社会力量的努力下，沙特扫盲工作取得了比较满意的成绩。[②]

附：印度喀拉拉邦的扫盲教育

喀拉拉邦位于印度的西南部，与斯里兰卡隔海相望，濒临阿拉伯海。那里四季常青，没有冬天，一年温差不大。

---

① http://www.chinaeco.org.eg/xw/06/30604b.htm.
② 《沙特阿拉伯的扫盲运动》，http://www.sarabiatb.com/html/200802/1/20080201094519.html.

喀拉拉邦倡导教育改革的是印度"民众科学运动"(KSSP)的一群科学家们,他们志在将科学、世俗的观念传播给普通大众,以平衡宗教的影响。运动者中有著名大学的院士,有原子能专家、物理学家,他们利用的是节假日,从扫盲做起。

KSSP 的科学家们从 1988 年底开始,发起全民识字运动,数以千计的志愿者到各识字率低的社区开办识字课,并用科学家们一贯充满创意、活力与欢乐的方式,如街头剧,集体读报等方式,赢得民众的参与。还在一个地区开办了 24 小时开放的教育中心。到了 1990 年 2 月,这个区识字率达到百分之百。识字方式与文化表演带来的欢乐气氛,帮助民众克服了不识字的自卑,自愿加入识字班。在识字班开办后,KSSP 更举办各类文化活动,让村民能表演所学到的知识,以增加自信与学习兴趣。

KSSP 发起识字教育的目的,不仅仅是训练民众阅读与书写的能力,更重要的是将人类的基本需求、性别平等、公共卫生健康、民主自由、政治制度等等常识与观念传送给民众。这不仅符合 KSSP 最初的目标:倡导科学知识、破除迷信封建,更为后来可持续发展的运动打下了基础。

识字教育运动所达到的成效远远超过了 KSSP 运动者的期待。由于识字教育能普及到印度种姓制度中的最低阶层,许多人在参与识字班后,树立了自信,开始组织起来挑战不平等的种族制度。原来从没有机会接触低阶层的人,在授课过程中,有机会接触较低阶层的生活后,也学会尊重他们,无形中打破了长久以来深植于种姓制度的藩篱。

不断地从科学家们推行的扫盲运动发展而来的土地资源教育,在喀拉拉邦也极有特色,全称为"人民资源制图计划"。该计划组织当地的农民,也就是对这块土地最熟悉的人,来画"资源地图",和土地学家所作的地图一起成为地方发展规划的依据,并作为长、短期资源利用的参考。这个计划不仅是识字教育的延续,教育民众了解自己赖以为生的土地,更是由自然与人类的互动所塑造的发展过程。

喀拉拉的教育还有值得称道的一点是，识字班将村中妇女团结在一起，让他们有机会发出自己的声音。而最初她们聚在一起只是学习文化，渐渐地开始谈论生活中的问题与感觉，很快她们就意识到彼此支持与团结的力量，并具体动手，要求政府官员改善他们的基本生计建设，比如提供干净水、改善交通、儿童的教育等等。直到她们的努力赢得村民与基层政府的尊重和支持。

在喀拉拉邦，还有一串数字令人羡慕，那就是在3000万人口、其中80%为农村人口的900多个乡里，图书馆有5000多个，出版3000多份报纸杂志。每个乡还有自己的乡报，派发给每户。KSSP的科学家们自豪地说：在喀拉拉，没有人不读报，没有人不谈政治，没有人不唱歌。

目前在喀拉拉邦，所有民众包括男女，识字率高达95%。而整个印度妇女的识字率只有39.42%。①

从我国和世界各国开展扫盲工作的实践经验来看，扫盲工作是一项长期的工作，需要付出坚持不懈的努力，需要得到政府、民间团体、专门的组织和制度，以及一切可以动员的力量的支持和协调。特别是需要政府的大力提倡和政策支持，并提供制度和法规保障，以调动和吸引一切可以调动和吸引的力量献身于全民的扫盲事业。因为扫盲运动本身包含识字、学习文化科学知识、转变陈旧思想观念、增强与人沟通交流能力、树立公民与国家观念等内容，它实质上就是一种我们所谓的传统传媒素养教育。我们可称之为文字传媒素养教育或书籍（识字课本）、报纸（注音报纸）等印刷传媒素养教育。

当我们传统的传媒素养教育的使命还没彻底完成的时候，由于新的信息传播媒介和手段的出现，特别是当这些诸如报纸、杂志、电子书、广播、电视、电影、数字网络成为现代文明社会生活的基本组成部分和主要现实特征的时候，那么，新形式的传媒素养教育或者扫盲运动，就

---

① 《印度喀拉拉邦的扫盲教育》，《中国教育报》，2002年1月12日（第4版）。

成为社会文明发展的必须。近 80 年左右的世界性传媒素养运动思潮和实践,似乎越来越印证了这种必须。

二、国际文化交往频繁,影像文化繁荣,且不断冲突和融合

国家和国家之间、地区和地区之间的经济、文化和思想交流,离不开信息通信方式和道路交通方式。古代的烽燧制度和驿传制度,即是人类活动范围空前增大且国与国之间关系越来越密切或紧张的一个反映。古代信息传递的方式主要有烽燧、驿传、飞鸽、暗号、手语、书信、旗帜、鼓声等。

我国是世界上古代信息传递系统最早建立且比较完善的国家之一。从商代开始就有了关于驿传内容的记载。西周时期,为防备敌人入侵,开始采用"烽燧"制度。在古史书《周礼》中有记载说:在各国从边疆到腹地的通道上,每隔一段距离,筑起一座烽火台,接连不断,台上有桔槔,桔槔头上有装着柴草的笼子,敌人入侵时,烽火台一个接一个地燃放烟火传递警报。每逢夜间预警,守台人点燃笼中柴草并把它举高,靠火光给领台传递信息,称为"烽",白天预警则点燃台上积存的薪草,以烟示急,称为"燧"。古人为了使烟直而不弯,以便远远就能望见,还常以狼粪代替薪草,所以又别称狼烟。周朝规定:天子举烽燧各地诸侯必须马上带兵前去救援,共同抵抗敌人。①

两汉时代的信息传递和军事防卫的方式之一是"五里一燧、十里一墩、三十里一堡、百里一城塞"。朝廷还规定有临敌报警和举放烽火的"联防公约"。对各塞举放烽火的类别、数量、传递方法以及发生失误如何纠正等都制定有细则。烽火传递可以达到一天几千公里的距离。因为烽燧报警的迅速,直到明、清时代仍沿用不衰。

除了烽燧之外,人们还创立了驿传制度。西周时期在大道上每隔 30 里设一个驿站,备良马周车,专门负责传递官府文书,接待来往官吏和运送货物等。秦朝制订了统一文字、度量衡、车轨、道路等制度,

---

① 《信息传递的方式》,http://tdyw.sdedu.net/Article_Show.asp? ArticleID = 596。

为统一的多民族文化国家的形成奠定了坚实基础。在王朝存续的 15 年内，秦王朝完成了"驰道"、"直道"、"新道"等交通和通讯网络。秦朝驰道"道广五十步，三丈而树，厚筑其外，隐以金锥，树以青松"。它以首都咸阳为中心，"东穷燕齐，南极吴楚，江湖之上，滨海之观毕至"。①

两汉将所传文书分出等级，不同等级的文书要由专人、专马按规定次序、时间传递。唐朝驿传最盛时全国有 1639 个驿站，专门从事驿务的人员共二万多人，其中驿兵一万七千人。邮驿分为陆驿、水驿、水路兼并三种，各驿站设有驿舍，配有驿马、驿驴、驿船和驿田。② 传递速度日达 500 里。

宋朝建立了"急递铺"制度。"急递的驿骑马领上系有铜铃，在道上奔驰时，白天鸣铃，夜间举火，撞死人不负责。铺铺换马，数铺换人，风雨无阻，昼夜兼程"。③

明代出现了专为民间传递信件的通信机构——民信局。1896 年，清政府开始建立新式邮政制度，旧式驿传和烽燧制度逐渐被取代。1913 年，北洋政府宣布将驿站全部撤销。新式邮政制度得以完全建立。关于驿站信差的辛苦劳顿，古希腊史学家希罗多德如此评价道："不管雨雪纷飞，不管炎热难当，不管黑夜的朦胧，信差们都要以最迅速的方式完成任务，把文件投递到所指定的地方。"④可见，一个领土广大的帝国或国家更需要足够有效的通信方式和交通方式来保证自己对帝国或国家的管理和控制。

足够有效的通讯方式和交通方式，以及统一的国家指导思想和强大的统一力量，保证了华夏民族多民族间的地域文化的彼此融合和影响，以至于我们今天不管是多数民族还是少数民族都认同一个生我养我的祖

---

① 《汉书·贾山传》。
② 《大唐六典》。
③ 《信息传递的方式》，http://tdyw.sdedu.net/Article_Show.asp? ArticleID = 596。
④ 《信息传递的方式》，http://tdyw.sdedu.net/Article_Show.asp? ArticleID = 596。

国母亲——中国。

如果说，1840年以前尚是我国文化与西方文化各自基本独立发展的时期，那么，自此以后，中国将不能单独拒绝世界。因为海上交通方式，特别是19世纪末电报、电影、照相等技术，以及传教士中文报纸等的影响，已经和西方列强的坚船利炮一起可以影响中国社会的发展。

当人类文明在19世纪末和20世纪初突飞猛进地飞跃的时候，上苍也就注定了中西文化要在这时交会和认识。特别是，电子技术的进步已经让人们感受到地域与地域之间的空间距离在迅速缩小，人们似乎看到了一个"扁平世界"。到20世纪60年代，终于有一个名叫麦克卢汉的加拿大学者喊出了"地球村"的概念。当时，麦克卢汉主要是看到了电视、飞机、等现代通讯技术和现代交通工具带给我们的影响。几十年过去，随着技术的日新月异，特别是数字技术和网络技术的进步，我们似乎真真切切地能够随时地感受他国异乡的泥土气息。只要消除了语言的障碍，我们可以在我们方便的时候和国外有缘的人视频交谈、电话交谈，等等。我们交流信息，似乎比上邻居家借东西都更方便。这也就是我们为什么觉得麦克卢汉这个身上有点过人之处，而难怪世人有人尊称他为"伟大的预言家"。

不管人们愿意不愿意，欢迎不欢迎，全球化的时代已然来临。人类的文明和文化必将走向一个新的起点。这个起点，就是人类在不同文明和文化对话的基础上真正达成了建设一个共同的地球文明和文化的理念。不同民族、不同国家的文化交会和融合，将像每个国家、每个民族内的文化交会和融合一样，其结果将会诞生一个新的更大包容性的人人又都认同的"大家文化"。这个"大家文化"并没有将组成这个"大家文化"的"小家文化"的功能全部替代，它只是起着维系和调和各个"小家文化"的作用。人们一边吸收着"小家文化"土壤上的养分，一边又呼吸着"大家文化"的氧气。它们都是我们生存和发展不可或缺的养分。

在"洋务运动"的时候，曾有人将"中体西用"比作"牛体马用"。其实，这样的比喻是不当的。牛和马不是同一类事物，而西方人和东方人都是人。西方文明是西方人创造的，东方文明是东方人创造的，但是既然都是人创造的，那么，它们就都有共通之处。换句话说，西方文明和东方文明可以嫁接，可以融汇，这两条文明大河可以交会而流入一个文明大洋。因此，双方文明可以借鉴，可以相互促进，共通发展和进步。

虽然如此，我们还应看到，人类文明间的融汇也并不是一帆风顺、只有快乐而无痛苦的过程。正如两个不同生活习惯的人走到一起生活，他们彼此需要磨合，需要相互适应对方，甚至需要达成必要的妥协。特别是，关涉政治的意识形态方面，人们都愿意坚持自己的正确性，而很难有妥协的余地。正如两个人对于一件事物的不同见解一样，"全球化是一个冲突的过程。国家、个人、各种各样的团体、组织以及不同的文化都涉及进来"。①

但是，我们总能找到一个彼此可以接受的底线和基础。在这样的基础上，人们开始了各个领域的交流和互动。影像文化的交流也正是这样。跨国公司在许多国家拥有分公司，美国、日本、韩国、德国等国家的企业挺进中国，而中国迄今也有许多企业走向世界。世界著名的传媒集团，如迪斯尼、维亚康姆、默多克、贝塔斯曼等，在世界许多地区都有他们的身影。"韩流"、"日流"、"美流"、"华流"等文化影响，因为影像文化市场的繁荣而彰显于外。只要具备基本的技术和设备条件，传媒世界的窗口时刻向我们敞开着，通过这个窗口我们看到了一个不同于我们文化土壤的世界。我们了解了他们，他们也了解了我们。于是，出现了"多种声音，一个世界"："设想一个文化上更加丰富的未来只有采用多元化的形式才行，在这种形势下，代表世界多样性的各种文化互相联系，同时又精心地保存各自的本色。无疑，随着各种传统彼此混合和融合，各种文化成分将采取某种混合形式，整个文化史的确就是如

---

① 段京肃，杜骏飞：《媒介素养导论》，福建人民出版社2007年版，第227页。

此。但是,由于变化的速度很快又存在于统一化的威胁,因此必须保证新出现的形式保存每种文化中最具有特色而又最发达的东西,而不是保存最基本和最寻常的东西。文化的进化不可避免,无比重要的问题是文化应当吸收哪些成分以尽可能取得最好的成绩"。①

三、传媒已经成为人们尤其是青少年儿童基本生活的一部分,传媒影响无所不在

信息通信方式或信息传播方式,已经成为我们生活方式的应有之义。我们日常生活中,不可能没有书籍、报纸、杂志、广播、电影、电视、网络、手机、电话、传真、海报、广告、讲演、谈话、访谈、写信、E-mail 等大众、小众或个性化的传媒的参与。除非与现代文明社会隔绝,否则现代文明的信息传播方式就是人们努力和前进的方向。既然我们身处于其中,已经和它们浑然一体,那么,这些传媒的变化,无论是内容的还是形式的,都会多多少少影响到我们现代人的生活。甚至当报纸、杂志、书籍、广播、电影、电视、网络等大众传媒成为我们信息、知识和经验的来源依靠时,我们就不得不对它们有更多的了解和学习。它们无疑是把双刃剑,但是这把双刃剑更多的是有利于我们文明社会的发展和我们个体的成长和进步,因为当初发明这些技术的人并不是本着有害于人类的目的。因此,我们一方面要尽可能让更多有条件和没有条件的人享受到现代文明的沐浴,另一方面要帮助他们梳理、辨别和剔除其中对人有害的毒素。而这正是现代教育的任务,具体而言,正是传媒素养教育的任务。因为当教育者把教育定位于针对现代这些大众或小众传媒的时候,教育自然也就成为传媒素养教育了。

在传媒已经成为我们这个社会一股不可小视的社会化力量的时候,无论政治、经济、文化和教育都与其有着"斩不断,理还乱"的千丝

---

① 国际交流问题研究委员会:《多种声音,一个世界》,对外翻译出版公司1981年版,第44页。

万缕的联系，我们就不能不时刻注意传媒与社会发展进步、与公民和国家观念塑造、与个体社会生存与发展，特别是与未成年人思想道德建设、如何做一个对自己发展有利同时对社会有用的人的关系。

首先，传媒已经成为我们生活现代化程度的标尺。

麦克卢汉说："媒介是人的延伸"。① 我要说：传媒是大脑的延伸。麦克卢汉所说的媒介是指广泛意义上的媒介，我所说的传媒是指信息传播媒介，或者信息通信手段。处于传媒化社会中的我们，已经离不开传媒。

传媒可以帮助我们的学习，我们的学习事实上已经是基于传媒的学习。在课堂里，电视、电脑、投影仪等多媒体工具的使用，丰富了教学的手段。业余学习的时候，报纸、电视、网络，特别是网络学习和交流社区，能够让我们互动性地得到我们想要获知的答案。

传媒可以帮助我们的工作，我们的工作事实上已经是基于传媒的工作。以前无论是管理人员，还是一般工作人员，了解社会新闻时事，更多的是听广播、看报纸、看电视，现在可能越来越倾向于使用网络。只要是与资料有关的工作，网络资料、电子图书馆已经成为人们的首选。并且，有些职业正是伴随网络服务的完善而新兴的，如远程教育、电子商务、远程医疗、网络广播、网络视频等。

传媒可以帮助我们的娱乐和情感交往，我们的娱乐和情感交往事实上已经是基于传媒的娱乐和情感交往。电子游戏已经成为青少年儿童主要娱乐的方式之一。而这方面的活动和话题也成了他们获得同一性和安全感的一个途径。看电视也是青少年儿童的重要消遣之一。并且这种娱乐方式很可能成为亲子互动的重要一环。父母和孩子可以通过看电视、旅游、看电影等方式加深彼此的感情和认知。

传媒可以帮助我们的社会更加透明、更加完善，事实上它已经成为我们社会问题的晴雨表。平民百姓的疾苦可以从网上听到、看到，媒体

---

① ［加］麦克卢汉：《理解媒介——论人的延伸》，商务印书馆2000年中文版。

制作人员从网上人们关心的社会问题中筛选出自己想要制作的传媒节目，从而将这些问题进行社会学的放大，引起人们的广泛关注和重视。有些事件经过媒体的介入，反过来推动了中国法制的进程。例如，"孙志刚事件"最终导致了 2003 年 6 月 20 日《城市生活无着的流浪乞讨人员救助管理办法》的出台。还有传媒报道的双方家庭"换肾"事件、见义勇为事件等引出的法律法规方面的思考，等等。传媒从过去单纯是政府的喉舌，已经演变成整个社会的声音。

其次，传媒已经成为我们对未成年人从事思想道德、心理健康教育的重要关注内容。

一方面，青少年儿童对新知识、新技能和新兴趣的渴望，这成为他们沉迷传媒和想望传媒的原因。另一方面，知识爆炸、意识形态暗含于其中，要求他们有比较强的信息选择和分析判断能力。对于青少年儿童来说，他们缺乏正是对良莠信息的辨别和挑选能力。因此，如果没有社会工作者或教育工作者帮助他们，传媒多元化的思想观念就会对他们的人生观、价值观和健康成长产生强烈甚至巨大的负面影响。

复旦大学新闻学院所做的一项研究表明，媒体对未成年人的负面影响主要集中在："一是不懂得自我约束，耗费过多时间接触媒体。近年来，少年儿童的课余时间超过 1/3 是在与媒体接触中度过的，超过做功课时间。二是导致自我封闭，与他人交往能力减弱。三是依赖图像信息，思维简单化、平面化。四是一些媒体出于经济利益和市场竞争的需要，传播的信息中夹杂着暴力、色情内容，青少年缺乏批判眼光，危害身心健康。五是影响青少年的消费观念，消费行为冲动而缺乏理智。六是媒体使用不正确，强光电、噪声、电磁污染对未成年人生理健康产生负面影响。"[1]

1999 年，联合国儿童基金会在挪威发布的《奥斯陆挑战》，将儿童

---

[1] 翟帆：《信息时代，未成年人难抵信息轰炸——媒体素养教育不应是空白》，《中国教育报》，2004 年 12 月 14 日。

对媒体的使用权归结为接触媒体的权利、获得媒体教育和识字的权利、参与媒体的权利、免受媒体侵害的权利、要求媒体有保护和推进儿童权益的权利等五个方面。这五个方面，实际上也给我们指出了传媒素养教育应该前进和努力的方向。

四、素质教育发展对新信息传播手段和传媒素养教育的召唤与垂青

注重人的素质的培养和教育一直是党和国家对教育关注的重点问题。20世纪50年代初，毛泽东提出"要各校注意健康第一，学习第二"。60年代中期，毛泽东又提出"课程多，压得太重，是很摧残人的，学制、课程、教学方法、考试方法都要改。"1978年，邓小平在全国教育工作会议上指出："学生负担太重是不好的，今后仍然要采取有效措施来防止和纠正。"1999年6月，《中共中央国务院关于深化教育改革全面推进素质教育的决定》提出，要"调整和改革课程体系、结构、内容，建立新的基础教育课程体系"，强调把全面推进素质教育作为迎接新世纪教育工作的战略重点，把提高创新能力摆到了关系民族复兴和国家兴旺的重要位置。2001年6月，《国务院关于基础教育改革与发展的决定》进一步明确了"加快构建符合素质教育要求的基础教育课程体系"的任务要求。2001年9月，根据教育部制订的《基础教育课程改革纲要（试行）》，全国38个国家级试验区进行了新课程试验。素质教育开始以课程试验的形式走进学校校园。

基础教育课程改革的目标是：

（一）改变课程过于注重知识传授的影响，强调形成积极主动的学习态度，使获得基础知识与基本技能的过程同时成为学会学习和形成正确价值观的过程。

（二）改变课程结构过于强调学科本位、门类过多和缺乏整合的现状，使课程结构具有均衡性、综合性和选择性。

（三）改变课程内容繁、难、偏、旧和偏重书本知识的现状，加强课程内容与学生生活以及现代社会科技发展的联系，关注学生的学习兴趣和经验，精选终身学习必备的基础知识和技能。

（四）改变课程实施过于强调接受学习、死记硬背、机械训练的现状，倡导学生主动参与、乐于探究、勤于动手，培养学生搜集和处理信息的能力、获取新知识的能力、分析和解决问题的能力，以及交流与合作的能力。

（五）改变课程评价过分强调评价的甄别与选拔的功能，发挥评价促进学生发展、教师提高和改进教学实践的功能。

（六）改变课程管理过于集中的状况，实行国家、地方、学校三级课程管理，增强课程对地方、学校及学生的适应性。①

从基础教育课程改革的目标看，改革的内容涉及课程理念、课程内容、课程结构、课程实施过程、课程评价模式、课程管理模式、课程服务社会和服务学生终身成长和发展的功能等方面。新课程改革的精神和理念受到广大教师、学生、家长和社会的衷心欢迎。

但是，从近几年实施的效果看，素质教育的理想还很不尽如人意。无论是教师还是学生，都有很多这样的感受：素质教育实施之后，他们更觉得累了、苦了。一位年轻教师在博客中这样写道：

> 最大的感觉是所谓的素质教育之后为什么我们更累了？？？
> 比如今天，上午备课上课，下午一直在做教案，一直到六点！！！
> 然后回家继续做！！还把作业拿回家准备批改！！！
> 为什么？？？
> 为什么一直在工作还觉得时间不够用？？难道是我的效率低？？？
> 今天中午一边……一边打盹……
> 就好像学生一开始学习就犯困一样。我要改正！！！……②

---

① 教育部基础教育司组织编写：《走进新课程——与课程实施者对话·序言》，北京师范大学出版社 2002 年版。

② http://nancy0207.blog.sohu.com/81592241.html。

分析其中原因，不难看出，教师和学生之所以累了、苦了，并不是素质教育本身不得人心的缘故。而是因为我们生活中的教育不自觉地担当了两副担子：应试教育和素质教育。

应试教育的堡垒在素质教育面前，依然故我。其原因非常复杂多样。

有网友评论说："素质教育问题，绝不仅仅是教育部门、学校、学生、家长的能解决的问题！其决定性问题是：我们这个国家的'用人观'，尤其是各级党委、政府的'用人观'。如果'用人观'的问题不解决，教育部门、学校、学生、家长再着急也是白搭……"①

网友将影响素质教育发展的主要问题归结为国家的用人制度和用人观念。依作者看，这不是根本原因所在。其根本原因应当在考试制度里去寻找。如果我们改变考试制度，改变了基础教育和大学衔接的选拔制度，那么，势必会引起基础教育课程与教学方向的改变。

也就是说，无论是应试教育还是素质教育，都不能缺少人才选拔的那一环。只要有人才选拔，就会有人才竞争。反过来亦然。如果希望多出考试型的人才，那么，就继续保持现存的应试教育制度；如果希望多出创新型、社会化程度高的人才，那么就将适合创新性的、终身学习性的、素养性的、社会服务性的知识、技能、手段列入必考必查的内容。

应试教育和素质教育的区别，不在于是否拥有考试制度，而在于我们的目标以及实施过程，是否培养了社会所需要的创新型和动力型的并且身心健康的合格人才。正如一家工厂一样，如果只是片面地追求数量的生产，而不追求质量的生产，那么，前者就是应试教育，后者就是素质教育。

康德说过："教育的目的是使人成为人。"素质教育实际上就是如何做人做事的教育。应试教育实际上就是教人如何考试的教育，一定程度上偏离了教育应有的教育目标（不能也不应否认和抹杀应试教育中所

---

① 《素质教育大讨论》，http://edu.people.com.cn/GB/8216/54752/。

取得的教育成绩)。

　　对于如何实施素质教育,许多地方进行过无数的尝试。有的改换教材内容,增加武侠小说等内容;有的改变教学方式,增加摄影、音乐、图片等内容;有的希望取消高考;有的呼吁减少考试科目;有的要求降低高考试题难度;有的建议增加考试次数;有的主张把高中学业水平考试的成绩与高考联系起来;有的地区和学校认为应把高考计划录取指标分解;近来已有一些大学在扩大学校招生自主权的基础上,进行自主招生,等等。但是根本上看,这些都难是解决应试教育弊端的出路。

　　山东省目前所进行的素质教育改革,应该说找到了突破素质教育堡垒的口子。这就是如何通过省内高考制度的改革来实现素质教育的目的。他们的具体做法有:(1)素质教育各项行动全省齐步走。因为我国实行以省为范围进行高考录取的方式。(2)让高中综合素质评价成绩与高考录取挂起钩来。即在一定分数段范围内,高校可以考虑录取高中综合素质评价高的。(3)严禁各地、各学校进行高考录取的排名竞争,要通过制度措施加以保障,严格保密各种考试信息,除招生考试机构之外,任何市县和学校不能统计、不能发布。(4)高中学校从报名到录取,这些高考环节要逐步和高中的办学相脱钩。可以一定程度上减轻高中的升学压力。①

　　虽然说,高考制度的改革是基础教育阶段实施素质教育的根本制度保证。但是,在具体教育教学当中创新教学模式、教学方式方法,显然是教育发展,特别是素质教育发展的必然趋势和要求。因为人类文明的一切文明成果和经验,必须迅速地反映到教育领域当中来,这样才能保证教育为社会发展服务,与生产生活相结合。

　　多媒体技术、报纸、网络、电影、电视等资料或手段会越来越多地被应用于教育教学中,这不仅是根据学生亚文化的时代背景所作出的选

---

① 齐涛:《正确认识实施素质教育中的九个关系——在全省中小学素质教育工作会议上的讲话》,http://jnmzxx.blog.sohu.com/81528590.html。

择，而且也是对传媒文化教育的重视。台湾传播学者吴翠珍在论证了1920年以来报纸、电影、广播、电视、电脑和网络等媒体对社会的影响之后说："无人能自绝于媒体，媒体已经超越物件的本质，而成为环境，如同阳光、水、空气，是生命与生活的要素；媒体更是教育环境，人人透过媒体认识世界，认识人、事、地、物与自己的关系。无论我们是否认识到媒体对自己的影响，我们与他人在都透过复杂的媒体互动建立社会关系，再将这些关系整合成为日常生活的样貌。"①"媒体是重要的知觉与想法的形塑者，是所谓意识工业，不只提供有关世界的资讯，也建构我们如何看世界、了解世界的方式。"②"媒体在教育上，不但进一步边缘化了家庭的教育角色，也逐步瓦解、威胁与动摇了学校的权威地位。媒体不但时时刻刻全面地在'教育'儿童青少年，也在'规训'社会中的每个成员。"③"媒体包括传统大众媒体，如广播、电视、有线与卫星电视，小众或新闻媒体包括：网络连线游戏、电脑电视游戏、手机等，正形塑与定义儿童青少年的自我认同与对社会、政治及文化的认知与态度。媒体对于儿童的影响力正逐渐透过'媒体变形'（media morphosis），以混杂外形、数为其内的阵仗，在扩大与加深中。所以现在正是建构媒体素养的核心概念，并规划适宜的课程来因应新科技时代的关键时刻"。④吴翠珍提出通过开展传媒素养教育，并将传媒素养教育内容纳入课程体系来解决青少年儿童的身心发展问题，来应对媒体对教育的影响。

新时代需要新素养。素养的含义因传媒的进步而丰富。"自从有历史记录以来，'读写能力'（literacy）的概念即是学会文字，继而组合成词语与句子，并了解其意义的一种技能。而几世纪以来，教育也以如何教会学生组合字句、藉以了解与表达复杂概念为目标。然而今日，我

---

① 吴翠珍，陈世敏：《媒体素养教育》，巨流图书股份有限公司2007年版，第8—9页。
② 吴翠珍，陈世敏：《媒体素养教育》，巨流图书股份有限公司2007年版，第9页。
③ 吴翠珍，陈世敏：《媒体素养教育》，巨流图书股份有限公司2007年版，第14页。
④ 吴翠珍，陈世敏：《媒体素养教育》，巨流图书股份有限公司2007年版，第13页。

们所处的世界已不再是只有纸本上的文字,而是多媒体文化中强力放送的影像与声音"。① 显而易见,我们包括语文教育或说语言艺术教育在内的教育需要丰富更多的内容。

五、建构和谐社会对养成现代公民意识和精神的要求

党的十六届四中全会明确提出要"构建社会主义和谐社会"。国家发展和改革委员会宏观经济研究院研究员丁元竹认为,我国构建社会主义和谐社会应当考虑三个主要因素:(1)推进社会公平。要建立一套全社会能够认同和接受的社会公平与公正的准则,在这个准则下,各个群体和阶层能够"各美其美、美人之美、美美与共、天下大同"。(2)完善社会组织,让公民、公民性的社会组织以主体姿态,以自助、自治的方式组织起来,参与社会管理,参与社会矛盾的解决;国家通过公共和公共财政政策,支持社会组织、志愿者组织活动,调节社会资源的分配。(3)集聚社会资本,培养责任、信任和诚实为核心的价值体系。要提高社会资本的战略地位,充分认识到建设社会资本也是硬道理,是建设和谐社会的价值基础。② 更有人将和谐社会总结为 28 个字:民主法治、公平正义、诚信友爱、充满活力、安定有序、人与自然和谐相处。而不和谐社会发展的一个典型例子即是所谓的"拉美现象":"拉丁美洲国家在上个世纪发展很快,但是由于只注重增长,不重视分配,只注重效率,不注重公平,结果造成贫富两极分化,城乡发展失衡,国内社会矛盾、社会伦理不断爆发,社会冲突越来越激烈,从而造成了社会的政治危机、经济危机、物质危机。所以,一个国家在发展当中不注意均衡发展,不进入和谐社会状态,那么很有可能成为拉丁美洲国家的现象"。③

---

① 吴翠珍、陈世敏:《媒体素养教育》,巨流图书股份有限公司 2007 年版,第 20 页。
② 丁元竹:《建设和谐社会若干重点》,http://news.xinhuanet.com/newscenter/2005-02/22/content_2603735.htm。
③ 李晓明:《强国十位嘉宾与网友对话"和谐社会"》,http://www.people.com.cn/GB/32306/32313/32330/3242258.html。

第四章 传媒素养教育

在上述构建和谐社会的言论中,我们看到似乎没有人提到和谐社会公民教育的作用和地位。和谐社会是由和谐社会的公民组成的。法制和教育也从来是保障社会发展进步的两手。除了建立健全和谐社会的法制基础外,还应着手建立和谐社会的教育基础。

公民教育,就是"要培养人们能够尊重自己和他人的权利、尊严和价值,能够勇于维护自己和他人的权利、尊严和价值,能够具有对国家和社会的高度的责任感、使命感"。[①] 在信息时代或者媒体社会,我们进行公民教育,必须采取多种切实有效的、足够先进的信息传播手段的教育形式。而传媒素养教育正是这样的一种教育形式。

我们传统的教育公民的方式主要有:课堂公民教育、爱国主义教育基地、青少年宫、图书馆、儿童活动中心、博物馆、纪念馆、体育场馆、科技馆、展览馆、美术馆、动物园、公园、媒体宣传、社会教育、社区教育、心理健康教育等。2007 年,财政部下发《关于落实公益性文化设施向未成年人免费开放财税政策的通知》,对地方财政部门落实相关财税政策提出了明确要求。2007 年 4 月至 9 月,财政部又组织开展进一步推动公益性文化设施向社会公众免费开放专题调研,研究提出了相关财政支持政策。2008 年 1 月 23 日,中共中央宣传部、财政部、文化部、国家文物局联合下发《关于全国博物馆、纪念馆免费开放的通知》,正式启动实施博物馆、纪念馆向全社会免费开放。这说明,政府已经注意到这些文化设施对于公民教育的重要性。

但是,到现在为止,我们国家还有很多人对传媒素养教育自身缺乏认识,对传媒素养教育的公民教育功能缺乏认识。庆幸的是,很多国家的学者已经注意到,青少年儿童的传媒文化生活,特别是电子游戏中的生活,对他们的身心影响在某种意义上说巨大。台湾学者吴翠珍说:"电视提供一种相当原始、直接难以拒绝的选择,人类在学习如何解读

---

① 盛璇:《南京市莫愁新寓小学"公民教育实践活动"实施计划》,http://www.zggm-jyzx.com/xmyl/ShowArticle.asp? ArticleID = 1698。

图像的意义时，不需要经过严谨而漫长的文法、字画、拼音或逻辑训练，夸张地说，观看电视（或任何形式的流动影像），不需事先接受知识的培训，不需要任何技能，也不会发展出任何技能。以电视新闻为例，单向传输大量影音资讯的结果，架构了大部分人对世界的看法与价值观，但观众在接受资讯的同时，却无法'思考'整个事件，没有足够的时间与动机完整了解事件的意义、历史脉络，也无法针对事件提出个人看法与价值观或提出意见。"①

联合国教科文组织国际教育局的"学校作为和平使者世界联合会"（The World Association for the School as an Instrument of Peace）研究人员恩坎科女士（Lucie-Mami Noor Nkake）曾撰文说："虚构的电影、卡通片、连环漫画及文学作品中有时包含有某些侵略性的特征，他们炫耀新时代的武器，只要一按其按钮就可以将整个人类灭绝。具有战争色彩的玩具和游戏也同样受到了谴责。孩子们坐在电视屏幕前，看到的净是用战争武器武装到牙齿的战士或者是驾驶能够彻底击毁成打的星球的星系宇宙飞船的宇航员。他们的感觉会得到充分发展，并悄悄地形成了一种敌意和消灭其他人的欲望。孩子，是最容易征服的对象，因为他们往往重复他们第一次看到的和听到的事情。……这样就产生了一种危险：年轻人有可能会形成认为暴力是解决冲突的唯一途径的观念。"她继续说道：面对这些问题，有些国家已经采取了相应的应对措施。有的推出了和平教育日（Education-for-peace Day），在这一天举行一个象征性的战争类玩具的销毁仪式；有的在商店橱窗禁止陈列战争类玩具；"有些国家已经采取了实际行动，利用电影、图书和图画等形式来传播可以消除偏见的观念。有些国家则启动了某些研究项目，旨在发现在人们对世界的感知中产生负面影响和妨碍创建了全球化社会的心理和社会障碍因素。一些地区报告说，新的技术（如电视及更先进的国际互联网）正

---

① 吴翠珍、陈世敏：《媒体素养教育》，巨流图书股份有限公司2007年版，第7页。

被用来进行知识的交流和传授。"①

从上可知,已经有越来越多的学者认识到,需要开展针对传媒影响的教育,并重视起关于传媒文化的教育。这些教育对于青少年儿童形成正确的社会价值观、公民权利和义务观是非常有必要的。

奥夫德海迪与费尔斯通认为,传媒素养教育应致力于增强公民意识,推动对美的鉴赏与表达,鼓励对弱势群体的关怀,提升自信心,并教人们学做合格的消费者。②"现代传媒素养教育通过对影视、网络等传媒文本的鉴赏、分析和解读,以及进行一些实际的制作,能够让受众对影视、网络所隐藏的文化意义、意识形态、生活方式观念,以及对自己国家的历史文化、民族风俗、社会成就、经济繁荣以及种种社会疑难杂症有大概的了解,唤醒他们作为一个公民的基本职责、权利和义务,从而将自己的学习、工作和生活纳入到整个社会生活当中去,做一个对社会有用的合格合法的公民"。③

第六节 传媒素养教育的功能、特征与实质

本节将对传媒教育的功能、特征和实质等问题进行探讨。

一、传媒素养教育的三大功能

人的精神世界有三大支柱:科学、艺术、人文。科学追求的是真,给人以理性,使人理智;艺术追求的是美,给人以感性,让人富有激情;人文追求的是善,给人以悟性,使人虔诚。科学讲的是理性,艺术更富于情感;人文则既有深刻的理性思考,又有深厚的情感魅力。一个

---

① 恩坎科:《国际理解教育:一个富有根基的理念》,赵中建:《全球教育发展的研究热点——90年代来自联合国教科文组织的报告》,教育科学出版社2003年版,第310页。
② 张志俭:《媒介教育在中小学的相关度:香港实例与未来议题的探究》,该文为2005年10月20日在中国传媒大学所作报告。
③ 秦学智:《现代媒介教育理念对传统教育理念的挑战与革命》,《现代传播》,2006年第2期,第130—131页。

人的精神世界，不能没有科学，也不能没有艺术，更不能没有人文。所以，有学者把人的综合素养概括为科学素养、艺术素养和人文素养。平时，我们习惯地把理科和工科以外的学科称为人文学科。其实并不准确。从概念上讲，人文就是人类文化中的先进部分和核心部分，即先进的价值观及其规范。其集中体现的是，重视人，尊重人，关心人爱护人。简而言之，人文，即重视人的文化。①

传媒素养教育的作用就是要让受众憧憬并有能力过上一个富有民主与科学思想和善于学习与表达情感、艺术、创造力的生活。据此，作者以为，传媒素养教育的功能有三：科学功能、艺术功能和人文功能。

二、传媒素养教育的特征

目前，作者将传媒素养教育的特征概括为以下八个方面：

（一）知识性

任何形式或种类的教育都具备知识性这一特征的，传媒素养教育也不例外。传媒文化知识是整个人类文化知识的一个缩影。传媒素养教育必然会涉及关于传媒自身的知识、关于传媒世界的知识等传媒文化知识。

（二）技能性

在传媒素养教育过程中，学生要学习和掌握基本的使用传媒和制作传媒产品或作品的技能。

（三）教师指导性与学生活动主体性相结合

传媒素养教育要求充分发挥学生的主体性和教师的指导性。因为教育的计划性、组织性、教育性等特点，教师是传媒素养教育教学的主要设计者和策划者。当教师用传媒素养教育理论和理念来指导教案的准备和学生活动设计的时候，一定要将学生的主体性发挥作为活动设计的重要因素来考虑，做到教师指导性与学生活动主体性的有机结合。

---

① 李婷，王爱胜：《技术教育中的人文当侧重什么》，《信息技术教育》，2008年第2期。

(四) 研究性和探究性

传媒素养教育强调学生研究性学习、终身性学习和探究性学习意识和能力的养成。常常会以传媒议题或传媒问题为出发点或着眼点,训练学生研究和探究议题或问题的思维能力和习惯。

(五) 社会实践性与社区服务性

传媒素养教育必须密切关注社会实践过程中出现的重大活动,如政治民主与法制议程、市场经济发展问题、文化才冲突和融合、经济全球化与经济贸易保护主义、生态平衡与环境保护、城乡差别与城乡一体化进程、儿童权益与义务、医疗卫生与公益医疗体制、食品与医药安全、古迹保护和旅游开发、文化设施利用与保护、服装文化与时尚、娱乐与文明生活、社区生活与服务等与人们吃穿住行等基本生活密切相关的社会活动,并以传媒参与、集体活动、政策建议等方式参与到这些问题的解决过程中来。

(六) 创新性

创新性是创新型国家、创新型学校、创新型教学的客观要求,也是提升儿童传媒素养的客观要求。传媒素养教育的创新性主要表现在传媒创新意识、能力和习惯的培养,以及创新性作品的展示、传播与反馈等。

(七) 社会教育与公民教育的示范性

青少年儿童的成长和活动是政府、学校、家长和社会共同关心的焦点话题,将他们的社会化成长过程用传媒记录、新闻报道、产品分享和交流的方式再现给社会公众,会起到意想不到的轰动效应和教育效果。

(八) 心理健康教育性

传媒素养教育是师生,特别是学生与学生之间,学生与社会之间思想、情感、心理开放性交流互动和沟通的大好机会和身心体验过程,它特别注重学生传媒表达和再现能力的培养,这种能力有助于学生走出自我封闭阴影,形成健康良性的心理状态。

传媒素养教育自古迄今,多是有思想倾向性的教育,随着生活的现代化、经济全球化、文化多元化时代的来临,传媒素养教育渐渐向多元化思想倾向发展。须知,多元化思想倾向也是一种倾向,不过是一种更为民主、宽容、科学和进步的思想取向而已。

三、传媒素养教育的实质

传媒素养教育的实质在于传媒的实质和教育的实质的有机结合。传媒是信息传播的载体,它又是现代社会文化的象征;传媒是环境,是现代人类活动的土壤;传媒是大脑的延伸,是一个大意识世界,是一个充满梦幻和神奇的思想意识创造的天地,等等。教育是关乎素养的教育,以提高素养为目的,以疏导为根本方式,以预防和改造为其作用和影响,等等。这些为我们了解和领会传媒素养教育的实质打好了基础。

(一)传媒素养教育实际上是一种旨在提高大众普通传媒素养的教育(教育目的和内容)

素养教育包括专业素养教育和普通(非专业性的)素养教育两方面。关乎传媒的素养教育包括传媒专业素养教育(简称为传媒专业教育)和普通传媒素养教育(简称为传媒素养教育或普通传媒教育)。因此,传媒素养教育,其培养的目标不是传媒专业人士,而是具备起码的普通传媒素养的现代社会公民。普通传媒素养包括普及性的传媒文化知识、传媒使用和制作技能,以及传媒交流和沟通技巧、态度和情感等,可分为传媒功能性素养、传媒思想素养等。

(二)传媒素养教育的实质是利用传媒或传媒文本(包括传媒研究、传媒制作和传媒批评等方法)以疏导的方式来解决传媒影响所引发的社会问题或个人问题

传媒色情和暴力等镜头和情节,以及电子游戏对受众,特别是青少年受众的影响日益受到社会、学校和家长的关注。在电影、电视、网络、多媒体等传媒技术日益发达和普及的今天,这些传媒形式无疑是广大受众熟悉和青睐的方式。因此,利用生动形象和流行时尚的传媒文本,或通过丰富多彩的传媒制作和讨论活动,或结合电视沉迷、网瘾等问题进行揭示其根源的家庭、社区和学校教育,都会在相当程度上解决诸如此类的社会问题和个人问题。网瘾专家、北京市军区总医院青少年心理成长基地主任陶然,在一份名为《641例网络成瘾青少年临床心理分析》的报告中,认为网瘾主要源于家庭因素。调查发现,46%的网瘾少年在童年期有过重大生活事件的创伤。报告显示,94.5%的网瘾青少年对父母产生敌意,52.3%的孩子评价父母缺乏温暖和理解。陶然说:"他们的心理发育在某种程度上已经受损,缺乏安全感和信任感,缺乏与人建立亲密关系的能力,成为以后形成网瘾的重大隐患。"[①] 这样,结合父母和孩子都关心的网瘾问题,利用生动形象的传媒或传媒文本等教育方式来对儿童和家长施以针对性的教育,必能产生很好的解决社会问题或个人问题的效果。

(三) 传媒素养教育的实质是利用传媒或传媒文本(包括传媒研究、传媒制作和传媒批评等方法)来改造人的人性和世界观

随着时代的进步,广大群众,特别是青少年受众接触和使用传媒的时间越来越长,受到传媒的影响也越来越大。传媒是一把双刃剑,其文化中蕴藏着众多的积极和消极内容。相比那些积极的内容,那些消极负面的内容更可能影响到未成年的儿童心理的健康成长。除此之外,因为如电子游戏软件那样的内容能够抓住儿童喜爱生活刺激和快乐的心理,并不断地花样翻新,因此,很容易滋长和培育一个相当规模的受众群体。传媒素养教育的终极目的绝不是教育受众拒绝现代媒体,而是教育他们能够适当地控制使用传媒,并积极吸收传媒文化中积极的内容,同时消解其负面的影响,使得他们在充分科学地享受传媒生活的同时,获得人性和世界观的改造,成为一个对社会有用的合格公民。

(四) 传媒素养教育的实质是利用传媒或传媒文本(包括传媒研究、传媒制作和传媒批评等方法)来预防受教育者可能的学习、工作、生产、生活、心理、休闲娱乐等方面的错误

---

① 《46%的网瘾少年童年有过生活创伤》,《中学时事报》,2007年9月25日,第3版。

现代传媒文化中有许多值得人们借鉴的经验和教训。利用传媒或传媒文本来学习别人或前人的经验不仅是一种时髦也是一种十分生动有效的方式。作者时常看电视的《中国法制报道》《大家看法》《道德观察》《谁在说》《心灵花园》《心理访谈》等栏目，从中学到许多的生活知识和做人处事的生活智慧。这些都是活生生的教育教材，生动亲切，真实具体，感人至深。因此，传媒素养教育应当将利用传媒或传媒文本这种喜闻乐见的形式作为教育的根本途径，作为教育的根本原则，以此来服务广大的受众和社会。

综上所述，传媒素养教育或普通传媒教育的实质，是通过传媒而进行关乎传媒的旨在提高普通传媒素养的教育，是利用传媒或传媒文本（包括传媒研究、传媒制作和传媒批评等方法）以疏导的方式来解决传媒影响所引发的社会问题或个人问题，来改造人的人性和世界观，来预防受教育者可能的学习、工作、生产、生活、心理、休闲娱乐等方面的错误，等等。

最可宝贵的教育是育人的教育。最完善的教育是知识、技能、情感、态度、价值观、法律法规都具备的教育。传媒素养教育为什么更符合本应的教育的理念？就是因为它突出对如何教会学生做人处事的道理的强调。传媒素养教育的内容包括知识、技能、思想、情感、心理、道德、法律法规、公民身份认同等。若是勉强用一个公式来表示的话，那就是：传媒素养教育＝传媒认知教育（认知关于传媒自身知识、特征、性能的教育）＋传媒技能教育＋传媒内容教育（文化、新闻、信息）＋批判性思维能力教育＋公民教育（道德、法规、公民责任、义务和权利）。

第七节　传媒素养教育对教师的要求

传媒素养教育对于教师的要求，是很大的。

首先，要有爱的精神。"捧着一颗心来，不带半根草去，你们抱着这种精神去教导小朋友,总是不会错的"。①

其次,要尊重学生个性,坚持民主平等、启发指导。"当今世界走向学习化社会,教师不再是课堂唯一的主宰,教师应该在尊重学生的个性、独立性、自由的基础上同学生建立一种民主、平等、和谐、融洽的关系。教师是指导者、启发者而不是压迫者、灌输者。学生有学习的自由选择权,道德上从他律走向自律,成为自由与责任统一的和谐主体"。②

再次,要掌握传媒素养教育的理念和理论。

第四,要掌握足够的与传媒有关的知识和技能。

第五,要善于采集、掌握或创造足够的传媒素养教育资源(包括人力资源)。

最后,要能够致力于传媒素养教育的实践,并及时地进行理论或经验总结。

第八节 传媒素养教育的途径和活动方式

实施传媒素养教育有许多途径和活动方式。总结这些途径和活动方式,对于传媒素养教育的推广和普及是非常重要的。

一、通过媒体推广传媒素养教育

在媒体充斥和媒体影响日益扩增的时代,通过媒体推广传媒素养教育,是一项不错的选择。通过媒体推广传媒素养教育,可采取以下几种活动方式:

(一)媒体对世界和全国各地传媒素养教育活动进行及时和追踪报道,并发出媒体呼吁

---

① 《陶行知全集》第5卷,湖南教育出版社1985年版,第235页。
② 中国陶行知研究会"九五"教育规划课题组:《陶行知教育思想的现代价值》,华文出版社2001年版,第455页。

媒体有发展自己的需要，传媒素养教育活动是一项重要的、具有很多新闻性质的事件。传媒素养教育工作人员和研究人员要和媒体建立比较亲密的互动关系，让媒体人员、特别是媒体记者，了解自己的"行踪"和"举动"，使他们能够及时发现比较有价值的报道内容，并能够报道出来。这种报道，具有宣传和鼓舞的作用，使那些对传媒素养教育好奇或已经投入其中的人得到满足和鼓舞。同时，在报道过程中，发出媒体呼吁，以便吸引更多社会力量的关注和支持。

（二）媒体人员主动开发传媒素养教育栏目、制作传媒素养教育节目内容，甚至设立专门教育频道

目前，我国媒体已经自觉或不自觉地开发有一定数量的传媒素养教育栏目，但数量极为有限。传媒素养教育方面的节目内容在许多频道的栏目中，已经多多少少有所体现，当然，数量也难如人意。至于说专门的教育频道，还是没有。这也许要与传媒素养教育发展的成熟程度有关。

（三）媒体人员与传媒素养教育人员协作开发传媒素养教育栏目、教材，制作传媒素养教育节目，或举办相关传媒素养教育活动

媒体人员精于制作传媒节目，传媒素养教育人员拥有传媒素养教育方面的创意和知识，双方合作开发传媒素养教育栏目、教材有着现实的活动空间。教材可以是电子版（光盘）、录像带等音像制品，也可以是印刷书籍或小册子。这样的合作便于及时地将开发出来的传媒素养教育资源用于全国各地的传媒素养教育教学实践。

当然，合作的方式有很多。传媒素养教育工作人员自己研发，被媒体采用也是一个不错的选择。媒体和学校、传媒素养教育学会之间可以建立定期的合作机制，如定期采访媒体场所，举办媒体知识和技能培训班，举办传媒素养教育夏令营、读书会、讨论会、节目创作大赛等。

二、通过法人团体或非营利组织推广传媒素养教育

全国各地对传媒素养教育感兴趣或有天然联系的法人团体或非营利组织，都可投入到传媒素养教育当中来。全国各地在时机成熟的时候，

还可成立专门的传媒素养教育学会,以组织和指导各地传媒素养教育活动的开展。可采取以下几种活动方式:

(一) 定期学术研讨会或经验交流会

学术研讨会或经验交流会对于传媒素养教育活动的开展十分必要。实践需要理论的指导。传媒素养教育工作者和研究者要及时地总结传媒素养教育活动开展的经验和方法,以便更好地指导后续的传媒素养教育实践活动。没有理论的实践,是盲目的实践,也是不长久的实践。学术研讨会或经验交流会最好能够定期举行。最好能将会议的成果结集出版。

(二) 传媒素养教育工作坊

什么是工作坊?工作坊就是一系列教育工作会议。一群人一个短时间内聚在一起,并聚焦于一个规定的关注领域。工作坊的目的可多种多样。可以是增长见闻(Informing),解决问题,也可以是技能培训。一个典型的工作坊一般由两部分组成:技术的和应用的。技术方面的,如介绍(或呈现)一些讲演或阅读方面的理论知识;应用方面的,如做个项目,生产一种产品或撰写一篇论文等。譬如,与素养有关的工作坊有:编辑工作坊(Editors workshops)、正字法工作坊(Orthography workshops,根据已建立的用法改正拼写的艺术和研究)、创作歌曲工作坊(Song-writers workshops),以及作家工作坊(Writers workshops)等。[①]

工作坊与传统的课堂教学相比,有一些好处。传统的教学,是教师在黑板上板书教学,学生在从黑板上抄写笔记。并且他们通过阅读书籍和散文来提高他们的阅读与写作技巧。这样的教学越来越难以满足学生的学习兴趣。而采用工作坊的方式进行阅读和写作教学却能大大地提高学生的学习兴趣。工作坊的教学方式,能够使得学生通过学生间或伙伴间的参与来达到学会阅读与写作技巧的目的。在工作坊模式下,首先是

---

① What is a workshop?, http://www.sil.org/lingualinks/literacy/ReferenceMaterials/glossaryofliteracyterms/WhatIsAWorkshop.Htm.

一个小型课程（mini lesson）。教师就一定相关的阅读或写作手法（strategy）进行讲解示范。然后是学生的积极互动部分。学生可以与教师互动，也可以与其他学生互动。其目的就是通过讨论将所学的阅读或写作手法融入到他们的实际阅读或写作当中来。通过实际阅读或写作达到他们掌握阅读和写作技能的目的。工作坊的教学方式，能够让师生彼此依靠（feed off each other），彼此了解。[①]

联合国教科文组织（UNESCO），经常地或定期地强调传媒对于青年的重要性。它在2003年的时候曾建议设计一种针对不同文化背景青年的结构性的传媒意识研究培训项目。传媒提供有休闲活动以及对青年周围世界的再现，因而在年轻人的生活中越来越占有重要的地位。从书籍到因特网，传媒提供有互补作用的知识通道，并导致了人们在使用传媒方面的持续进步。

联合国教科文组织（UNESCO）分别在1999年4月、2002年2月于奥地利首都维也纳（Vienna）和西班牙西南部城市塞维利亚召开传媒素养教育工作坊会议。会议建议将传媒素养培训纳入国家教育课程（national education curricula）。会议还建议，联合国教科文组织与欧洲委员会（European Commission）一起在地中海国家的中等教育中进行这样的研究。

2003年3月19日至23日，联合国教科文组织（UNESCO）在希腊中北部港市萨洛尼卡（Thessalonica, Greece）举行过一次国际传媒素养教育工作坊会议（Thessalonica Workshop on media education）。该会议是联合国教科文组织（UNESCO）指导项目（Mentor project）的第一阶段。该指导项目旨在为地中海国家开发一套用于传媒素养培训的教育模块。有18位来自不同国家的研究者汇聚一堂，商讨建立一套清晰的适用于地中海地区文化与语言背景（identity）的研究体系（structure）。目标群体

---

① What is a Workshop Model and how does it Work?, http://www.tqnyc.org/NYC052376/whatisworkshop_new.Html.

是在地中海国家专门的中心正在接受初级培训的未来教师。参与开发联合国教科文组织(UNESCO)这项项目的有:布鲁塞尔欧洲执行委员会教育与文化总理事会(The European Commission's Directorate-General for Education and Culture, Brussels)、巴黎法国教学与信息传媒联络中心(The French Centre for liaison between teaching and information media, Paris,简称为CLEMI)、萨洛尼卡欧洲职业培训发展机构(The European Agency for the Development of Vocational Training, Thessaloniki,简称为CEDEFOP),以及西班牙东北部港市巴塞罗那北斗六①多媒体开发公司(Mizar multimedia, a multimedia development firm, Barcelona)。②

2008年1月24日,圣士提反女子中学附属小学(St. Stephen's Girls' Primary School),有鉴于传媒科技日新月异,传媒信息日趋发达,报刊、杂志、电视、电台、网络等传媒所再现的"传媒现实"与"客观现实"之间存在着一定距离,为提升同学的传媒素养,特邀《黄巴士》杂志总编辑许芷茵为该校小学五、六年级学生进行《小学传媒素养教育工作坊》。工作坊的内容生动、有趣,包括:(1)认识大众传媒;(2)认识传媒价值观及讯息背后的真正含意;(3)分辨"传媒现实"与"客观现实"之间的分别;(4)让同学担任小记者报导现场实况;(5)如何进行传媒监察。工作坊加深了学生对传媒及传媒信息的认识,提高了同学们在获取、使用和处理信息时的敏锐性和警觉性,以及批判思维和道德能力。③

工作坊,通过教师或专家讲解示范和学生的实践互动,对某一方面的知识进行几种认识和加工,具有较好的教学效果和教育意义。因此,传媒素养教育工作坊是一种值得提倡的教育方式。

---

① Mizar,汉译"北斗六",即大熊星座柄中央的双星。
② http://portal.unesco.org/ci/en/ev.php-URL_ID=7989&URL_DO=DO_TOPIC&URL_SECTION=201.html.
③ 《黄巴士》小学传媒教育工作坊。

(三) 举办会刊，定时发布会讯、发表成果

全国各地成立的许多学科或专业学会都有自己的会刊，这些会刊在发布会讯和发表传媒素养教育研究成果方面作用突出。因此，条件具备时，应该举办。

(四) 组织和开展分享会

文艺演出，常常采用巡回演出的方式，这种方式可用作传媒素养教育活动开展的借鉴。传媒素养教育组织或学会可以采用分享会（即赴各地学校巡回宣讲或以节目活动的方式），来推广传媒素养教育，分享会可以和媒体力量联合起来，使得分享活动的影响面能尽可能有所增大。

巡回演出，宣传推广的分享会，牵涉到学校、资金、人员投入等方面，需要寻求学校、团体基金、媒体工作者等方面力量的支持。

(五) 组织和开发传媒素养教育教材（印刷的或电子的）

组织和开发传媒素养教育教材，这在传媒素养教育发展的初期非常必要和重要。因为许多教师因为没有这方面的教材，而没有条件实施传媒素养教育。

(六) 定期举行传媒作品制作和创意竞赛与评奖活动

传媒作品制作和创意竞赛评奖活动，有利于吸引更多的学生和家长，而且有利于调动整个社会氛围，对传媒素养教育予以更多的关注和支持。

(七) 组建传媒素养教育网络，发挥传媒素养教师中流砥柱的作用

世界上传媒素养教育的推广模式，一般有两种：自上而下式、自下而上式。"自上而下"说明该国或该地区的传媒素养教育已经发展到一个较高阶段，传媒素养教育开始由教育部门主导。"自下而上"的自发性或草根性社会运动，说明该国或该地区的传媒素养教育还处于一个较低阶段。"自下而上"又分为几种情况，有的是为数不多的组织在努力推广；有的有多个发展源头，呈网络状发展；还有的各自为政或各自为战。香港目前传媒素养教育发展的特点很类似于加拿大早期的传媒素养

教育发展状况。而传媒素养教育发展的路径大抵也为三种模式：防疫模式（以抵制为目的）、批判模式（以批判地吸收为目的）、社会参与模式（主动参与传媒与社会发展）。关注传媒素养教育的来自不同的社会领域，如宗教、教育、社会福利、青年事务、传媒、家庭事务等。其中充当枢纽角色、活动较为活跃的有突破机构、香港传媒教育协会、明光社、香港教育城、香港基督教服务处和香港电台等组织。①

因此，学会或传媒素养教育组织应当有组建传媒素养教育网络的战略眼光，特别是将传媒素养教育研究力量和实践一线的基层教师团结起来，形成传媒素养教育合力。必能有效地推动传媒素养教育活动的广泛开展。

三、通过学校开展传媒素养教育

学校是开展传媒素养教育活动的主阵地。学校包括从幼儿园至大学的各个阶段。其活动方式主要有：

（一）课堂教学

和其他内容和形式的教育教学一样，课堂教学也是传媒素养教育的主要活动方式。教师可以采用传媒学习（包括传媒接触和认知传媒知识与信息的活动）、传媒研究（以文本研究、议题探究、问题解决等方式对传媒进行多方面的探究，包括背景知识、历史知识、社会影响、受众研究、传播效果、寓意和价值观，等等）、传媒制作（了解制作过程、技法和创作、交流、展示等活动），以及传媒评论（发表审美的或理论的观点和看法）等活动形式。

香港浸会大学新闻系助理教授李月莲女士对传媒评论下有这样的定义："顾名思义，'传媒评论'是评论传媒，包括评论各类传媒产品如报章新闻、电视节目、电影、流行曲、广告等的内容及表达手法，并讨论它们的社会影响。不过，评论并非只是负面的批评（criticism），也可

---

① 李月莲：《传媒教育网络中闪烁的小网点》，《把传媒带入课堂》编辑委员会编：《把传媒带入课堂》，香港基督教服务处2003年版，第161页。

以是正面的批判欣赏（critical appreciation）。"①

传媒评论，只需要纸和笔，或者电脑打字方式，就可以撰写出可发表自己看法的传媒作品。所有的传媒评论叠加起来，就会形成一种很有力量的传媒舆论，从而监察和影响传媒环境的改善及发展。

在过去的一百年里，"从事传媒评论的似乎绝大部分是知识分子或专业人士，例如学者、传媒评论员、教育工作者等。由20世纪初法兰克福学派学者阿多奴（Theodor W. Adorno）不满传媒商品化而称传媒为'文化工业'起，至20世纪末社会教育学大师布雕（Pierre Bourdieu）谴责电视将人类文明肤浅化为止，著书立说批评传媒的学者真是数不胜数。而很多精英杂志报章如'时事周刊''华盛顿邮报'等，均经常邀请传媒评论员撰写传媒评论的文章。这些社会精英的有关著作及文章，无疑增加了知识界对传媒的了解，偶然也让政府在制定传媒政策时有些参考资料，但由于这些评论活动很多时都与普通大众无关，市民无法参与，自然较难形成有影响力的民意"。②

到了21世纪，网络技术使得普通大众自由发表和交流传媒评论成为可能。李月莲强调说："传媒评论本来便是传媒教育中重要的一环。在传媒教育工作者心目中，传媒评论绝对不是精英知识分子才可以做的事，在信息年代，每一位年轻人及市民都可以学会评论传媒，成会传媒评论员。故此，传媒教育是要把传媒评论普及化。传媒教育是教导市民，尤其是年轻人，如何认识、分析、善用和监察传媒，一方面培养他们成为精明和有品位的传媒消费者，另一方面鼓励他们监察和改善传媒，做个既有责任心又有批判能力的公民。学习传媒评论，正是提高年

---

① 《传媒教育与传媒评论——与香港传媒教育协会李月莲博士对话》，http://www.hkbu.edu.hk/~alicelee/media-education/news_whole.htm。

② 《传媒教育与传媒评论——与香港传媒教育协会李月莲博士对话》，http://www.hkbu.edu.hk/~alicelee/media-education/news_whole.htm。

轻人传媒素养（media literacy）的最佳途径。"①

李月莲认为，传媒评论需要经过四个步骤：首先，要"了解传媒的影响力"；其次，要"掌握解构传媒的技巧，知道怎样分析传媒产品的内容和表达手法，并提出它的优点和缺点"；再次，要"懂得将评论的意见及感受表达出来"；最后，要"采取实际的赞赏或谴责行动，监察传媒"。②

传媒评论不仅有利于传媒环境的改善和发展，而且有利于个人更懂得欣赏及享受优质的传媒节目。传媒评论的能力如何代表着一个人传媒审美和鉴赏能力的高低，也代表一个人传媒批判思维能力的强弱。

2003年7月19日上午10时，香港传媒教育协会（主办）联同香港教育城及突破机构（协办），在佛教何南金中学举办了"2003传媒评论年"发布及分享会。香港传媒教育协会于2000年正式成立。③ 在2000到2003年上半年的这段时间，香港传媒教育协会一直致力于向广大市民特别是教育界人士推广传媒素养教育理念。2003年7月，香港传媒教育协会希望透过推广传媒评论，进一步深化传媒素养教育。正像他们所认识到的，"传媒评论是传媒教育中重要一环。在传媒教育工作

---

① 《传媒教育与传媒评论——与香港传媒教育协会李月莲博士对话》，http://www.hkbu.edu.hk/~alicelee/media-education/news_whole.htm。

② 《传媒教育与传媒评论——与香港传媒教育协会李月莲博士对话》，http://www.hkbu.edu.hk/~alicelee/media-education/news_whole.htm。

③ 香港传媒教育协会于2000年正式成立。其宗旨是在香港鼓励、推动及发展传媒素养教育，提高大众尤其是青年人的传媒素养。参加协会的有热心从事传媒素养教育的教师、社工、传媒工作者、家长和社会人士。香港大学教育学院助理教授张志俭为协会主席，香港浸会大学新闻系助理教授李月莲为副主席。执委有陈春明（香港基督教信义会心诚中学老师）、陈慧敏（香港大学专业进修附属学院兼任讲师）、张玉云（传媒工作者）、钱群英（香港真光书院老师）、赵汉光（佛教何南金中学老师）、蔡志森（明光社总干事）、朱顺慈（香港大学通识教育主任）、许惠敏（明光社传媒素养教育项目主任）、李旖旎（香港报业评议会宣传主任）、莫蔚姿（突破青年村文化楼经理）。协会经常受中小学的邀请在教师培训课程上发言或担任传媒素养教育专案的顾问。2001年，香港课程发展处委托香港大学的在职教师教育课程和香港传媒教育协会一起为中学教师主办了一系列的培训课程。

者心目中，传媒评论绝对不是精英知识分子才可以做的事，在信息年代，每一位年轻人及市民都可以学会评论传媒，成会传媒评论员"。"学习传媒评论，正是提高年轻传媒素养（media literacy）的最佳途径。它不仅训练年轻人的批判思考能力，并且提高年轻人的表达能力"。①

"2003 传媒评论年"为首届传媒评论年。从 2003 年 10 月到 2004 年 2 月，连续四个月举办各类传媒评论工作坊，并于 2004 年 2 月起，接受全港中学同学递交评论文章或多媒体评论作品，7 月评奖并公布优秀作品名单。从 2004 年 7 月起，合办机构香港教育城开始为中学师生提供训练，协助学校成立网上报章，让同学有更多发表评论的空间。

"2003 传媒评论年"工作坊包括四个领域，分别为流行音乐、电视、电影及报章。内容不限于传媒评论，与会者可以对不同传媒的表达方式、内容和形式之间的关系等问题进行论述和讨论。参加者有业界人士、学者、评论员及学校师生。学生提交作品的方式既可以是文字的，也可以是多媒体形式的。②

由上可见，课堂教学中的传媒评论活动可以和传媒素养教育学会等团体组织的"传媒评论年"、"传媒评论月"或"传媒评论日"等活动结合起来。有条件的需要可以实行开放办学，即利用一切可能的办学条件和办学资源开展相关活动。

香港一所学校以"单元教学"的方式为中一、中二、中三的学生开设《青少年与传媒》课程。③ 其开设情况列表如下：

---

① http://www.hkbu.edu.hk/~alicelee/media-education/news_whole.htm.
② http://www.hkbu.edu.hk/~alicelee/media-education/news_whole.htm.
③ http://www.cskms.edu.hk/homeweb/leed/public_html/main.html.

青少年与传媒	
年级	单元内容
中一	传媒素养教育的意义（一） 传媒素养（一） 善用互联网 流行曲
中二	传媒素养教育的意义（二） 传媒素养（二） 电影 新闻广告
中三	传媒素养教育的意义（三） 传媒素养（三） 新闻 杂志 瘦身文化

关于课堂教学的更多知识和理论，我们将在稍后有关章节进行比较详细的论述。

（二）校园报纸、广播、电视和网络

校园报刊、广播、电视台、网络等学校传媒阵地，是学校比较难得的传媒素养教育的理想场所。这里可以作为学校传媒素养教育活动的实践基地。鼓励学生自愿参与校园传媒活动，如成为校园记者站记者、撰稿人、播音主持、编辑、审稿等。

（三）工作坊

学校可以自行组织传媒素养教育工作坊，也可以主动参与有关学会或组织举办的传媒素养教育工作坊活动。

（四）传媒制作活动

有条件的学校，应尽可能提供传媒制作活动场地及设备，以便于学生的集中活动和交流。

（五）传媒素养教育讲座

聘请相关专家、学者以讲座的形式进行传媒素养的普及教育。

（六）DV 大赛

定期或不定期举办大、中、小学学生 DV 大赛，鼓励人们积极参与制作与周围社会生活有关的传媒制作和演示活动，提高优良校园文化意识，集体主义精神，以及团结合作意识等。

（七）传媒素养教育文艺节目活动

我们可以利用传统和现代艺术形式，如相声、话剧、戏剧、小品、演讲、诗朗诵、二人转、唱歌、音乐，以及借鉴香港、台湾等地"栋笃笑"文艺形式，轻松幽默诙谐地开展传媒素养教育活动。让学生在轻松愉快中获得对传媒素养教育活动的深刻印象，从而提高自己的传媒自觉。

（八）组织学生参观和调研媒体场所和传媒企业

要想解开学生心中的对媒体的谜团，参观和现场近距离接触媒体场所和传媒企业，可能是一个不错的选择。对于那些有志于献身于传媒事业的学生来说，更是一个不可多得的经历。此外，调研媒体人的工作经历，也是一笔宝贵的传媒经验财富。

（九）广泛开展校长和教师传媒素养教育培训课程

师范大学或传媒大学应当负担起广泛开展校长和教师传媒素养教育培训课程的责任和使命。这不仅是因为这些大学拥有较好的资源，而且拥有相对成熟的教育教学经验。

在所有的大学需要开设通识传媒素养教育课程，以作为大学通识教育的途径和方式，也可作为职业传媒教育或传媒专业教育的必要辅助。

四、通过社区开展传媒素养教育

社区负有教育社区居民及其儿童的责任。在一个比较成熟的社区，会建设有信息技术教育中心，或社会教育、文化教育课堂。传媒素养教育工作者可将它作为自己推广传媒素养教育的一个重要阵地。以满足社区居民、社区工作者以及传媒素养教育事业发展的需要。其活动形式主要有：

（一）工作坊

社区可以和传媒素养教育人员建立紧密联系，共享传媒素养教育资源。

（二）传媒制作活动

在信息技术条件比较成熟的社区，给社区儿童提供比较固定的活动空间，并配备有经验的指导教师，或聘请传媒素养教育活动志愿者，来指导儿童的传媒制作实践。

（三）传媒素养教育讲座

为广大社区居民，聘请相关专家、学者以讲座的形式进行传媒素养的普及教育。

（四）DV大赛

定期或不定期举办社区居民或儿童DV大赛，鼓励人们积极参与制作与社区生活有关的传媒制作和演示活动，提高社区居民的文化意识、集体主义精神，以及团结合作意识等。

五、通过政府、教育主管部门、宣传部门、工会等组织开展传媒素养教育

寻求政府部门重视和支持，出台相关政策与规定，是各国各地传媒素养教育活动得以顺利和大力推行的重要条件之一。

加拿大传媒素养教育协会主席约翰·庞杰特（John Pungente）曾经总结了世界各国传媒素养教育的成功要素。他将其归结为8个方面：（1）传媒素养教育必须是自下而上的"草根"运动；（2）编写适宜的传媒素养教育教学教材；（3）给在职教师和传媒素养教育工作者能提供足够的师资培训课程；（4）有可遵循的传媒素养教育效果评估标准；

（5）成立有专门的传媒素养教育组织或行动团体，定期举办研讨会、工作坊、会刊，及时发表会讯、消息，联络社会群众并游说地方当局关注和支持传媒素养教育运动；游说教育当局和教育人士制订相关传媒素养教育政策方针，并将传媒素养教育尽可能纳入学校正规课程体系；

（6）在教育学院或有条件的大学开设正规的传媒素养教育师资培训课程或提供传媒素养教育学历教育培训计划，等等。①

从第五条经验可以看出，政府和教育当局关注、支持并出台相关政策文件，是成功要素之一。因此，传媒素养教育工作站要有推动政府、教育当局以及有关组织力量进入传媒素养教育领域的眼光、决心、战略和勇气。从事传媒素养教育的活动形式主要有：

（1）出台相关法规和政策文件；

（2）组织学术研讨会和经验交流会；

（3）组件传媒素养教育网络，整合传媒素养教育力量；

（4）工作坊；

（5）讲座。

六、通过家庭开展传媒素养教育

家庭是儿童活动时间比较多的地方。家庭进行传媒素养教育活动，一方面在于父母的传媒素养水平；一方面在于儿童的传媒素养水平。由于父母和孩子在传媒需求方面可能不尽一致，所以在一定阶段某些方面彼此可能有所裨益。

对于那些年龄较小儿童的家庭来说，对儿童的传媒素养教育主要在于父母的传媒素养以及家庭教育的方式方法。而父母的传媒素养的提高，以及家庭教育方式方法的改进，恐怕有赖于家长学校或家长教育项目对传媒素养教育内容的必要计划和安排。应当承认，虽然家庭传媒素养教育的重要性很大，但是，如何有效地指导家庭进行切实有效的传媒

---

① 石丹、张开：《台湾媒体素养教育的发展及其启示》，《亚洲传媒论坛》第1辑，中国传媒大学出版社2004年版。

素养教育，是一个比较难以解决的难题。也许，这方面，可能更多地要依赖于更多关于传媒素养教育电视节目的出现和作用。

第九节 传媒素养教育评价

教育评价是以教育目标为根本依据，运用适当有效的技术和手段，对教育过程的变化情况进行比较分析，最终完成质的和量的评价过程。教育评价是教育过程的一个重要环节。它可以位于一个教育过程周期的开始阶段，也可以位于教育过程周期的结束阶段。在开始阶段，是为了摸底、摸清现状；在结束阶段是为了检验教育活动的效果。目前人们普遍认识到，教育评价具有鉴定功能、改进功能、激励功能、管理功能和研究功能。

因为不同形式的教育，其知识、技能等目标有着不同，因此，具体的评价指标和评价内容也有着不同。但是，传媒素养教育和其他形式的教育一样，必须遵循教育评价的一般规律。本部分主要梳理一下教育评价的一般性规律，在此基础上对传媒素养教育评价的特殊性进行必要的论述。

一、教育评价发展简史

教育评价先后经历了五个历史阶段。第一阶段为古代教育评价阶段（大约19世纪中叶以前）。主要评价形式为比拼、考试、考核等，评价目的是为了选拔优秀人才。第二阶段为心理测验阶段（19世纪中叶至20世纪30年代）。这时期以教育测量为主，强调对学生学习状况定量化、客观化和标准化测量。"当时的考试与测验只要求学生记诵教材的知识内容，较为片面。无法真正反映学生的学习过程"。[①] 第三阶段为

---

① http://www.guangztr.edu.cn/gztr/llts/llsy/zjlt/jypjms.htm.

"目标中心时期"（20世纪30年代至50年代中叶）。美国心理学家泰勒（Tyler）提出了以教育目标为中心进行教育评价的理论，并明确提出了教育评价（education evaluation）的概念。这一时期重视教育目标与教育结果的一致性，并提出了朴素的质的教育评价思想。第四个阶段为"标准研制时期"（20世纪50年代末至70年代末）。布卢姆提出教育目标分类学说。美国教育学家斯克里文（Scriven, M.）、斯塔克（Stake, R. E.）和开洛洛（Kellogg, T. E.）等人都重视评价标准的研制，为教育评价理论作出力所能及的贡献。这一时期重在分析教育教学方案、方法的优点和价值，提出了"评价是为了改进"等思想。第五个阶段为"结果认同时期"（20世纪80年代至今）。这一时期比较评价结果的认同问题，就是能够让评价者认同评价的结果。还关注评价过程中评价双方的沟通、理解和让步，以及重视评价对个体发展的建构作用。提倡评价内容的多元化，重视个体化目标，因此这一时期又被称为"个体化评价时期"。

二、教育评价类型

从不同角度和层次或水平可给教育评价分类。因此，教育评价具有多种类型。

根据评价对象的不同，可分为：学校与教育机构评价、学校领导评价、教师评价、学生评价、办学水平评价、教学评价、课程评价、教育政策评价、教育项目评价、教育科研成果评价、德育评价、美育评价，等等。

根据评价的层次，可分为：初等教育评价、中等教育评价、高等教育评价，等等。

根据教育的类型，可分为：普通教育评价和职业技术教育评价，等等。

根据评价的价值取向，可分为：目标取向的评价、过程取向的评价和主体发展取向的评价。

根据评价标准的相对性和绝对性，可分为：相对评价和绝对评价。相对评价是以某一集合的平均状况为基准，评价每个对象在这个集合中所处的相对位置。绝对评价是在评价对象的集合之外，确定一个标准，评价时将评价对象与这个客观标准进行比较，评价其达到标准的程度，从而作出价值判断。

根据评价的功能，可分为：诊断性评价、形成性评价和总结性评价。诊断性评价，又称为准备性评价，是指"在教育活动开始之前，为使其计划更有效地实施而进行的预测性评价，其目的在于了解评价对象的基本情况，为制定教育计划或解决问题搜集资料、做好准备"。形成性评价，又称为"即时评价"，是指"在教育活动过程中评价活动的效果，目的在于及时了解教育活动过程中的情况，以便及时地获取反馈信息，适时调节控制，以缩小工作过程与目标之间的差距，并通过评价研究工作进程，总结经验教训，及时改进工作"。总结性评价，又称为"终结性评价"，是指在完成某个阶段教育活动之后，对其成果作出价值判断。目的在于全面了解该阶段的成果，以向决策者提供信息。[①]

根据评价的主体，可分为：自我评价（包括学校自评、教师自评、学生自评等）、他人评价（包括学校评价、教师评价、家长评价、同学评价、专家评价、同行评价、督导评价、教育行政部门评价等）。

三、教育评价的步骤

评价活动一般分为准备、实施与结果分析三个阶段。

在准备阶段，活动内容主要包括成立评价组织、进行有关教育评价理论的学习、进行背景分析、明确评价内容和评价标准、制定教育评价方案、制定教育评价指标体系和准备评价工具和资料。要制定评价指标体系，首先必须明确评定对象；其次制定教育评价目标大纲；再次对各

---

① http://www.jy135.com/html/pingyufanwen/qitapingyu/2006/0817/3734.html.

大项教育评价目标进行分解、设计教育评价标准，最后对初步的教育评价指标体系进行论证、征询意见和试行。

在评价实施阶段，活动内容主要包括相互沟通、收集评价信息、整理评价信息（归类、审核、建档）、对评价对象水平进行评议、问题诊断、适时调整和汇总整理等项工作。收集评价信息的方法主要有观察法、测验法等。

在结果分析阶段，活动主要包括：收集与目标相关的资料、收集非预期成果的资料、分析与解释资料、撰写评价报告和向有关方面提供反馈评价信息等。

四、教育评价的一般原则

新一轮课程改革坚持和倡导"立足课程，促进发展"的课程评价观，这是我国教育评价体系、评价理念、评价理论，以及评价方法和手段的变革。"新课程强调建立促进学生全面发展、教师不断提高和课程不断发展的评价体系，在综合评价的基础上，更关注个体的进步和多方面的发展潜能。新课程倡导成长记录袋、学习日记、情景测验等质性的评价方法，强调建立多元主体共同参与的评价制度，重视评价的激励与改进功能"。[①] 受新课程改革理念、多元智能理论以及若干教育评价研究结果的启发，特将教育评价的一般原则总结如下：

（一）内容全面性原则

教育评价的内容要尽可能全面。譬如，要注意德、智、体、美、劳、卫生习惯、心理健康、交流与合作、公民身份与意识等诸方面。即使对其中的每一方面的评价也要尽可能全面。以便对学生多元智能的各个方面都有所评价。

---

① 教育部基础教育司组织编写：《走进新课程——与课程实施者对话》，北京师范大学出版社2002年版，第140页。

（二）方法多样性原则

过去的评价方法比较集中化、单一，以学校、教育机构和教师为中心，更多地采用书面考试的方式。实践证明，这种评价方法是有严重缺陷的。正确的评价方法应以学生个体发展为中心，立足于过程和形成性评价，充分发挥评价的激励、改进、发展和管理功能。

（三）标准多向性原则

过去，人们习惯于将评价单一化、简单化和绝对化。但是，事实上，单一化、绝对化这样的标准是有害的。评价具有导向功能。社会需要五花八门的职业与人才，将评价标准知识化、技能化、道德化或艺术化，等等，都不利于社会所需各方面人才的成长和脱颖而出。

因此，作者主张应该采取多向性的标准评价方式，即我们从不同维度对学生或教师等评价对象进行评价，以便掌握在不同维度或方面，受评价对象的位置和水平。在这种原则之下，可以有许多具体的原则：如相对评价和绝对评价相结合的原则，诊断性评价、形成性评价和总结性评价相结合的原则，自我评价和他人评价相结合的原则，等等。

（四）评价主体多元化原则

学校领导、教师、学生、家长、教育部门行政管理者、专业研究人员都可以参与到教育评价当中来。评价的过程是一个互动的、民主的、平等的对话过程。它实际上已经成为了一种对所遇到问题和成绩的一种诊断、鼓励和及时调整，是个体发展过程中必需的一种关怀和指导，是教育生活过程的一个环节和必需，甚至是一种享受。人们需要评价这种甘露滋润，从而让自己生长得更加健康。

（五）目标导向性原则

传媒素养教育有着自己的目标体系，比如传媒素养教育有着自己的知识、技能、情感、态度、批判思维能力、价值观以及公民民主、科学和法制思想意识等目标。因此，当进行传媒素养教育评价的时候，要始终不能忘记传媒素养教育的根本性目标和一般性目标。否则，就会导致无目标导向的思想倾向。

五、对传媒素养教育评价的一些思考和建议

传媒素养教育评价要遵循教育评价的一般原则和规律。不仅要发挥它的鉴定功能、管理功能、导向功能、改进功能、激励功能，而且要发挥它的培养社会责任感和公民意识的教育性功能。在评价中，切忌专断、独裁、自以为是、固执己见或抱有私心成见，一定要民主、平等、协商、交流、沟通、对话和理解，最大程度上获得评价共识。

在现阶段，传媒素养教育评价要着重学生评价和教师评价两方面。作者认为，传媒是一门科学，一门人文、社会和自然科学性质兼具的科学。并且认为，科学课程的评价标准和思想比较适合于传媒素养教育的学生评价和教师评价。作者借鉴有关评价知识来对传媒素养教育的学生评价和教师评价进行概要性的陈述。具体到某一层次、某一单元或某一课节教学的评价，需要教育一线评价工作者或教育工作者的进一步努力。

（一）学生评价

学生评价中要体现学生的主体地位，要注重形成性评价和诊断性评价等发展性评价对教学效果的反馈作用。要始终牢记评价是为了教学的发展，是为了学生的发展，而不是为评价而评价，为鉴定而鉴定。

作者认为，学生的传媒学习评价可分为3个层面：知识层面、技能层面和情感态度价值观层面，以及9个水平。[1]

---

[1] 参见中华人民共和国教育部制订：《科学（7～9年级）课程标准》（实验稿），北京师范大学出版社2001年版，第81—82页。

学生传媒学习评价		
评价层面	评价水平	用于评价表述的目标动词举例
知识	了解水平	说出、举例、列举、描述、识别、知道、了解、指认、确定
知识	理解水平	解释、说明、比较、概述、认识、理解、区别、对比、懂得、看懂
知识	应用水平	使用、用理论或模型解释、用理论说明、分类、归纳、概括
技能	模仿水平	模仿、效仿、仿制、仿写
技能	独立操作水平	绘制、测量、测定、查阅、学会、计算、写作、制作、表演
技能	迁移水平	联系、联想、创意、创制
情感态度价值观	经历水平	感受、体验、体会、感知、经历
情感态度价值观	反应水平	认同、关注、注意
情感态度价值观	内化水平	形成、树立、建立、领悟、增强
备注	①这几层面的评价表述直接引自于《科学（7~9年级）课程标准》。②一些地方做了一定的补充。	

作者认为，这几个层面和水平可以作为我们评价学生传媒学习状况的尺度。这几个层面和水平发生于各个年龄段。从幼儿园一直到大学教育阶段。当然，不同年龄段的知识结构、技能要求和情感态度价值观的要求都是有区别的，这区别主要决定于学生身心发展的规律。传媒素养教育工作者应当根据这几个层面和水平，并结合不同年龄段学生接受水平，来设计传媒素养教育教学的目标、内容、手段、方式方法，以及具体评价要求。

如果要对知识、技能、情感态度价值观这三个大的方面进行总体评价或说模糊评价，我们可以根据本书第一部分第三章第三节"传媒素养的层次/水平"部分所做的7个层次/水平划分来进行。这7个层次/水平分别是获知水平、有所了解水平、理解/明白水平、分析和鉴赏水平、模仿水平、掌握水平和创造/创新水平。教育评价者按照这7

个层次/水平对受教育者的传媒素养程度或水平做出模糊评价或总体评价。

(二) 教师评价

关于传媒素养教师评价,作者目前倾向于采用《对教师教学的评价内容和评价标准(初中科学课程)》[①]以及《对教师素质的评价标准》[②]。现引用两表格如下:

对教师教学的评价内容和评价标准(初中科学课程)	
评价内容	评价标准
教学目标: 教师要把全班学生培养成推理缜密、思想方法与行为方式以及社会价值观念都促进学生发展的学习者	对所有学生各种不同的见解、技能和经验都表现出尊重。 给予学生在教什么和提供什么学习环境等方面的发言权。 在学生中间培养协作精神。 培养学生技能的同时,关注学生思想方法、行为方式和价值观念的发展。
教学设计: 教师要为学生制定合理的教学方案	为学生制定一个包含年度目标和短期目标的计划。 针对学习内容,创造性地修改与设计课程,使之适合于学生的经历、兴趣、知识水平、理解力和其他能力。 选择教学和评价方案,以提高学生对知识的理解,把学校和课堂变成学生积极参与学习的场所。
管理学习环境: 教师要营造和管理好学习环境,为学生的学习提供必要的时间、空间和资源	安排好可以利用的时间,使学生们有机会参加扩展性研究。 创造一种灵活的、有助于学生学习的环境。 确保学习环境的安全性。 使可以利用的设备、学习教材、视听媒体能够为学生所利用。 能鉴别和利用校外的学习资源。 使学生参与学习环境的设计。

---

① 教育部基础教育司组织编写:《走进新课程——与课程实施者对话》,北京师范大学出版社 2002 年版,第 163—164 页。

② 教育部基础教育司组织编写:《走进新课程——与课程实施者对话》,北京师范大学出版社 2002 年版,第 164—165 页。

对教师教学的评价内容和评价标准（初中科学课程）	
促进教学： 教师要学会引导学习，会将学习活动化难为易	组织学生围绕学习问题进行讨论。 　　设法使学生认识到并担负起他们在学习中应担负起的那份责任。 　　能认识到学生之间存在着巨大差异，并能采取相应的做法和措施，鼓励全体学生人人都充分参与到学习之中。 　　要利用学生的数据、有关人对教学工作的评议，以及与同事间进行的交流、总结和改进教学。
对学习的评价： 教师要不断地参与对教学及学生学习所进行的评价	使用多种方法，系统地收集关于学生的理解与其他能力发展的数据。 　　分析评价数据，促进教学改进。 　　指导学生进行自我评价。 　　向学生、教师、家长、决策人员以及广大公众报告学生的学习过程和学习效果。

对教师素质的评价标准	
评价内容	评价标准
职业道德	①爱心　　　　　　　②正直诚实 ③公正　　　　　　　④上进 ⑤奉献、职业热情　　⑥健康心态
学科知识	①正确掌握本学科的有关概念 ②灵活应用本学科的基本方法 ③了解本学科的动态与发展 ④熟悉本学科的基本体例 ⑤善于将学科知识与生活实际相结合
教学能力	①有所教学科的良好知识，并且能将这些知识通过精心计划的、有趣而又有效的教学方式教给学生 ②能够通过形成性评价和总结性评价持续而有效地掌握学生的进步情况，并且采用有效和革新的措施来巩固评价的成果 ③拥有出色的学生管理技能，形成良好的纪律，建立积极的师生交往，体验积极的情感，赢得学生的尊敬，能够激励他们超越自己

对教师素质的评价标准	
文化素养	①热爱学习，有良好的阅读习惯和获取新知识的意愿，能够主动地从生活实践中不断总结、学习新知 ②具备基本的百科常识和生活常识，能够较为自如地应付日常生活的需要，并可灵活地在各知识点间建立联系 ③对祖国文化的了解和热爱，熟悉掌握祖国文字 ④具备较高的文明礼仪水平
参与和共事能力	①要参与学校发展规划的设计，并能提出可行性意见 ②要参与确定时间和其他资源在教学课程中的分配等教学规划 ③要参与设计学科、所在教学组的发展规划，并提出可行性建议 ④要充分参与制定和实施同事们的专业进修计划 ⑤能与学生、家长、同事建立良好的关系，在同事中有好朋友
反省与计划性	①制定并有效实施个人发展计划，并具有随环境变化的调整能力 ②制定并有效实施工作计划，分月计划、学期计划、学年计划 ③计划制定中考虑多方面的影响因素，如年龄、性别、学生班级特点等，并有意识地听取有关人员的意见和建议，如同事、领导和学生等 ④建立反省习惯，可以分为天、周、月、学期等不同形式进行；在反省结果和下一期计划之间应建立联系

以上简要地对传媒素养教育评价的原则和规律等做了力所能及的梳理，挂一漏万，在所难免，有待于以后持续不断的努力和改进。

第十节　传媒素养教育学科建设与应有的教育观念

一、传媒素养教育学科建设

传媒素养教育学，是指研究传媒素养教育现象及其本质规律的科学或学科。这与传媒研究有所区别。传媒研究，是指研究传媒现象及其本质规律的科学或学科。二者既有联系又有区别。

传媒素养教育学，可包括传媒素养教育理论、传媒素养教育史、传媒素养课程与教学论、传媒素养教育经济学、传媒素养教育社会学、传媒素养教育文化学、传媒素养教育心理学等多个分支学科和内容。

二、传媒素养教育者应有的教育观念[①]

教育者的教育观念将直接影响教育的效果和目标的达成。传媒素养教育者应有这样的教育观念：传统传媒素养教育与现代传媒素养教育相结合；主流文化与大众流行文化相结合；传媒内容、传媒形式与传媒灵魂相结合；正规教育、非正规教育与非正式教育相结合；传媒素养教育理论研究、传媒素养教育机构与传媒素养教育实践相结合；传媒素养教育的价值理性和工具理性相结合；文学、艺术与大众传媒相结合。

（一）传统传媒素养教育与现代传媒素养教育相结合

生产力的发展，高新科学技术的不断进步使得传媒类型呈现多样化。在这样的语境下，传媒素养教育自然而然地被传媒技术的交替更新划分为两大类：传统传媒素养教育和现代传媒素养教育。所谓传统传媒素养教育是指利用传统传媒形式进行的有关传统传媒素养内容的教育。而所谓传统传媒形式是指口语、符号、文字、图画、印刷传媒等非电子和非数字的传媒形态，所谓传统传媒素养内容是指传媒形式所承载的有关古代或近代社会的历史文化内涵的东西。譬如，非电子和非数字形态的书籍、报纸、小说、诗词、音乐、歌曲、舞蹈、美术、文学、戏剧、散文、博物馆、纪念馆等即属于传统形式的传媒；而经学教育中的《论语》《弟子规》等教育教学内容即属于传统传媒素养内容。目前我国中小学的语文课程教学在很大程度上仍属于传统传媒素养教育的范畴。

所谓现代传媒素养教育是指利用现代传媒形式进行的关于现代传媒素养或传统传媒素养内容的教育，也指利用传统传媒形式进行的有关现代传媒素养内容的教育。而所谓现代传媒形式是指广播、电影、电视、

[①] 秦学智，王凌竹：《传媒素养教育者应有的教育观念》，《现代传播》，2010年第3期。

网络、手机、数码摄影、视频、动画、多媒体等所有的电子或数字传媒形态,所谓现代传媒素养内容是指传媒形式所承载的有关现代社会文化内涵的东西。现代传媒素养教育往往围绕传媒热点话题而展开,如新近的报纸、杂志、广播、电影、电视、网络、手机、移动电视、博客、播客上的内容都可能成为教育的话题或主题。

传统传媒素养教育与现代传媒素养教育既有区别,又有联系。它们在本质上是同一的,皆是有关传媒知识、技能和普通社会公民素养的教育,它们既能促进受教育者关于多种或某一形态传媒方面的认知、技能,又能提高他们的辩证思维能力,还能塑造他们适应现代社会生活的公民形象,使他们成为心理健康快乐,并能勇敢承担社会进步和发展所需的公民责任和义务。

出于跟进世界传媒素养教育研究与实践的需要,以及大众传媒在今日社会生活中的巨大影响,研究者容易关注现代大众传媒素养教育,而相对地忽视对传统传媒素养教育问题的关注,以及对传媒教育本质问题的探讨。显然,这种研究态度和取向需要端正和改变。

和现代传媒素养教育相比,传统传媒素养教育多年来习惯于使用传统形态的传媒工具,并教授传统的传媒知识和技能。作为最为基础的传媒素养教育,它所传播的知识是十分基础与经典的,其作用不可忽视,地位不可替代。另一方面,现代传媒素养教育作为时代进步的"产物",其目前的地位及特点决定了它在教育方式上更为灵活多样,可以采取现代形式+现代内容、传统形式+现代内容、现代形式+传统内容等三种方式实施,[①] 不仅操作性强而且趣味性大,容易激发学生的兴趣,教育效果也更为明显。因此,传统传媒素养教育需要现代传媒素养教育的补充,同样,现代传媒素养教育也需要将传统传媒素养教育作为自己的重要依托。

[①] 秦学智:《传媒素养教育论》,中央教育科学研究所博士后出站报告,2008年6月,第84页。

总之，传统传媒素养教育与现代传媒素养教育二者之间有着本质上的联系，它们一脉相承，根本宗旨亦相同。现代传媒素养教育的问世，绝不是要替代而是要扩展和丰富传统的传媒素养教育。这是传媒科技发展和社会经济进步对现代教育的客观要求，也是教育领域对这一客观要求的必然顺应。现代的和传统的传媒素养教育，彼此之间只有尽可能实现最佳的有机整合，适应传媒科技发展和经济社会进步的调整，才能完成时代赋予教育的历史使命。

（二）主流文化与大众流行文化相结合

不同类型的文化差异很大，而且每种文化产生的"土壤"不一样，所以文化必然是多元的，而不是一元、单性的。不同的文化系统之间存在着这样那样的差异，各有其优点和缺点。随着人类社会的演进，主流文化诞生于文化竞争中，以其明显优势主导着社会文化的发展方向；大众流行文化则是现代工业社会高度发达的市场经济的产物。文化系统进化的一般特征是：虽然文化进化具有特殊性和多元性，但其实质都是一样的，即文化系统有序性的增加和内部活力的增强。具体地说，就是系统结构的优化，系统功能的强化和扩大。所以，无论是主流文化还是大众流行文化都是现代社会文化不可或缺的一部分，其核心内容有着必然的联系。

主流文化与大众流行文化即便有着诸多缺陷和待完善之处，但作为合理存在的文化都有其符合社会需要的部分。主流意识形态作为主导地位的价值观和行为模式，是主流文化的重要组成部分，承担着推动社会文化发展的重任。大众流行文化本质上是反映社会大众生存、发展、消费、娱乐、享受、时尚等需求和口味变化的通俗文化，它是社会文化中最为活跃、流动性也最强的部分。所以传媒素养教育者头脑中必须有"两种文化双管齐下"的观念，在具体的教授过程中能"取其精华、去其糟粕"，在不断增进主流文化对青少年的凝聚力、吸引力和感召力的同时，也尽可能地使他们充分感受大众文化的精华部分，确保他们社会文化意识，特别是传媒文化意识的完整性。

通过对主流文化与大众流行文化的探究性学习，认识不同利益群体的价值观念，从而实现三个主要目的：其一，不断增强广大公民的民族文化和社会主流文化认同感，以及民族自豪感、自信心和凝聚力；其二，从以往对西方优秀文化的仰视、引入、消化和吸收转向积极、自觉、平等地双向国际文化交流和传播，实现中西文化双赢；其三，对大众流行文化积极认识、理解和批判性地吸收和消化，树立正确的社会文化发展观念。

当前，随着我国市场经济的飞速发展，人们思想认识的复杂性、道德选择多样性、价值取向的差异性日趋明显。诸多纷繁复杂的变化对传媒素养教育提出了越来越高的要求。在具体实践过程中，传媒素养教育者若将主流文化与大众流行文化割裂开来，便会对受教育者产生误导，影响传媒素养教育的实施效果。一方面，如果过度强调主流文化，那么传媒课堂就可能成为一言堂，教育者和受教育者的思维都会不同程度地僵化，他们也会深感传媒素养教育的枯燥与乏味；另一方面，如果一味迎合受教育者的喜好和社会时尚，沉迷于大众流行文化的内容，也不利于他们成为"一个脱离了低级趣味的人，一个有益于人民的人。"[①] 因此，一个优秀的传媒素养教育者，要能根据实际教学目的和内容需要，将主流文化与大众流行文化有机结合起来，充分汲取先进的、民族的、大众的、科学的文化营养。

（三）传媒内容、传媒形式与传媒灵魂相结合

作为传播知识、思想和情感等信息的工具，传媒文本必然包含内容、形式和灵魂三部分，而这三部分中，所谓内容是指事物内部各种要素及成分的总和，所谓形式是指构成内容的各种要素的结构或内容的外在表现方式，所谓灵魂则是指维系和统摄内容和形式二者及其关系的意识形态、思想观念等精神层面的东西，这是传媒文本的核心和本质，它

[①] 毛泽东：《纪念白求恩》，《毛泽东选集》第 2 卷，人民出版社 1991 年版，第 653—654 页。

联系并影响着内容与形式,而内容与形式也反作用于灵魂的传递与表达。

传媒作为一种合理存在并蒸蒸日上的事物,它的内容和灵魂在人们当今的生活中无孔不入。随着高新技术的发展,传媒形式也异常丰富起来,并且更新换代的速度越来越快,然而,无论是内容的海量性还是形式的多样化,都要服务于传媒灵魂的正确解读。因此,传媒素养教育者在利用传媒文本表达或讲授传媒内容时,要以传媒灵魂为本,全方位、多角度地解读该文本背后所包含的意识形态及其影响,而不是被传媒文本的内容和形式"牵着鼻子走",单纯地鉴赏、讨论传媒内容或仅是热衷于各种新兴的传媒技术。

(四) 正规教育、非正规教育与非正式教育相结合

正规教育是指在正规教育体制之内由正规教育机构(通常指学校)进行的有目的、有组织、有计划的系统培养和训练活动,非正规教育是指在正规教育体制以外依托学校或其他教育机构所进行的有目的、有组织、有计划的培养和训练活动,而非正式教育则是指在日常工作、娱乐、交际、休闲生活中所进行的知识、经验、技能和思想观念习得活动,它是无组织的、不系统的,甚至有时是无意识的,但其影响不可低估。

正规教育和非正规教育又统称为"正式教育"。面向广大公民的传媒素养教育,其主流受众——青少年儿童,决定了学校必然成为实施传媒素养教育的一个重要场所。只要政策和环境条件允许,学校很容易成为传媒素养教育的试验田和耕耘地,所以很多最初的传媒素养教育实验和实践,都将目光锁定在学校,特别是升学压力较小的小学和初中。英国电影研究院有关部门研究和开发许多传媒素养教育产品,面向的都是中小学校。美国著名传媒素养教育学者、天普大学教授瑞妮·霍布斯也是以自己的研究为基础,积极从事面向青少年儿童的传媒素养教育。她与同事霍尔特、温斯顿等人合作出版的中学语言艺术课本《语言的要

素》，融入了其传媒素养教育理念和认识。① 中国传媒大学在北京市重点小学黑芝麻胡同小学的传媒素养教育实践，也力图探索学校正规教育的规律和特点。

　　教育的作用存在于各种时机和场合。只要是人活动的场所，都可能成为教育及其效果的产生之地。传媒素养教育既可以在正规学校教育课程计划或体系中进行，也可以在非正规教育和非正式教育中进行。学校传媒素养教育（包括大中小学校）、企业传媒素养教育、社区传媒素养教育、家庭传媒素养教育、社会传媒素养教育等形式可以并举。例如，传媒素养教育者可以以社区为场地，面向社区居民定期举办丰富多彩的传媒素养教育活动，如演出、座谈、工作坊等，影响他们的教育观念，培养他们的传媒素养和亲子互动技巧技能，从而推动家庭传媒素养教育活动的开展；可以借助大众传媒机构，以青少年喜闻乐见的形式，打造传媒素养教育栏目；可以开辟传媒素养在线学习网站，进行网络互动教学，促进使用者的自主学习和素养提升；可以充分发挥传媒素养教育民间团体的作用，创建传媒素养推广中心，积极有步骤地、有组织地实施传媒素养教育活动；可以最大限度地争取企业和其他社会力量的支持，等等。

　　联合国教科文组织国际教育规划研究所雅克·哈拉克曾指出："非正式教育是一种典型的终身过程，每个人通过日常经历，通过来自周围环境的教育影响和教育资源，即家庭、邻里、工作场所或闲暇活动、市场、图书馆及大众传播传媒习得各种态度、价值观念、知识和技能。"② 由此可见，在很多情况下，非正式的教育形式往往能起到正式教育形式所起不到的作用。特别是在信息时代的今天，人们获取知识和信息的渠道不再是学校和教师一途。甚至，有些知识和信息从来不会在学校课堂

---

　　① 王彤：《瑞妮·霍布斯媒介素养教育实践活动探析》，中国传媒大学2009年硕士学位毕业论文，第23页。

　　② 雅克·哈拉克：《投资于未来——确定发展中国家教育重点》，教育科学出版社1993年版，第6页。

上出现和取得。因此,非正式教育与正式教育的结合,是现代教育发展的趋势使然。传媒素养教育要想获得理想的发展,也必须实现这样的结合。

(五)传媒素养教育理论研究、传媒素养教育机构与传媒素养教育实践相结合

传媒素养教育理论研究与实践双向互动,既符合教育领域的一般规律,又是传媒素养教育自身特点的必然要求。

教育理论研究与实践是一种双向互动的关系。一种教育理论,无论是被正确理解还是被误解,都会诱导教育实践发生某种变化,教育实践会因为教育理论知识的状况而改变,即教育理论指导教育实践。反过来说,教育理论对教育实践的认识总会存在认识不到的地方,教育理论是需要发展的,不可能是一劳永逸的,因此教育实践也是迫使教育理论不断改变的重要因素,即教育实践推动着教育理论的深入研究。

这种关系同样适用于传媒素养教育的理论研究与实践。以瑞妮·霍布斯的传媒素养教育活动经历为例,她的实践活动经历了以下三个阶段:理论探索的起步(1988—1992年);研究与实践的不断丰富(1993—2002年);实践领域的拓展,经典的理论成果涌现(2003年至今)。[①] 其活动过程中表现出的特点之一,便是凭借自身较好的学术背景,大胆探索传媒素养教育的理论,随着学术研究的不断丰富,实践领域由单一化转向多样化,这也为其理论研究不断提供新的视角,带动传媒素养教育的学术发展。总之,理论研究与实践是相辅相成、缺一不可的关系。既不能重视理论研究轻视具体实践,也不能只重视具体实践而轻视理论研究。错误的认识和倾向,必然有害于传媒素养教育事业的正常发展。

传媒素养教育理论研究与实践的完美结合,有赖于传媒素养教育机

---

① 王彤:《瑞妮·霍布斯媒介素养教育实践活动探析》,中国传媒大学2009年硕士学位毕业论文,第20—26页。

构（协会、学会等组织）发挥其组织、协调和分享的作用。凡是传媒素养教育发展比较迅速的国家，都会有传媒素养教育机构力量的参与和投入。加拿大安大略省教育厅在1989年出台的纲领性文件《传媒素养资源指南》，就离不开安大略省传媒素养教育协会的推动和合作。该指南主要介绍了电视、电影、广播、流行音乐和摇滚、摄影、印刷品以及跨传媒研究的观点和课堂活动，为安大略省学校的传媒教师提供了很好的指导。《指南》中提出的传媒素养教育八大理念，受到世界范围内的普遍推崇。

加拿大、澳大利亚、美国、香港、台湾等传媒素养教育发达国家和地区的实践证明，传媒素养教育机构可以将现有的力量予以整合，最大限度地推动传媒素养教育事业的健康发展。尽管我国大陆迄今为止仅仅成立了一家传媒素养教育协会或学会组织——浙江省媒介素养教育研究会（2011年5月成立），但是，我国传媒素养教育学者已经充分认识到传媒素养教育机构对于传媒素养教育理论研究与实践的重要性，并且已经在多次传媒素养教育研讨会上提出了动议。相信中国大陆全国性和地方性的传媒素养教育协会或学会的成立，将有力地推动此方面事业的发展。

（六）传媒素养教育的价值理性和工具理性相结合

工具理性和价值理性作为人的意识的两个不同方面，二者是辩证统一的关系。工具理性为价值理性的存在提供了条件和基础，价值理性为工具理性提供精神动力，并主导着工具理性的发展。[①]

就教育学领域而言，由于教育所承担的重要任务就是知识、技能的传递以及人的精神境界的全面提高，并且其面对的对象就是社会存在的重要主体——"人"这一工具理性和价值理性的结合体，因此毋庸置疑的是，教育应当而且必须成为工具理性与价值理性统一的载体。所以，教育不仅要注意通过教学手段达到预期效果，同样需要关注教育过

---

① 李玉恒：《走向工具理性与价值理性融通的高等教育》，《河南广播电视大学学报》，2005年第2期。

程中是否实现人的某种价值，树立以人为本的教学质量评估思想，促进教育者自觉地在教育教学实践中整合工具理性和价值理性所代表的质量观，从而培养出科学素质和人文修养兼备的"全人"。

传媒素养教育既具有其工具理性也具有其价值理性。其工具理性主要表现在两个方面：其一，教授有关传媒的知识和技能，培养受教育者的思辨能力、思想道德意识和现代公民人格；其二，传媒素养教育是实现许多不同形式的教育的目的的优良手段和途径。而传媒素养教育的价值理性主要表现在它的育人功能。它能有效培养受教育者的现代公民意识与健康的人生观和价值观，塑造现代社会所需的健康人格，同时培养人们科学的思维习惯和行动能力。

良莠不齐的传媒文化给青少年的价值取向带来了剧烈的冲击，很大程度上影响了他们的生活方式和价值观念。青少年暴力、色情、网瘾等社会问题日趋严重，亟待传媒素养教育价值理性和工具理性的彰显。此外，传媒素养教育的工具功能和价值功能，十分符合素质教育的要求，它是成功实现素质教育目标的重要途径之一。

（七）文学、艺术与大众传媒相结合

在作者2008博士后出站报告《传媒素养教育论》中，将文学、艺术都视为一种传媒形态。它们和大众传媒一样，都是承载、表达和传播人类知识、思想和情感等信息的工具。传媒形态的发展先后经历了符号传媒、口语传媒、文字传媒、印刷传媒、电子传媒、新传媒等数个阶段。包括诗歌、辞赋、小说、散文、童话、寓言、故事等形式在内的文学，主要是口语传媒和文字传媒基础上形成的比较复杂和高级的传媒形态。同样的，绘画、雕塑、建筑、工艺、美术、书法等传统艺术形式，也能传递、表达和传播一定时代的思想和情感等信息。当现代信息传播技术出现以后，报纸、杂志、广播、电影、电视、网络和手机等大众传媒开始以复杂于文学和艺术的形态存在，并日益发挥着重要的传媒作用。它们和文学、艺术形式一起，影响着人们的思想和情感、价值观和生活方式，影响着社会文明的变迁和发展。

提倡文学、艺术与大众传媒相结合，首先是因为它们都是重要的传媒形态之一。作为一种传媒形态，它们自身不仅有其特定的内容、形式，而且有其要表达和传播的思想观念、情绪情感等精神信息。其次，是因为文学、艺术和大众传媒这三者之间是可以相互转化的。文学的东西可以用艺术的形式或大众传媒的形式呈现和表达，反过来亦然。正是由于它们的本质属性和功能相类似，作用相当，且在社会生活中常常紧密地连接在一起，因此，它们的结合也成为传媒素养教育实践之必须，同样的，这种结合也理应成为实施传媒素养教育的一个重要原则。

事实上，在我们的社会中，不仅存在着像文学、艺术、大众传媒这样的"天然传媒"（即专门传媒）形式，而且存在着许多"实质传媒"（即类传媒、非专门传媒）形式。所谓"天然传媒"是指其最起初和最基本的功能就是一种传播信息的媒介物或载体，而所谓"实质传媒"是指其最起初和最基本的功能不是作为传播信息的媒介物或载体，而是有着其他功用的事物。天然传媒如口语、文字、广播、电视等；实质传媒如收藏的邮票集，古董，藏画等，这些实质传媒背后可能有着丰富离奇而教育意义巨大的故事，当把它们用作课堂教学的对象时，它们不再是邮寄的票据，盛物用的器皿或者可以换钱的宝物，而是一件传递特定历史文化信息的传媒工具或传媒文本。从这个意义上说，传媒素养教育不仅要实现文学、艺术和大众传媒的结合，而且要实现天然传媒与实质传媒的结合。

众所周知，认识来源于实践并指导实践，反过来，实践检验认识并发展认识。七个结合是本人对传媒素养教育所做的新近认识。随着研究和实践的不断深入，相信这种认识也会得到不断发展和改进。在和大家分享这种认识的当下，真诚期盼和祝愿传媒素养教育在不远的未来能有长足的进步和发展。

三、传媒素养教育寄语

（1）传媒素养教育应是素质教育取向的，而不应是应试教育取向的教育。

（2）传媒素养教育应是"生活教育"（教学做三合一）的，而不应是填鸭式的教育。

（3）传媒素养教育应是大众文化与精英文化兼顾的教育，而不应是纯然的精英教育。

（4）传媒素养教育应是普及性的教育，而不应是专业性的教育。

（5）在符号和信号时代，符号和信号的教育是普及型的传媒素养教育；到口头传播时代，口头传媒的教育仍是普及型的教育；到文字时代，文字传媒的教育一度是精英型的教育。在我国春秋战国时代，随着学术下移，私学教育兴起，文字传媒的教育开始有了普及型和精英型并存的教育。报纸、广播、电影、电视等传媒出现之后，一度也曾有过纯然是精英或精英学徒式的教育，但随着这些传媒的广泛应用，它们的普及型教育也应运而生。

（6）传媒素养教育最能反映科学和人文知识的最新成就。

（7）传媒素养教育是一种美感教育、艺术教育、乐趣教育。

（8）传媒素养教育是民主化、科学化、艺术化、劳动化、多元化的教育。

（9）传媒素养教育是追求民主进步、科学发展、社会繁荣，达成建设美好社区生活的教育。

（10）要培养学生不唯上、不唯书、不唯传媒的精神，培养学生以人为本，实事求是，科学求实，脚踏实地，敢于发现、揭示和传播真理的精神。传媒素养教育要教会学生以唯物辩证法和实证主义、解构主义为思想基础，观察和求证一切事物或问题的答案。凡是旨在培养人们绝对服从、盲目信从的教育绝不是传媒素养教育（实践证明，绝对服从和盲目信从的教育，只能是迷信教育，为某一方或某一派别利益服务的教育，绝不是有利于民生和社会健康科学发展的教育）。

（11）不是关于传媒的教育不是传媒素养教育。

（12）教人明辨是非、认清时局、积极参与社会发展和进步的传媒素养教育是好的传媒素养教育。

（13）传媒素养教育和学习，是一个传媒文化情绪情感体验的过程，是一个多种传媒观点、态度和看法交流与分享的过程，是一个传媒知识和技能缓慢积累的过程，也是一个公民思想意识和社会价值观形成的过程。

（14）传媒素养教育和学习，不是灌输和接受某种特定的社会观点和看法的过程，而是不同社会观点和看法交流和分享过程，是通过研究性教学或研究性学习获得对不同社会观点和看法认知与理解的过程，并在这些认知、理解、交流和分享的过程中形成或建构学生自己基本社会价值观与公民思想意识的过程。

（15）传媒素养教育，要让受教育者学会分析不同传媒事件的前因后果、来龙去脉，以及社会价值和影响等。

（16）传媒素养教育和学习，一个重要的获得是能够掌握传媒研究、传媒制作和传媒批评方面的话语、概念或术语，并学以致用于学生的日常生活中。

（17）与其他课程学习相比，传媒素养教育和学习，让学生进入了一个新鲜、有趣味的知识领域。他们学会了不同种类的传媒语言和规则体系，学会了运用传媒话语的能力，使得他们在这方面的研究、学习和实践更有自信心、勇气与智慧。

（18）传媒素养教育反对纯粹灌输式的教育，反对奴役教育，反对控制思想、磨灭创造力的教育，反对纯粹再生产主流文化或意识形态的教育。传媒素养教育是一种分析性思维、思辨思维或批判性思维的教育，是一种通过对传媒与传播领域知识的学习和探究来训练学生辩证思维能力和进行社会探索的教育。

（19）传媒素养教育一定是使用传媒（有时候可以省略或不使用）而进行关于传媒的教育。如使用报纸而进行有关报纸的教育，使用广播而进行有关广播的教育，等等。

（20）传媒素养教育就是教师带领学生进行信息传播研究和实践的育人过程。信息传播实践包括传媒制作实践和传媒批评实践。学生进行信息传播研究，是一种关于信息传播思想、组织、制度、机制和行为等的研究性学习活动。

（21）传媒素养教育的内容涉及传播者研究、受众研究、文本研究、传媒研究和效果研究等五大领域。

（22）传媒素养教育就是让人对传媒世界保持一个清醒的头脑。

（23）传媒素养教育的作用就是帮助学生为生活做预备；帮助学生获得满足和快乐；帮助学生成为权责统一的现代公民。

（24）传媒素养教育符合生活教育的特质：生活的、行动的、大众的、前进的、世界的、有历史联系的。

（25）传媒素养教育要教会人们学会接触、使用、表达、传递、创造并共享能够阐释人间仁义大爱的包括文学艺术在内的传媒作品，要教会人们正确地鉴别传媒真实与社会真实，以弘扬真善美，鞭挞假恶丑。在这种接触、使用、表达、传递、创造和共享中获得爱心的成长和社会人格的完美塑造，最终获得独立思维和安全享受传媒的自由。

◎ 第二部分　传媒素养课程与教学

  传媒素养教育应首先教给学生起码的传媒知识和技能，之后应将传媒知识和技能的教育与传媒文本思想性、人文性紧密结合起来，并以其思想性和人文性的学习为主。换言之，那种有了一定基本知识和技能基础的深入的扩展式的学习，应建立在思想性和人文性的知识学习的基础上。

——秦学智

第二部分试图对传媒素养课程与教学规律进行探究，或尝试对其理论进行建构。赫尔巴特为代表的课程教学理念，是书本中心、教师中心、课堂中心。学习以接受和死记硬背为主，升学以考试为主。这种知识传承方式，对于学生获得前人积累和总结的文化科学知识是必要的。学校作为人类文明和文化传承的主阵地，似乎会永远作为人类的文明之花而存在。但是，这种课程理念和教学方式，必然有着其天然的缺陷，甚至弊端。这也就是为什么我国基础教育课程已经先后进行过几次课程改革，以及杜威提出"做中学"、"学校即社会"、"教育即生活"等教育理论的原因。正如人们所指出的："这种弊端是：教师向学生展示的知识世界具有严格的确定性和简约性，这与以不确定性和复杂性为特征的学生真实的生活世界毫不匹配，教育、课程远离学生的实际生活。在实践中，与知识、技能的传授无直接关系的校内外活动，往往被看做是额外的负担而遭到排斥。这种知识本位的课程显然是不符合时代需要的。"① 一方面，课程要能简约地反映人类的文明成果，反映人类必须掌握的基础知识，另一方面，课程要与学生的实际生活接近，要与学生的实际生活发生联系，这样才能不偏不倚，才能对学生实施更为切实有效的教育。

---

① 教育部基础教育司组织编写：《走进新课程——与课程实施者对话》，北京师范大学出版社2002年版，第7~8页。

第五章　传媒素养课程与教学理论建构

本部分将对与传媒素养课程与教学等有关的概念、理论、原则、途径、方式方法、范式、内容等问题进行探讨。应该说,这种探讨是无止境的。兹重在抛砖引玉。

第一节　传媒素养课程与教学的定义

依据传媒不仅是指现代的大众传媒,而且包括传统的和现代的各种形式的传媒,因此,本书中所讨论的传媒素养课程实质上是最广泛意义上的传媒素养课程。也就是说,传媒素养课程,既包括传统的语文、美术、音乐、外语等课程,也包括现代的传媒研究、报纸、青年与传媒、摄影、演说、电视、广播、小说、电影、传媒素养等为提高学生传媒知识和技能而专门开设的课程。在基础教育阶段和高等教育阶段,虽然他们大多都是以选修课或校本课程的名义开设的,但是它们的确起到了推广和提升学生传媒素养的作用。

从目前国内外传媒素养教育实践的现状来看,新兴的传媒素养教育大多将自己努力方向锁定在大众的传媒素养课程的教育教学上。这尽管在进行大众的传媒素养教育教学的时候,常常会不可避免地进入到小众的传媒素养教育教学领域,或者回归到传统的传媒素养教育教学领域。应该说,各种形式的传媒素养,传统的或现代的,低级的或高级的,简单的或复杂的,常常属于一个连体婴儿,它们之间的联系千丝万缕。

这种天然存在的状况，也使传媒素养教育的研究者比较困惑。吴翠珍在《媒体素养地球村的公民教育核心》中描写了这种困惑。她说道：

> 媒体教育中的媒体一词包括的范畴为何，各方意见尚待形成较多的共识。传统的媒体（语言、文字、漫画）、电子媒体（电影、电视、广播）与新媒体（电脑、网路）等，孰先孰后，教师、父母与媒体教育推动者的看法不一而足。接下来的"素养""问题则就更需要澄清。素养是专指某种技能（a skill）（Neuman, 1991; Aufderheide, 1997），[1] 或是知识的累积（accumulation for knowledge）（Bianculli, 1992），[2] 还是一种世界观的统称（Christ&Potter, 1998）。而更基础的问题在于究竟媒体素养是必须透过正规教育学习的智能，或是唤醒意识的影视文化批判运动，或是当学术界讨论的新方向，还是亲职教育的新观念等不同的视角（Christ & Potter, 1998），[3] 也引发了主题优先次序的争辩。具体而言媒体素养的目的是使学习能对传媒文本能有更多元的解读知识，还是对媒体生态与意识型态（文本的内涵意义）有进一步的了解，抑或凸显阅听人的主体性，强调影视消费与阅听人的商业逻辑关系？

为了对上述概念能充分表达与讨论，美国于1992年召开的"媒体素养领袖会议"（the National Leadership Conference on Media Literary）中，与会学者与实务工作人员对媒体教育的概念达成下列的共识：媒体素养是指有能力去近用（access）、分析（analysis）、评估（evaluate）各种传媒讯息，并达到沟通（communicate）的目

---

[1] Neuman, S. B. (1991). Literacy in the television age: The myth of the TV effect. Norwood, NJ: Ablex. Aufderheide, P. (1997). Media literacy: From a report of the national leadership conference on media literacy. In R. Kubey (ed.), Media literacy in the information age. New Brunswick, NJ: Transaction, 79 – 86.

[2] Bianculli, D. (1992). Teleliteracy: Taking television seriously. New York: Continuum.

[3] Christ, W. G. & Potter, W. J. (1998). Media literacy, media education and the academy. Journal of Communication, 48: 5 – 15.

的。而一个具备媒体素养的公民不论是在平面传媒或电子传媒都能加以解读（解码，decode）符号、评估讯息、分析讯息内涵与产制文本（text）以表达思想，传递讯息（Rubin，1998）。[1]

媒体素养的知能样态是多面向的，涵盖认知领域的心理思考过程（批判思考），情感领域的情绪了解与经验，美学领域的赏析能力，道德领域的价值判断（Christ & Potter，1998：6—9）。[2] Potter（1998）强调媒体素养基本想法还包括素养能力是一个知识的连续，不是知识类型，因此传媒素养没有起点，也无终点。易言之，媒体素养没有完结，不是有无的黑白二元，而是一种连续性的状态。媒体素养的目的在于对传媒文本诠释的控制，评估传媒的主旨，并不在于追寻真实与客观的标准，而是在诠释过程中，以多元资讯的观点掌握评估资讯的方法。

从巨观角度看媒体的生态，从传播链的讯息输出端——媒体组织的特质，政治经济的影响到的另一端阅听人的解读或意义建构，媒体教育似乎也不只是教导一套知识或技术，更涉及知识结构的重组，而且也不仅注重认知的面向，尚涉及个体在美学、情感与道德面向的省思（Potter，1998）。[3] 媒体公民教育的完整目标包括使个人具备素养（增进知能），以达到社会变迁（去除迷思）与社会改革（公民参与）的目的。"[4]

从吴翠珍的言辞中，我们可知，传统印刷传媒素养、电子传媒素养和新媒体素养在传媒素养教育中必然有一番争夺，同时，对传媒素养本身的内涵也时常发生争议。

---

[1] Rubin, A. M. (1998). Media literacy. Journal of Communication, 48(1):3.

[2] Christ, W. G. & Potter, W. J. (1998). Media literacy, media education and the academy. Journal of Communication, 48:5–15.

[3] Potter, W. J. (1998). Media literacy. California: SAGE.

[4] 吴翠珍：《媒体素养：地球村的公民教育核心》，《公民教育学术研讨会》，中国台北教育部中等教育司1999年版。

但是，人们的认识必将随着时间的流逝和人们的努力而不断地加深。以下是本人对与传媒素养课程和教学有关的几个概念所做的界定。

传媒课程：是指为传媒教育教学而设置或开设的课程。它包括传媒专业课程（或称为传媒职业课程，或职业传媒课程）和传媒素养课程（或称为通识传媒课程，或普通传媒课程，或一般传媒课程）两类。

传媒专业课程：是指为传媒专业教育教学而设置或开设的课程。

传媒素养课程：是指为传媒素养教育教学而设置或开设的课程。

传媒教学：是指教授有关传媒知识和技能的教学活动。它包括传媒专业教学（或称为传媒职业教学，或职业传媒教学）和传媒素养教学（或称为普通传媒教学、一般传媒教学或通识传媒教学）两类。

传媒专业教学：是指向受教育者传授传媒专业知识和技能的教学活动。

传媒素养教学：是指向受教育者传授通识性、普及性的、一般性的传媒知识和技能的教学活动。

传媒教师：是指教授有关传媒知识和技能的专任或兼任教师。它包括传媒专业教师（或称为职业传媒教师，或传媒职业教师）和传媒素养教师（或称为通识传媒教师，或普通传媒教师，或一般传媒教师）两类。

传媒专业教师：是指进行传媒专业教育的专任或兼任教师。

传媒素养教师：是指进行传媒素养教育的专任或兼任教师。

传媒教材：是指教授有关传媒知识和技能的教学用书或资料。它包括传媒专业教材（或称为职业传媒教材，或传媒职业教材）和传媒素养教材（或称为通识传媒教材，或普通传媒教材，或一般传媒教材）两类。

传媒专业教材：是指进行传媒专业教育所用的教学用书或资料。

传媒素养教材：是指进行传媒素养教育所用的教学用书或资料。

第二节　传媒素养教学与多媒体教学的区辨

"眼见为实，耳听为虚"。这句话清晰地勾勒了视觉信息对人们感知的影响。长久以来，直观性教学传媒对教学效果和学生兴趣是有着很大影响的。因此，许多教育家如夸美纽斯等，都会有关于直观教学的思想阐释。北京市定福庄中学的生物教师李孝平对自己生物课上课效果的调查结果发现，39名学生中对实物展示印象最深的有12人，占30.8%；对视频印象最深的有23人，占59%；对其他印象最深的有4人，占10.2%。[①] 历史课教师王洪艳对多媒体图表教学使用前后的情况做了问卷调查，34个学生中，在使用前，有6人很喜欢历史，23人较喜欢，5人不喜欢。使用后，21人喜欢，11人较喜欢，2人不喜欢。[②] 这些调查结果说明，视觉传媒和实物传媒对教学效果的影响的确很大。特别是现代电子传媒——视觉媒体对学生学习兴趣和效果的影响为最。

因此，国内外教育界对多媒体教学的强调，都远超过了以往。其表现之一，就是鼓励教师制作多媒体教学课件，并尽量进行多媒体教学（基于计算机、投影仪、制作软件、电子课件等设备和技术的教学）。信息技术与课程整合，正是推广多媒体教学的一种实现途径。无论何种课程，都可实现与信息技术的整合。那么，随之就产生了一个问题：传媒素养教学与多媒体教学的关系如何？

多媒体教学是程序教学和教学机器思想的一个演进。是包括电子计算机技术在内的多种信息技术在教育领域的一个反映。多媒体教学，不仅要求教师会使用传媒技术，而且要求会制作传媒讯息文本——多媒体

[①] 李孝平：《"人体泌尿系统的组成"一课的教学设计》，《北京市定福庄中学获奖论文集》2007年4月，第82—85页。

[②] 常晋军：《"多媒体教学环境下图像资料的应用"研究报告》，《北京市定福庄中学获奖论文集》2007年4月，第105页。

教学课件。因此，多媒体教学要求教师必须掌握一定的传媒知识和技能或说传媒素养。教师自我学习或者接受信息技术教育培训，的确也是一种传媒素养教育。在这种传媒素养教育或传媒学习的过程中，教师利用教学传媒的技能得到了提高，最终使得教师能够利用多媒体从事所教课程的教学。

但是，多媒体教学过程本身并非就是传媒素养教育。多媒体教学的对象是学生，如果学生在这个过程中，学习到的不是关于传媒的知识和技能，换言之，多媒体教学仅仅作为教育教学的一个有效手段，那么，它不是传媒素养教育。反之，如果多媒体教学的内容是传媒知识和技能，学生学到的是关于传媒及传媒文化的内容（常常需要以传媒文本为教材），那么，这样的多媒体教学就是传媒素养教育。

因此，我们可有以下推论：（1）传媒素养教学是一门学科知识和技能教学。而多媒体教学是一种现代教学的形式和手段。（2）传媒素养教学可采用多媒体教学的形式，也可不采用。（3）多媒体教学可能是传媒素养教育教学，也可能不是。

第三节 传媒素养教学的原则

传媒素养教学首先要遵循教育教学的一般性原则，主要有：直接经验和间接经验相结合原则，知识与智力相统一原则，智力因素与非智力因素相统一原则，教书与育人相结合原则，面向全体学生原则，科学性与思想性相结合原则，理论联系实际原则，直观性原则，循序渐进原则，巩固性原则，统一要求与因材施教相结合原则等。[①] 其次，要遵循传媒素养教学自身的一些原则。作者将传媒素养课程教学的原则分为宏观原则和微观原则两类进行论述。

---

① 关于教育教学原则的论述，不同的教育家还会有自己独到的认识。参见张燕镜：《教育学新编》，首都师范大学出版社1996年版，第173—186页。

一、传媒素养课程教学的宏观原则

(一) 精英文化与大众文化兼顾原则

长期以来,出于文化经典教育、英雄人物教育、崇高思想教育、政治宣传等目的,课堂教学中所讲授的大都是精英文化知识、灌输的也大都是精英文化思想。随着传媒时代的到来,以及人类大众文化意识的觉醒,原来难登大雅之堂的大众流行文化,特别是青少年比较喜爱的通俗文化,也走进了学校教学课堂与教材中。当然,进入到正规学校教材中,并非没有争议,如金庸小说、流行歌曲、爱情题材的作品等进入正规学校必读教材或课本中,甚至替换掉了鲁迅等名家的一些名作名篇,也曾引起媒体的热烈讨论而成为报道热点之一。

但是,流行文化,特别是青少年亚文化经验已经成为他们生活经验的一个重要组成部分。因此,要遵循直接经验和间接经验相结合的原则,就必须认同大众文化固有的教育性、人文性价值。

(二) 传统形式传媒与现代形式传媒兼顾原则

尽管现代电子形式的传媒给我们社会和个人生活带来了前所未有的冲击,但是,传统形式的传媒如口语、文字、书籍、报纸、杂志等,至少在目前相当长一段时间内,仍是我们现代人类习惯了的阅读和学习方式。并且,口语、文字等素养恐怕会伴随人类生活的始终。因此,传媒素养教育教学不能厚此薄彼,而应相互补充、兼顾发展。事实上,它们之间的界限也并非巨大鸿沟不可逾越。

(三) 大众的传媒与小众的传媒兼顾原则

目前,国外特别重视的传媒素养教育大多是大众传媒素养教育。这与大众传播研究的相对早熟有关。随着人们对人类传播活动认识的加深,大众传播、组织传播、分众传播、人际传播、政治传播、教育传播等分支或分科研究也相继纳入人们的研究视野。成熟的理性的传媒素养教育也是这样。因此,作者主张各种传媒形式兼顾,给传媒素养教育以充分的活动和想象空间。

(四)面向全体学生因材施教

面向全体学生进行教育是教育公平和正义的基本要求。但是,在同一年级或同一班级中,学生的传媒素养基础不尽相同或相近。这样,教师就有必要采取因材施教的原则。可以相应提高对先进学生的作业要求,也可采取在合作探究中先进学生辅助落后学生等办法。

二、传媒素养课程教学的微观原则

除了应遵循教育教学的一般性原则和传媒素养课程教学的宏观原则外,传媒素养课程教学还应遵循以下原则:

(一)坚持传媒素养教育基本原则和理念原则

传媒素养教育是关于传媒知识与技能的教育教学。这是传媒素养教育教学区别于其他形式的教育教学的地方。正如前面有关章节所论述的,辩证思维能力或批判性思考能力和公民素养等思想素养是一切教育形式的公共目的,这是各种教育形式的普遍性特征。传媒素养教师,一定要牢记:传媒素养教育是要教授学生学会如何使用不同形式的传媒语言来传递、表达、理解信息,并如何有效传播信息,以及塑造或坚定自己美好的人格与追求。

(二)教师有效策划、指导与学生自主选择、主动实践相结合原则

教师要集中更多人的智慧来搞传媒素养课程议题的策划(如果开发有现成的教材更好),准备课堂教学呈现的文字、图片、影像等资料,并创设课堂问题的情境。

将学生导入到问题的情境中,让学生自主地发现问题,并自主地选择他们感兴趣的问题进行探究、寻找问题的症结所在,并积极探究问题解决的方案。如果是质疑有关数据的准确性,则需让学生自主地查找资料予以核实。并探究出其深层原因。学生在探究过程中,可以以个人独立探究的方式,也可以小组合作探究、班级合作探究、跨班级合作探究、跨年级合作探究、跨学校合作探究、跨地区合作探究、跨国家合作探究(包括远程方式)的方式。

(三) 传媒素养课程计划的实施要服从生成性目标或主题的变化原则

"计划没有变化快"。许多教育家都强调要抓住课堂中稍纵即逝的教学时机。教学时机的一个重要标志就是学生探究兴趣和热情的骤然激发。在课程活动中，在完成既定目标和任务的过程中，学生会发现新的问题、新的目标、新的盲点，教师要能因势利导，果断决策，将学生的探究活动引入新的高潮和新的领域。

(四) 课时集中使用和分散使用相结合原则

课时集中使用和分散使用相结合，又称为"弹性课时制"原则。由于传媒素养课程，因为每次活动的性质不同，用时也有所差异。每周3课时的综合实践活动时间可根据需要灵活安排。可将每周或几周的课时集中起来使用，也可根据需要和其他课程联合使用。

(五) 紧密结合时事新闻进行教学原则

传媒素养教学要紧密结合学生感兴趣的社会、媒体或学校重大或时尚议题，国家、国际、学校重要节日而安排活动内容。传媒素养教学已经形成比较成熟的理论，但是教学的具体内容要随着社会的发展而变化，特别是要随着学生的兴趣和经验而变化。因此，概念框架或教学理论可以保持相对的稳定性，但课程的具体内容要随着时代和传媒议题的变化而变化。

(六) 传媒记录和传播要尽可能贯穿于传媒素养教学活动的全过程

传媒素养教学不只是对现有学生的传媒素养教育，更要是将对现有学生的传媒素养教育内容和过程，进行传媒记录，并尽可能地将其传播给更多的受众，增进不同受众间的沟通、交流和信息分享，促进社会整体文明素质的提高。

(七) 传媒素养教师尽量与其他相关学科教师，以及传媒、艺术等有关职业的从业人员协同教学

传媒素养教育所涉及的知识、技能、文化、科学、社会等领域非常广泛，单靠传媒素养教师的力量、学识和经验，显然难以满足传媒素养

教育教学的要求。这就需要与有关单位、学会、从业人员、社区工作人员、学科教师，或社会志愿者建立紧密联系，协同教学，以更好地实现传媒素养教育教学的目标和任务。

第四节　传媒素养教学的途径和方式方法

本节将论及传媒素养教学的途径、方式方法，以及作业布置的方法等内容。

一、传媒素养教学的途径

（一）设立现代传媒素养课程

在现有的课程体系中，实际上已经存在相当的如语文、音乐、美术、摄影、雕塑等传统传媒素养课程，甚至有了现代大众传媒的一些内容。但是，许多更富有现代时代气息的传媒，特别是报纸、杂志、广播、电影、电视、网络、广告等大众传媒，还没有被正式列入国家课程、地方课程和校本课程中来。这与儿童的传媒经验不相符合。因此，可设置独立的现代传媒素养课程作为传媒素养教学的途径。至于课程的名字，可以是《传媒》《传媒研究》《传媒素养》《儿童与传媒》，或者《电视》《电影》《广告》等。

（二）在传统传媒素养课程中渗入现代传媒文化内容

如前所述，在现有的课程体系中，实际上已经存在相当的如语文、音乐、美术、摄影、雕塑等传统传媒素养课程，甚至有了现代大众传媒的一些内容。越来越多的大众流行小说、诗歌、歌曲、音乐、戏剧、小品等内容进入学校教学课堂、必读书籍或教材中。因此，事实已经证明，这些大众文化的内容是可以与传统精英文化的内容实现结合的或能够和平共处的。多元文化倾向是一种可以实现多元文化宽容和理解的价值取向，在多元世界格局中，要实现世界各民族的和睦共处、互惠互利，就必须学习和培养这种价值取向。

（三）用传媒素养教育理念指导信息技术课程教学

目前的高中信息技术教学中，必修课部分——"信息技术基础"是以4个主题组成的模块而组织教学的，旨在提升学生的信息素养。该模块包括信息获取、信息加工与表达、信息资源管理，以及信息技术与社会四个部分。主要以信息加工理论为理论基础。在其中涉及烽火台、信函、电报电话、广播电视、计算机、网络等传媒知识和技术。也就是说，在目前的信息技术教育中，已经有大量传媒素养教育的内容。但是，传媒素养教育的理念和理论并没有得到广泛地应用，这实在可惜。因此，学习一些传媒素养教育理论和知识，用其来指导现有的信息技术课程教学，不仅能够更好地实现信息技术课程教学的目标，而且能够实现传媒素养教育与信息技术教育完美的结合。

（四）在非传媒类课程中融入传媒素养教育内容

在许多课程中，如历史、地理、生物等中，都可以动画、图片、照片、电影、电视文本等形式和内容进行教学，不仅丰富这些课程教学的手段和方式，而且可以丰富其知识和内容，调动和激发学生学习的兴趣和愿望，等等。换言之，实现传媒素养教育与这些课程的整合是可行的。

二、传媒素养教学的方式方法

在本部分，对传媒素养教学的方式方法问题进行探究。理解和运用该部分所阐述的教学方式方法，请结合本章第九节"国外传媒素养教学思想与范式"中的有关内容。

（一）传媒素养教学的方式

1. 按照传媒的类型或目前现有科目或学科专业组织教学

按照传媒的类型或目前现有科目或学科专业组织教学，是指在教学中聚焦于某一种传媒的内容、形式、特点、功用、所扮演的社会角色和功能，及其发展的历史、现状和未来趋势等。通过对该传媒特征和优缺点，以及与经济社会、与人相互关系的分析，加深学生对该种传媒形式和影响的了解。同一种传媒可以涉及同一主题的不同内容，也可以涉及不同的主题和内容。如以摄影、摄像、美术、音乐、信息技术、广播、电视、电影、报纸、杂志、小说、网络等科目或学科专业的设置情况进行教育教学。

2. 按照传媒议题或主题进行教学

按照传媒议题或主题进行教学，是指在教学中聚焦于某一议题或主题。例如，可以以超级女生、家庭暴力、性别、种族问题等时尚话题为主题。同一主题可以涉及同一类传媒（例如不同地域报纸或不同类型报纸的不同呈现方式），也可以涉及许多不同的传媒类型。通过对同一主题内容的不同传媒或对同一主题的同一类型传媒的不同（经营者）再现的研究和分析，让学生认识到这些传媒再现的不同特点、优势和劣势。并努力培养他们使用不同传媒再现某一主题的能力和技巧。

当以主题进行讲授时，我们还可以将主题分为若干个亚主题或分主题来讲授。或将主题内容拆解为声音语言、影像语言或文字语言两种或三种形式进行讲授。

3. 按照传媒节目的类型进行教学

需要提醒大家注意的是，在"以传媒为基"部分的论述中，"同一种传媒可以涉及同一主题的不同内容"，是以认识传媒为出发点，而在"以主题为基"部分的论述中，"同一主题可以涉及同一类传媒"，是以研究这一主题的呈现方式为出发点。这两部分虽事实上有相交的部分，但是其出发点和意图却是不同的。

在进行传媒素养教学的时候，要坚持课前准备、学生活动为主、教师情境引入等相结合。

（二）传媒素养教学的方法

在这一部分，作者列举一些比较实用的教学方法，以为借鉴。

1. 教师讲授法

老师讲授教学的要点，同时派发有关教学材料。在教授的过程中，教师要通过设问等方式，来调动学生注意和思考有关知识要点或问题。

2．学生讲解法

老师让学生课前分组或分任务做好资料收集和准备工作，以便上课讲解、讨论和交流。

3．传媒创作活动

让学生在课上进行传媒创意活动，商讨编写传媒剧本。课下完成传媒制作。以便适当时候展示和交流。

4．分组活动法

让学生分组阅读、分析、讨论、学习，并由一人汇报讨论或学习结果。

5．比较研究法

让学生对不同媒体组织的同一类传媒的不同风格，以及针对同一事件不同媒体的处理方式，以及不同类型媒体的表现手法等进行比较研究和学习。

6．文本研究法

包括对文本的制作者、受众、制作手法、类型、特点、影响等方面进行研究。如受众研究，即让学生对某一类传媒的目标受众或不同传媒的目标受众，或某一传媒活动的受众进行分析研究。

7．体验活动法

让学生通过角色扮演的方式（如戏剧表演、情景模拟、为画面配音等）来体认不同传媒的表现手法和真实意图等。

8．观赏研究法

让学生观看事先准备好（剪辑好或录制好）的电视、电影或录像节目；然后进行画面要素分析、制作手法分析、文本思想特点分析等，并作讨论和交流；接着让学生分别用听觉（闭上眼睛，只用耳朵感受信息）、视觉（关闭声音，只用眼睛感受信息）以及眼耳并用感受录制的节目。最后比较这三种不同接收信息方式的优缺点。

9．固定印象研究法

让学生分组讨论某一传媒文本中或不同传媒文本中对某一类或某几

类人物典型的刻画或描述。如对医生形象、教师形象、农民工形象、官员形象、母亲形象、父亲形象、青年人形象、老年人形象、记者形象、演员形象，农民形象的再现，等等，并与现实形象进行比较。

10. 主题研究法

让学生以某一传媒主题为出发点，进行传媒问题研究。如对明星广告研究、对虚假广告的研究，等等。

三、作业布置的方法

1. 分别或合作撰写传媒研究或传媒批评文章

让学生分别或合作撰写关于传媒特点的论文；让学生撰写观后感；让学生撰写影评或电视评论文章；让学生撰写传媒项目活动报告等。

2. 进行传媒制作

可让学生自编一份报纸或杂志；让学生制作反映自己生活或某一感兴趣的主题的电视小短片；让学生为某一电视短片或电影片段配音；之后在某一课堂上展示、点评和交流。"或者拍摄一段录像，或者创建一个网站，或者举办一次摄影展览，或者策划一次广告活动，或者制作一档广播节目"。[①]

3. 就传媒制作项目撰写经验材料

可"根据学到的各种理论和批判方法来解说自己的目标、评价取得的成果、思考创作过程中的每个细节。这些活动通常带有模拟性质：学生们在一个特定的环境里，'扮演'虚拟的传媒制作者，象征性地执行任务以解决那些他们自己提出来的理论争议或者难题"。[②]

4. 进行问卷调查

譬如，让学生自己或通过教师指导编制调查问卷，对特定问题进行

---

① David Buckingham. (2003) Media Education-Literacy, Learning and Contemporary Culture, London, UK: Polity Press in Association with Blaekwell Publishing Ltd.

② David Buckingham. (2003) Media Education-Literacy, Learning and Contemporary Culture, London, UK: Polity Press in Association with Blaekwell Publishing Ltd.

调研，并作统计分析、汇报和交流。

5．录音访谈或摄像访谈

让学生运用录音笔或数码摄像机对特定人物进行访谈，并进行录音整理或多媒体制作，并作汇报和交流。

6．积极向传媒或网络公告论坛提供意见或建议，定期举行改进传媒活动。

第五节　设立传媒素养课程的方式

一、设课方式

设课方式主要有两类：一是分科设置（或称为独立开设）；二是综合设置（或称为整合开设）。分科设置的课程称为分科课程（或称为独立课程）；综合设置的课程称为综合课程（或称为整合课程）。[①]传媒素养教育课程可分别称为传媒素养教育分科课程（或称为传媒素养教育独立课程）、传媒素养教育综合课程（或称为传媒素养教育整合课程）。

（一）分科设置

分科设置传媒素养课程，即在国家课程、地方课程或校本课程中独立设置传媒素养教育的分科课程。即作为一门选修或必修的分科课程开设，如在课程体系中设置《传媒》《传媒与社会》《传媒研究》《传媒制作》《传媒批评》《传媒与受众》《传媒与生活》《传媒历史》《传媒研究方法》《传媒素养》《传媒世界与真实世界》等课程。

分科设置的课程内容或单元，可以案例的方式呈现。如果是传媒研

---

① 从课程内容的组织方式来说，课程可分为分科课程和综合课程两种类型。"分科课程的主导价值在于使学生获得逻辑严密和条理清晰的文化知识，而综合课程的主导价值在于通过相关学科的整合，促进学生认识的整体性发展并形成把握和解决问题的全面的视野与方法"。见教育部基础教育司组织编写：《走进新课程——与课程实施者对话》，北京师范大学出版社2002年版，第17页。

究的话，要准备有传媒研究报告的范本；如果是传媒制作的话，要准备有传媒制作的范本。

分科设置传媒素养课程，有利于传媒素养课程体系的完整，以及传媒素养核心价值目标的实现。因为传媒素养课程已经形成相对成熟的以传媒素养关键概念为框架的教学理论，有着相对固定的课程目标，并在国外、国内（中国香港、台湾和大陆）已开发有专门的试验教材，所以，将传媒素养课程单独开设，有着极强的可能性。

分科设置的传媒素养课程，编撰有独立的传媒素养教材。这样，教师可以专任，也可以兼任。无论是专任还是兼任，教师都有足够的时间来和学生一道研究传媒或传媒议题，甚或进行传媒制作和反思等活动。在没有条件分可设置的国家或地区，常常是以在其他课程中穿插设置独立传媒素养教学单元的方式进行（参见穿插设置部分）。

从国家新课程体系中现实地看，国家课程综合实践活动课、地方课程和校本课程都给传媒素养课程的进入提供了巨大空间，因为传媒素养课程本身具有极强的综合实践活动性质，它强调学生的研究性学习、对信息技术和信息的掌握和学习，对社会实践和社区服务工作的参与，强调对学生国民健全人格的培养，以及传媒的表达和制作本身就可以作为一种职业的训练，等等。总之，新课程改革为传媒素养课程的进入和发展提供了前所未有的便利条件和合法性。

（二）综合设置

综合设置即其他课程中插入或融入传媒素养教育教学内容。它具体包括两种设置方式：一是穿插设置；一是融入设置。根据这两种设置方式，可以将传媒素养教育综合课程分为两类：一是传媒素养教育穿插综合课程（简称为穿插课程）；一是传媒素养教育融入综合课程（简称为融入课程）。

1. 穿插设置

穿插设置，即在其他课程教学的间隙或结尾，插入传媒素养教育课程单元或课节。如在语文、历史或地理等课中插入一节、几节或一个课程单元的传媒素养教学内容。这样的传媒素养教学仍然是相对独立的。穿插课程可以看作是分科课程的一个缩影或雏形。是一种由于受到有关条件限制而没能分科设置的过渡形态。

由于受课时计划的限制，目前加拿大传媒素养课程教学大多采用独立单元的形式。独立单元是分科课程的雏形，或说是分科课程没能得到充分发展的一种形式，一种过渡形式。这种形式是指在某一门课堂教学中间（如英语、历史、地理等课中间）专门辟出一个单元或数个单元来进行传媒素养教育。这个传媒素养课程教学单元与本门课程内容表面上是相对独立的关系，而实质上存在着一定程度的内在关联。因为如果失去这个内在的关联，在某一门课程教学中间插进这样的传媒素养单元就完全失去了依据。这种课程的评价结果与融入课程相比，更能反映出学生掌握传媒的情况。独立单元教学既可以采用以传媒为基的教学方式，也可以采用以主题为基的方式。

2．融入设置

融入设置，即在其他课程教学的过程中，根据课程教学的需要而随时或有计划地融入传媒素养教学内容，原有课程知识与传媒素养知识有机地融为一体，这事实上延伸或拓展了原有的课程目标和内容。

融入课程教学（或称为传媒素养教育教学与课程整合），可有 3 种整合或融入的方式：一是以传媒文本为教材或课本，服务于某一学科知识的教学；二是在使用传媒进行辅助教学（即利用图片、图像文本等直观形象地说明或再现口语或文字所要表达的事实或意义）的基础上，引入传媒素养教育教学内容（即讲解辅助教学时所使用的图片、图像文本的内容或幕后历史故事，甚或审美鉴赏，这常常对原课程教学来说具有画龙点睛、调动学生兴趣的效果）；三是进行非教材文本（报纸、杂志、小说、电影、电视、网络等）和教材文本的比较教学，这些可融入信息技术、语文、历史、舞蹈、美术、音乐等课程中，实现与其他传媒类课程或文化课程的有机结合。

在第一种情形，应当鼓励教师使用报纸、杂志、广播、电影、电视、网络、广告等传媒手段及内容，来为所教学科教学服务，为教育服务。通过融入课程教学，不仅对学生进行适当适宜的传媒素养教育，而且能够使得本门科目的教学更加生动形象、丰富多彩，从而激发学生的学习热情并提高教学效果。以报纸为例，把报纸当课本，至少有两种功用：一是有利于文化科学知识的学习；二是有利于了解报纸的内容和讯息。第一种功用是把报纸当作辅助教学或辅助学习的方式；第二种功用即是报纸素养的教育和学习。譬如，有些学生喜欢通过阅读英文报纸提高自己的英语水平，虽然其初衷是提高自己的英语水平，但无形中却提高了自己的报纸内容和讯息素养。这就叫做一箭双雕。

在第二和第三种情形，教师可以紧紧抓住某一门课程教学当中所涉及的某一主题，将不同传媒（包括传统传媒形式和现代传媒形式）的再现联系起来进行比较研究和分析，从而大大开阔学生的学习视野，增强他们对不同传媒再现规律和特点的认识。在教学过程中，教师和学生不仅学习了传媒的内容，而且会对传媒的形式有所学习，甚至会激起他们对这些传媒的制作和使用兴趣，学习相关的关于传媒的知识、道德、法律法规等。此外，还可对传媒内容进行真实性辨析，等等。

融入或整合的时候，要注意：传媒知识内容或资源与其他课程知识内容的整合，传统的传媒形式与现代传媒形式的整合，传媒内容或形式与多样化的教学组织形式的整合，等等。

融入或整合设置的课程，要根据原科目的课程标准和教材（教科书）知识体系以及讲授顺序，进行传媒与原课程整合教学案例的设计。也就是说，要根据现行的原课程标准和内容，进行传媒与原课程整合的教学案例的开发和利用，以及传媒与原课程整合的教学活动的设计。

加拿大的传媒素养教育主要是以融入课程为主。最先是将传媒素养内容融入至英语语言艺术课程中，近年来一直在努力将传媒素养内容融入历史、法律、家庭生活教育、科学、健康与体育教育、音乐等科目教学当中。如下表①所示：

课程与领域	媒介教育与学习领域的整合议题
Language Art 语言艺术	教师让学生分析不同的报纸与文章所使用的标题，语言及所代表的意义，区分事实与意见的不同，学生可通过阅读报纸来掌握那些可读性高、有价值的词汇，此类课程不仅培养良好的读者与写作者，同时也能培养他们的媒介素养。
History 历史	老师不仅可在教学中涉及历史事件本身，也可以尝试让学生了解某些历史事件在大众媒介中是如何被报道和记录的，人们对代历史和重大事件的认识是如何受到媒介的影响的。
Law 法律	老师可以利用媒体对某一个重大案件的报道，以及公众对这件事情的反心，在学生中开展订关报道的角度，观点与立场的讨论。
Family Studies 家庭生活教育	让学生统计媒体（新闻、戏居、广告等）中男性与女性出现次数的比例，角色和他们的媒介形象，帮助学生了解媒介建构社会不同性别行为的标准，请学生搜集并比较不同报纸当月头条新闻中有多少图片和新闻是以女性，儿童或弱势群体为焦点的。
Science 科学	老师可帮助学生发现与政治或经济新闻相比，主流媒体较少报道涉及生态环保等方面的新闻事实，并引导学生分析其中的原因。
Health/Physical Education 健康与体育教育	以有趣的观察课程的方式，让学生分析媒体中一方面播出禁烟广告，一方面电视、电影中却又有不少演员吸烟的情节。
Music 音乐	调查音乐频道或流行音乐电台对学生的音乐品位和 CD 消赞的影响，流行歌曲词曲内容的取向，流行音乐歌手广受喜爱的原因等。

二、传媒素养教育与我国中小学课程综合的可能性

（一）义务教育阶段课时安排基本情况

下面以北京市朝阳区定福庄中学初一年级课程表为例，来说明新课程规定课时、比例与学校可能安排课时、比例的同异情况。

---

① 此图引自张艳秋《加拿大媒介素养教育透析》，《现代传播》2004 年第 3 期。

定福庄中学初一年级课程表

周　日 时间范围	星期一	星期二	星期三	星期四	星期五
7:50～8:35	语文	英语	数学	数学	语文
8:45～9:30	数学	数学	语文	政治	体育
10:00～10:45	地理	政治	英语	语文	历史
10:55～:11:40	音乐	语文	体育	校本	生物
1:30～2:15	英语	历史	生物	劳技	数学
2:25～3:10	生物	班会	计算机	地理	英语
3:20～4:05	体育		美术	英语	数学
备　注	周课时数总计为34课时。其中语文共计5课时,约占15%;数学共计6课时,约占18%;英语共计5课时,约占15%;政治共计2课时,约占6%;地理共计2课时,约占6%;历史共计2课时,约占6%;生物共计3课时,约占9%;体育共计3课时,约占9%;音乐共计1课时,约占3%;美术共计1课时,约占3%;计算机共计1课时,约占3%;劳技共计1课时,约占3%;校本共计1课时,约占3%;班会共计1课时,约占3%。					

新课程初一年级规定课时与定福庄初一年级实际安排课时比较表

课时、比例 所列科目	新课程规定课时与比例		实际安排课时与比例	
	课时	比例	课时	比例
思想品德(政治)	约2.7	7%～9%	2	约6%
历史与社会 (历史、地理)	约1.2	3%～4%	4	约12%
科学(物理、 化学、生物)	约2.7	7%～9%	3	约9%
语文	约7.1	20%～22%	5	约15%
数学	约4.8	13%～15%	6	约18%
外语	约2.4	6%～8%	5	约15%
体育与健康	约3.7	10%～11%	3	约9%
艺术(音乐、美术)	约3.4	9%～11%	2	约6%
综合实践活动(计 算机、劳技、班会)	约2.4	6%～8%	3	约9%
地方与学校编制或 选用的课程(校本)	约3.7	10%～12%	1	约3%

从比较表中可知，定福庄中学初一年级对历史与社会（历史与地理）、数学、外语的安排课时都大于新课程规定课时；而思想品德（政治）、语文（因为对语文基础课的相对重视，语文实际运行课时可能与规定课时持平，甚至多于规定课时）、艺术（音乐、美术）、地方与学校编制或选用的课程（校本）等低于新课程规定课时。而科学（物理、化学、生物）、体育与健康和综合实践活动（计算机、劳技、班会）基本与规定课时持平。从此和从对基础教育的了解情况看，这种实际课时安排与大多数学校的实际运行情况是相符合的。也就是说，学校一般侧重于语文、数学、外语等主课，而对艺术（音乐、美术）、地方课程和校本课程没有给予足够的重视。

（二）传媒素养教育与现行课程综合（或整合）的可能性

根据新课程初一年级规定课时与定福庄初一年级实际安排课时比较表和定福庄中学初一年级课程表，我们可知，在现有课程体系中，存在着语文、外语、数学等分科课程，也存在着艺术、科学、综合实践活动等综合课程。它们有的是学科课程，有的是经验课程；有的是必修课程，有的是选修课程；有的是国家课程，有的是地方课程和校本课程。它们已经逐步形成新课程所规定的体系。

就语文课程而言，由于语文课程本身就是一门传统的传媒素养课程，旨在培养学生听说读写的能力，以及健康公民思想道德意识等。所以，将现代的传媒素养课程内容引入其中，具有根本性质的一致性。

就外语课程而言，由于外语课程同样属于语言艺术，对于英语国家来说它就是这些国家的语文课，且国外英语国家已经获得在英语课中融入现代传媒素养课程内容的经验。

就《品德与生活》（1~2年级）而言，它强调从儿童的生活经验出发，通过儿童自主的实践活动，学习健康、安全、科学、积极愉快的生活方式，并养成良好的行为习惯，为学校生活和未来参与社会生活做准备，而传媒素养教育与教学的方式完全可以生动活泼、直观形象、富有趣味地实现本综合课程的目标。

就《品德与社会》（3~6年级）而言，它以人与他人、人与社会、人与自然为主线，将爱国主义、集体主义、道德行为规范、历史和地理知识、国情和环境知识融为一体，以实现将学生培养成为富有强烈社会责任感的现代公民的目的。而以这方面的传媒议题为主题，以反思和制作弘扬社会品德和行为的传媒作品为手段的传媒素养教育，更能生动形象地达到这一课程目的。

就《科学》（3~6，7~9年级）而言，它通过对科学知识、科学探究过程和方法的学习，激起学生爱科学、学科学、用科学、研究科学的兴趣，并帮助学生养成和自然界和谐相处的生活态度，科学探究的习惯，科学创新的意识和实践能力，积极参与环境和资源的保护，关心科学的新发展。传媒报道和传媒内容中有很多这样崇尚科学和探究科学的例子，我们可以用之于此，换句话说，传媒素养课程或教学可以实现《科学》课程所设定的目标和任务。

就《历史与社会》（7~9年级）而言，通过对民族历史和国情知识的了解，对学生进行公民教育和人文素质教育，培养学生正确的人生信念和社会理想，做现代中国的合格公民。本课程的目的和传媒素养教育的目的是一致的，在信息时代和传媒充斥的社会，利用传媒资料，特别是影像资料，对学生教育更为切实有效。

就《艺术》（1~9年级）而言，它通过对艺术语言和表达方式的学习，通过对艺术作品的欣赏、评价和感知，甚至创作，以便在丰富学生审美经验的同时，使学生的思想情操得到升华，人文素养和艺术能力得到提高。音乐、美术等艺术本来就是人类表达思想、情感和态度，以及价值取向的传统传媒形式。它们同语文等语言艺术一样，有着和现代其他传媒形式相结合的可能性和必要性。传媒素养课程内容很容易和它们嫁接在一起。

就《体育与健康》（7~9年级）而言，课程以促进学生的身心发展和社会适应能力为目标，从认知、技能、情感和行为等方面入手，融合了体育、生理、心理、卫生保健、环境、社会、安全、营养等诸多学科领域的知识。以便使学生获得健康、充分的成长。本课程的议题完全可以成为传媒素养课程的议题，换句话说，在本课程中，使用传媒素养教育教学的理念和方法，能够在一定程度上实现本课程的目的。

就综合实践活动课程而言，传媒素养课程更是与其不谋而合的课程内容，传媒素养课程可以课程单元的方式在综合实践活动课程中开设。综合实践活动作为国家新课程标准所设置的必修课，从小学3年级一直开设到9年级。这无论是在信息技术教育、研究性学习、社区服务和社会实践及劳动与技术教育等所明确指定的领域，还是在未明确指定的领域，都为传媒素养教育的实施提供了非常适宜的空间。传媒素养教育的综合性、实践性、学生主体性、研究性、协作性、信息技术性、社会性、生成性都与综合实践活动课程的目标和任务高度一致。在新课程体系中，信息技术教育已经改变了过去计算机教育单纯的技术教育观点，而融入了传媒素养教育的理念和方法。这正如《走进新课程——与课程实施者对话》中所说的："信息技术不仅是综合实践活动有效实施的重要手段，而且是综合实践活动探究的内容。信息技术教育的目的在于帮助学生发展适应信息时代需要的信息素养。这既包括发展学生利用信息技术的意识和能力，还包括发展学生对浩如烟海的信息的反思和辨别能力，形成健康向上的信息伦理。"[①] 这种变化是在借鉴英、美、加、德、日、澳等国经验和策略的基础上而发生的，把握了世界基础教育课程教学发展的新趋势。

总之，传媒素养课程开设的途径无非是两种：分科课程和综合课程。

---

① 教育部基础教育司组织编写：《走进新课程——与课程实施者对话》，北京师范大学出版社2002年版，第31页。

第六节　传媒素养教学的类型与性质

一、传媒素养教学的类型

从授课目的而言,传媒素养教学包括几种类型:认知型教学、技能型教学、辨析型教学、反思型教学、展示型教学(表现综合能力的)。

从课程设置方式上讲,可分为:分科教学、综合教学(即将传媒素养教学内容插入或融入其他课程教学中)。

从是否必修讲,可分必修教学、选修教学(其教学要求、评价方式等都有一定差异)。

从上课地点来讲,可分为室内、室外、校内、校外。

从课程设置级别上讲,可分为国家课程教学、地方课程教学、校本课程教学。

……

二、传媒素养教育的课程性质

传媒素养课程属于学科课程还是属于经验课程?传媒素养教育的课程可以按照传媒知识结构进行教学,也可以根据传媒主题、传媒经验等进行教学。换言之,传媒素养教育课程既可以是学科课程,也可以是经验课程。比如,以现代传媒形式进行古典文学知识、古典作品的教育就属于学科课程教育,而为此目的而设计而进行的课程为学科课程。以传媒主题的形式或现实传媒问题的形式进行的传媒素养教育则属于经验课程。"学科课程的主导价值在于传承人类文明,使学生掌握人类积累下来的文化遗产;经验课程的主导价值在于使学生获得关于现实世界的直接经验和真切体验"。[①] 但是,作者认为,应鼓励教师紧密结合学生的

---

① 学科课程和经验课程的区分是从课程内容所固有的属性方面讲的。见教育部基础教育司组织编写:《走进新课程——与课程实施者对话》,北京师范大学出版社 2002 年版,第 17 页。

日常经验和社会知识进行教学,让传媒素养教育真正地做到为学生的发展服务,为学生传媒素养能力的提高服务。

如前所述,传媒素养教育课程可采取必修和选修两种方式,可在国家课程中开设,也可在地方课程和校本课程中开设。

第七节 传媒素养教学的取向

传媒素养教学有两种取向。一种是功能素养取向的,一种是思想素养取向的。前者也可以称为技术取向,是指仅仅从教授学生知识和技术能力的角度出发,而没有照顾到学生的学习是一个思想、情感、态度、道德、知识、技能、批判思维能力等智力因素和非智力因素全面增进的过程。而思想素养取向的则是智力因素和非智力因素两者兼顾、德才两方面兼顾的培养和教育。我们倡导思想素养取向的传媒素养教育。

第八节 传媒素养教学过程规律

对传媒素养教学过程规律的认识会随着人们的探究而不断加深。在此尽自己所能,对其进行肤浅的描述。

一、传媒素养教学模式

在我国,一般以实现"双基"目标(基础知识和基本技能)为基础,以学生掌握知识和技能的认识规律为依据,将教学过程的基本阶段确定为激发学习动机、理解知识、巩固知识、应用知识、检查知识等五个先后顺序和方面。作者认为,一个成熟的教学过程应该始于"教学准备"之时,结束于"教学结束"之时。即一般人们所谓的教学过程只是课堂上的40分钟至45分钟。作者认为,应该改变这种观念,将教学准备和教学结束阶段纳入至教学过程管理和评价中来。使得我们的教学环节得以完善,从而提高教学质量和效率。为此,作者结合国外传媒素养教学的一些经验，结合新一轮课程改革的基本理念，即强调知识和技能、过程和方法、情感态度价值观几方面的协调发展，以及对传媒素养教学模式的认识，将传媒素养教学的一般模式总结如下：

（一）教学准备

在教学准备阶段，教师可以自我策划、准备，也可以和学生一起策划、准备。主要是明确教学目标和任务，教学步骤和方法，所使用的教学工具和资料（必要时要进行视频剪辑、剪报等），教学作业的布置，制作教学课件，以及课堂的进行与管理等。教学准备是教学成功的一半。教学不能打无准备之仗。教学管理者要在教师的教学准备阶段，及时检查、帮助和支持教师的教学准备，并将这一阶段的情况纳入至教学评价中来。

毫无疑问，教学准备阶段最重要的事情就是传媒素养教学案例的设计了。一位2006级教育技术硕士研究生于2007年4月3日14：16：14上传至一处博客一篇文章。这篇文章对传媒素养教学案例的设计提出了自己的观点。为借鉴和参考，今引用如下：

1．案例的设计要有明确的目标

虽然都是为了提高学生的传媒素养，但不同的案例还是有不同的目标，因为每一个案例的具体内容不同。目标可以分成两个方面：一是对该案例所涉及的内容及相关知识有一个了解，二则是分析传媒在报道中的态度以及这种倾向对你产生了什么样的影响。比如案例《破解好莱坞密码》就列出了以下几个目标：

（1）说明强势文化的支配性、商业产品的标准化与大众传播的广泛深入如何促使全球趋于一致，并影响文化的多样性和引发人类的适应问题。

（2）举出外来文化、商品和信息影响台湾世界观、文化和生活的例子。

（3）欣赏媒体戏剧作品，并提出自己的美感经验、价值观与建设性意见。

（4）省思个人和他人如何接收媒体所传递的信息和所受的影响。

2．重视情景的创建

所有的案例都重视情景的创建，努力地将学生放入到这个情景之中，让学生说出自己的想法和感受也有助于学生发现通过学习后自己发生的变化。如案例《12·4游行多面观》中就用先询问同学"有否参加游行？为什么？对当日游行的印象如何？知否游行的目的"等问题，然后再穿插介绍背景的情况，将学生带入情景之中。

3．信息资源的提供与设计

虽然传媒素养教育是以学生主动学习，相互讨论为主，但教师还是有必要提供多方面的资源渠道给学生，以便让学生了解关于这个主题的更多的内容。除了渠道之外，在需要的时候还需要教会学生获得信息的方法，如在网络上查询信息的技巧，在图书馆查询数目的技巧等。比如案例《将卡特里娜飓风带入课堂》为学生提供了很多方面的资源，不仅有新闻报道来源的资源，与之相关的问题，如种族、救灾等信息都提供了很多资源的连接，引导学生去获取与该主题相关的更多的信息。

4．协作式的学习策略

几乎所有的案例都对学生进行的分组。分组的目的一是锻炼学生讨论、协商、共同学习的能力，二是在小组之间或是同学之间可能会产生看法上的冲突，以利于学生打开思路。常见的协作方式除了讨论、协同外还有角色扮演，让学生扮演成媒体的制造者，自己选择报道的角度、内容的取舍，看看自己的观点会对媒体对新闻的报道有什么影响。

5．内容的选择

传媒素养教育案例可以选择的内容是极其丰富，只要是媒体中所包含的内容都可以成为传媒素养教育案例的主题。比如流行歌曲、好莱坞电影、伊拉克战争、选举、互联网上的恶搞等等。

6．评价学习的效果

传媒素养教育培养的是学生批判性接受传媒信息、运用多种传媒来表达自己思想的能力，所以案例中的评价手段大多为让学生参与的一个实践性的活动。如案例《破解好莱坞密码》中就是让学生利用课堂中分析出来的好莱坞电影的十二大成功模式,选择其中的3—4个来导演一个自己的电影,很有意思吧。

7. 教师的作用

教师不再是知识的传授者,而成为学生探究问题的引导者、帮助者。案例中教师作用的体现主要表现在:提供相关的资源、准备引导性的问题使学生能够深入的思考、组织学生的协作学习、等方面。

传媒素养教育无疑是特别适合这种案例教学的,因为无论教育的内容还是方法都是和学生自身有密切联系的。若能设计出好的案例,就能在学生喜欢的方式和气氛中提高学生的传媒素养。[①]

(二)教学进行

教学进行,既包括课上教学的全过程,也包括课上教学在课下时间的延续。因为课上课时等的限制,很多时候课上教学不可能完成预定的教学目标和任务,这样就需要课下教学或学习活动的延续。教师和学生可以对传媒素养教学进行过程,进行全程录像记录,以便更大范围内分享和传播。教学进行阶段,可包括以下几个环节和步骤:

1. 明确教学目标、导入问题情境、激发学习动机、发现关键问题

这是教学第一个环节。当教学开始后,教师应该向学生明确或重申本次教学目标和任务,以及实施步骤和注意事项。(在有些情况下,教师需要事先和学生商议本次教学目标和任务,使学生能够在课下对本次教学的资料和素材有所准备)。引起学生对教学目标和任务的有意注意。

接着,教师导入在教学准备阶段所创设的问题情境,唤醒学生日常经验,激发学习动机和对问题情境的思考。使学生能够发现问题情境中的关键问题,并试图提出问题。这时候,可以采取当事人、录像或电视传媒叙事的方式,以引起学生的学习兴趣、热情和动机。

[①] 肖文:《媒介素养教育案例设计》,http://202.119.101.65/oblogUP/user1/bj07/archives/2007/566.html,2007年4月2日。

2. 提出问题、分析问题症结所在，并寻求解决问题之道

这一阶段，学生可能会基于对不同事实的分辨思考而提出各种各样的问题，教师要能引导他们发现最有价值的关键问题，从而达到对问题迎刃而解的目的。当明确所要解决的问题之后，教师要引导学生分析问题发生的背景及原因，找到问题的症结，寻求解决问题的办法。

解决问题需要相应的知识和技能，还会牵涉到情感态度价值观等因素。这里的知识包括一般性的知识和专业性的知识；这里的技能包括动作技能和智力技能。教师要因时制宜地引导学生关注、了解、理解、掌握有关知识或技能，可以采用讲授、阅读、示范、模仿等各种学习知识与技能的方法，来帮助学生养成提出问题、分析问题、解决问题的良好探究习惯。

这时候，可让学生分组讨论、思考，并分组报告对分析和解决问题的思考、观点和看法。当学生意见不一时，可分组辩论，一方面增进学生对问题的思考，另一方面，训练学生的逻辑思维能力，加深学生与学生间的对话与联系。

3. 回忆、联想、复习，以巩固知识或技能，并分享情感态度等体验

从发现问题到解决问题，必然经历一个学生不断体验的过程，让学生在此时进行回忆、联想、复习，甚至接触更多的类似的事实或例子，梳理一下头脑中的诸多头绪，以便达到巩固知识或技能，以及分享情感态度等体验的目的。这一时期，也是让学生在紧张的问题解决活动之后有一个短暂的休息和放松时间。

4. 学生进行自我体验式实践，学会自我运用知识和技能，获得情感态度价值观等感悟

在体验式实践活动中，学生或自我探索，或模仿练习，或互教互学，或分工协作，教师在其中起指导、监管、协调、帮助和支持的作用。这时候，主要目的在于锻炼学生的动手能力和熟练操作能力。因为课上时间常是有限的，所以，可采取课上作业和课下作业相结合的方式。

5. 教师和学生进行教学效果评估

教师和学生可以一块儿检查知识、评估技能、情感态度和价值观，并总结经验，汲取教训。进行教学效果评估，可以让学生撰写项目活动报告的方式。完成一个项目活动后，要求学生个人或分组撰写项目活动报告，并分析活动经验和教训等，主要培养学生笔头表达的能力以及逻辑思维能力。报告作为教师评价学生的一个主要依据。

6. 进行展示和社会参与活动

展示性活动，或可称为总结性的报告会。主要是展示学生传媒表达（包括口头表达、影音制作表达、礼仪活动等）与传播的能力。[①] 这一活动的目的，在于传播知识，分享经验，宣传思想，表明情感态度价值观，寻求交流和沟通，获得实效。

教师和学生可将活动影像资料制作成光盘等教学活动材料，以便更大范围内分享、交流、宣传和推广。可尽量争取在广播、报纸、杂志、电视、网络等传媒发表、报道，宣传活动内容，提倡积极有益于社会的思想、观点以及行为礼仪等，以影响和推动他人、社会和自身的共同进步、富强和发展。

（三）教学结束

当展示和社会参与活动结束的时候，就意味着教学结束阶段的来临。在教学结束阶段，教师和学生要做好档案整理和存放工作。将教学课件、学生作品、日志材料等归档处理，以便将来查阅、交流和使用。这一阶段，教师和学生可以总结一下整个教学过程中的经验与不足，并商讨和确认下一个教学过程的目标和任务。为即将进行的下一个"教学准备"奠定基础。

---

① 作者认为，传媒表达能力主要包括以下几种能力：口头表达能力（讲演、主持、讨论、朗读、听说等）、笔头表达能力（阅读、写作）、影音制作表达能力（影视欣赏、视频制作、摄影摄像、录音、网页制作等）、报纸或杂志等印刷文本编辑能力、音乐/歌曲表达能力、包括舞蹈、文明礼仪在内的肢体语言表达能力、美术表达能力等。

二、传媒素养教学活动路径

作者对传媒素养教学活动设想了三种路径。第一种路径是基于单纯的文本研究实践;第二种是基于单纯的文本制作实践;第三种为文本研究和文本制作混合的实践。这三种路径都是以文本为传媒素养教学的出发点。当然,国外传媒素养教学有很多理论,不同的理论会决定传媒素养教学活动路径的多样性。在此,作者只是谈论自己对传媒素养教学活动路径的一些肤浅的思考。

(一)单纯的文本分析实践路径

认知(了解、认识)——研讨(理解和领会)——批评(评论或撰写评论性文章,扬弃,批判地吸收)——传播实践(发出自己的声音和并积极地消化吸收反馈信息)——新的认知……

(二)单纯的文本制作实践路径

认知(了解、认识)——学习技能(观察、模仿并掌握技能)——创造性制作(这样,往往是浅层次的,创意性往往不会太强)——传播实践——新的认知……

(三)混合的实践路径

既有文本分析实践,又有文本制作实践。两者相辅相成,互相补益。

混合的实践,具体可有以下几条路径:

1. 认知——研讨——批评——学习技能——创造性制作——传播实践——新的认知……

2. 认知——学习技能——研讨——批评——创造性制作——传播实践——新的认知……

第一条和第二条路径的区别,在于认知之后的环节是"研讨——批评——学习技能",还是"学习技能——研讨——批评"。依作者看来,是先学习制作技能还是学习批评能力,都是可以的。它关键在于各方面传媒素养教学条件的可行性如何。

正规的项目实践活动应当开始于传播实践阶段。也就是当学生具备了一定的批评和制作能力后，让学生适宜地参加一些研究项目或实践项目，以培养学生理论与实践结合的能力。当然，一个最佳的教学时机都是要因地制宜、因人制宜、因事制宜和因时制宜的。正所谓运用之妙，存乎一心。教育研究是为了刻意找寻教育的一般性规律，而不是刻意找寻教育的特殊性规律。

三、传媒素养教学活动要素

作者目前认为，从学生学习的角度看，传媒素养教学主要包括 12 项传媒活动要素。它们分别是：听/看、辨认/确认、说、问/答、读、思、辩/论、写、制、研、评、行。

我国古代有"学、问、思、辨、行"的学习思想。多少受此思想的启发，作者想对传媒素养教学活动的要素进行一番初步的探究。

听/看，是指学生听广播、电影、电视、录像、录音、音乐、广告等声音，听他人言语，并对其特点、意义等做出初步判断。看，是指学生观看或观察文字及排版、图画、漫画、动态和静态图像、动画、符号、信号等，并对其特点、意义等做出初步判断。有时候，听和看的活动是一起发生的。

读，是指与听、看或视听过程相伴随的理解性或诠释性思维活动，其目的在于检查并掌握各种文本文字的意义。

说，是指用口头表达自己的思想感情或传媒文本的思想感情意义。

写，是指笔头或文字表达思想感情等意义。

制，是指传媒制作。即用传媒技术来制作各种传媒文本，包括印刷文本和非印刷文本。弗莱切特（Frechette）曾指出传媒制作的重要性：就像学生必须不光会读还要会写一样，教师必须让学生不仅仅能解构传媒文本，更能从自己的角度和观点出发"制作"传媒文本（当然也要意识到这些观点的部分主观性）[①] 香港传媒教育协会主席张志俭也曾论

---

① Frechette, D. (2002). Developing media literacy in cyberspace: pedagogy and critical learning for the twenty-first-century classroom. Westport, Conn: Praeger. p. 114.

及传媒制作的重要性。他说:"图像,文字和声音的世界制作的目的是让应试者在媒体制作过程中展示自己对技术的知识和理解,从而将理论付诸实践;以及使应试者参与到具创造性,培养想象力和美学鉴赏的活动中去。在帮助学生既享受传媒,又同时认识到媒体文本的建造方式和目标受众的过程中,媒体制作的作用是至关重要的。美国的修女托曼创立的'传媒素养教育中心(http://www.medialit.org)'一直在领导着美国的传媒素养教育运动。在欧洲,Mediamanual.atzu 组织每年举办竞赛,将奖项颁发给欧洲的学校中最好,最具创新性的传媒素养教育课程。香港传媒素养教育的历史相对较短,它并非始于自上而下颁发的课程指引和教材套,而是一直在受到来自不同背景的,关心年轻人教育和成长的人士的推动。"

研,是指传媒研究。即研究传媒现象、传媒文本、传媒信息及其规律。研究传媒,可以采用多种方法,如语境分析方法、纵横比较方法、主题研究方法、形式研究方法、意义生成方法等。关于形式研究方法,以电视纪录片为例,我们可能会发现纪录片导演用的是便携式摄像机,这种摄像机轻便,感光好,有着功能强大的变焦镜头,还能录细微的声音。而且,拍摄纪录片时经常几个长镜头连用,给被采访的"目击者"或"专家"来个特写甚至大特写,以获得戏剧效果。其缺陷在于这样做往往会忽视或至少不再十分关注纪录片的主题意义。传媒研究方法各有利弊,需要扬长避短。

评,是指传媒批评,对传媒现象或文本进行评论性分析。

行,是指传媒行动、参与或实践。

在传统教学中,读写素养一直受到人们的重视。之所以如此,是因为读写素养是更能体现一个人学习能力和创作能力的素养形式。读写素养的高低,至少能够反映一个人文化程度或文化水平的高低。

随着现代传媒的广泛应用,光是读写素养已经满足不了绝大多数人的需要。各种传媒素养形式的平衡发展,似乎成为一种现实的可能和必须。因此,听/看、辨认/确认、说、问/答、读、思、辩/论、写、制、研、评、行等12项传媒素养教学活动要素,也可以理解为12种可能和必须的素养类型，即听/看素养、辨认/确认素养、说话素养、问/答素养、阅读素养、思维素养、辩/论素养、写作素养、制作素养、研究素养、批评素养、传媒行动素养。

这12种要素或素养，似乎一个比一个重要，但它们有着各自独特的作用。例如，听/看、说、读、写四者之间的重要性依次是：让儿童听听/看看、不如让儿童读读；让儿童读读，不如让儿童说说；让儿童说说，不如让儿童写写。四者之间虽然有着重要性的不同，但四者之间并非替代性的关系，它们是浑然一体的东西，是递进性的关系。正如，一个人不会说话的时候，只会听/看；听/看了之后，默默在脑中读；等到一定时候，学会了说；说了之后，慢慢地才懂得了写。同样的，会写作的，不一定会制作，会制作的不一定会写作。会研究的不一定会批评，会批评的不一定能参与传媒行动，等等。

传媒素养教学活动要素论，给传媒素养教学活动描绘了一幅简单的画图。它希望让教师能够明白我们哪些需要做，应该如何做。一言以蔽之，传媒素养教学活动或学习，绝不反对从书本中学习，但它更注重从实践中、从经验中学习。

第九节　国外传媒素养教学思想与范式

本节将对国外比较著名的一些传媒素养教学理论、思想和范式进行简述。这部分应结合本章第四节"传媒素养教学的途径和方式方法"的有关内容来学习和理解。

一、英国马斯特曼18项传媒素养教育基本原则

莱恩·马斯特曼（Len Masterman）是英国利物浦大学高级研究员，联合国教科文组织及欧洲议会传媒素养教育问题咨询顾问。他的论著

《电视素养教学》(Teaching About Television, 1985)[①]、《传媒素养教学》(Teaching the Media, 1997)[②] 和《20世纪90年代欧洲的传媒素养教育》(Media Education in Europe in the 1990s) 是欧美传媒素养教育界的重要读物。他1989年发表的18项传媒素养教育基本原则如下:

(1) 传媒素养教育是一种值得认真对待,并有重要意义的努力尝试。它事关大多数人的权利得失和社会民主结构的稳定与盛衰。

(2) 传媒素养教育的一个核心概念是"再现(representation)"。传媒不是简单地反射(reflect)现实而是再现现实。传媒就是符号或符号的系统。不承认这一原则,任何传媒素养教育都将无所作为;依循这一原则,则传媒素养教育可以满盘皆活,尽展所长。

(3) 传媒素养教育是一种终身教育。因此,提高学生的学习兴趣,培养学生在传媒素养方面的求知欲是传媒素养教育的最高追求。

(4) 传媒素养教育应当着眼于增强学生(对于媒体信息)的独立自主的批评、判断能力,而不仅仅是单纯要求学生记住某些批评、判断的手法和技巧。

(5) 传媒素养教育重在调查研究,它不应将某种特定的文化价值强加于人。

(6) 传媒素养教育应当与时俱进,善于应对周遭情势的变化。它力求送给人们终身受益的理智之光,为达此目的,它可能将眼前的事件和问题置于更加广阔的历史和意识形态环境之中加以分析和考量。

(7) 传媒素养教育的核心理念首先是分析的工具(analytical tools),而不仅仅是教材、课本上的某些段落和章节。

(8) 对于传媒素养教育而言,内容是达到目的的一种手段。这里所说的目的,就是学会灵活地应用各种分析的方法与工具。

(9) 传媒素养教育的效果可以用以下两种标准来评估:学生以自

[①] Masterman, L. (1985). Teaching about television. London: Macmillan.
[②] Masterman, L. (1997). Teaching the media. London: Comedia.

己的批评思维应对新的（传媒）环境和情势的能力；学生在各种活动中所展示出来的责任感的高低和主动精神的强弱。

（10）传媒素养教育理想中的"评价（evaluation）"，首先意味着学生的"自我评价（self-ev aluation）"，这种自我评价既为学生的个性所影响，也反过来影响学生个性的发展。

（11）传媒素养教育尝试重塑教者与受教者的双边关系，它既向受教者、同时也向施教者提出问题，请求对话。

（12）传媒素养教育更多的是通过对话（dialogue）而不是通过论说（discussion）来展开自己的调查研究。

（13）传媒素养教育本质上是能动的、与人分享的，它鼓励发展一种更加开放的、民主的教学方法。它鼓励学生对自己的学习承担更多的责任，享有更多的支配权，鼓励学生参与课程提纲的安排和调整，鼓励学生以更长远的眼光对待和审视自己的学习。简而言之，传媒素养教育所采用的工作方法，正如它的教育内容一样，都有诸多新的尝试。

（14）传媒素养教育涉及合作的学问。它强调团体精神。在传媒素养教育工作者看来：个人学业的进步，不是竞争的结果，而是源自共享整个团队的智识和资源。

（15）对于传媒素养教育来说，实践的批评和批评的实践两者缺一不可。它认定，文化批评的位置，高于文化生产。

（16）传媒素养教育是一种牵涉整体的教、学过程。理想的传媒素养教育意味着以最佳的配方整合学生与父母、传媒从业者及教师的多边关系。

（17）传媒素养教育信守变无止境的原则，它必须不断发展以应对随时变化的现实。

（18）传媒素养教育植根于一种独具特色的认识论。这种认识论认为，现有的知识不是简单地来自教师的传授或学生的"发现"。它是起点而非终点。它是一门批评性的调查研究和对话的学科，通过这种批评性的调查研究和对话,新的知识和认识被学生和教师能动地创造出来。①

从马斯特曼的传媒素养教育观中,我们可以看出,它十分重视传媒素养教育的作用,并且对传媒素养教育表示厚望。它将传媒素养教育理解为一个完整的认识世界的过程。在这个过程中,强调团体合作,强调学校与家庭、与业界的批评和对话,强调学生自主、民主、开放、个性的实践,强调学生获取真正的知识和认识,等等。这18项基本原则,对于比较深入地理解传媒素养教育,是有很大的指导作用和意义的。

二、加拿大庞杰特八大传媒素养教育理念

约翰·庞杰特(John Pungente)是加拿大传媒素养教育组织联合会(Canadian Association of Media Education Organizations,简称为加拿大传媒素养教育协会)的第二任主席(Barry Duncan是第一任主席),被誉为加拿大传媒素养教育之父。他1984年积极参与创办了耶稣会士传播工程协会(JCP)。1985年该协会与安大略省传媒素养协会合作撰写了《安大略省传媒素养教育资源指南》(*The Ontario Media Literacy Resource Guide*)。该指南于1989年出版之后,先后被翻译成法语、意大利语、日本语和西班牙语等多种文字。1990年1月,庞杰特与人合作、改编的,由澳大利亚巴里·麦克马洪(Barrie McMahon)和罗宾·奎因(Robyn Quin)所撰的传媒素养教育读本《相遇传媒》(Meet the Media,有的翻译为《遭遇媒介》),得以正式出版。《相遇传媒》改编后,比较适合加拿大中学生。它目前在加拿大许多中学的传媒素养教学中都有使用。

1990年5月,耶稣会士传播工程协会(JCP)与盖尔夫大学(Guelph University)合作举办了为时三天的传媒素养会议。1992年5月,庞杰特参加了北美第二次传媒素养大会,受到来自包括加拿大在内的18个国家472位代表的热烈欢迎。从1993年起,约翰·庞杰特任加

---

① 宋小卫:《西方学者论媒介素养教育》,《国际新闻界》2000年第4期。资料来源:Spring 1990 issue of Strategies Quarterly。

拿大传媒素养教育协会主席。1996 年约翰·庞杰特开始主持每期半小时的《扫描电影》(Scanning Movies) 节目。1997 年，庞杰特和其他人一起制作了《扫描电视》的课堂教学节目。1999 年，庞杰特与人合作撰写《超越视觉：看电视，看自己》一书。2000 年，庞杰特领导的耶稣会士传播工程协会与其他四家机构一起举办了名为"儿童、青年和传媒"世界传媒素养峰会，会议代表来自 55 个国家。2002 年，在加拿大密友电视台的大力支持下，完成第二套《扫描电视》的摄制，包括 51 个短片和一本教师手册。2003 年，耶稣会士传播工程协会与日本有关人士合作，制作了日文版的第二套《扫描电视》。2004 年，庞杰特与人合著了《黑夜里寻找上帝：圣依纳爵走向电影的精神世界》一书。在过去的 20 多年里，庞杰特及其领导的耶稣会士传播工程协会为加拿大从幼儿园到 12 年级的传媒素养教育事业作出了举世瞩目的贡献。

1989 年他提出了传媒素养教育的八大理念。这八大理念为：

1. 传媒并不提供外部客观世界的简单映像。更准确地说，传媒向我们提供的是经过人工精心建构（constructions）的产品，这种产品反映着生产者的各种选择和判断，是多种因素影响的结果。传媒素养教育致力于解剖和辨析传媒的建构，使人们得以洞悉其中的机理与因果联系。

2. 我们对于外部世界的多数观察和体验，是通过传媒获得的。根据这种观察和体验，我们得以增进自己对周围世界的了解；我们有关客观事实的许多看法和观点，是在传媒讯息的基础上产生和发展的，而我们所接触的传媒讯息都已经过加工建构，这种加工建构将某些意念、解释和结论渗入了传媒外传的讯息之中。因此，从某种意义上说，传媒不仅向我们提供了讯息，它也左右着我们对客观事实的感觉和判断。

3. 如果说，传媒向我们提供了认知世界的大部分材料，那么，我们每一个人都将根据自己的需要、期望、日常的喜怒哀乐、种族立场、性别意识、家庭和文化背景等诸多个人因素来捕获或者"勾兑（negotiates）"传媒讯息的意义和蕴涵。

4. 传媒素养教育的目的，在于提醒人们注意商业动机对传媒的影响，注意这种影响如何侵蚀到传媒讯息的内容、技术和资源的分配。大部分传媒生产是一种商业活动，传媒总是要考虑如何从中赢利。因此，对于传媒素养教育来说，传媒所有权和控制权是两个至关重要的议题。我们应当关注这样一种现实：向我们提供视听阅读资源的传媒由相对少数的个人所操持和控制。

5. 所有的传媒产品都具劝服因素，且从某种意义上说，所有的传媒产品都宣示着一定的价值观念和生活方式。主流传媒或明或暗地传播着有关道德生活的本性、消费者至上主义（consumerism）、妇女的社会角色、权力认同和绝对爱国主义（unquestioning patriotism）等问题的意识形态讯息。

6. 传媒对于政治和社会变革具有巨大的影响。电视以其影像传播可以影响一个国家领导人的选举。传媒使我们关注诸如公民权利、非洲饥荒和艾滋病流行趋势等时事议题。传媒使我们对国家事务和全球范围内的重要事件和问题保持一种密切的接触，我们因此而成为麦克卢汉（Marshall McLuhan）所言的地球村的村民。

7. 麦克卢汉指出，每一种传媒都有自己的文本建构规则，并以自己特有的方式梳理和呈现事实。不同的传媒可以报道同一个事件，但他们所产出的是不同的映象和讯息。

8. 正像我们可以品赏某一诗篇或散文的动人韵律一样，我们也应当学会去品赏不同传媒带给我们的美的形式与影像。①

庞杰特在八大理念中谈及了传媒的作用和影响，特别是传媒给我们带来了各种各样的新奇体验和感受，我们在其中自觉不自觉地受到了它的影响。并且，不同身处其间的人由于家庭社会生活背景的不同，对传媒世界

---

① 宋小卫：《西方学者论媒介素养教育》，《国际新闻界》，2000 年第 4 期。资料来源：MEDIA LITERACY-the Ontario Ministry of Education Resource Guide for Teachers, Ontario Ministry of Education, Toronto, Canada, 1989。

进行着不同的理解和诠释。传媒素养教育的目的，就是在于让人们注意到这种影响，主动地正确地认识传媒的好处以及不好处。马斯特曼18项基本原则和庞杰特八大理念相比，马斯特曼对传媒素养教育基本方针的论述较为完善，而庞杰特更多地谈论了传媒所带给人们的影响。

在这里，我们可以将庞杰特所言的八大理念与安大略省教育部出版的《传媒素养教育资源指南》中所载巴里·邓肯等人所言的八大理念进行比较。该八大理念如下：

1. 所有的传媒都是建构出来的。这是传媒素养最重要的理念。媒体所呈现的内容并不完全是对真实世界的反映，而是经过刻意选择，各种因素综合之后的结果。传媒素养教育就是试图解构这些隐藏在传媒信息背后的机制，让学习者了解之所以呈现这样的媒体面貌的原因。

2. 传媒建构了所谓的"真实"。人们往往根据传媒所提供的信息建构外部世界的图像，通过媒体来观察和感受世界，因此，在很大程度上，大众传媒塑造了人们对周遭世界的态度与看法。

3. 受众能够诠释传媒信息意义。面对传媒信息时，人们会因个人兴趣、需求、心情、种族、家庭和文化背景等的差异而对传媒信息产生各自不同的诠释。

4. 传媒暗含有商业因素。大多数的传媒产物都是商业产品，也都需要获得利润。以电视为例，不论是新闻、体育还是娱乐节目，都要取决于节目能吸引多少观众以及能否得到广告支持。而传媒素养教育就是要让学习者知道节目时段、内容安排、收视率、广告诉求对象、市场等因素是如何运作。传媒素养教育也包含对传媒所有权、控制力以及其他相关议题的探讨。而现实中，只有很少数的人有意识地控制和管理个人的传媒使用实践。

5. 传媒包含有意识形态及价值观念。所有的传媒产品都不可避免地含有意识形态，倡导某种价值观和生活方式等。

6. 传媒信息包含社会、政治因素。传媒在政治及社会层面上也扮演着相当重要的角色，如电视会对总统选举中的选民产生影响，传媒让人们关切民权、非洲的饥荒、艾滋病等。传媒所选择的议题甚至能形成潮流，左右观众的喜好，引导时尚。

7. 传媒信息的形式与内容紧密结合。每种传媒都有其特别的表述方式，这会使人们能够更深入地了解传媒信息的意义。教师应该引导学生了解不同传媒所使用的符号与形式特征，这样才能有利于他们理解和运用所接触的传媒信息。

8. 每种传媒都有其独特的美学形式。传媒素养教育不仅仅是让学生了解传媒文本，更重要的是让他们欣赏每种媒体独特的美学形式。如懂得欣赏影片拍摄手法、感受音乐中的节奏与气氛等等。①

从比较中我们可知，庞杰特和邓肯等人所言的八大理念是一脉相承的。除了文字上的表述稍有不同外，其揭示的意义以及所蕴含的点滴内涵都是高度一致的。我们可以将二者归纳为以下八点内涵或八大思考传媒问题的角度。即：

1. 传媒并不是对外部客观世界的简单反映。传媒生产者的思想意识和对现实社会生活的判断参与了传媒产品的建构与生产。传媒素养教育应对传媒建构的方式及其影响有所洞察。

2. 人对外部客观世界的认识，很大程度上是通过传媒而获得的。传媒不仅为我们提供信息的来源和渠道，而且极可能影响我们对客观事实的感觉和判断。

3. 虽然人们可能有着共同传媒信息来源，但是由于其所经历的社会文化背景条件千差万别，他们对传媒所建构的世界的理解，可谓仁者见仁，智者见智。

4. 传媒的发展中隐藏着很大的商业意图。这种商业意识会贯穿于传媒发展的全过程，以及传媒信息内容、技术、制作、营销等各个方面。

---

① Barry Duncan et al: Eight Key Concepts of Media Literacy , Media Literacy Resource Guide , Ontario Ministry of Education , Toronto, ON., Canada, 1989. 转引自张艳秋《加拿大媒介素养教育透析》，《现代传播》2004 年第 3 期。

5. 所有的传媒产品都具有意识形态的因素，宣扬特定的价值观念和生活方式。

6. 传媒与政治、社会的变革紧密联系。是政治力量、经济力量、文化力量、教育力量、军事力量等力量之外的又一股强大社会力量。这股力量与其他社会力量相互作用，相互影响，相互依赖，又相互补充。

7. 每一种传媒都有自己建构现实的方式，它们呈现事实和观点各具特点。

8. 我们应当学会欣赏不同传媒带给我们的愉悦和享受。

三、英国苏格兰艾迪·迪克的"传媒三边形"理论

艾迪·迪克是一位苏格兰电影委员会传媒素养教育官员。大约在1989年，他从实践中总结出一套传媒素养教学理论，这就是人们所谓的艾迪·迪克的"传媒三边形"理论（The Media Triangle）。如图所示，该理论为教师提供了解构传媒文本的三边形图和问题列表。问题列表来源于http://www.frankwbaker.com/mediatriangle.htm。

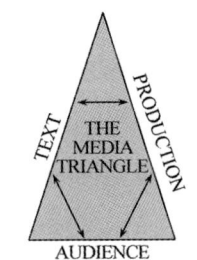

TEXT		PRODUCTION
1. In what ways does this text tell a story? Does it connect to a larger story?		1. Where does this text come from? Who created it? Who owns it?
2. What type or category of story is it? Does it follow a formula?		2. How is this text distributed or sold to the public? Who profits?
3. What codes and conventions are used?		3. How was the text made? What production techniques were used?
4. What are the characters like? Are they realistic? Are they stereotypes? Is there an expected running time for a film or song? Are there any copyright or trademarks used to protect certain words or products?	AUDIENCE 1. How does this text appeal to me? What things do I like and dislike? 2. Who is the intended target audience? 3. How and why does this text appeal to its audience? 4. In what different ways do people use or consume this text? 5. How could I change the text to make it more enjoyable?	4. What rules and laws affect this text? Is there an expected running time for a film or song? Are there any copyright or trademarks used to protect certain words or products?
5. How do the characters relate to each other in terms of power, age, gender, race and class?		5. How could I produce a similar text?
6. What are the values and ideology of the characters? To what extent do I share these beliefs?		

艾迪·迪克传媒三边形理论假定，每一个传媒文本都是为了特定的受众而以特定的方式制作出来的。该理论模式强调在一个政治、经济和文化背景下的传媒分析和传媒实践。该模式认可当前的一个研究重点——受众反应理论（audience response theory）并承认受众对于传媒的使用是积极的，因此将受众作为其一个重要的组成部分。产制部分力图对传媒是由谁来制作的，传媒产品又是如何营销的（distributed），以及在传媒产品生产过程中起作用的经济、技术和法律等问题做出调查和分析。文本部分揭示了传媒文本的固有意图以及更多隐含的意义，还揭示了类型（genre）、价值观念（values）、叙事（narrative）等能提示传媒内容意义的有关方面和问题。该模式同样强调了苏格兰早期传媒素养教育中一直所重视的学生传媒制作方面。[1]

（一）艾迪·迪克"传媒三边形"理论中的文本问题

1. 这个文本讲述故事的方式是什么？它是否与一个更大的故事有所关联？

2. 故事属于何种类型或何种种类？有没有固定的套路可遵循？

3. 使用了什么规范与惯例？

4. 故事中的人物属于什么风格？是现实主义的，还是传统固定形象的？电影或歌曲有没有一个可期许的运行（播映或播放）时间？有没有版权或商标来保护某些著作和产品权益（certain words or products）？

5. 在能力、年龄、性别、种族和阶级方面，人物之间是如何彼此联系在一起的？

6. 人物有何价值观念和意识形态？我在多大程度上接受（share）这些信仰？

---

[1] http://www.frankwbaker.com/mediatriangle.htm 转引自 Strategies, The Strategies for Media Literacy Inc Quarterly, summer 1989.

(二) 艾迪·迪克"传媒三边形"理论中的产制问题

1. 这个文本来源于哪里？谁创制了它？谁拥有它（的所有权）？
2. 这个文本如何发行或出售给公众？谁从中受益？
3. 文本是如何制作出来的？在制作过程中，使用了什么制作技术？
4. 什么法律法规（rules and laws）会影响到这个文本？电影或歌曲有没有可期许的运行时间？有没有版权或商标来保护某些著作和产品权益（certain words or products）？
5. 我如何才能制作出类似的文本？

(三) 艾迪·迪克"传媒三边形"理论中的受众问题

1. 这个文本什么地方吸引了我？我喜欢和不喜欢其中的什么内容？
2. 谁是指定的目标受众（the intended target audience）？
3. 这个文本如何和为什么对它的受众有吸引力？
4. 人们都是以什么不同的方式来使用或消费这个文本？
5. 我怎样改变文本才能使得它更受受众的欢迎？[①]

我们看到，艾迪·迪克"传媒三边形"理论，实际上以文本为出发点，构建了文本、受众和制作之间的三边关系。通过这个三边关系来对与传媒文本有关的文本内部和外部问题有所清晰的认识。应该说，艾迪·迪克的"传媒三边形"理论是有巨大指导作用和理论创新价值的。此后，加拿大安大略省的"传媒三边形"理论，日本的"传媒三边形"理论以及英国电影研究院（BFI）和帕金翰的概念性框架理论中，不是该理论的翻版，就是受到该理论的启示和影响（这里，对于帕金翰和英国电影研究院的框架理论来说，艾迪·迪克与这两种理论之间存在着某种关联。由于苏格兰早期传媒素养教育中就特别注重传媒制作的作用和意义，因此，从帕金翰对传媒制作的作用和意义异乎寻常的强调这一点，可以推测帕金翰的思想中受到苏格兰传媒素养教育思想以及艾迪·迪克的理论影响可能性极大。不过，这还需经过证实）。

---

① http://www.frankwbaker.com/mediatriangle.htm，转引自 Strategies, The Strategies for Media Literacy Inc Quarterly, summer 1989。

四、加拿大安大略省北约克学区"传媒三边形"理论图表

加拿大"传媒三边形"理论图表[具体而言,是指安大略省北约克学区的,由原安大略传媒素养协会主席里克·沙皮特(Rick Shepherd)]等人提出,沙皮特是早期和长期将传媒素养教育融入课堂的支持者之一,他撰写的文章《小学传媒教育:完美课程》(Elementary Media Education: The Perfect Curriculum) 一文分为三个部分:(1)传媒教育的批判框架(A Critical Framework for Media Education);(2)北约克小学传媒素养实验项目个案研究(Case Study: North York's Elementary Media Literacy Pilot Project);(3)结论:第一个后工业社会课程(Conclusion: The First Post-Industrial Curriculum)。① 兹详述如下:

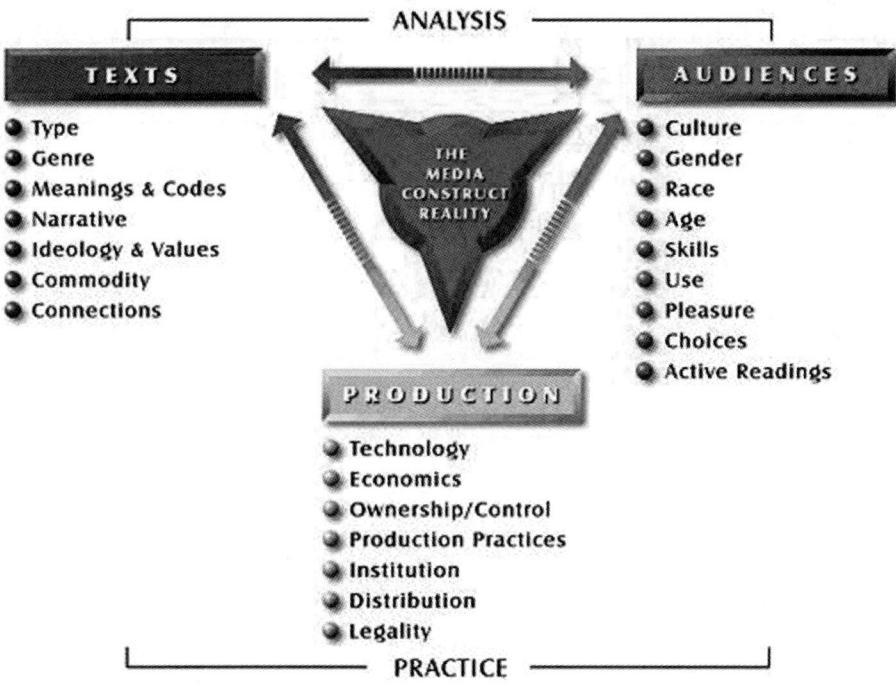

---

① Rick Shepherd: "Elementary Media Education: The Perfect Curriculum", http://www.media-awareness.ca/english/resources/educational/teaching_backgrounders/media_literacy/perfect_curriculum_1.cfm.

里克·沙皮特在《小学传媒素养教育课程的完善》(*Elementary Media Education: The Perfect Curriculum*) 一文中指出，传媒素养教师需要一个分析性（反思性，批判性或可供分析的）框架（critical framework）。① 传媒领域包罗万象，且林林总总。不仅包括报纸、杂志、电影、电视等传统传媒，而且包括诸如时尚、玩具、洋娃娃、名人等许多领域的流行文化。凡是想要研究清楚该领域的人，就必需一个清晰的能够用以讨论各种复杂和内在关联因素的概念性框架。对于小学教师而言，他们的需求要比初中教师更为迫切，这是因为小学课堂更具变化性和综合性的性质。小学生兴趣和热情变化性强决定了小学课堂的这些特点。有时候一位小学生穿着巴特·辛普森 T 恤衫（Bart Simpson T-shirt）走进课堂，就会引起一阵轰动和一个主题；有时候整个班级都会被世界职业棒球大赛而席卷（swept away by World Series enthusiasm）。总之，教师必须时刻准备着抓住教学时机（the teachable movement）。也因此，一个相对合理的，可供人们分析任何一个传媒文本的概念性框架就成为教师的必须。事实上，当人们试图将相同的分析性概念应用于课程中出现的各式各样的材料的时候，这种分析性的概念性框架也就自然形成了。②

苏格兰电影委员会的艾迪·迪克所发明的分析性框架成为世界上比较著名的"传媒三边形"理论，上述提到的加拿大里克·沙皮特所在的北约克学区的传媒素养课程模式，正是由艾迪·迪克的理论发展而来。虽然世界各国的传媒素养分析性框架不尽相同，但是必须拥有一个或多个分析性的框架则无疑是至关重要的。

以加拿大北约克学区的"传媒三边形"理论模式为例，模式中心部分是"传媒建构现实"。也就是说，"传媒三边形"理论紧紧围绕

---

① "critical" 一词常被人们翻译为 "批判的" 或 "批评的"，不过在此作者认为翻译为"分析性的"或"可供分析的"比较合乎中国的语境和原文语义。

② Rick Shepherd: "Elementary Media Education: The Perfect Curriculum", http://www.media-awareness.ca/english/resources/educational/teaching_backgrounders/media_literacy/perfect_curriculum_1.cfm.

"传媒建构现实"这一中心议题而展开。无论是小说性的（虚构性的）或非小说性的（纪实性的）描述或再现，都是对现实的一种描述和再现，都是一定程度上的建构。更具体地说，是对创作者关于现实观点的一种有选择性的和排序性的传播。无论是印刷形式的、言语形式的还是视觉形式的传媒，都不存在不偏不倚的、没有任何价值取向的建构现实。明白"传媒建构现实"这个概念是分析传媒的起点所在。

从"传媒建构现实"这一中心议题出发，教师可以依次引出三个大的领域或三个基本概念来帮助学生"解构"传媒。

文本（text）是教师想要分析的任何一件传媒产品。它可以是一段电视节目，一本书，一张海报，一首流行歌曲，或最近的时尚等。教师可以和学生一起讨论文本的类型，是卡通的（cartoon）、摇滚录像（rock video）、童话（神话故事，fairy tale），还是警匪戏剧艺术（police drama）等，并将所讨论的文本与其他不同类型的文本进行比较，看看它们之间有何不同。教师也可以与学生一道辨析传媒文本的外延意义，讨论文本的叙事结构、意义传播方式、价值观念，以及与其他文本的联系等。

受众（audience），是指接收任何一个传媒文本的人或任何一位传媒文本的读者。如前所述，传媒文本可以是一本自己读过的书，也可以是在剧院里看过的一场电影等。常常，人们为生产受众而创意（design）传媒文本，然后将传媒文本出售给广告客户。例如，人们为生产广告受众而创意广告文本，然后将广告文本连同广告时间等出售给或出租给广告客户。或者，人们为生产电影受众而创意电影文本，然后将电影文本出售给电影客户或放映公司等。

现代传播理论认为，意义是受众与传媒文本"协商"的结果。由于性别、种族、文化背景、阅读技能和年龄等的不同，受众对文本意义的解释也各取所需，千差万别。因此，文本的"意义"，不是评论员、教师或作者单方面决定的结果，而是读者与文本发生相互作用的产物。"意义"因读者的不同而不同。教师的作用在于帮助学生发展他们能够成功地完成（negotiate）积极的阅读的技能，如帮助学生能够认识文本中所有可能隐含的意义（the range of possible meanings）以及隐含在这些意义中的价值观念和偏见，帮助学生认识到自己对"所喜爱的"文本内容的选择是有意识的，而不是无意识的。要培养（empower）学生自主选择文本意义的能力。

传媒产制（production）[①]，是指涉及传媒文本产制的一切事情。包括技术、所有权与经济、有关机构与制度、法律问题、所遵循的公共规范和惯例，以及产制过程的作用。学生常常对产制的细节和"骗局"着迷。重要的是，教师要将教学重点放在产制的各方面因素与文本、受众的各方面因素之间关系的把握上。故事内容和商业优先权之间是什么样的关系？是什么样的价值观念影响着所有权与控制？技术在什么程度上决定着我们的所见所闻？技术的成本在什么程度上决定着谁有能力制造传媒产品（media productions）？通过让学生亲身体验传媒产制过程或亲自进行传媒制作，常常能使他们对几方面的内在关系有更深刻的理解。[②]

无论何时讨论一件传媒产品，建构、文本、受众和产制的某些方面都会被涉及。因为四个方面的因素之间存在着内在的关联，并相互作用和影响，所以教师与学生的讨论常常很自然地游移于（move）这几方面因素之间。重要的是，教师要认识到，任何一项切实有效的传媒计划（项目，program）都要涉及学生对传媒产品的分析与制作两个方面。

[①] "production"有生产、制作、产品、成果等意。这里，作者倾向于翻译为"产制"。因为这里的"production"不仅指我们国家通常意义上的商品生产概念，而且指商品生产过程中所涉及的各个方面，比如，所有权、技术因素、经济因素等，还指学生自己的传媒制作活动。

[②] Rick Shepherd: "Elementary Media Education: The Perfect Curriculum", http://www.media-awareness.ca/english/resources/educational/teaching_backgrounders/media_literacy/perfect_curriculum_1.cfm.

里克·沙皮特在评价北约克学区的这个课程模式时说：这个模式易记，也便于应用。它简单得记住三个概念——文本、受众和产制（text，audience，production），或三个字母（T. A. P.）就足够了，但又足以方便教师和学生对复杂因素之间的相互关系进行详细分析和说明。适应性强，适用于包括印刷文本和非印刷文本在内的任何一种传媒文本。事实上，一些教师和志愿人员（support staff）正在将其视为素养和分析性思考的通用模式（a general model）。里克·沙皮特等人发展出一个概念性的框架，或说一个传媒素养教学理论。在此基础上，他们通过对北约克小学传媒素养实验项目的介绍，而向教师解释如何将这个传媒素养教学理论与具体教学实际结合起来。①

综上所述，国外对传媒素养教学理论的总结和探索相对来讲，已经相对定型。从传媒素养教学理论的演变规律来讲，当我们借鉴和引用国外传媒素养教学理论的时候，也要做到相应的变通和发展，并在此基础上探索出新的更适用于我们国家教学实际的传媒素养教学理论。

五、日本"传媒三边形"理论

宋晓阳在《日本媒介素养教育现状》一文②中，对部分学校所采用的传媒素养教学理论和方法进行了介绍。这里提到的传媒素养理论是苏格兰电影委员会的传媒素养教育官员艾迪·迪克（Eddie Dick）发明的"传媒三边形"理论的日本变体。日本"传媒三边形"理论是由加拿大"传媒三边形"理论发展而来的，而加拿大"传媒三边形"理论则是苏格兰艾迪·迪克"传媒三边形"理论的变体。

---

① Rick Shepherd. Elementary Media Education: The Perfect Curriculum[J]. English Quarterly, vol. 25, nos. 2 – 3. Canadian Council of Teachers of English and Language Arts. Toronto, Ontario, 1992.

② 宋晓阳：《日本媒介素养教育现状》，《"传播与中国"复旦论坛（2007）：媒介素养与公民素养论文集》，2007 年。

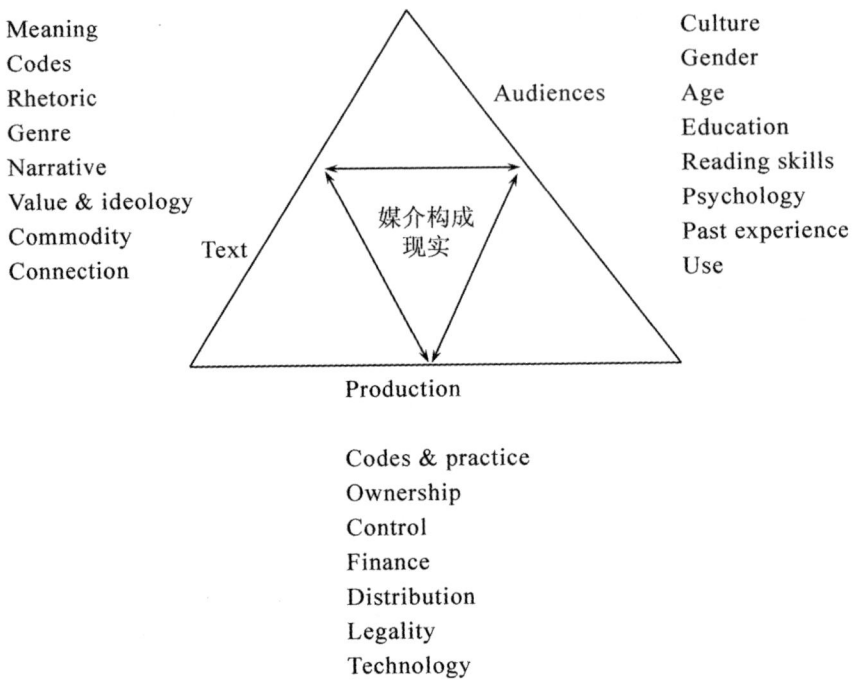

宋晓阳所列的日本"传媒三边形"理论图表

从上图我们可以看到，传媒文本（text）、传媒产制（production）和传媒受众分别构成了三边形的三边。传媒文本和传媒生产、传媒受众为传媒研究的三个关键概念或三个关键方面。在每一概念或方面之下又可分为7到8项不等的要素或方面。每一个要素、方面或关键概念之间彼此相互联系、相互沟通。只要选中一种要分析的传媒类型或一个要研究的传媒主题，传媒研究可从任何一个概念、要素或方面切入，这给传媒素养教师提供了灵活多样的教学视角和教学方式方法。对解构传媒文本，分析传媒文本及传媒产制和传媒受众之间的关联有着很强的指导作用。

为了更清楚地看到日本"传媒三边形"理论与加拿大和英国"传媒三边形"理论之间的关联，我们在此对这几个理论进行一番比较。

因为宋晓阳所列的日本"传媒三边形"理论图表中每一关键概念的具体要素的顺序和加拿大的顺序有点不一致，故作者对图表稍做改动

（见下图）：

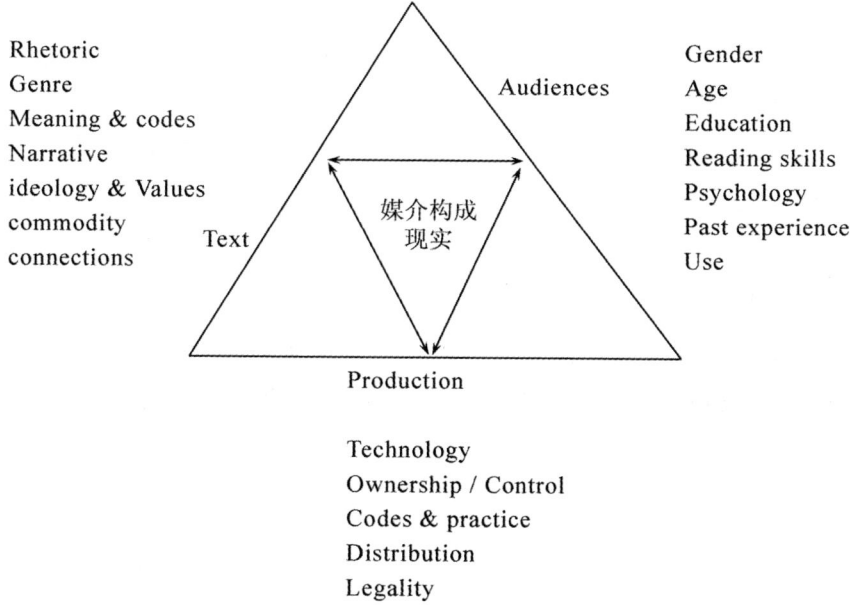

在上图中，作者将日本和加拿大理论图表中相同的概念或名称按加拿大图表中原先的顺序做了调整。比较两图可知，日本人按照自己的国情和理解对加拿大"传媒三边形"理论进行修正，对每一关键概念之下的具体要素或方面进行了删减或归并。这说明，当人们去借鉴外国或他人经验的时候，不能教条主义，而要与自己的实际情况相结合。

加拿大三边形理论和日本三边形理论，都是以传媒建构现实思想为核心，将文本、受众、产制三边关系联系起来，反映了人们对传媒世界和真实世界关系的新认识。可见，传媒认识的新进步，都会在不同程度上推动着传媒素养教育理论和实践的新发展。

六、英国电影研究院的电影传媒素养教学模式（BFI 模式）

英国电影研究院电影传媒素养教学模式（简称为 BFI 模式），将传媒素养教学内容划分为三块（或称为三个"概念域"）："动态影像的语言"、"制作者与受众"和"信息与价值"。在《传媒素养教育——素养、学习与当代文化》中，帕金翰将这三个方面拆分为四个方面，即语言、制作、受众、再现(即信息与价值)。

BFI 模式将这三块内容分别划分为五个"螺旋式上升"的阶段,或者说给三块内容的教学提供了一套包含五个阶段的进阶式课程标准。

需要注意的是,BFI 模式所划分的五个阶段与英国国家课程所划分的五个阶段并不是一一对应的关系。前者是根据阶段性水平而设置的,后者是根据年龄段划分的。5~7 岁为英国国家课程的第一阶段,7~11 岁为第二阶段,11~14 岁为第三阶段,14~16 岁为第四阶段,16~18 岁为第五阶段。

下表是 BFI 模式"信息与价值"内容模块的各阶段课程标准。从这些课程标准中,我们对英国电影研究院电影传媒素养教学模式有所了解。

阶段	"电影素养":信息与价值(内容模块)	关键词或关键点
第一阶段	学习者应该能够: ①明确和讨论不同层面的"现实主义",例如,自然主义戏剧对卡通动画。 ②在解释个人反应和偏好时谈及电影语言的一些因素(例如,镜头、剪辑、摄像机远近移动、特写、聚焦)。 ③识别一些手法,如倒叙、做梦次序(dream sequences)、夸张;并讨论为什么需要这些策略以及它们是如何运用的。	①明确和讨论; ②解释; ③电影语言要素; ④识别; ⑤手法和策略。
第二阶段	学习者应该能够: ①识别电影、录像和电视表现那些"实际上"没有发生的事情,例如暴力或魔术的方式。 ②探究支持或反对审查制度、年龄分级和广播"分水岭"的原因。	①识别所呈现内容的真实性; ②探究审查制度。
第三阶段	学习者应该能够: ①使用"典型化的"、"可信的"和"再现"这样的术语来解释社会团体、事件及思想在电影、录像与电视中再现的方式。 ②解释并证明审美判断与个人反应的正当性。 ③讨论可以再现一个团体、事件或想法的不同方式。	①使用再现理论术语; ②解释; ③证明; ④讨论。
第四阶段	学习者应该能够: 使用诸如"宣传"和"意识形态"之类的术语,讨论并评价带有强烈社会或意识形态信息的电影、录像与电视文本。	①使用意识形态理论; ②讨论; ③评价。

阶段	"电影素养":信息与价值(内容模块)	关键词或关键点
第五阶段	学习者应该能够: ①使用诸如"霸权"和"陈述世界"(diegesis)之类的术语,来讨论和评价主流电影、录像和电视文本中的意识形态信息。 ②描述并说明电影、录像和电视文本中不同层面的现实主义。 ③解释审美风格和社会或政治意义之间的关系。	①使用"霸权"理论术语; ②讨论; ③评价; ④描述并说明; ⑤解释。
备注	表格为作者自制表格内容来源于《教室里的动态影像》,英国电影研究院 2000 版,第 52~56 页。转引自 David Buckingham. (2003) Media Education-Literacy, Learning and Contemporary Culture, London, UK: Polity Press in Association with Blaekwell Publishing Ltd。关键词或关键点等其余内容由作者所加。	

从表格内容和关键词中,我们可看到,从第一阶段到第五阶段的目标要求,由浅入深,层层递进。先是识别、明确一些电影语言要素和电影拍摄手法等;其次是分辨传媒呈现内容的真实性;再次是从浅层次理论,如再现理论,到较为高深的理论如意识形态理论和霸权理论等。大致地,小学阶段(5~11 岁,即前两个阶段)以感性认识和理解为主;中学阶段(11~18 岁,后三个阶段)以理性认识和理论分析为主。这种安排和设计,反映了学生不同阶段的心理发展规律。

帕金翰认为,BFI 模式,是一个"批判性的"素养模式。因为在语言域或语言内容模块,课程目标要求学生能认知或了解电影语言、图像和声音的交互作用、叙事结构、电影风格等内容;在"制作者与受众"域或制作者与受众内容模块,课程目标要求学生要理解制作、经济组织、动态影像文本的营销和发行,以及受众反应方式等方面的知识。[①] 换言之,帕金翰认为,英国电影研究院电影传媒素养教学模式(BFI 模式)一定程度上忽略了传媒写作(制作)的必要性和重要性。

---

① David Buckingham. (2003) Media Education-Literacy, Learning and Contemporary Culture, London, UK: Polity Press in Association with Blaekwell Publishing Ltd.

七、英国帕金翰传媒素养教学理论与范式

帕金翰关于传媒素养教学的理论与思想主要表现在他的四关键概念框架理论、教学四因素作用理论和"六策略"教学思想等方面。

(一) 帕金翰的四关键概念框架理论与教学四因素作用理论

1. 四关键概念框架理论

作者推测,帕金翰概念性框架理论是对 BFI 模式和苏格兰艾迪·迪克"传媒三边形"理论的发展。大卫·帕金翰将传媒三边形理论中的文本维度分成语言和再现两个维度,这样与生产(或制作、产制)和受众两个维度一起构成了"生产、语言、再现和受众"四个维度。这就是帕金翰的四关键概念框架理论。四个关键概念框架理论,既可以适用于现代传媒,也可以适用于传统传媒。[1]

在生产维度,帕金翰要求学习者要审视媒介生产的技术、专业实践、工业、管理、流通和发行、使用与参与、不同媒介领域之间的联系等内容。

在语言维度,他要求学习者要审视媒介语言的意义、规范、语法、类型、特定语言形式的选择、合并(如何进行影像、声音和文字的合并与意义表达)、再现等概念和意涵。

在媒介再现维度,他要求学习者需要审视出席与缺席(媒介世界中呈现出什么,没有呈现出什么)、客观与偏向、刻板印象、幕后原因和影响等概念和意涵。

在受众维度,他要求学习者需要审视如何锁定目标、媒介叙事方式、媒介流通、媒介使用、媒介意义生产、快感、性别、年龄、种族等概念和意涵。在对教学内容和维度把握的基础上,帕金翰还提出了六种具体的教学策略或方式,即文本分析、背景分析(或语境分析)、个案研究、改作、模拟和制作(或生产)。

---

[1] David Buckingham. (2003) Media Education-Literacy, Learning and Contemporary Culture, London, UK: Polity Press in Association with Blaekwell Publishing Ltd.

现将其四关键概念框架理论列表如下：

关键概念	帕金翰传媒素养教学的四关键概念框架理论	关键词或关键点
制作	研究传媒制作意味着要着眼于： ①技术。使用什么技术来制作和发行传媒文本？技术对产品有什么影响？ ②专业实践。是谁制作传媒文本的？都做了些什么？他们是如何在一起工作的？ ③传媒产业。是谁拥有这些买卖传媒的公司？他们又是如何盈利的？ ④传媒间的联系。公司如何通过不同的传媒销售同类产品？ ⑤规定。是谁控制了传媒的制作和发行？是否有相关的法律？法律执行的效果如何？ ⑥传播和发行。传媒文本是如何影响受众的？受众具有多大的选择权和控制权？ ⑦接近使用和参与。我们在传媒中听到的是谁的声音？谁的声音被排除在外？为什么？	①制作与技术； ②制作者与制作过程； ③传媒产业； ④传媒间的联系； ⑤传媒规章制度； ⑥文本的传播与发行； ⑦受众影响； ⑧近用传媒文本并分析其意图。
语言	研究传媒语言意味着要着眼于： ①意义。传媒如何运用不同形式的语言来传达思想或意义？ ②惯例。语言的这些用途是如何被人们熟悉和普遍接受的？ ③规则。传媒的语法"规则"是如何建立起来的？如果这些语法规则被打破的话，会发生什么情况？ ④类型。这些惯例和规则在不同类型的传媒文本中，例如新闻或恐怖片，是怎样起作用的？ ⑤选择。选择某种特定形式的语言,譬如，一种特定类型的摄像镜头,会带来什么样的效果？ ⑥组合。意义是如何通过影像、声音或语言的组合或排序而得到表达的？ ⑦技术。技术如何影响意义的生成？	①语言的意义； ②语言惯例； ③语法规则； ④语言规则与文本类型的关系； ⑤语言形式与传播效果的关系； ⑥各种语言的组合； ⑦技术与语言意义生成的关系。

关键概念	帕金翰传媒素养教学的四关键概念框架理论	关键词或关键点
再现	研究传媒再现意味着要着眼于： ①真实性。这个文本是否想要追求现实主义的表现？为什么有些文本看上去比其他的更具真实性？ ②说实话。传媒如何声称它所说的世界情况是事实？它们如何做才能让人们看上去较为可信？ ③出现与未出现。传媒世界中哪些内容受包容，哪些内容遭排斥？谁的言论在发表，谁的言论被压制？ ④偏袒与客观。传媒文本是否支持某些特定的关于世界的观点？它们是否表达一定的道德或政治价值？ ⑤刻板印象。传媒如何再现特定的社会团体？这些再现是否准确？ ⑥诠释。为什么受众认为有些传媒再现是真实的予以接受，而有些则是虚假的给予排斥呢？ ⑦影响。传媒再现是否影响我们对特定社会团体或问题的看法？	①传媒文本与真实性； ②传媒可信度； ③传媒内容或言论控制； ④传媒与观点； ⑤刻板印象； ⑥受众对再现的理解； ⑦传媒再现与受众观点形成。
受众	研究传媒受众意味着要着眼于： ①确定目标。传媒是如何锁定特定的受众的？他们如何努力引起受众的兴趣？ ②说话的技巧。传媒如何向受众说话？传媒制作者对受众都作了什么假定？ ③传播。传媒是如何影响受众的？受众如何知道什么是有用的？ ④使用。受众在他们的日常生活中如何使用传媒？他们使用传媒的习惯和模式是什么？ ⑤意义生成。受众是如何诠释传媒的？他们都有哪些说法？ ⑥乐趣。受众从传媒中获得了什么乐趣？他们喜欢什么，不喜欢什么？ ⑦社会差别。性别、社会地位、年龄和种族背景等因素在受众行为中的作用是什么？	①传媒与目标受众； ②传媒制作者对受众的假定； ③传媒诉求于目标受众的方式； ④传媒影响受众的方式； ⑤受众与传媒使用； ⑥受众与文本意义生成； ⑦传媒与受众的乐趣； ⑧社会背景因素对受众行为的影响。
备注	表格为作者自制，框架理论资料来源于 David Buckingham. (2003) Media Education-Literacy, Learning and Contemporary Culture, London, UK: Polity Press in Association with Blaekwell Publishing Ltd。关键词与关键点为作者自加。	

从帕金翰的概念框架理论中和作者对框架理论的要点摘录（关键词与关键点）中，可看出，帕金翰关于传媒素养教学的设计，是从制作、语言、再现、受众四个角度出发来探讨与传媒有关的知识，这无论是传媒之内的自身知识还是传媒之外的背景知识。

每个角度都有自己可能涵盖的范围和特点，四个角度的结合，基本上可以覆盖到传媒的方方面面。

为了说明关键概念在实践中的作用方式，帕金翰随后从《传媒用书》（*The Media Book*）中改编了三个教学案例。[①] 作者将这个案例用表格形式进行图解，以便明确案例教学的要点和方式方法。

案例教学1：《辛普森一家》（*The Simpsons*）教学单元			
活动	活动内容	关键概念	教学方式
片头	①首先，观看几遍片头内容，注意关键因素。 ②其次，小组讨论诸如视觉风格、声音使用、辛普森家乡的影像，以及每个节目中处于变化的片头因素。 ③最后，就从片断中获得的关于《辛普森一家》节目的总体印象写出总结。	语言	①放映片头； ②小组讨论； ③撰写总结。
背景和语境	①首先，简要介绍一下家庭系列幽默电视剧（情景喜剧）的历史，从《我爱露西》到《拖家带口》（*Married with Children*）。 ②其次，要求学生识别其中的区别和相似处，如社会地位、家庭类型或背景等方面。 ③最后，介绍《辛普森一家》，并要求思考《辛普森一家》与这类节目中的其他节目有何不同。	语言	①介绍节目类型及其历史； ②比较分析； ③引入正题。
人物	要求学生对《辛普森一家》中的一个人物进行研究，并且将他们自己的分析和这个节目的宣传材料中的分析进行比较。	再现，受众	①人物研究； ②比较分析。

---

① 《传媒用书》是由伦敦英语和传媒中心出版的教科书（Grahame and Domaille, 2001）。用书对象为11岁到14岁年龄段的学生。每个教学单元都包括几节功课及一系列课堂活动。教学采用小组讨论和全班讨论、教师直接讲解、角色扮演和模拟、仔细的文本分析、推论式写作和传媒制作等活动形式。

案例教学1:《辛普森一家》(The Simpsons)教学单元			
活动	活动内容	关键概念	教学方式
喜剧	①首先,放映一段独立情节的片段。 ②其次,要求学生分解情节并识别每个事件中幽默的性质。 ③再次,鼓励或要求学生思考不同类型的幽默(讽刺、闹剧、荒谬、"黑色幽默")喜剧,等等。 ④最后,选择一个情节进行深入的分析。	语言, 再现, 受众	①放映观赏; ②解构比较; ③个案研究。
惯例	①首先,要求思考这个节目制作时所使用的惯例。如何学生这个节目是如何使用系列幽默剧(情景喜剧)的惯例的。 ②其次,要求思考这个节目制作时违反惯例的地方。如如何使用动画来"违反"逼真的规则的。 ③最后,要求学生就一段情节写个详细的评论性分析。	语言, 再现, 受众	①问答; ②撰写评论。
产业	①首先,提供给学生一些关于制作过程的信息(脚本、动画、海外销售、进度安排、销售计划,等等)。 ②其次,要求学生研究《辛普森一家》录像带的封面,并搞清楚不同的公司在制作和销售中所发挥的作用。 ③最后,要求学生研究《辛普森一家》的销售情况,思考人们是如何将它锁定于不同的受众的,又是如何受到制作公司的版权要求的限制的。	制作, 受众	①讲授; ②调查研究; ③文献研究。
讨论	①首先,提供给学生一系列关于《辛普森一家》的言论,从正面的报纸评论到布什总统的批评。 ②其次,要求学生评论和讨论这些言论,特别是节目中所呈现的负面角色典型。	再现, 受众	①情境导入; ②讨论; ③评论。
模拟	要求学生分组进行模拟。具体模拟活动内容如下: ①首先,要学生草拟一个适合于他们民族语境的家庭动画片(animated family show)提纲。 ②其次,要求学生设计人物、场景以及样本故事情节,并思考通过广告推销来促销他们节目的方法。 ③再次,向全班报告其设计内容和方法。 ④最后,就提出的活动建议提出书面解释。	制作, 语言, 受众, 再现	①分组模拟; ②全班报告会; ③文字写作。
备注	本教学单元涉及的内容主要如下: ①制作:制作过程、广告推销、世界发行。 ②语言:类型(系列幽默剧或情景喜剧)、形式(动画)、规则和惯例。 ③再现:真实性、刻板印象、道德价值、家庭影像。 ④受众:锁定受众、解释、影响、乐趣(喜剧)。		

案例教学 2:《卖东西给年轻人》教学单元			
活动	活动内容	关键概念	教学方式
解读广告	①首先,让学生观看饮料生产商关于一种特定饮料"X产品"的产品说明。 ②其次,要求学生从这个公司生产的系列饮料中识别X产品。 ③最后,要求学生思考广告是如何说明产品的形象与质量的,如何定位特定的受众的,以及这些内容是如何反映到产品标识的设计中的。	语言, 再现, 受众。	①观看; ②识别; ③思考。
创造形象	①首先,学生集体讨论销售X产品的方法。 ②其次,将这些方法与真实的广告进行比较分析。 ③再次,让学生对宣传X产品的三则广告进行分析,比如,视觉剪辑技巧、声音等。 ④最后,要求学生思考产品如何定位于年轻目标受众的,市场营销、品牌创新与定位目标受众的关系如何,以及广告对年轻人再现的方式方法等。	制作, 语言, 受众, 再现。	①集体讨论; ②比较分析; ③思考。
营销	①首先,给学生一篇摘自广告行业报纸的文章,这篇文章要与X产品的营销活动有关。 ②其次,要求学生思考广告商和公司是如何构思营销活动的。这里的讨论要集中于诸如广告的时序安排、生产商对受众的假定等问题。	制作, 语言, 受众。	①学习; ②讨论。
时序安排	①首先,要求学生在家观看尽可能多的插播电视广告。 ②其次,要求他们思考广告所定位的年龄组范围,以及这些广告最有可能被安排的时段。	受众	①观看; ②思考。
抓住受众	①首先,在家观看广告的基础上,要求学生识别哪些广告最能抓住他们的注意力。他们要识别出他们个人最喜欢的广告,以及他们最喜欢的内容; ②其次,将之与全班分享。在这个过程中,他们要思考他们作为一个目标受众而对自己所做的假定,以及他们所做假定的准确程度。	受众	①观看; ②识别; ③思考; ④分享。

活动	活动内容	关键概念	教学方式
	案例教学2:《卖东西给年轻人》教学单元		
广告人的观点	①首先,让学生阅读一家广告公司主管就年轻受众所做的系列言论。 ②其次,要求学生讨论这些言论,然后根据他们对正被讨论的那家广告公司制作的系列广告观看的情况,对这些言论进行评价。 ③最后,在小组讨论之后,接着要求学生撰写一篇评论,分析一下他们选择的某项广告活动,并讨论这项活动是如何努力锁定年轻受众的。要求学生思考这些营销活动向他们锁定的年龄组推销的产品形象和特性类型。	再现,语言,受众,制作。	①阅读; ②讨论; ③撰写评论。
制作广告	学生进行模拟活动。在模拟中,要求学生扮演广告商的角色,负责推销一种锁定于特定年龄组受众的新上市的早餐谷物产品。具体如下: ①首先,给学生提供一些产品说明,要求他们识别产品潜在的魅力。 ②其次,通过"集体讨论",他们要识别产品的形象或"个性",并思考可能的营销策略。 ③再次,让学生设计产品标识和包装,电视广告的脚本或情节串联图板,并对广告插播的时序安排提出建议。 ④最后,让学生发表看法。在学生发表看法的时候,要求他们解释他们的广告营销活动是如何锁定目标受众的,以及为了吸引受众他们又是如何设计营销策略的。	制作,语言,受众,再现。	①模拟; ②识别; ③讨论; ④设计活动; ⑤发表看法。
备注	本教学单元主要涉及的概念和内容如下: ①制作:广告商、电视节目时序安排者和商业公司的工作。 ②语言:广告规则和惯例,"产品形象"的塑造。 ③再现:年轻人的形象和他们被认为要表现的价值。 ④受众:锁定受众、影响、乐趣和偏好。		

案例教学3:摄影和身份			
活动	活动内容	关键概念	教学方式
肖像	①首先,给学生展示一个14岁女孩个人相册中的系列照片。 ②其次,要求他们讨论这些照片的区别,例如,根据拍照的地点和原因,根据不同的姿势和表情,以及根据照片的不同类型(例如,快照、证照、家庭照,等等)。最后,要求他们将女孩的说明与照片匹配。	语言, 再现, 制作。	①展示; ②讨论; ③匹配。
制作照相版纪录片	①首先,要求他们给照片排序,制作一个简短的关于女孩的"照相版纪录片",并讨论各种可能的制作方式。 ②其次,要求他们创制一个声道脚本,并提出可使用音乐的建议。 ③最后,请他们比较各自的制作,并讨论这个女孩本人为了不同的受众而可能希望的照片排序方式。	制作。	①排序; ②制作; ③讨论; ④比较。
探究纪录片	①首先,要求学生思考纪录片作为一种节目类型的不同功能(例如教学、提供一种个人观点、劝说、娱乐,等等)。 ②其次,让学生观看一个英国广播公司录制的纪录短片《给你照相》(Photo-you),这个纪录片是关于在火车站或机场常见的那种照相间或照相亭的。 ③最后,要求他们根据实例识别《给你照相》和其他纪录片是如何达到这些目的的。	语言, 再现。	①思考; ②观看; ③识别。
纪录片惯例	①首先,向学生介绍应用于纪录片中的一系列技术(例如采访、档案文件编辑、再现、画外音讲述,等等)。 ②其次,要求他们识别《给你照相》中使用了哪些技术,并产生了哪些效果。	制作。	①介绍; ②识别。
编辑	①首先,要求学生对《给你照相》作每次一个片断的仔细分析。每一阶段都要问及这样一些问题,诸如电影制片人都做了哪些选择、使用了哪些不同的技术、摄像机的机位如何、影像和声音的选择,等等。 ②其次,要求他们利用光盘只读存储器(CD-ROM)上提供的静态影像对影片进行"再编辑"。要求他们分组制作这部影片的版本,指导人们如何在照相间照好相片,说服人们装设照相间的好处,或教育人们关心并清洁照相间。 ③最后,要求他们给影片的导演写信,说说自己对影片的反应。	语言, 制作, 受众。	①分析; ②分组编辑制作; ③写信。

活动	案例教学 3：摄影和身份		
	活动内容	关键概念	教学方式
解说词	①首先，要求学生为另一部电影短片写一个关于牛津大学毕业典礼的解说词。 ②其次，要求学生分组撰写表达不同观点的解说词。 ③最后，相互比较，思考解说词是如何改变影像含义的。	制作，语言	①撰写解说词； ②比较； ③思考。
撰写提案	①首先，要学生为一部纪录短片撰写一个提案，然后投稿给一个电视台的责任编辑(commissioning editor)。 ②其次，请学生评估导演给《给你照相》的提案，并思考最终成形的影片中省略了哪些方面。	制作，再现	①撰写提案； ②评估； ③思考。
模拟纪录片	①首先，要求学生为主题是"我们学校生活的一天"的五分钟电影短片撰写提案，并搜集起来。 ②其次，给他们一个模拟的拿自责任编辑的备忘录，要求他们思考选择制作影片所要使用的标准。 ③最后，由他们自己计划和制作影片。	制作	①撰写提案； ②计划； ③制作。
备注	本教学单元涉及的主要概念和内容有： ①制作：纪录片制作人和责任编辑的工作。 ②语言：摄影和纪录片的规则和惯例，解说词、声音和影像的使用。 ③再现：个人身份和社会机构(学校)的形象。 ④受众：纪录片是如何努力教育、劝说和说服受众相信他们的真实性，等等。		

2. 教学四因素作用理论

帕金翰将教学过程视为教学四个因素相互作用的过程。这四个因素依次为"情境实践"、"公开指导"、"批判架构"和"实践改造"。

第一因素"情境实践"，指的是学生在一个学习团体里参加真实描述某一实践活动（如阅读或传媒制作）的热衷程度。

第二因素"公开指导"，这可能包括教师对信息的直接灌输，也可能包括不太直接的干预和"支持"方式，这些手段使学生获得了新的知识，并使他们将手头所做的事有机地组织起来。

第三个因素"批判架构"，能够使学生从理论的角度审视他们所学的知识，解释所学知识的社会与文化定位，并对其进行批判和扩展。

第四因素"实践改造"，是蕾妮和霍兰兹（Raney and Hollands,

2000：21）指出的，传媒素养教育的目的不是要禁止价值判断的想法，而是要深化和丰富我们对价值判断的讨论。①

原则上，努力让学生和真实的受众交流，要求将学生制作中的反应纳入到你的工作中，就会使学生更容易做到"去中心化"——即通过他人的眼睛去看学生的作品，并采取一种更为客观的观点审视学生的作品。

（二）帕金翰"六策略"教学思想

帕金翰认为，课堂教学方法或策略主要有六个，即文本分析、背景分析（语境分析）、个案研究、改作、模拟和制作（或生产）。前三者着重分析，后三者着重应用。在帕金翰看来，这些方法主要适用于 11 至 18 岁的学生。②

1. 文本分析

文本分析，一般是对单个文本内容和形式的分析。由于受到课时的限制，教师往往选择比较容易分析的文本，如单纯的照片、广告、片头（曲）、电影预告片或音乐录像等。帕金翰强调，文本分析的关键在于"在不疑处有疑"，教师要指导学生积极发现问题，并鼓励他们为自己的观点寻找足够的证据。③

文本分析一般来说包括三个阶段，即描述文本阶段、思考文本意义阶段和判断文本价值观阶段。

在描述阶段，"要求学生识别和列出他们从文本中看到与听到的所有东西。在这一阶段，教师可以盖住显示屏，要学生仔细听电影的配乐。接着，学生应当描述音乐类型、声音效果、语言、讲话者的声调、

---

① David Buckingham. (2003) Media Education-Literacy, Learning and Contemporary Culture, London, UK: Polity Press in Association with Blaekwell Publishing Ltd.

② David Buckingham. (2003) Media Education-Literacy, Learning and Contemporary Culture, London, UK: Polity Press in Association with Blaekwell Publishing Ltd.

③ David Buckingham. (2003) Media Education-Literacy, Learning and Contemporary Culture, London, UK: Polity Press in Association with Blaekwell Publishing Ltd.

无声的运用,等等。然后,教师关掉声音,并让学生集中精力于影像,比如使用录像的'静止画面'"。①描述文本,就是要把与文本有关的内容都理解和识别清楚,如场景、身体语言、色彩、灯光、布局、镜头视角、镜头之间的过渡,剪辑的手法、速度和节奏,以及各个部分的组接等。

在思考文本意义阶段,要求学生在对文本各种因素进行分析的基础上,做出对文本价值和意义的判断。

在判断文本价值观阶段,就是鼓励学生对文本中想要传递或表达的意识形态或思想观念有所警觉和判断。

2. 背景分析(语境分析、脉络分析)

背景分析方法,具体而言,有三种具体做法。

第一,从文本内部寻找背景因素。如从片头片尾,字幕,电影或电视节目中的广告,及富有广告意图的插曲、台词等地方,寻找背景原因和因素。

第二,搜集推销文本或广告文本的商品宣传信息。如从电视报、电影海报、预告片、广告材料等地方搜集有关背景信息。

第三,从评论、报道、炒作、研究成果等方面获取有关背景信息。可"利用商业新闻,国家报纸的传媒专栏,或者互联网等,来找到电视收视率、票房收入及其评论方面的数据"。"帮助学生形成一种传媒产业背后隐藏着商业动机的意识,以及企业的竞争意识和风险意识"。②

3. 个案研究

个案研究方法的具体做法有四种:

(1) 关注某一特定文本的制作、营销和消费量。

(2) 对某一特定问题进行跨传媒调查。

---

① David Buckingham. (2003) Media Education-Literacy, Learning and Contemporary Culture, London, UK: Polity Press in Association with Blaekwell Publishing Ltd.

② David Buckingham. (2003) Media Education-Literacy, Learning and Contemporary Culture, London, UK: Polity Press in Association with Blaekwell Publishing Ltd.

(3) 对传媒受众进行调查。

(4) 对单个传媒公司或传媒组织的工作进行调查研究。"它不必是一个全球性的大公司：它可以是一个少数人运作的小组织，或者是一家本地报纸，或一个管理机构，它们可能更愿意提供信息。如果学生开始'工作实习'，研究可以通过观察来进行。此外，学生需要使用'内幕'消息，比如行业参考书、商业新闻和公司公共关系材料"。[1]

个案研究是一种最能将四关键概念和内容都能涵盖在内的一种研究方法。研究者可以对制作人、制作过程、营销环节进行研究，也可以对剪辑手法、文本类型、语言风格、语言要素等进行研究，也可以对再现的真实性、刻板印象和道德价值等进行研究，还可以对受众的收视习惯、收视率、反应等问题进行研究，等等。

4. 改作

改作，包括两种情形。一种是思维型的，一种是实践型的。

在思维型的改作中，一方面，可以对某一小说文本的不同电影改编本，或者对某一小说文本的电影改编本和电视剧改编本，甚或广播剧改编本，进行对照、分析，看声音传媒或视听传媒形式如何再现或处理文字传媒的叙述内容；另一方面，学生可以思考不同类型传媒对同一事件或同一主题的不同报道方式和不同处理方式。可以采用同中求异或异中求同两种思维路径进行思索。

在实践型的改作中，就是让学生在思维型改作的基础上进行实践练习。让学生试着将一种文本形式转化为另一种文本形式。或者从小说改编为电影剧本或电视剧本或广播剧本；或者从报纸故事改编为电视新闻，或者从短篇故事改编为电影电视片断，反之亦然。在改作或转化的过程中，学生将会明白将文字传媒叙事内容转化为电影、电视或广播剧的形式，并不是轻而易举的事情，而是另一个创作过程。同样的，将广

---

[1] David Buckingham. (2003) Media Education-Literacy, Learning and Contemporary Culture, London, UK: Polity Press in Association with Blaekwell Publishing Ltd.

播剧、电影、电视转化为文字叙事形式，也是一个创作性极强的过程。但只有在这种实践型改作的过程中，才能进一步加深对文字、声音、画面、口语等传媒各自功能的理解和认识。所以，改作，特别是实践型改作是一项必需的练习活动。

5．模拟

模拟，是对一种真实实践活动或过程的模仿，常常需要学生，甚或教师进行角色扮演。模拟包括两个环节。第一个环节，是熟悉将要模拟的真实实践活动内容、过程和步骤，以及方式方法，并理解真实实践活动的目的、价值和意义。第二个环节，是在第一个环节的基础上进行模拟练习。在模拟活动的第一个环节，教师可以采用带领学生参观真实实践活动过程，或查找有关资料师生一起讨论，或亲自讲解，或邀请传媒从业人员讲解、示范的方式进行。在第二个环节，教师可以亲自指导或参与，或邀请传媒从业人员或懂行的其他人员指导或参与，以便模拟活动尽可能相似于真实实践活动的情境。

6．制作

制作是一项既锻炼动手能力又断粮思维能力的活动。传媒制作，一般来说，需要一定的传媒制作工具，这无论是硬件方面还是软件方面。像故事图谱那样的制作，可能只需铅笔、钢笔、剪刀、胶水、橡皮等简单的工具就可以了。但是，如果是照片故事、电视短片、电影片断或录像剪辑、电脑动画、光盘刻录等，则就需要电脑和电脑视频制作软件了。至于更复杂的制作，如大型录音合成、电影或电视后期制作，学生只需了解一些基本的制作知识，也就可以了。

帕金翰强调说，让学生从事传媒制作，一定要由浅入深，由易到难，循序渐进。他说道："就像其他'书写'形式一样，制作技能需要通过渐进的、有条理的方式获得；那些狂热地投入故事片制作的学生，除了失败几乎学不到什么东西。在早期阶段，活动应当一步一个脚印地进行，从文本分析到与技术有关的探究性的亲身实践经验，然后小规模的适度制作,例如预告片或片头,而不是'完整'的文本。"[①]

传媒制作课需要注意以下几项内容:第一,教师要对传媒制作设备的使用进行有效安排。第二,要加强课堂时间管理。为此要在课程开始时尽快确定好学生各自的目标和完成标准,并限期完成工作。第三,教师要帮助学生及时解决可能出现的争端,搞好小组分工等。第四,在传媒制作过程中,教师要提醒和鼓励学生进行批判性思维。

八、美国"五核心概念"和"五关键问题"框架教学理论

在借鉴和学习英国传媒三边形理论和四关键概念理论的基础上,以美国传媒素养研究中心为代表的美国学者和机构根据传播学"5W"经典理论提出了美国五个核心概念和五个关键问题的框架教学理论,即将教学的维度分为作者、形式(语言技巧与规范等)、受众、内容和目的等5个维度。媒介教学者和学习者可以从任意一个单一的维度去审视,也可以分别从5个维度依次审视,从而完成一个相对完整的教学过程。如下表所示:

序号	关键词	五个核心概念	五个关键问题
1	作者	所有媒介信息都是"建构性的"。	是谁创制了这条信息?
2	形式	人们使用创造性的语言和规则来建构媒介信息。	使用了什么创造性的语言技巧来吸引我的注意力?
3	受众	对同一条媒介信息,不同人会有不同的感受。	他人和我在理解某一条信息上究竟会有多大不同?
4	内容	媒介信息中植入有价值观和观点。	媒介信息中再现或没有再现什么样的生活方式、价值观和观点?
5	目的	大多数媒介追求利益或权力。	为什么要发布这样的媒介信息?

从以上可以看出,美国的五个核心概念和五个关键问题主要是用来探究媒介的解构和消费,以及媒介的建构与生产的,其探究的目的就是

[①] David Buckingham. (2003) Media Education-Literacy, Learning and Contemporary Culture, London, UK: Polity Press in Association with Blaekwell Publishing Ltd.

为了让学生在新世纪的媒介文化中过好自己的生活。故此，美国学者将其视为对 21 世纪教育的独特贡献。

九、美国新闻素养教育范式及其修正①

新闻是一种报道最新事实或事件动态的信息文本，是通过包括口头和网络媒介在内的各种媒介向第三方或大众传播的有关最新发生事件的有选择性的信息，而新闻媒介是负载和传播新闻信息文本的媒介。如同媒介包含新闻媒介，而新闻媒介又包含新闻一样，媒介素养包含新闻媒介素养，而新闻媒介素养又包含新闻素养。同样的，媒介素养教育就是有关媒介以提升媒介素养为目的的教育；新闻媒介素养教育就是有关新闻媒介以提升新闻媒介素养为目的的教育；而新闻素养教育则是有关新闻（信息文本）以提升新闻素养为目的的教育。它们之间的关系如同媒介、新闻媒介和新闻三者之间以及媒介素养、新闻媒介素养和新闻素养三者之间的关系，是包含与被包含的关系。

和广告素养一样，新闻素养是媒介素养的一个重要组成部分，新闻素养的教育教学是进行媒介素养教育的一个路径和窗口。美国石溪大学新闻学院新闻素养研究中心是美国著名的在世界范围内开拓和发展新闻素养教育的机构之一，该中心在进行新闻素养教育和师资培训方面走在了美国和世界的前列。根据美国石溪大学新闻学院新闻素养研究中心的观点，新闻素养是人们使用批判性思维技能去判断印刷媒介、电视或网络等媒介新闻报道可靠性和可信度的能力，新闻素养课程的目的就是要：定义新闻素养及其重要性；对历次信息革命如何塑造和改变历史做出解释；能够描述新闻素养课程如何使用特定的事件与例子去演示和说明课程概念。兹以美国石溪大学新闻学院新闻素养研究中心发展的新闻素养教育教学范式为例，阐释美国的新闻素养教育教学思想和范式。

---

① 秦学智：《试论新闻素养教育的几个基本问题——由美国石溪大学新闻素养暑期课程教学思想引发的思考》，《现代传播》，2014 年第 2 期。

（一）新闻素养视野下的新闻的功能和作用

2014年，美国石溪大学新闻素养研究中心学者在讲授"新闻信息的力量"课堂中提到：新闻信息具有非常强大的力量和作用，它可以成为大屠杀的武器，也可以成为防止大屠杀的武器。人们对接收和分享信息有普遍性的需求，甚至人们为了控制信息扩散而肆意杀戮新闻记者或为了得到新闻信息而甘愿冒生命的危险。他们将新闻信息的功能比作我们人体"DNA"的一部分，认为新闻信息具有"ACD"三种功能，即警示我们（alert us）、联系我们（connect us）和转移分散我们的注意力（divert us）。

新闻信息是否只是警示、联系我们并转移我们的注意力？在作者看来，答案显然是否定的，这不仅是因为这种"ACD"的思考模式是简单化的，至少是存在明显瑕疵的思考，而且是因为新闻信息的功能并不只是这三种。

首先，新闻信息的作用不仅仅是警示，它还可以讲述故事、知识和技能等。通过新闻发布而将实时的信息和情况告知受众，反映舆情，倡导科学和健康等知识，提供娱乐，刊播广告，服务经济，等等，也就是说，新闻信息的作用不仅仅能起灾难和危机警示的作用，它还能起到更多的作用。这里，新闻主要是以报道者或广告者的角色出现，将实时发生的信息告知大众，让大众知情、安心或防范可能的危险危机等。

其次，新闻信息能起联系的作用。美国石溪大学新闻素养研究中心学者认为，新闻信息能够让我们跟外部世界保持紧密的联系，特别是在全球化和信息网络化的背景之下，它能让我们保持跟世界任何一个地方的联系。不过，在作者看来这种思考和阐述仍然有待进一步深入。毫无疑问，新闻信息是我们脑中世界和外部世界之间的桥梁和纽带，但这种联系要比该中心学者观察到的更为复杂和广泛。这里，新闻信息是作为一个中介、介质或媒人的角色出现，它在我们人与人之间、人与自然之间、人与社会之间、人与宇宙之间等众多的层面都建立了方方面面的联系。

再次,新闻能够转移或分散人们的注意力。这一点,作者完全同意该中心学者的思考和意见。这里,新闻是作为一种娱乐、休闲或满足兴趣的角色出现,严重的话,人们会沉迷于新闻信息的世界中而不能自拔,甚至荒废自己的正业。

第四,新闻具有教育的功能。这里,新闻是以教育者的角色出现,给受众提供知识、经验、态度、道德取向、情感和价值观等,尽管它所提供的内容也有可能是不科学的、主观的、偏向性的,但其作为教育者的功能是无时不在的。

第五,新闻具有引导或议程设置的功能。当然,新闻的这种功能主要是由新闻的制作者和把关人赋予的。通过新闻生产和传播过程的设定,发布什么不发布什么,提倡什么不提倡什么,强调什么不强调什么,就能使得新闻具有引导者或误导者的作用。

除了以上所提到的功能,新闻还具有其他的功能,如政治的、经济的、文化的,等等。它是我们及时和集中地瞭望世界的窗口。

(二)新闻素养课程给我们带来的收获

我们可从以下四个方面来理解新闻素养课程要求我们掌握的内容:

1. 新闻知识

首先是新闻的知识层面。学习者应该掌握有关新闻的基本知识,如什么是新闻?什么是新闻素养(教育)?新闻的种类或类别如何?新闻(信息)传播的作用和功能如何?新闻记者的品质和资格如何?新闻语言和体裁如何?制作新闻的规律和规则如何?言论自由与正义的重要性如何?等等。

2. 新闻技能

如果说新闻知识或对新闻的认知是开展新闻素养教育或学习活动的第一基础,那么掌握起码的新闻技能则是开展此方面活动的第二基础。学习者应掌握如何提高自己和受众的新闻素养的技能技巧,如何区辨和证实一则新闻信息的技能或标准,如何正确或科学评价、理解、生产、传播或传布新闻信息的技能技法,以及如何进行批判性和辨证性思维的技能技法等。

3. 新闻态度、情感和价值观

学习和掌握面对新闻的正确态度，形成正确的新闻阅读和思维习惯，培养正确的新闻情感和价值观，是新闻素养课程教学的第三个重要方面。我们应如何处理新闻信息？应当保持什么样的态度、立场和观点？应该如何培养或端正我们的新闻阅读和思考习惯？这些都是我们必须学习的重要内容之一。

4. 新闻社会行动力和习惯

我们通常对新闻教育或学习的理解是，要学会搜索新闻、阅读新闻、理解新闻、批判地分析和评价新闻、谨慎正确地传播新闻，很少关注自觉的新闻生产和培养受众为了社会的民主进步和繁荣而根据新闻报道的真实采取必要的社会实践活动的能力（我们可暂称这种社会实践能力和力量为"新闻社会行动力"），并关注培养受众这方面社会行动的意识和习惯。如果说在传统媒介时代人们进行新闻社会行动存在着许多较难逾越的技术性障碍的话，那么在微博、微信等网络互动性媒介技术相对成熟的今天，自媒体性的新闻生产和新闻参与社会行动的可能已经变成了活生生的现实，因此，新闻素养课程应该将培养新闻社会行动力和习惯作为最高层级的目标，使得更多的受众成为有新闻素养的、批判性的、民主的、科学的、客观的、公平的、公正的和能够投身于社会进步和繁荣实践的人。换句话说，要通过新闻素养课程教育社会大众既要独善其身，又要达济天下。

（三）新闻素养教学法

2014年，在美国石溪大学新闻素养研究中心暑期课堂中，中心学者一共进行了十三次主题的讲座，包括"新闻素养为什么重要"、"信息的力量"、"什么是新闻？谁有权决定新闻"、"认识你的信息邻居"、"美国的新闻自由"、"真相与证实"、"平衡、公正和偏见"、"观点新闻的特征"、"判断信息可靠性的标准"、"解构新闻"、"解构社交媒介"、"影像的力量"、"解构电视新闻"和"新闻的未来"。在这些讲座中，中心学者讲述了很多的概念和理论性知识，有相当一部分是他们自己摸索取得的经验的结晶，如信息超载、新闻记者以及新闻与娱乐之间的界限模糊（谁是新闻记者，谁不是？新闻与娱乐的界限何在？）、新闻偏见、真实性危机、新闻封锁、新闻"DNA"（即"ACD"三种新闻功能思想）、三大新闻特征 VIA 思想（即 verification、accountability 和 independence）、重要性和兴趣的矩阵思想（根据重要性和兴趣大小两个维度决定新闻取舍和排版顺序）、新闻的种类、新闻的作用、新闻报道的伦理道德原则、知情权、出版权、美国第一修正案，以及判断信息可靠性的"IMVAIN"标准（独立客观的、许多来源的、证实了的、权威的或消息灵通人士的、有名有姓的新闻信息来源要胜过非独立客观的、单一来源的、断言性的、非权威和非灵通人士的或无名无姓的新闻信息来源），等等。① 毫无疑问，他们陈述的或提出的这些思想主张为进行新闻素养教育教学活动提供了良好的凭借和基础，但毋庸讳言，他们很少结合媒介素养教育方面的理论进行新闻素养的教育教学活动，而这在相对熟悉媒介素养及其教育理论和知识的作者看来是个较大缺憾和不足的地方。新闻素养是新闻媒介素养的一个有机组成部分，因此，媒介素养方面的教育教学理论思想完全可以应用于新闻素养的教育教学实践活动当中。

众所周知，来自各种媒介的知识和信息是丰富和无限的。很多时候，我们如同老虎吃天无法下爪。因此，国外的媒介素养学者率先发明了一些框架教育教学思想，这些框架教育教学思想同样可以用于新闻素养教学的实践之中。

例如，苏格兰电影委员会媒介素养教育官员艾迪·迪克提出的"传媒三边形"教学模式。他设计了文本、生产和受众三个维度的教学框架，每一个维度都可以被视为进行媒介素养教育教学的入口或突破口，

---

① Stony Brook University School of Journalism Center for News Literacy: Summer Institute for Teachers 2013.

这些维度下又设计了许多教学问题，教师采用和学生问答的形式引导学生理清有关的媒介知识和问题。(1) 文本维度下有"文本采用什么方式讲述一个故事？这个故事是否关联一个更大故事？"、"这个故事是什么类型和类别的？是否有个套路？"、"使用了什么规范和规则？"、"人物是什么样的？是现实主义的？是固定印象吗？"、"电影或歌曲是否有个可预期的放映时间？"、"有没有版权、商标用来保护一定的文字或产品？"、"在权力、年龄、性别、种族和阶级方面，人物彼此是如何联系的？"、"人物的价值观和意识形态是什么？在多大程度上我共有这些信仰？"等。(2) 在生产维度下有"文本来自什么地方？谁创制的?"、"文本是如何发行或销售给公众的？"、"文本是如何制作的？使用了什么制作技巧？"、"什么规则和规律影响了这个文本？"、"电影和歌曲有没有一个预期的放映时间？"、"有没有版权或商标来保护一定的文字或产品？"、"我如何生产或制作一个类似的文本？"等。(3) 在受众维度下有"文本是如何吸引我的？我喜欢或不喜欢什么东西？"、"谁是潜在的目标受众？"、"这个文本是如何和为什么能吸引它的受众？"、"人们在使用和消费这个文本方面方式有何不同？"、"我如何改编这个文本使得它更加惬意？"等。这种模式强调将媒介方面的知识置于一个文化的、政治的和经济环境中进行分析与实践。

在根据新闻受众维度进行教学时，我们还可以引进有关受众理论进行分析和说明。这方面如魔弹论、累积效果理论、个人差异论、社会分类论、社会关系论、社会参与论、文化规范论、使用与满足理论、顽固受众理论等，都可以被引入以阐释受众对媒介影响产生反应和作用的机理。

在根据新闻文本维度进行教学时，我们还可以引进有关文本理论进行分析和说明。这方面如葛兰西的文化霸权理论、文本分析方法理论、文本类型理论、文本功能理论，甚至超文本新闻写作理论等，都可以被引用到文本的分析教学当中。文本研究和分析可以揭示文本中潜在的意义、更多隐藏的意义，以及类型、价值观、叙事和暗含媒介内容意义的问题。它还能使质的研究更快更容易。譬如，对记者报道内容的分析有助于一个人获得对他们态度、行为、关切、动机和文化的洞察力。

在根据新闻生产维度进行教学时，我们还可以引进与媒介生产相关的理论进行分析和说明。这方面如媒介环境理论、媒介组织理论、媒介意识形态理论、媒介把关人理论、媒介接近权理论、媒介生产过程理论和媒介所有制理论等，都可以被引用到新闻生产的分析教学当中。对新闻生产的状况和实质进行分析教学，有助于受众揭示新闻生产过程中起决定性作用的要素以及各要素之间的内在联系，从而对新闻产生的原因和作用有更深切的理解和体会。

在传媒三边形教学理论的基础上，先后又发展出一些四个维度或五个维度的框架教学理论。如大卫·帕金翰四个关键概念理论和六种教学方式理论、美国的五个关键概念和关键问题理论等，这些框架教学理论或思想进一步丰富和发展了传媒三边形教学理论，它们自然也可以被引用到新闻素养的教育教学实践中来。

除了以上所提的框架媒介教学理论，我国和其他一些国家的学者也根据自己的国情和研究实践改进或发明出带有自己特色的理论，这些都可以根据实际情形的需要而有选择性地用于新闻素养的教育教学实践中。总的来说，因为新闻信息的典型性、新颖性、内容的广泛性和巨大社会影响力等特点，新闻素养将越来越成为进行媒介素养教育的主要内容，其课堂也将日益成为媒介素养教育的主阵地之一。

十、传媒素养教学寄语

在教育教学实践过程中，本人有很多思想和言语上的灵感和感悟，兹将它们作为寄语列举如下，以飨读者。

1. 不要单纯地讲解文法和概念性知识，而应将这些纳入至具体内容和情境中进行教学。

2. 传媒素养教育应首先教给学生起码的传媒知识和技能，之后应将传媒知识和技能的教育与传媒文本思想性、人文性紧密结合起来，并以其思想性和人文性的学习为主。换言之，那种有了一定基本知识和技能基础的深入的扩展式的学习，应建立在思想性和人文性的知识学习的基础上。

3. 为了避免单一的思想灌输，应多采用活动教学或体验式教学方法。

4. 传媒素养教育首先必须是关于传媒知识和能力的教育（功能素养的教育），其次是关于情感态度价值观以及辩证思维能力的教育（思想素养的教育）。前者是传媒素养教育成为一门相对独立的学科教育的基础，是区别于其他学科教育的标志；而后者则是其灵魂和指向。两者是相辅相成、缺一不可的。

5. 传媒素养教育可以单独设置传媒学科课程的方式进行，也可以传媒与课程整合的方式来进行。"传媒与课程整合"包括两个方面：一是多媒体辅助教学；二是关于传媒的教育教学。前者"多媒体辅助教学"或多媒体教学同时属于信息技术教育的范畴，它是"传媒与课程整合"的基础和前提。后者"关于传媒的教育教学"却是决定"传媒与课程整合"是否属于传媒素养教育的要件。

6. 无论是传媒写作还是传媒制作，都应围绕一个主题或中心思想去表达。

7. 传媒素养教育是辩证思维的教育。单纯强调传媒的负面影响或正面作用都不是真正的传媒素养教育。

8. 传媒素养教育要多多使用比较研究法，比较研究各种传媒间的、同一传媒不同流派间的区别与联系，以加深对不同传媒、不同流派特征和功用的理解。譬如，比较古典小说、惊险小说、言情小说、与流行小说；正统音乐与流行音乐；高雅艺术与通俗艺术等。

第六章　北京市广渠门中学传媒素养课程教学实践案例

北京市广渠门中学是一所示范性普通高中,该校具有开放性办学思想,积极拓展大学教育资源。从2011年10月25日开始至2011年12月20日止,本人牵头成立的"优质高中传媒素养课程开发和实施"项目组,为广渠门中学高一年级学生开发和实施校本选修课程——《传媒与现代生活》(共有8讲)。有约60名高一年级学生选修。课程开发和实施的背景是:从2011年起,为了实现高中课程与高校基础课程的衔接,广渠门中学成为中国传媒大学、北京科技大学、北京第二外国语学院、北方工业大学、北京化工大学等5所高校的优质生源基地校。本章就是对广渠门中学传媒素养课程教学实践经验的总结和反思。

第一节　高中传媒素养课程教学的目的、宗旨、理念、原则

前苏联作家高尔基曾经说过:"书籍是人类进步的阶梯。"如今"书籍"的面目已经发生了很大变化。我们已经身处于一个有着各种各样"书籍"形态的世界,譬如,电视书、电影书、网络书、手机书等的世界,这些"书籍"无时无刻都在影响着我们。我们需要对它们有深入的了解和认识以便更好地适应,甚至改变我们周遭的世界。当今是个知识和信息爆炸的时代,我们在接触周遭的信息时会应接不暇,甚至有时候会手忙脚乱,茫然无措,不知如何选择。更有甚者,会将错误的

信息错认为正确的而加以接受。与此同时，电子媒介，特别是网络媒介凭借其声光电技术的吸引力和文字、声音、图像一体化的能力，令几乎所有接触到它的人不知不觉地沉迷于其中而不能自拔。因为在网络媒介上的时间和精力花费，不仅他们的学习、工作和生活，而且他们的身体都受到了严重不良影响。很多诸如网瘾综合征问题，甚至由此导致的生命丧失悲剧都在昭示着：人们需要通过不断地学习来提升他们的媒介素养，即提高他们应对复杂媒介环境的批判性思维能力，培养他们正确接触和使用媒介及其信息的习惯。孟子曾曰："尽信书不如无书。"可见，提醒和教育人们要批判地思考一切知识和信息，是每个时代教育者都会做出的努力。2011年下半年，应北京市广渠门中学之邀而为其开发和实施的传媒素养课程——《传媒与现代生活》，即是针对北京市优质高中进行的一次传媒素养教育。[①]

一、课程教学的目的和宗旨

北京市60所示范性普通高中之一的广渠门中学为中国传媒大学优质生源基地校之一。因为两校签有互助合作的协议，所以中国传媒大学有义务为广渠门中学提供大学资源的校本课程。当双方商定在2011年10月25日正式启动"优质高中传媒素养校本课程开发与实施"项目后，作为项目负责人，本人结合多年来在传媒素养教育研究方面的思考和高中生的心理特点，在给广渠门中学提交的面向高一年级学生的《〈传媒与现代生活〉校本课程简介》中将本课程的目的和宗旨确定为："本课程旨在引导学生正确地认识包括报纸、杂志、广播、电影、电视、网络等大众传媒在内的传媒世界现象和本质。通过与学生直接生活经验的结合，让学生不仅认识到传媒世界（如网络世界，游戏世界）生活与现实社会生活的区别和联系，而且让他们正确地认识到自己的身份、

[①] 秦学智：《高中传媒素养课程教学的目的、宗旨、理念、原则及其反思——以北京市广渠门中学传媒素养课程教学实践为例》，《传媒国际评论》第一辑，中央编译出版社2013年5月版。

地位、条件和境况，培养他们关于传媒世界的知识、技能和辩证批判思维能力，培养他们科学生活和健康生活的情趣和情感，以及利用传媒服务自己成长和社会发展进步的现代公民意识、态度、价值观和行为习惯。"

在逐步确定《传媒与现代生活》的目的和宗旨后，本人随即组建了由何娟、秦倩、何庆平和张智华四名研究生组成的项目开发和实施团队。明确了开发和实施的具体步骤，分工协作机制，并确定了课程教学主题。该课程共分8讲（每讲两课时，每课时50分钟），涵盖传媒、传播、传媒再现、传媒组织等主题，以贴近学生日常生活经验、与传媒世界有关的教学议题为主要研究对象。主要采取启发式、探究式与互动式教学方式方法，启发引导学生积极参与课堂实践和互动，使学生在对话、讨论、思考、发现和活动中，获得对传媒世界现象和本质的深刻认识。强调学生社会问题反思能力、传媒批判思维能力和传媒创作实践能力以及团队协作精神与优良人文品质的培养，讲究通过生动活泼的教学形式和引人入胜的教学内容，更好地促进学生的社会化成长，使学生启智开悟，锤炼性格，健康身心，提高传媒批判思维能力，并具备民主、科学、平等、开拓和进取精神的现代公民品格。

可以说，《传媒与现代生活》是在北京市优质高中推广和实施的首个现代传媒素养教育意义上的传媒素养课程。这是传播研究院传媒教育研究中心在东城区黑芝麻胡同小学、朝阳区定福庄第二小学进行传媒素养教学实验和实践之后的又一重要实践推广举措和教学实践活动。

二、教育教学理念

教育教学理念是如何从事某一方面教育教学的根本出发点和要遵循的基本思路和思想精髓。我们知道，加拿大安大略省《媒介素养资源指南》中曾提出一个广为流传的八大理念，这八大理念受到了莱恩·马斯特曼十八项原则等思想的影响，它们是：

第一，所有的媒介讯息都是建构的产品。媒介并不提供外部客观世界的简单映像，而是向我们提供经过人工精心建构的产品，媒介素养教育致力于分解和辨析媒介的建构。

第二，媒介构建现实。我们对于外部世界的多数观察和体验都是通过媒介获得的。

第三，受众个体的需求、渴望、情绪、态度、身份、家庭和文化背景等因素影响他们对媒介所传递信息意义的选择、理解和讨论。

第四，媒介总是暗含商业意义。媒介生产说到底是一种商业行为，除了媒介本身需要承担的社会责任之外，媒介存在自己的特殊利益，因而在信息报道或宣传方面具有一定的利益导向。

第五，媒介包含意识形态和价值观信息。传媒是信息和思想的载体，蕴含着丰富的人生价值观念和生活方式等思想，因此，在与媒介的接触当中人们总免不了会受到其意识形态或思想观念的影响。

第六，媒介暗含社会和政治诉求。媒介势必涉及政治、民权、民族、民生、民主、社会热点和难点等问题，因此，媒介包含的社会和政治意义是显而易见的。

第七，媒介中的内容和形式总是紧密相连的。不同的媒介都有自己的语法和编码方式，这种形态或形式的不同决定了其对同一内容的表现会有各自的特点。

第八，每一种媒介都有其独特的美学形式。[①]

严格来说，这八大理念是关于媒介和媒介受众性质与特性的思想和观点，是我们在媒介素养教育教学过程中应当把握的有关媒介及其受众的基本观点，是属于媒介素养教育教学理念中有关教学内容的一部分。换句话说，这八大理念仅仅谈到了有关媒介及其受众的一些根本思想和观点，而并没有全面地探讨或讨论有关媒介素养教育教学的基本理念。全面意义上的媒介素养教育教学理念应当包括教育教学目标、对象、内容、方式方法、师生关系等诸多方面，是一种对媒介素养教育教学过程各个基本组成部分或环节所应遵循的基本思想的概括和总结。

---

① Barry Duncan. Media Literacy-Resource Guide. Toronto：Ministry of Education,1989：pp. 8 – 9.

基于对媒介素养教育教学理念的基本思考，本人将媒介素养教育教学的理念暂且确定为："以学生感兴趣的与传媒世界有关的教学议题为主要研究对象，以学生对话、讨论、思考和活动为中心，注重思想性、艺术性、情感性、知识性和信息性的表达和启迪。启智开悟，锤炼性格，健康身心，以培养积极乐观，开放进取的现代社会公民为最高教学目标。"具体而言，有以下几方面：

1. 以培养积极乐观、开放进取的现代社会公民为最高教学目标

培养积极乐观、开放进取的现代社会公民是一切教育的共同价值目标和最高教育目标。作为一种现代教育的形式，传媒素养教育也自然会把它作为自己的最高教育目标。特别是作为现代性、人文性极强、学科知识复合性和综合性都很强的传媒素养教育更应如此。那么，针对高中学生而言，他们正处于未成年人向成年人过渡的青春期，他们急切地想寻找自己未来的定位和理想目标，同时有着巨大求知和了解社会的欲望。此时，培养他们对于国家和社会的责任感，与民主、科学和遵纪守法的公民意识，特别是利用媒介服务社会和自身的科学习惯，正是合适之机。

2. 面向全体，面向现代化，面向世界，面向未来

邓小平同志曾经提出了"三个面向"的教育方针，简而言之就是要"立足传统，面向现代化；立足中国，面向世界；立足当今，面向未来。"这是我们必须坚持的基本教育方针，也是我们必须遵循的一个教育教学理念。要"立足当今，面向未来"，就必须以人为本，面向全体学生，为了全体学生，并做到因材施教，激发潜能。

这一教育教学理念，具体应用到高中生身上，就是要面向全体高中生开设传媒素养课程。就目前现状而言，许多高中领导和教师尚未对传媒素养的重要性和意义有真切和深刻的认识，因此，要争取说服他们同意在他们所在的学校以选修课的形式开设传媒素养课程，有条件的学校可争取将这类比较成熟的课程开设成为必修的校本课程。

3. 要让学生尽可能了解和掌握中西方有关媒介、传播和受众等研

究方面的成果,培养他们的媒介批判思维能力和媒介制作能力等媒介素养

在教育内容方面,要吸收中西方关于媒介和受众研究方面的一切文明成果,将媒介和受众与社会和学生自身发展的关系知识通过讲授和讨论等多种形式让学生掌握好。譬如,安大略省发表的《媒介素养资源指南》中的八大有关媒介和受众的观点,莱恩·马斯特曼提出的十八项媒介素养教育基本原则,艾迪·迪克提出的传媒三角教学框架思想等,都应被借鉴和参考,只有这样才能更好地更快地把握传媒素养教育教学的真谛和要领。

4. 在教育教学方式方法方面,实行启发式教学和探究性活动教学

苏格拉底提出的"产婆术",即问答教学法,到今天仍是极好的启发式教学方法。通过情境引入,观察现象,提出问题,启发学生的讨论和思考,最终使学生获得多元化的认识和丰富。除了问答教学法之外,教师还应设计一些探究性的学习活动,让学生在项目学习中获得观察、发现和解决问题的思维技能和习惯。

5. 以学生日常媒介生活经验为基础,坚持以教师为主导,学生为主体,强调师生平等、积极互动

高中生正处于心理学家埃里克森所说的"自我同一性和角色混乱的冲突"阶段。这个阶段的学生正是初步确立自己身份形象和社会角色的时期。这个时期,如果能够给他们以更多的人生志向、社会生活和理想方面的精神引导,那么就能比较顺利地获得社会化成长,度过本能骚动比较激烈的时期。所以,这一时期的传媒素养教育教学要尽可能贴近学生的日常媒介生活体验,要教师根据学科教学的基本要求和学生身心发展的阶段性规律和特点,主导性地设置课程内容和教学路线,充分发挥学生的主体性、主动性和积极性,以便获得更佳的教育教学效果。自然地,在追求民主、博爱和平等的现代社会,师生人格平等,互相尊重和互相支持,积极互动就成为教育教学的内在基本要求。

三、教育教学原则

要更好地实现教育教学的目的和宗旨，遵循教育教学基本理念，就必须制定和执行相对更加具体的教育教学原则。"教学原则是根据教育教学目的、反映教学规律而制定的指导教学工作的基本要求。它既指教师的教，也指学生的学，应贯彻于教学过程的各个方面和始终。它反映了人们对教学活动本质性特点和内在规律性的认识，是指导教学工作有效进行的指导性原理和行为准则。教学原则在教学活动中的正确和灵活运用，对提高教学质量和教学效率发挥着一种重要的保障性作用。"① 传媒素养教育教学的原则，除了符合现代教育教学的一般性原则之外，还应有自己特色的教育教学原则。长期以来人们总结的一般性的教育教学原则有：直观性原则、系统性原则、巩固性原则、循序渐进原则、启发式原则、统一要求与因材施教结合原则、教学最优化原则、教学相长原则等。而自己特色的教育教学原则主要有三方面，即紧紧围绕传媒生产生活教育教学的原则、使用媒介框架教学理论进行教育教学的原则、知识传授服务于智力发展原则和通过媒介进行教育教学的原则。现重点对以下几个原则进行论述。

（一）理论联系实际原则

理论来源于实践，指导实践并接受实践的检验。在课堂教学中，传媒素养教学的理论和原则必须与教学的实际结合，必须与社会的实际结合。首先，这里教学的实际，包括学校整体的状况、校风学风、教学管理模式、课时长度、教学纪律和制度、教室的设备和组织形式、学生的基础、素质和兴趣，以及教学过程中学生的反应和教学时机等实际状况。我们在给广渠门中学实施课程的时候，发现因为学生来自于不同班级，各班上节课下课的时间各有不同，所以组织学生安坐下来就花费一定时间，这样原先设计的课程内容就显得有点过多；即使课程内容容量

---

① http://baike.baidu.com/view/616455.htm.

设计得合适，但教学过程中学生的反应和教学时机的随机性都很强，每一教学环节实际的时间花费不可能完全与原先设想的教学时机相同，还有教学内容的难易程度是否适合，等等，这些都需要理论与实际状况的结合。其次，应当让学生尽可能广泛地了解社会生活的各个方面，包括所在区域社会发展方面的问题，并通过一定的探究活动探索问题的解决策略和办法等。这个原则适用于所有学段。

（二）科学性与思想性统一原则

什么样的教育才是好的教育？2011年10月11日，清华附中、东北师大附中、绵阳外国语学校等全国知名中小学校的200名校长齐聚绵阳，参加了以"和谐校园、特色发展"为主题的校长论坛。论坛上，校长们的智慧对话激起了思想火花，就基础教育、学校特色等问题展开了讨论。有的校长认为偏科并不是坏事，有的校长重视"非智力品质"，如东北师大附中校长李桢认为，"……基础教育更重要的是对学生心理、身体、知识的培养。中学阶段培养学生的非智力品质十分重要，即'情感、态度、价值观'。应该做到德育为先，培养学生正确的世界观、价值观、自主能力、自信品质和健康的心理，要诚信、热情。"还有的校长强调全面、多元地开启学生智能潜力，激发学生多元智能和自我发展的自信与原动力。[①]

教育的科学性和思想性是一对相辅相成的概念，二者之间既有差别也有内在的统一性。譬如，我们曾经一贯强调所教知识的科学性和正确性，但这种科学性和正确性如果不与思想性结合起来，很难说我们的教育教学活动是科学性的和完全正确合理的。学生的学习过程既是一个追求科学知识和技能的过程，也是一个情感、态度、价值观和道德品质不断发展和培养的过程，这种过程特点决定了我们的教育教学活动必须遵循科学性与思想性统一原则。这个原则适用于所有学段。

---

① 《什么样的教育才是好教育》，http://sichuandaily.scol.com.cn/2011/10/17/20111017318023990227.htm。

（三）教师主导性和学生主体性协同原则

教育教学的成功需要师生两方面力量的参与和配合。在课前，为了弄明学生既有的媒介生活和文化经验状况和求知欲，传媒素养教师需要通过问卷调查、访谈、座谈等方式向学生了解，然后确定优先和重点教学的基本议题和方面。在课堂教学中，教师根据精心策划和准备的教案进行教学，密切关注学生的反应，学生也要积极发言和表达自己对教学议题和问题的观点或看法。在课堂教学结束之后，教师和学生还要就教学效果、教学内容、教学方式和教学艺术等方面进行沟通和交流，以便师生双方理解彼此的教学关切，消除不必要的误会或误解，达到彼此满意的教学效果。总之，在教学各个环节，都离不开教师的主导和学生主体性的发挥。这个原则在传媒素养教育教学中表现得非常明显。

（四）传授知识服务于发展智力原则

教育史上一直有实质教育论和形式教育论之争。这种争论的焦点就是知识和能力在教育过程中谁先谁后的问题。尽管具体到某一节课堂的教学，是主要以知识传授为主还是以能力培养为主，很难有明确的结论，但是，随着知识爆炸和信息时代的来临，人类创造知识和信息的爆炸性增长和知识淘汰率的上升，使得发展智力和培养能力的急迫性和重要性在总的教学目标中越来越凸显。而传媒素养教育教学所面对的巨大知识层面、范围和领域，使得传媒素养教育教学不得不以发展智力和能力作为优先考虑的对象，而所传授的知识应当和必须服从于这一目标。

（五）紧紧围绕传媒生产生活教育教学的原则

传媒素养教育教学是关于传媒知识、技能、信息、情感、态度、价值观、道德品质养成的教育教学活动。传媒的知识领域包括传媒生产、消费、交换和分配等各个生产生活方面，因此，必须围绕传媒生产生活而设计、组织和实施教育教学活动，这是传媒素养教育教学区别于其他教育教学活动的地方，是传媒素养教育教学特色的集中反映。

（六）使用媒介框架教学理论进行教育教学的原则

因为传媒是一切文化知识和信息的载体，又是一个常新的事物，所以关于传媒的传媒素养教育教学内容领域非常广阔。一方面，内容如此丰富、领域如此广阔、议题层出不穷；另一方面，大中小学校教育、社会教育能够容纳或承载的传媒素养教育内容和活动比较有限。面对如此的情势，传媒素养教育教学必须根据学校和学生生活的实际，根据急迫、重要的、有时候又是阶段性的目标和任务，按照一定的逻辑框架进行教育教学。国外在传媒素养教学方面的实践比较早，已经摸索和总结出了一些媒介教学框架理论或思想，如英国艾迪·迪克的传媒三角理论、帕金翰的四关键概念框架教学思想、美国的五关键问题和五关键概念教学组织模式等，国内一些实践工作者也逐步摸索出了从媒介技术、媒介组织、媒介再现、媒介受众等方面入手展开传媒素养的教育教学活动。"杀猪杀尾巴，各有各的杀法"。只要对媒介教学艺术烂熟于心，教师完全可以摸索和形成自己一套独具特色的教学实施模式，得心应手地开展教育教学活动。

（七）通过媒介进行教育教学的原则

现代教育技术的进步和数字化媒介设备成本的下降和广泛应用，使得投影仪、PPT 教学、视频短片、图片、摄影以及哈哈镜等软件在课堂上的使用成为可能和趋势。在有关传媒的教育教学活动中，根据直观教学等原则教师现场呈现媒介实物、模具或图像展示，或媒介文本，对于调动学生的兴趣和提升教学效果无疑是关键和必需的。我们在广渠门中学的课堂教学中，使用过报纸、电视短片、视频片段、截图、哈哈镜软件等媒介，这些举措的确起到了引人入胜、调动兴趣的效果。与其他科目教学相比，尽管其他科目教学有时也应用了 PPT 教学，但很难像传媒素养教学这样对媒介及媒介技术使用的要求这么广泛和重视。

第二节　高中传媒素养课程开发的目的性、重要性和可行性[①]

秦学智传媒素养课程开发项目组为广渠门中学开发的课程名称为《传媒与现代生活》。《传媒与现代生活》共有 8 讲课程，为各自独立又相互紧密联系的八个部分。具体为，第一讲：传媒（Media）；第二讲：传播（Communication）；第三讲：传播的学问（Theories of Communication）；第四讲：传媒再现（Media Representation）；第五讲：传媒组织（Media Organization）；第六讲：广告、消费和受众（Ad consumption & audience）；第七讲：走进"微时代"（Enter the MicroAge）；第八讲：传媒作品展示（Final Presentation）。

一、课程开发的目的与实施步骤

（一）课程开发的目的

学术界一般认为传媒素养课程开发的目的主要包括媒介认知、媒介批判性思维培养和媒介使用三个方面。加拿大安大略省教育部认为，传媒素养旨在帮助学生发展对大众传媒的本质有知晓和批判的能力，懂得大众传媒所运用的技术以及这些技术所产生的影像。更具体地说，传媒素养教育的目的是增加学生对传媒如何运作、传媒如何传递、如何组织起来以及如何构建现实的理解和感受，并让学生具有创造传媒产品的能力。[②] 美国学者沃里·博文认为，"传媒素养教育致力于培养公民的能力，并将他们与传媒的被动关系改造成积极批判性参与的关系，它能帮助他们挑战私有化的商业传媒文化的传统和结构，并能帮助他们找到公

[①] 何庆平：《中国大陆高中传媒素养课程开发的目的性、重要性和可行性——以北京市广渠门中学传媒素养课程开发实践为例》，《传媒国际评论》第一辑，中央编译出版社 2013 年版。

[②] 秦学智，秦倩，何娟：《传媒素养教育的几个重要概念辨析》，《现代传播》，2011 年第 12 期。

民言论和话语的新路径"。① 加拿大安大略省教育专家简·泰利则认为："在多任务处理、商业化、全球化和交互性的世界里，传媒素养教育不在于获得正确的答案，而在于提出正确的问题。其结果是学习者和公民的终身'赋权'。"② 在进行课程开发之初，本人就向项目团队提出了"思想性、艺术性、实践性和人文性"的指导思想，并明确了课程开发的目的。我们在进行课程开发时，除了考虑以上三个方面外，针对高中生特点和实际情况，进行了具体分解，包括了以下几个方面。

1. 帮助学生初步认知传媒、了解传播

引导学生正确地认识包括报纸、杂志、广播、电影、电视、网络等大众传媒在内的传媒世界各种现象，了解传媒组织机构的运作流程，了解传播的类型及过程，以及与学生生活相关的热点传播话题。

2. 帮助学生揭示传媒现象本质，树立其批判性思考能力

通过与学生直接生活经验的结合，让学生不仅认识到传媒世界（如网络世界，游戏世界）与现实社会生活的区别和联系，并且通过对传媒现象本质的揭示，培养其关于传媒的辩证、批判思维能力。

3. 锻炼学生在互联网时代初步的媒介产制和自我传播能力

以传媒作品展示考核等方式，在课堂指导的基础上，要求学生以小组分工合作形式制作媒介作品，发挥学生主观能动性（不做任何限制性要求），以培养其媒介内容生产及自我传播的能力。

4. 帮助学生正确认知大学、认知传媒从业者，规划好学习和职业生涯

高中生处于高考升学压力之下，又处于青春期，思想活跃却容易跑偏，对未来有着朦胧却又不够具体实际的想法。因此，这门课程还希望帮助学生了解大学生活，了解传媒从业者工作和生活，以帮助高中学生

---

① 秦学智，秦倩，何娟：《传媒素养教育的几个重要概念辨析》，《现代传播》，2011年第12期。

② 秦学智，秦倩，何娟：《传媒素养教育的几个重要概念辨析》，《现代传播》，2011年第12期。

尤其是高一新生做好高中阶段学习规划和未来升学选择和职业选择。

5. 引导学生树立民主、平等、开拓和进取信念的现代公民意识和精神。

通过对我们身处的传媒世界现象和本质规律的揭示，让学生正确地认识到自己的身份、地位、条件和境况，培养其科学生活和健康生活的情趣和情感，以及利用传媒服务自己成长和社会发展进步的现代公民意识、态度、价值观和行为习惯。

（二）课程开发的实施步骤

此次课程开发的实践过程中，项目团队边开发边摸索，逐步形成了一个相对成熟和完整的可供复制的课程开发流程。

1. 成立项目组

本着自愿的原则，组成包括4名研究生在内的5人项目组。为保证项目顺利进行和人员稳定，双方在平等自愿基础上签订了协议书。

2. 前期调研

项目团队组建后，第一件事就是进行与项目有关的调研，了解此项目的背景信息，了解广渠门中学校本选修课程情况，以及此次课程开发的要求、授课时间、时长、授课对象及其他具体细节。

3. 确定课程开发目的，主题和授课方式

开始具体内容开发之前，项目组首先探讨并明确了课程开发的目的，整个课程开发的具体主题及授课形式等。

4. 具体课程开发

（1）主题讨论会及分工：提前一周开始下次课程的开发，第一步骤便是经由讨论确定下一次课的主题内容，并分工协作（明确主讲人、教案及课件制作人，配合人、助教等角色）。

（2）分工协作完成教案及PPT课件初稿：提前4天完成教案及PPT课件初稿。

（3）讨论教案及课件初稿，提出修改意见：用一天时间讨论并提出修改意见。

(4）分工协作完成教案及 PPT 课件修改至定稿：提前 2 天完成教案及 PPT 课件的修改至定稿。

(5）课前试讲：提前一天试讲，并做最后调整，准备好上课道具及相关设备。

(6）课后总结会：课程结束第二天上午即召开上节课的总结会，根据学生课堂表现及反馈，找出不足，加以改进，不断优化课程开发。然后开始下一次课程开发的讨论及分工等，如此循环推进。

5．中期效果调查及调整

在进行到课程开发实践中期后，对前半段时间课程开发的内容及教学实践效果做一轮问卷调查，以了解课程开发的内容是否能被学生接受和欢迎，预期的教学效果是否达到，学生对课程有何期待及建议等。根据问卷调查结果，调整接下来的课程开发的主题及形式选择。

6．项目总结

全部课程结束后，项目组对所有课程开发内容进行整理，对过程中积累的经验和不足进行总结，为下一次课程开发提供借鉴。

二、课程开发的重要性

近年来，传媒素养教育在中国大陆发展迅速，其重要性也愈发被更多的人所认识。但无论从世界范围看还是从中国范围看，传媒素养教育至今尚未有统一的定义。我们认为，传媒素养教育是指根据一定的社会要求与受教育者的身心发展规律，通过一定的教育手段使受教育者能够掌握或具备一定传媒素养的培养人的活动。它不仅培养受教育者的传媒知识、技能，还培养与传媒有关的情感、态度，以及现代社会所要求的价值观和思想道德品质等修养。[①] 毋庸置疑，身处全媒体时代，帮助人们具备相关传媒素养将成为十分重要的课题。尤其是对于在传媒建构的拟态环境下成长起来的 90 后高中生，他们正处于被媒介包围的时代。

---

① 秦学智，秦倩，何娟：《传媒素养教育的几个重要概念辨析》，《现代传播》，2011 年第 12 期。

而在高中阶段的学习过程中,学生又较少接触社会实践。因此,他们对于一些问题是比较难以理解的。比如,学生难以理解信息是被人解释、加工过的,或将虚拟世界与"虚假"画上等号。所以,针对高中阶段学生进行专门的传媒素养课程开发意义重大。

(一)降低传媒对高中生产生的负面影响

从传媒素养教育的概念产生以来,"保护主义"这一理念其实一直暗含其中,保护涉世不深的青少年免受传媒负面因素的危害一直是传媒素养教育的题中之意。长期以来,传媒中的虚假乃至色情、暴力信息(尤其是网络媒体)一直是毒害青少年的魔爪之一。高中生处于青春期,精力旺盛,爱模仿,却又缺乏判断力,极易受到影响。

此外,还有令许多家长、教师头疼不已的网瘾问题。如今,条件较好的家庭一般都配备有电脑上网,条件差一点的学生则可以去网吧接触网络。高中生学习能力强,已掌握一定的电脑使用技术;但是高中生往往自制能力极差,一旦迷上网络就难以自拔,尤其是虚幻的网络游戏常常令他们迷失其中。针对高中生的传媒素养课程开发一定要直面此类现实问题,在课程中针对此类问题设计专门内容,以使学生认清传媒存在的负面因素,降低对学生的负面影响。

(二)有助于提升高中生身心健康,使其形成正确的价值观、人生观、世界观

学生步入高中时代,自我意识逐渐发展,开始摆脱对成人的依赖,渴望进入成人角色,获得全新的社会评价。但心理成熟水平偏低,思维上带有很大的片面性和表面性,缺乏成人深刻而稳定的情感体验。因此,他们在不同的思想面前感到迷茫与困惑,在诱惑面前不知如何去伪存真。[①] 贴在90后身上的"非主流"、"脑残"等标签无疑就是对上述现象的一种认识或评价,虽然这种认识或评价并不完全客观和全面。此

---

① 骆中成,徐晓昀:《认识—甄别—应用—基于高中阶段媒介素养教育的实践研究》,《中国广播电视学刊》,2010年第6期。

外，盲目追星、赶时髦、爱耍酷等也是这个年龄段学生比较典型的心理特征。

但是，高中生的智力水平接近成人高峰状态，其注意力具有一定的稳定性，能较长时间地注意与自己兴趣有关的事物。[①] 所以一旦抓住他们的兴趣点，教育的效果也将是非常好的。针对高中生特点开发传媒素养教育课程，尤其要注意与他们的生活经验相结合。这种教育将有助于提高他们对媒介信息的批判能力，有利于提高他们的是非分辨能力、道德评判能力和社会责任感，进而帮助他们树立正确的人生目标和价值观念。

（三）有利于推进高中素质教育的发展，培养合格的现代公民

改变传统的应试教育培养书呆子的模式，开展素质教育，培养德智体美全面发展的现代人才是国家在教育领域的大方针。高中生在未进行系统的传媒素养学习之前，更多地会把媒介当作纯粹的工具或把媒介传播的虚拟社会误认为是客观现实，这是由于长期以来的被动接受知识的习惯，使得他们更倾向于相信传媒而不是质疑。他们还不能成为媒体信息理智谨慎的消费者。而传媒素养教育不仅要教给他们具体的媒介知识（比如什么是报纸，传媒的发展过程等）和传播技能（比如制作一条新闻等），还要联系高中生的生活经验，在此基础上进行课程设计开发以培养他们的批判能力和发展他们改变生活的能力。

一学期的传媒素养课程未必能让所有的学生都能在短时间内有明显的从思想到行为的变化，但是一旦批判意识或精神形成，这种思维的力量会在其整个人生中发挥积极作用。独立思考能力是一个现代公民最重要的素质，可以说，传媒素养课程为学生打开了了解媒介、认识社会的一扇窗户。通过这扇窗户，他们可以发现人生更多的风景。

[①] 骆中成，徐晓昀：《认识—甄别—应用—基于高中阶段媒介素养教育的实践研究》，《中国广播电视学刊》，2010年第6期。

三、课程开发的可行性

高中阶段传媒素养教育既如此重要,其课程开发亦需迫切提上日程。目前在中国大陆,虽然官方尚未出台完全针对高中阶段传媒素养课程开发的政策,但进行高中阶段传媒素养课程开发的条件已初步具备。高中阶段学生需要传媒素养,这是根本;理论界的研究则提供了理论指导;政府政策的鼓励与支持,学校、家长的重视都是重要推动力;人财物资源的可获得性和课程开发形式的相对灵活性,为高中阶段传媒素养课程开发提供了现实的可行性。接下来,就需要有条件的高中与高校开展先行先试,为今后的广泛推广提供经验。

(一)现实的需求

基于上述有关高中生传媒素养教育课程开发重要性的讨论,可以看出,其现实的需求不仅大量存在,而且非常紧迫。正是有着基于当前教育体系下青少年传媒素养教育迫切的现实需求,才是我们进行课程开发最大的动力。

(二)学术界的研究热潮

学术界一直是积极推行传媒素养教育的主力军,相关高校在这方面一直扮演着开拓者的角色。比如中国传媒大学、浙江传媒学院等传媒领域特色高校积极开展有关高中阶段传媒素养教育的实践与理论研究工作,与一些高中学校展开点对点的合作,在实践中总结经验并加以推广,已经取得了不少成果。比如此文所述的中国传媒大学与北京市广渠门中学的合作,浙江传媒学院与杭州夏衍中学的合作等。

除了高校的研究之外,学术界的各种研讨会、论坛也如火如荼地举行,比如西湖媒介素养高峰论坛、中国媒介素养教育国际学术研讨会,等等。围绕高中传媒素养课程开发的学术论文时有发表,相关学术观点为高中阶段传媒素养课程开发提供了有益的参考与借鉴。

(三)政府政策的鼓励与支持

在教育部颁布的《国家中长期教育改革和发展规划纲要(2010—

2020年)》中,有关高中阶段的内容(第五章第十二条)指出,要"全面提高普通高中学生综合素质。深入推进课程改革……创造条件开设丰富多彩的选修课,为学生提供更多选择,促进学生全面而有个性的发展……建立学生发展指导制度,加强对学生的理想、心理、学业等多方面指导。"① 纲要中提出的"选修课",被广泛理解为校本课程,目前已在全国普通高中全面推行。"促进学生全面而有个性的发展"这一目的,与传媒素养教育课程的目的正好契合,所以受到不少地方教育部门的高度重视。比如,2010年9月上海市颁布的《上海市中长期教育改革和发展规划纲要(2010—2020年)》中,即明确提出"加强对学生进行媒介素养教育,增强正确理解、合理运用大众传播媒体等信息网络的能力"。北京教育科学研究院课程中心主任杨德军在2010年时也曾表态,"将在整个北京市推行媒介素养教育实验课,力争把媒介素养教育从校本课程上升为北京市的地方课程"。② 上至教育部,下至各地方教育部门的政策支持和鼓励将是进行高中媒介传媒素养课程开发的最强劲推动力。

(四) 学校及家长的重视

高中阶段学生处于求学关键时期,参加高考考取一所理想大学是绝大多数学生的梦想,因此他们面临较大的学业压力。而部分学校出于升学率等现实考虑,最初在校本课程方面积极性不高,不少家长也会认为是浪费宝贵的学习时间。但随着网络的快速发展,学生媒介接触频率较以往有大幅提高,随之各种相关的社会问题开始出现。比如由于缺乏控制力,很多高中阶段学生沉迷网络游戏,以致荒废学业;青春期男女乐于追明星、追逐偶像,沉迷韩剧、日剧及其他国内偶像剧,耽误学习;

---

① 《国家中长期教育改革和发展规划纲要(2010—2020年)》,http://www.moe.gov.cn/publicfiles/business/htmlfiles/moe/s4668/201008/xxgk_93785.html。

② 李晓丽:《学会选择 学会生活:媒介素养教育呼之欲出》,http://www.zjhw.net.cn/Show.aspx?cat=7&id=41&PKID=36。

更危险的是，网络信息良莠不齐，暴力、色情等不良信息会严重影响高中生的价值观和行为方式，产生不良后果。近年来，网络上出现的有关高中生的各种"门"事件已经反映出问题相当严重。于是，学校和家长纷纷认识到了问题的严重性和提升学生传媒素养的必要性，相关的课程已被越来越多的学校纳入选修课（校本课程）范畴。

（五）资源的可获得性

进行高中阶段传媒素养课程开发同样需要具备人、财、物三方面的资源。

首先是人力资源的状况。人力资源相对较易获得，高校研究传媒素养的机构的老师和学生、此领域的专家、高中的一线教师等，人力资源可谓比较丰富。只要不断扩大影响，进行有关宣传和师资培训，将会有更多的人士对传媒素养教育感兴趣，并愿意投身于其中。

其次是财力的支持。目前国家教育部、地方教委等部门有一部分的科研经费支持有关传媒素养教育方面的研究，但可能还远远不够。广渠门中学的《传媒与现代生活》课程开发是在经济条件相对比较困难的条件下完成的，只有广渠门中学提供了少量经费供项目组日常开销。所以，在经济方面还需要有关各方提供更多的支持。相信随着传媒素养教育越来越受到各方的重视，各级教育部门一定会加大这方面的投入。

最后是物的方面。这方面主要涉及场地和课程辅助设备。场地问题一般需要高校与高中协调解决，这相对容易解决。而辅助设备，尤其涉及电子产品的教学工具时，则需要一定的经费去购买，所以归根到底也还是财力的问题。

（六）形式的灵活性

除了以校本选修课程这一目前比较常见的课程开发形式外，基于高中生课程特点，还可以进行融入式课程开发，将传媒素养的内容和理念融入高中生国家课程与地方课程中去。语文、历史、政治、信息技术等课程都是比较适宜的教育平台。可挑选政治、经济、文化和环保等与课程相关的社会热点为切入点，通过各类影音资料的展示，让学生根据本身已有的常识和学到的知识对该问题展开讨论。也可以要求学生在课后通过各种途径获取相关话题的媒体资料，进行分享和讨论。在信息技术课程中，一方面培养学生的网络等新媒体的使用能力，另一方面指导他们的网络价值观，正确获取网络信息并要保持批判性思考，多角度获取信息。这样可使他们在常规的学习中潜移默化地积累传媒素养的理论知识和实践能力，提高在媒介海洋中的辨别能力和批判能力。[1]

总体而言，类似广渠门中学传媒素养课程开发这样的传媒素养教育本土化实践只是传媒素养教育发展初期阶段的实践尝试和努力。整个社会认知的培育、师资力量的培养、课程体系的设置、效果评价机制的建立，都需要我们长期的探索，而这也决定了传媒素养教育的前路漫漫。

第三节　广渠门中学传媒素养课程的内容及其特点[2]

"优质高中传媒素养课程开发和实施"项目组为广渠门中学设计、开发和实施的《传媒与现代生活》校本选修课程，共有八讲内容（每讲2节课，共100分钟）。本部分是对在广渠门中学实施的传媒素养课程的内容及其特点的分析和总结。

一、课程内容设计的思路及原则

（一）课程内容设计思路

在开始设计课程内容的时候，本人提出了几个需要着力考虑的因素：（1）在广渠门中学是首次开设这样的课程，该校师生对传媒素养

---

[1] 骆中成、徐晓昀：《认识—甄别—应用—基于高中阶段媒介素养教育的实践研究》，《中国广播电视学刊》，2010年第6期。

[2] 张智华：《广渠门中学传媒素养课程的内容及其特点探析》，《传媒国际评论》第一辑，中央编译出版社2013年版。

课程不了解；（2）课程内容，特别是案例教学要尽可能紧贴学生生活实际；（3）采取问答法，实行探究教学，能够激发学生的批判和研究性思维；（4）课程内容的呈现方式要丰富多样，使学生不会产生审美疲劳的同时增强对所学知识的巩固和记忆，等等。

根据上述的指导思路，最后确定了这一课程的内容结构：（1）传媒；（2）传播（在进行过程中，扩展为2讲）；（3）传媒再现（在进行过程中，依顺序调整至第4讲）；（4）传媒组织（在进行过程中，依顺序调整至第5讲）；（5）传媒消费（在进行过程中，原第5讲"传媒消费"和原第6讲"传媒受众"这2讲合并为1讲，定名为"广告、消费与受众"）；（6）传媒受众；（7）传媒与时尚生活（进行过程中，调整为"走进微时代"）；（8）传媒作品展示。这八讲从传播的基本概念入手，以贴近学生日常生活经验、与传媒世界有关的教学议题为主要研究对象，将传播学的知识浅显易懂地教授给学生。

（二）课程内容设计原则

在课程设计上遵循以下原则：

1. 紧贴学生学习兴趣和生活实际原则

课程内容要紧密联系学生生活体验，激发并引导学生兴趣。譬如，在该课程的第四讲"传媒再现"中，课程选取报纸、电视、网络等不同形态媒体对"90后"的再现，引发学生结合自身生活经验进行思考。

2. 因材施教，教学相长原则

确定因材施教这个原则，主要考虑到：一是高中生全体目前的认知水平、学习能力和素质；二是不同学生的认知水平、学习能力和素质。但是因为课堂时间有限，班级人数过多（约60人）等原因，并没有做得足够好。

教学相长，是指教师在教学过程中遇到困难和挑战时通过不断学习来提高自己。媒介素养教育教学是一个比较新兴的事物，必然会触及到教师可能了解和认识不够的知识领域，这些都需要教师在教学过程中不断地提高。

3. 循序渐进原则

以"传播的学问"这讲为例,课程内容从广渠门中学引入客观现实世界,逐层深入,讲到传媒世界,他人的经验世界,自我经验世界,继而讲到"拟态环境",这样将现实世界和传媒世界的区别告诉学生,使学生掌握思考我们周围世界的方法和视角,从而全面地把握我们周围世界的现象与本质。

4. 问答教学原则

自古迄今,问答教学法一直是教学中激发学生思考和探究的重要方式。在课件和课程内容设计中,设计者就要有意识地设计问答环节,并要为实际教学过程中可能出现的教学时机留有余地和富裕空间。通过问答,激发学生的思维和思考,通过师生问答或学生与学生之间的问答或诘问,解决学生心中的困惑,培养他们批判性的思维,锻炼他们的语言表达能力,并逐渐建立起良好的师生关系、同学关系。

5. 多文本综合使用原则

现在进入了一个多种文本形态并存的时代。从原来单一的纸质文本到现在的电子文本和数字文本,从原来单一的文字和图片文本到现在的视频和音频文本。音频和视频文本的大量涌现给教学带来了无限的自由开拓的空间。在课程内容设计中,文字的、图片的、音频的和视频的多种文本使用就成为自始至终遵循的一个原则。

二、《传媒与现代生活》的基本内容

《传媒与现代生活》共有八讲内容。第一讲"传媒",包括"我眼中的传媒"、"什么是传媒"、"传媒的昨天、今天和明天"、"传媒的属性"、"传媒的功能"和"我的传媒职业梦想"六个板块。总的意图是让学生对传媒的基本知识有个大概的了解。具体而言,设计这几个板块的目的是首先让学生结合自己的认识,谈谈他们对传媒的理解,之后用生动新鲜的事例引入传媒的定义、分类,传媒的历史及其发展规律,传媒的政治、经济属性,传媒的功能等专业知识,最后以社会上最常见的关于传媒类的职业向学生做个介绍,鼓励学生思考自己的职业设想。

在第二讲"传播"和第三讲"传播的学问"中，课程内容包括"传播与传播过程"、"传播的类型"、"传播产生的效果"和"传播的学问"这几个方面。课堂一开始，让学生一起做个游戏，使他们通过游戏明白信息在传播的过程中可能会导致信息失真，之后用传播学经典的"5w"模式告诉学生：何为传播，在"传播产生的效果"方面，用当时流行的影片《2012》进行切入，对传媒效果进行定义，之后用几个生活中的例子，让学生分析是属于哪种形式的传播，最后在"传播的学问"中，分别用影片《蓝精灵》、某权威报纸、化妆品广告、"小悦悦事件"和一些电视节目为切入点，讲述了拟态环境、把关人、固定印象、议程设置、涵化理论几个学问，让学生对接触到的传媒作品进行比较分析，以提高他们的批判思维能力。

第四讲"传媒再现"，目的是让学生认识到传媒是社会现实的反映和再现，既然是反映或再现，那么传媒再现和社会现实之间就存在着一定，甚至完全扭曲的差异。课程设计的内容包括"什么是再现"、"几种再现的表现方式——恶搞、新闻报道、综合表现、包装"和课堂活动这几部分。课程一开始是让学生代表做照哈哈镜的游戏，希望他们从这个游戏中明白传媒对社会现实的再现如同哈哈镜对人脸部的反映一样，有平面的反映，也有放大或缩小的反映，还有偏斜和扭曲的反映。接下来设计对几种传媒再现方式的讲授和学习。在对"恶搞"方式的设计中，用网友恶搞的种种小胖的形象讲述；在"新闻报道"方式的设计中，用"芙蓉姐姐"这个人物的先后变化来组织课程；在"综合表现"方式的设计中，用上面提到的从网络、报纸和电视这几类媒体对"90后"的媒介呈现进行讲述；在"包装"方式的设计中，以明星来举例说明。通过这样的具体实例分析，将几种传媒再现的方式清晰地呈现给学生，使他们对这几种基本的再现方式有所认知使他们深刻了解传媒再现的性质、规律和特点。

第五讲"传媒组织"的内容是从"初识传媒组织"、"传媒组织的那些人和事"、"传媒组织背后看不见的手"、"传媒组织的社会责任"

这几方面层层深入的，通过一些传媒组织的表现来对传媒组织的各种行为表现及其动因进行探讨和分析。课程内容涉及国内的一些传媒组织举办的相亲节目，让学生总结国内相亲节目的大量跟风、刻意策划、虚假成分等不良特点。为了不使学生对传媒产生一味的负面印象，专门设计了公益广告等反映传媒履行其社会责任的内容。向学生们讲解传媒的不良行为和其应当承担的社会责任，也向学生传达出做公益的概念，帮助他们树立正确的价值观，初步养成现代公民的意识、态度和行为。

第六讲"广告、消费与受众"中，所涉及的内容包括"广告的定义和分类"、"广告的秘密"、"广告与消费、反广告"和"广告的艺术性"。向学生展示了电视广告、网络广告、报纸广告、POP广告等，向学生展示了集思想性、创造性和艺术性为一体的广告，最重要是告诉学生消费主义的理念，告诉学生们面对纷繁的广告宣传，要理性消费，对广告进行批判的思考。

第七讲走进"微"时代，包括"微博、微小说和微电影"、"何为微时代"、"微时代的影响"和"微时代的你们"几个部分。课程开头以微电影、蓝精灵体、TVB体这样鲜活的例子进行情境引入，对"微博、微小说和微电影"等知识进行了一番梳理。在"何为微时代"部分，重点设置了"微时代的微应用"，引导学生思考微博是否影响了他们的生活，思考动车事件、"郭美美"事件，微博打拐事件，邓飞的"免费午餐"计划。试图通过对这些社会上的热点事件进行批判性思考，培养学生正确的价值观和批判性思维能力。

总之，项目组团队开发的这八讲内容是按课程设计的思路和原则进行的。课程实施的结果表明受到了广大学生的喜爱，有不少学生明确表示，课堂上所学的知识的确对他们现阶段的学习有用。

三、《传媒与现代生活》内容特点

分析八讲课程内容，可以看出存在以下几方面共性特点：

（一）循序渐进，一以贯之

传媒，传播，传播的学问，传媒再现，传媒组织，广告、受众与消费、走进微时代、传媒作品展示,这八讲内容,是环环相扣、循序渐进的关系。首先,传媒的知识是其他各讲知识的概念基础。其次,在对传媒有关知识的学习中,离不开传播学的知识和理论介绍。传媒再现是要对传媒本质规律的把握,而传媒组织是传媒再现的具体实施者,传媒受众是被实施者。"走进微时代"是对学生所处的传媒时代背景的一个把握。最后一讲"传媒作品展示"希望学生在作品创作中利用课堂所学知识,锻炼媒介批判思维能力和现代公民意识。

(二)主题教学和讨论的有机组织方式

我们在设计这八讲课程内容时确定了一个很重要的原则,即主题教学和讨论的有机组织方式(我们也可称之为"板块式内容结构")。因为传媒世界是对现实社会的全方面、多层次的反映,所以带领学生洞察和批判性地思考一切传媒世界的现象和本质,是很难做到的事情。这种困难要求我们必须实行主题教学,即通过窥斑见豹的做法来实现对传媒世界的总体把握和认知。在具体设计的时候,每一讲都是一个要探讨的主题,该主题下又分为几个分主题,分主题根据实际需要还可以进一步细分。分主题与分主题之间,主题与主题之间都有内在的联系,环环相扣,以便实现这门课程的根本目标。在课程知识呈现的环节,特别设计有教师与学生、学生与学生之间进行讨论的环节,让课程内容得到最好的拓展和展现,以服务于教学的根本目的。实践证明,这是媒介素养教育教学必须采取的一种重要的课程内容设计方式。

(三)紧贴学生生活实际经验,多种文本形式综合运用

媒介素养教育教学的一个重要特点是要从学生的实际生活出发,利用和激发学生的日常生活经验与兴趣,从而最大限度地调动学生学习的动机和兴趣。在课程内容的设计方面,一是要考虑到学生的日常媒介生活经验;二是要考虑到文字的、图片的、图像的、音频的等多种媒介文本对学生学习和记忆的影响。因此,紧贴学生生活实际经验,综合运用多种文本形式来激发和保持学生的注意力,是我们在进行这八讲课程设

计的时候自始至终遵循的一个根本要求。我们在跟负责录制设备的电教老师的交谈中得知,《传媒与现代生活》课堂的确让学生能够将注意力集中在教师希望他们关注的地方。

总之,这八讲内容有着一些明显的共同特征。这些特征反映了媒介素养教育教学的一些基本要求,也反映了高中这一阶段学生的某些心理特征。这次在广渠门中学开设的《传媒与现代生活》课程只是在高中开展媒介素养教育的一个尝试。我们认为在高中开展媒介素养教育课程是有其特殊性的,希望这方面课程内容开发经验和特点的总结能够为以后开展相关课程的教育教学提供一定的借鉴和参考。本课程在内容开发和设计上也存在一些不足,希望以后能够加强和完善课程内容的评价体系,以不断改进这一方面的实践做法,也希望能为高中乃至其他学习阶段的媒介素养教育课程与教学的发展做出自己力所能及的贡献。

第四节 广渠门中学传媒素养课程教学的组织与实施[①]

2011年10月,由中国传媒大学开发的传媒素养校本课程《传媒与现代生活》在北京市示范性普通高中广渠门中学开始正式实施,为期两个月。课程讲究通过生动活泼的教学形式和引人入胜的教学内容,使学生提高传媒批判思维能力,并具备民主、平等、开拓和进取精神的现代公民品格。在两个月的教学中,该课程在教学组织与教学实施上进行了许多有益的尝试,取得了一定成效,也遇到了一些问题。本部分探寻该课程组织与实施的背景环境与机制,揭示广渠门中学教学管理制度和状况对课程的影响,并探究课程的组织过程、实施过程以及总结并反思课程组织实施过程中遇到的问题。

---

① 何娟、何庆平:《广渠门中学传媒素养课程教学的组织与实施》,《传媒国际评论》第一辑,中央编译出版社2013年版。

一、《传媒与现代生活》课程组织与实施的背景环境与机制

北京市广渠门中学始建于 1954 年,前身为北京市女子第 15 中学,现为北京市示范性普通高中。该校是一所全日制完全中学,学校现有 24 个初中教学班,26 个高中教学班。学校采取多种形式、通过多种途径,坚持以学生的发展为本,使学生生活在一个富于科学与人文精神、和谐进取的校园文化环境之中。学校坚持实现可持续发展的办学思想。

该校校方认为,"要实现学校的可持续发展,寻找教学管理新的生长点是关键"。[①] 校方经过反复的调研和论证,决定在四个方面进行调整,即课程领导力、学生评价方式、教研组建设、教师评价方式,以实现学校在教学领域的可持续发展。校方研究认为,学校加强对课程的领导,关键在于两个方面,一方面是加强管理必修课程的课堂教学效率,另一方面则是做好校本课程的研发和实施。

但是,广渠门中学在实施校本课程的过程中,面临过一系列问题。"首先,学校不放手,教师不放心;其次,学生欢喜但是家长不欢迎。"[②] 原因十分简单,主要是校本课程不在高考的考试范围之内,学校怕耽误时间,费力不讨好。再加上学校没有成熟的经验管理学生走班,担心走班之后会失去对学生的有序控制和管理。

因此,该校认为,要实施校本课程,校长的决心和对全体教师的引领是决定成功与否的关键因素。广渠门中学实施校本课程决策主要有三个依据,一是学生发展的需要,二是学校建设的需要,三是教师专业发展的需要。研究指出,学校在加强教师对校本课程的研究和对学生需求的重视两件事情上需要做出积极的引导。"在课程的研发过程中,重点考虑将学生的兴趣与爱好在课程的内容与形式上得到最大限度地满足。

---

① 《从"精细"走向"精彩"——北京市广渠门中学教学管理工作的实践与思考》,http://www.sdytyz.cn/E_ReadNews.asp? NewsID = 983,2012 - 7 - 10。

② 《从"精细"走向"精彩"——北京市广渠门中学教学管理工作的实践与思考》,http://www.sdytyz.cn/E_ReadNews.asp? NewsID = 983,2012 - 7 - 10。

例如，在语言与文学领域，教师们开设了文学名著欣赏，既满足了学生的兴趣需求，同时在课程内容上也要求教师理性对待，不要无限制地偏离学生的现实需求。在英语学科方面，开设英语阅读与写作，也极大地解决了校本课程开设的矛盾。"①

2011 年，广渠门中学与中国传媒大学、北京科技大学、北京第二外语学院、北方工业大学、北京化工大学等 5 所高校建立优质生源基地校，以便实验高中课程与高校基础课程的衔接。广渠门中学在高校提供的特色课程表中选择适合高中生选修的内容，加入到本校校本课程体系中，便于学生自主选修，为高中生发展搭建平台。10 月 10 日，高一年级在学校报告厅召开了年级大会，15 位老师走上讲台向同学们推介自己讲授的课程。开设的课程涉及语言、人文、科学、技术、艺术等多个领域，为不同层次的学生提供了广阔的选择余地，成为促进学生发展的有力补充。《传媒与现代生活》就是在这样的背景下进入广渠门中学的选修课系列，并成为北京市优质高中推广和实施的首个现代传媒素养教育意义上的传媒素养课程。第一次面向广渠门中学高一年级约 60 名学生开设，实习学分制，即课程合格者取得学校规定的两个选修课学分。

二、《传媒与现代生活》课程的教学组织

一定的教学活动，都是由教师和学生在一定的时间和空间环境中进行的。教学活动的实施与研究，必将涉及师生组合方式及时间和空间的安排问题。简单地说，这种师生组合与时空安排构成了教学的组织形式。

所谓教学组织形式，是"为了实现一定的教学目标，围绕一定的教育内容或学习经验，在一定时空环境中，借助一定的媒体，师生相互作用的方式、结构与程序"。其主要内涵包括特殊的师生互动、特殊的时

---

① 《从"精细"走向"精彩"——北京市广渠门中学教学管理工作的实践与思考》，http://www.sdytyz.cn/E_ReadNews.asp?NewsID=983,2012-7-10。

空安排和教学因素的特殊组合。它"在教学理论和实践中,处于真正的具体落脚点的地位,带有综合、集结的性质"。①

(一)《传媒与现代生活》课程的师生组合方式

在教学实践中,教学组织形式首先体现为师生的组合方式。师生组合方式主要有一对一、一对多、多对一、多对多等。《传媒与现代生活》打破了传统的一对一、一对多的教学方式。采取"主讲+助教+学生"的方式,每讲设主讲一名,辅以1-3名助教,共同为学生服务。

其中,主讲的任务是主导该讲的内容和决定采用的教学方法等。助教,顾名思义,是辅助主讲教学的人员。《传媒与现代生活》课程助教为"优质高中传媒素养校本课程开发与实施"的项目成员,是研究生一、二年级的学生。助教的任务主要是在课堂活动、游戏、问答等环节中进行活动组织、秩序维持、示范引导,以及布置与批改作业等。

由于传媒素养教育课程往往包含较多的课堂活动,且这些活动往往以分组的方式进行,注重师生互动,因此,若采用传统的一对一或一对多教学方式,将可能因为学生分散而产生教师无暇兼顾的局面。所以,主讲与助教配合教学的一个好处便在于,利用协作方式产生良好的课堂组织效果,有利于参与人数较多的课堂活动、游戏或分组讨论的进行,从而活跃课堂气氛和调动学生学习兴趣。

例如,在《传播》一讲中,为了使学生理解什么是传播,传播过程包含哪些要素和环节,教师在课堂开始便设计了一个"我演你来猜"的课堂游戏。从全班同学中挑选4名同学,平均分成两组;每组派一位同学从助教手中抽取一张写有成语的任务卡;另一位同学将任务卡上的内容表演给所有同学,由下面的同学猜测表演的成语是什么;要求表演不出声,可辅以肢体动作,组内另一位同学可以进行配合。游戏的目的在于让学生明白这样的表演实际上就是一种传播活动,包含5W模式中

---

① 司成勇:《走向个别化教学——论教学组织形式的发展历史与逻辑的统一》,《教育探索》,2011年第2期,第72—73页。

的每一个传播环节,"传播"的概念被自然引出。在这个游戏中,主讲与助教的配合,使游戏规则的讲解、游戏秩序的引导、游戏过程的调节和游戏结果的统计得到了有序进行。

其次,《传媒与现代生活》除了以班级授课制为主要教学组织形式,还较多地采用了对学生进行分组的教学组织形式。这种分组并不以学生的能力或学业成绩作为划分标准,而是以学生的兴趣为依据,以自愿为原则,将不同的学生编入若干组别中。并且并不严格规定各组人数绝对一致,由学生自主决定各组人数多少。最后,由教师根据各组分组情况,有针对性地进行问题和任务分配。例如,该课程采取传媒作品制作与展示的结课方式,要求学生结合所学的传媒知识和理论,以"环保"为主题,分组完成一件传媒作品和作品的创作报告,并结合PPT进行口头展示。从学生的表现和反馈来看,分组的教学方式有效地培养了他们的团队合作精神与分工协作的能力,也较好地体现了"民主"教学的特点。

教学组织形式直接影响教学的质量,影响教学的效率和教育的规模,对于学生个性的形成和情感的培养具有十分重要的作用。因此,在传媒素养教育的实践中需要对教学组织形式进行精心设计,为特定教学目的的实现、教学内容的实施和教学方法的运用而服务。

(二)《传媒与现代生活》课程的教学时间与空间

教学的时间与空间组合可以有多种形式。从时间的组合来看,涉及学年制、学周制及课时的安排等。具体到《传媒与现代生活》课程,该课程为一学期制,一周两课时,每个课时时长50分钟,为固定课时制。原来的安排为每周两课时中间有十五分钟的休息时间,但是通过前期实践发现,学生上课的热情高涨,而且课程设计的小组或大组讨论、分析、游戏等实践活动较多,需要较长的、持续性的时间来保证。因此,在与学生进行协商的基础上,教师决定将两节课的课间休息取消,每次课时为100分钟,实行"时段排课方式"(Block Scheduling)。

"时段排课方式"是一种教务排课类型,在这种排课方式下,学生每天要上的课程的数目会减少（例如，4 节课），但是每节课的时间会延长（例如，100 分钟）。20 世纪 90 年代，这种排课方式在美国的初中和高中变成一种流行的趋势。① 瑞妮·霍布斯曾对美国新罕布什尔州康科德高中一个名为《英语 11：媒介与传播》的传媒素养教育课程进行研究，发现"时段排课方式"是该课程核心学习活动所必要的元素，因为课程需要持续的小组或大组讨论时间，实践活动以及阅读、观察和写作时间。② 在广渠门中学的实践中，这种排课方式保证了这些实践活动所需的较长持续时间，不仅可以保证更加灵活和有效的课堂环境，而且为使用多种互动教学方法提供了更多机会。

《传媒与现代生活》课程的教学空间主要是在课堂内，即采取课堂教学形式。课程先后在广渠门中学的阶梯教室和综合演播室两个空间进行，综合演播室由于讲台面积更大，横向宽度大于纵向长度，且拥有两块较大的电动荧幕，更有利于学生走到讲台上，教师走进学生中，教师与学生的距离也被拉得更近，因此，也就有利于课程开展多种互动活动，以及教师与学生的对话。

（三）《传媒与现代生活》课程的资源与设备

由于《传媒与现代生活》课程旨在一方面使中学生学习到不同媒介形式的特征和信息制作过程，另一方面能够帮助同学们批判性地解读媒介信息，有效地使用媒介，从而养成良好的媒介素养意识，因此，教师们广泛使用了多种媒介资料作为教学文本，对流行文化、电影、电视和新闻媒介等"文本"采取阅读、讨论和分析等实践的方式进行仔细研究。在这些文本中，大量的电视新闻、科幻电影、娱乐秀、广告、网站、资讯节目、纪录片等进入课堂，进入学生的视野，这样非常贴近学生的日

---

① 维基百科"Block scheduling"词条，http://en.wikipedia.org/wiki/Block_scheduling, 2012 - 7 - 10。

② Renee Hobbs: Reading the Media: Media Literacy in High School English, Teacher College Press, 2007. 24.

常文化经验,能够引导和帮助他们辩证地看待流行文化所起的作用。

在使用教学资源时,教师们还十分注意资源的权威性和公信力,尽量选择专业、权威和公信力强的媒体;在时间上,也尽量选择较时新的文本,选取新近发生的事件等。例如,在《传媒组织》一讲中,教师选取了一周前《羊城晚报》在封面(导一版)以"今天没有什么新闻比广汽 SUV 传祺 GS5 全球首发更重要"为标题,刊出广汽的四联张广告引发大众广泛争议的事件,引导学生探讨"传媒组织背后那只看不见的手"这一话题。学生们从广告创意与社会责任等角度对该话题进行了辩证思考。

再如,鉴于近两年微博的兴起和迅速流行,教师开发《传媒与现代生活》课程时,特别注意利用微博上的资源,无论是对微博作为一种新媒体技术本身,还是对微博上产生的内容,以及微博的传播效应,都在各讲中进行了有意识的融入。并且特别开设了"走进微时代"一讲,选取时下流行的微博体,以及微电影、微小说等,对于内容、构成要素、特征进行了详细解读。

关于课程所使用的设备。广渠门中学硬件设施先进完备,教室全部配有闭路电视系统、数字投影机、实物投影仪、电动屏幕;同时建有专用实验室、电视演播室、报告厅;宽带校园网遍布学校每一个角落。因此,《传媒与现代生活》课程是在一个富媒体环境中进行的,不仅由专职人员采用专业录影系统对课程进行全程的多机位、多镜头录像,而且采取实时联网的方式,利用最新的网络资源进行现场教学。教室还拥有两块大的电动屏幕,可以照顾左右两侧学生的视线。除此之外,教师还配备了 PPT 的遥控翻页器,可以走到学生中间讲课,而不用担心 PPT 翻页困难的问题。这些完备的硬件,为营造好的教学环境,促进师生互动提供了十分有利的条件。

三、《传媒与现代生活》课程的教学实施

教学实施是实现教学目标的中心阶段,教学实施策略的选择既要符合教学内容、教学目标的要求和教学对象的特点,又要考虑在特定教学

环境中的必要性和可能性。

总的来说,《传媒与现代生活》课程实施的是一种探究式教学,即学生在教师的指导下,以类似科学研究的方式去主动获取知识与技能、学习科学方法、感受科学思想的教学方式。探究式教学是课程标准所倡导的、在课堂教学中努力践行的一种教学方法。

以《传媒再现》一讲为例。传媒再现是一个重要但是有难度的概念,尤其是对于未经受专业、系统的传媒训练的高中学生而言,要准确领会传媒再现的概念和相关理论,确非易事。因此,教师在讲授这一讲时,通过对教学内容进行反复推敲编排和对教学组织形式进行精心设计,教学的步骤和方式很好地体现了探究式教学的特点。首先看这一讲教学活动的教案:

教学目标	教学活动	教学时间	教学评量
教学准备: ①"哈哈镜"电脑软件下载与安装; ②教学分析文本准备; ③理解"再现"的概念。	导入活动: ①教师提出导入问题:同学们,你在生活中照过哈哈镜吗?想想看,哈哈镜让你的形象产生什么变化了? ②由一位助教先做示范,接着每组选出一名同学参加"照镜子"活动。 ③结合学生在"照镜子"活动的体验,引出"再现"的概念。	15分钟	①说出"再现"的简单定义; ②理解"再现"的含义。
①识别传媒再现的事实; ②理解传媒再现的概念; ③总结与归纳传媒再现的四种方式。	发展活动: ①先列举传媒呈现网络小胖、芙蓉姐姐、"90后"和娱乐明星的一些事例,后引导学生理解他们在传媒中的形象再现。 ②引出传媒再现的概念。 ③总结与归纳传媒再现的四种方式。 ④欣赏台湾传媒素养教育节目《别小看我》片段,加深学生对传媒再现的认识与理解。	50分钟	①能发现不易识别的传媒再现事实; ②能说出"再现"的简单定义并理解之; ③总结与归纳传媒再现的四种方式。

教学目标	教学活动	教学时间	教学评量
练习对一定群体进行传媒再现	综合活动： ①课堂活动《我是大导演》。教师提问：如果你是2012年央视春节联欢晚会的导演，你会用哪种形式，什么主题、内容和传播途径来展现农民工的哪些形象？ ②分组讨论，每组派一位代表进行3分钟口头陈述与展示，每组设两分钟提问与回答(Q&A)环节，由教师与同学提问。 ③进行课堂小结，布置课后小作业：选择一部新上映的电影或刚发行的一张新专辑，试分析传媒是如何对它进行再现或包装的。	35分钟	采用合适的形式、主题和内容对一定群体进行传媒再现

根据教学设计，在课堂之初，教师没有直截了当地给出"再现"的概念，而是通过一个小的游戏环节，让学生在电脑上体验照哈哈镜的感受，对"再现"的概念有一个比较形象和直观的感受。然后，启发学生对"再现"下一个自己的定义，在此过程中，有学生能够回答出："再现"就是"再次呈现"，或"再现"不是对事物原本的反映等简单但是贴切的答案。最后，在学生已经有初步认识的基础上，教师才引出再现的一个参考性定义，即再现一词意指"再次-呈现"，是"真实"事物的影子、映像、描述、知识或复制品。

在再现的世界里，传媒就是那一面哈哈镜。为了让学生对此有所理解，教师先后列举了网络小胖、芙蓉姐姐、"90后"和娱乐明星在传媒上呈现的一些事例，引导学生理解他们在传媒中的形象再现。例如，在"传媒对'90后'的再现"一节中，教师首先提出一个问题，请都是"90后"的同学们自己总结"90后"的特点。从同学们的回答中，他们认为自己这个群体富于个性，有创造力，善良有爱心。但是，传媒中的"90后"人群是这样的吗？教师展示了网络媒体、报纸、电视等媒体以各种形式再现的"90后"案例,最后由同学们共同归纳出媒体中形容"90后"的常见标签:非主流、叛逆、脑残、火星文、出位、自我……

此时,为了升华学生对传媒再现概念的认识,教师提供了一个分析框架,即提出以下启发式问题:上述的图片、视频或者新闻报道传达了什么样的信息?谁制造了这些信息?使用了什么技术或手段来吸引受众的眼球?受众都如何理解这一信息?彼此会有什么不同?这些信息蕴藏了什么样的价值观和观点?又遗漏了什么样的价值观和观点?他们为什么要发布或传播这些信息?

通过对问题的一步步探究,至此,学生对传媒再现的概念、方式、技巧,以及传播者与受众在其中的作为等,已经有了较为清晰的认识。除了理论上的认识,教师还十分强调"制作"的重要性。作为传媒素养教育的一个核心要素,"制作"对于加强学生对传媒内容或传媒运作等方面形成深刻反思,进一步促进其批判思维能力的发展有着至关重要的作用。因此,教师特别设计了一个课堂活动,让每一位同学将自己当做2012年央视春节联欢晚会的导演,选择合适的形式、主题、内容和传播途径来展现农民工的哪些形象。在同学们的回应中,他们也发现自己或多或少受到大众媒介对农民工形象再现的影响,例如,农民工都是勤劳的、节省的、穷困的、善良甚至带点傻气的。在他们的展示中,呈现农民工吃苦耐劳,建设都市和勇敢坚强是主流的方式。

在课后作业方面,教师并不主张给学生带来过重的课业负担,因而,布置可以激发学生自主、探究与合作的学习兴趣的作业,是首选的做法。这一讲的课后小作业是:请学生选择一部新上映的电影或刚发行的一张新专辑,试分析传媒是如何对它进行再现或包装。这体现了课程设计者对流行文化的重视,以及提倡开放式问题和鼓励探究的做法。

总之,从这一讲的课程实施来看,传媒素养课程教学是一个循序探究式教学的过程。首先,学生在学习概念和原理时,教师并不开门见山地提供现成的答案,而是先给他们一些事例和问题,让学生自己通过阅读、观察、实验、思考、讨论、听讲等途径去独立探究,自行发现并掌握相应的原理和结论的一种方法。其中,教师更多的是扮演合作者、参与者、咨询者、促进者和激励者的角色,为学生创设一种民主、协作、非威胁性的环境或学习气氛,指导学生完成对某一或某些问题的探索过程。而学生则居于学习主体的地位,自觉地、主动地探索,形成自己的概念,发现新事物。

此间,把握稍纵即逝的教学时机,将传媒素养的观点传递给学习者,以及灵活应对学生的问题与反应是对教师的一个挑战,但是,若能处理好这一问题,则是对教学的一个促进和深化。

四、问题与反思

由于《传媒与现代生活》课程是项目组在北京优质高中的首次试航,不免存在教学设计不够完善、教学方法不够科学、教学经验不够成熟等方面的问题。现主要就该课程在教学组织与实施上的某些问题进行梳理和反思。

首先,教学空间比较单一。在这次课程实践过程中,教学的空间都是在校内进行,而且都是在室内课堂进行。传媒素养教育是一项与社会、传媒行业密切相关的事业,让学生在学校之外的广大社会和丰富且复杂的传媒行业接触、浸润和进行观察、体验也是提升他们的传媒素养的重要途径。因此,适当增加校外、课堂外的教学,如现场教学,组织学生到传媒组织、传媒事件发生地进行参观或操作练习,等等都是有必要的,对于提高学生对理论知识的价值及实践意义的认识将起到一定促进作用。

其次,探究式教学实施过程还夹杂存在一定推送与灌输式教育方式。在整个教学过程中,在没有进行相关启发和引导的情况下,就将主要知识点用提纲罗列,进行逐一讲解的现象仍然存在。当然,这种方式对于学生条理清晰地、较为扎实地掌握相关知识不乏积极意义,但是难免有推送教师既有经验和知识,先入为主地占有学生思维领地之嫌。事实上,在传媒素养教育的过程中,教师更多应该根据教学目的和内容,提出难易适度、逻辑合理的问题，启发学生通过自主学习与探索，得出自己的结论和解释，提出有益的、合理的观点。

最后，对教学时机的掌握不够游刃有余。在传媒素养教育教学过程中，教学时机非常考验教师的媒介能力和专业技巧。有时，在介绍或涉及某一传播事件的时刻，适时地抛出传媒素养的观点和相关理论，对于学生发现传媒现象或事件发展的起因，辨识事物内部的联系，找出规律，形成更为理性的认识起着不可小视的作用。此外，面对媒介经验可能比自己丰富，甚至超出教师认知范围的学生，教师如何应对？课堂讨论的标准何在？这些问题仍需我们继续探索。

第五节　《传媒与现代生活》传媒素养课程教学效果[①]

《传媒与现代生活》确定了明确的课程理念和课程计划，并在课程实施过程中对高一年级学生进行了课程问卷调查，内容包括学生的传媒接触及认知调查、学生对于传媒素养课程内容和形式的理解、教师的教学艺术评价、学生对传媒素养课程的满意度及期望度调查等几方面。问卷是由项目团队集体讨论编制的，问卷调查的实施在教学阶段的中期进行，共发放问卷 57 份，回收 45 份，回收率达 78.9%。本文采用 SPSS17.0 软件对问卷调查的数据进行统计分析，以量化的方式探究传媒素养课程实施的效果，并作出必要的探究和分析。

一、学生的传媒接触和认知状况

（一）学生的传媒接触

在问卷调查中，我们对广渠门中学高一年级选修《传媒与现代生活》的学生接触传媒的种类、时间及目的进行了调查，结果发现：

[①] 秦倩，王碧薇：《北京市广渠门中学传媒素养课程教学效果调查研究》，《传媒国际评论》第一辑，中央编译出版社 2013 年版。

1. 在被问到"除了教学用书外，你接触最多的 3 种媒体"时，排在前三位的分别为"电脑互联网"、"手机"和"电视"，选择比例分别为 75.0%、59.1% 和 47.7%。

2. 在被问到"你每天花在什么类型媒体上的时间最多"时，排在前三位的分别是手机、电脑互联网、电视和书籍，选择比例分别为 31%、24.1% 和 17.2%（选择电视和书籍的比例相同），选择报纸、杂志、广播的人数比例很低，都为 3.4%。

3. 在被问到"你每天花费在上题所选媒体类型上的一般时长是多少"时，在所给的"半小时以内"到"3 小时以上"的选项中，41.9% 的学生选择"1 小时—3 小时"，34.9% 的学生选择"半小时－1 小时"，选择"半小时以内"和"3 小时以上"的比例都为 11.6%。

4. 在被问到"你接触媒体的三个主要目的是什么"时，在所给的 4 个选项中，选择"社会交际、人际交流"的比例最高，占到 77.3%，接下来依次是"娱乐休闲"、"获取资讯"和"学习"，比例分别为 72.7%、68.2% 和 50.0%。

5. 在被问到"你最常用的 3 种手机功能"时，排在前三位的依次为"发短信"、"上网"、"打电话"，比例分别为 88.9%、68.9% 和 55.6%。

由上述数据可知，高中生对于电脑和手机不论是在接触频次还是使用时间上，选择比例都非常高，说明电脑和手机已成为学生日常生活中非常重要的两种媒体。在高中生眼里，媒体社会交际和娱乐休闲的功能高于其获取资讯和学习的功能，并且在使用手机的过程中，学生对于发短信和上网的选择比例较高。这说明对于高中生来说，与别人交流、与社会沟通是他们非常看重的东西，并且他们知道利用媒体作为中介来与世界连接。可见，高中生能够认识到媒体在生活中的重要性。

（二）学生对媒体的认知

在问卷调查中，我们对选修学生对媒体内容的可信度、广告的影响程度、面对不良信息的反应、利用媒体的技能等方面状况也进行了调查，结果发现：

1. 在被问到"你认为媒体内容的可信度如何"时，选择"基本可信"的比例最高，为75%，选择"很大程度上相信＆不相信"的比例分别为13.6%和11.4%，选择"完全可信＆完全不可信"的比例都为零。

2. 在被问到"你同意'有图有真相'吗"时，选择"不同意"的比例最高，为55.6%，选择"基本同意"的比例次之，为42.2%，选择"完全同意"的比例仅为2.2%。

3. 在被问到"你觉得你购物受到广告的影响有多大"时，选择"一般"的比例最高，为45.2%，选择"很少"和"没有"的比例之和为42.9%，超过了选择"100%"和"很大"的比例之和（仅为11.9%）。

4. 在被问到"你在上网时看到不良信息时，你会怎么做"时，学生选择"反感，但听之任之"的比例最高，为57.5%，选择"无所谓"的比例为35%，选择"反感并向有关部门举报"的比例仅为7.5%。

5. 在被问到"你会哪些传媒技能"时，学生选择比例最高的三个分别为"使用博客、微博、QQ空间等个人媒体"、"摄像"和"摄影"，比例分别为88.9%、55.6%和53.3%，选择比例最低的为"报纸编辑"，比例仅为4.4%。

6. 在被问到"是否经常使用媒体发表自己的看法"时，选择"偶尔"的比例最高，为53.3%，选择"经常"的比例为40%，选择"从不"的比例仅为6.7%。

由以上数据可知，对于媒体上的内容和信息，高中生还是有一定的批判意识的，只有少数人会"完全相信"，并且也只有很少一部分人认为自己在购物时受到广告的影响很大。值得注意的是，学生对媒体上不良信息的反应显得很谨慎，只有很少一部分人愿意做出行动"向有关部门举报"。另外，虽然将近90%的学生都拥有自己的个人媒体，但超过一半的学生选择"偶尔"利用这些媒体表达自己的看法，这可能是因为高中生平时的空闲时间较少，或许能在一定程度上说明学生利用媒体表达自己想法的主动性不够高，对媒体不良信息造成的社会影响的认识不够，也不太清楚怎样正确、积极地利用媒体来让自己和社会变得更好。

结合学生的传媒接触及认知调查的结果，我们发现高中生在日常生活中接触的媒体种类多、时间长，手机、电脑等媒体成为他们生活中必不可少的部分，也在他们生活中发生着社会交际、查询信息等作用，他们在面对媒体信息时绝大多数具有一定的批判性思维能力。当然，他们对传媒信息的认识、对传媒信息的甄别和批判性思维能力，以及自主性传媒参与和行动能力，仍然比较缺乏，需要通过针对性的教育予以拓展和提高。

二、学生对于传媒素养课程内容和形式的理解状况

在对课程效果调查方面，我们发现：

1. 在被问到"你觉得《传媒与现代生活》课程与其他课程在哪些方面不同"时，排在前三位的依次是"课程内容"、"课程目的"和"课程组织方式"，比例分别为75.6%、33.3%和33.3%。

2. 在被问到"你对课程中选取的哪些话题和素材感兴趣"时，学生选择比例排在前三位的依次是"7·23动车事故"、"电影《2012》"和"小悦悦事件"，比例分别为61.4%、59.1%和55.6%；选择比例排在后三位的依次是"视频短片《妙龄女子登征婚广告 专骗大龄剩男》"、"男子冒充军人骗婚"和"北京电视台'纸包子'虚假新闻"，比例分别为15.9%、18.2%和20.5%。

3. 在被问到"你从课程教学中收获的情况如何"时，学生对于所列的13个议题都有一定的收获，尤其对"传播与传播过程"、"传媒的定义"和"传播的学问（拟态环境）"的选择比例超过了65%，但我们也看到，学生对"传媒职业介绍"和"传播的学问（刻板印象）"的收获较少，选择比例分别为14%和22.5%。

4. 在被问到"你对这门课的课程内容理解程度"时，学生选择

"一般"的比例为55.6%,选择较好的比例为35.6%,选择"很差&较差"的比例都为0。

5. 在被问到"你对课程内容包含的信息量的总体认识"时,有57.1%的学生认为"信息量较大",31%的学生认为"信息量一般",只有2.4%的学生认为"信息量较小"。

6. 在被问到"这门课程带给你最重要的是什么"时,有59%的学生选择了"辩证思考有关社会问题",25.6%的学生选择了"传媒知识",15.4%的学生选择了"如何看待传媒现象"。

7. 在被问到"你最喜欢的教学组织形式"时,有46.7%的学生选择了"小组",35.6%的学生选择"大组",仅有17.8%的学生选择"全班"。

由以上数据可以看出,高中学生能够认识到《传媒与现代生活》的课程内容和教学组织方式与其他课程的不同,并认为自己对于课程内容很有收获。对课程素材的选择倾向于表现出学生对于跟自己生活相关、年龄相仿、当下社会媒体的热点话题兴趣较高。然而课程内容的信息量较大一定程度上影响了学生对于课程内容的理解。学生认为这门课程最重要的是"辩证思考有关社会问题",则在一定程度上印证了开设这门课程的目的:通过与学生直接生活经验的结合,让学生不仅认识到传媒世界(如网络世界,游戏世界)生活与现实社会生活的区别和联系,而且让学生正确地认识到自己的身份、地位、条件和境况,培养其关于传媒世界的知识、技能和辩证批判思维能力,科学生活和健康生活的情趣和情感,以及利用传媒服务自己成长和社会发展进步的现代公民意识、态度、价值观和行为习惯。本课程采用小组和全班结合的方式,一定程度上顺应了学生关于最好的教学组织形式是"小组"的结论。

三、学生对于教师的教学艺术、传媒素养课程的满意度及期望度

在对课程的评价调查方面,我们发现:

1. 在被问到"你如何喜欢《传媒与现代生活》这门课程"时,有大约80%的学生选择"喜欢&基本喜欢&很喜欢",只有不到5%的学

生表示"不喜欢＆很不喜欢"。

2. 在被问到"这门课程中，你认为最满意的是什么"时，25.7%的学生选择了"课件设计"，接下来是"教师讲解"和"课上的交流"，比例都为20%；选择"内容有趣"和"案例典型"的比例稍低，但都超过了17%。

3. 在被问到"你对这门课程的总体满意度怎样"时，62.8%的学生选择"比较满意"，20.9%的学生选择"非常满意"，选择"不满意"的比例只有2.3%。

4. 在被问到"你希望从这门课上了解哪些社会知识"时，排在前三位的选项依次为"职业发展"、"情感心理"和"现代科学技术"，比例分别为71.1%、48.9%和44.4%。

5. 在被问到"你希望从这门课上了解哪些传媒知识"时，排在前三位的选项依次为"传媒职业"、"传媒与时尚"和"传播媒介"，比例分别为71.1%、33.3%和31.1%。

由以上数据可以看出，将近80%的学生都喜欢或很喜欢《传媒与现代生活》这门课程，其中最满意的是课程课件的设计，对"教师讲解"和"课上的交流"评价也比较高，对整个课程的满意度也达到了83%。而在对课程的期待方面，学生最关心的是这门课程能够对他们以后的职业选择有怎样的帮助，对现代科学技术的期望度也比较高，并且希望这门课程能够对与他们生活相关的内容（如传媒与时尚等）有所帮助。

四、结论与思考

从对传媒的接触和认知来看，广渠门中学高一年级的学生接触媒介的种类多，时间长，以电脑和手机的使用最多，传媒在学生生活中占据一定的重要地位。学生对传媒信息有一定的批判意识，但利用传媒表达自己想法的主动性不高。从对课程效果的反馈来看，信息量较大在一定程度上影响了学生对于课程内容的理解，学生对与自己生活相关的课程素材和话题更感兴趣，因而利用这些素材传授的传媒知识更容易被理解。并且在精心制作的课件、良好的课上互动、优秀的教师授课、小组结合全班的教学组织方式的综合作用下,学生对于此课程的满意度很高。另外在授课过程中我们发现,高中学生对于"传媒"的理解有偏差,认为《传媒与现代生活》课程是介绍记者、主持人、编导等传媒职业的,希望通过此课程能够对传媒职业有一定的认识,对自己以后的职业规划有一定帮助,因而他们对于此课程中有关传媒职业介绍的部分满意度不高,而对这一部分的期望度很高,希望可以获取更多相关信息。

因此,要想传媒素养课程的效果更好,对学生传媒使用频次及时间、学生对传媒的认知的调查是必需的,结合学生特性和时代特征,选择学生感兴趣的素材,设计适当的课程容量,关心学生最关注的传媒知识,采用学生喜欢的授课方式,与学生进行适当的课上交流,采用精心设计的课件,优秀的教师授课艺术等方面都可以达到更好的授课效果。

值得注意的是,本次课程效果调查亦有一些不足,如对课程收获的考察只是通过"收获很大"、"收获较大"、"收获一般"、"收获很少"等选项来进行,没有通过更具体生动、结合情境的方式对课程的实际效果进行考察,从而研究结果会有一定的偏差。另外,此次研究结果只针对学生对于课程内容的短期理解,未对课程的长期效果进行研究,这对于研究课程的效果都是需要注意的问题。我们希望在以后的课程教学中,采取前测、中测和后测,问卷和访谈,观察,焦点小组访谈等多种调查研究方法来对教学实施效果进行探究和分析,帮助我们不断改进课程内容,使传媒素养教育课程与教学以更加完美的方式呈现在学生面前,使他们的学习和生活有所裨益,同时也让越来越多的人认识到传媒素养教育的好处,从而更加自觉地投入到传媒素养教育事业的发展中来。

第六节　对广渠门中学传媒素养课程教学实施情况的总体反思

这次在广渠门中学实施传媒素养课程，由于领受任务和课程教学的准备几乎同时，项目组老师和学生也都在百忙之中进行工作，再加上只有 8 讲的教学时间，所以在教学目的和宗旨的达成、理念的实现、原则的应用等方面仍有许多需要不断改进的地方。

一、部分地实现了传媒素养课程预定的教学目的和宗旨

通过传媒、传播、传媒再现等 8 讲课堂，向学生介绍和讲授有关媒介的基本知识和理论，让学生耳目一新，他们第一次认识到大学还有这样密切联系他们日常媒介经验的启发人们媒介批判思维和开阔人们知识视野的课程，让学生普遍认识到了虚拟世界和现实世界之间的反映和被反映的关系，促使他们初步具备了对传媒信息的批判思维意识，有一些学生反映说他们所学的某些知识确实有助于他们的日常学习和生活。但是，受限于有限教学时间和精力，未能对学生自身的身份、地位、条件、境况和媒介心理等方面有足够的涉及和设计，也未能通过系列比较紧凑的媒介探究活动对学生进行良好媒介生活习惯的培养，特别是在如何培养他们现代公民意识和行为习惯方面我们所做的工作还少得可怜，远远达不到自己和该科目教学本身所要求的满意度。

此外，在课堂上涉及的媒介形态也比较有限，涉及较多的是报纸、电视、网络、广告，较少的是杂志、书籍、电影，还有很多诸如音乐、戏剧、游戏等传播形式未能涉及。其实，每一个知识点或领域，都可以挖掘得很深，拓展得很宽，但受条件所限，这次课程教学能够做到的只能用"初步"或"蜻蜓点水"来形容。

二、部分地遵循了自己理解的传媒素养教育教学理念和教学原则

传媒素养教育教学的理念和原则众多，很难要求教师在一堂课、一单元课或几讲课中完全地体现出来。因此，只要朝着这些方向努力，结

合课堂教学任务和内容的实际，能做到适宜和适当就可以了。

在广渠门中学传媒素养课堂教学中，在公民意识和习惯教育方面觉得还做得远远不够，离培养现代公民的教育目标还有不小距离。课堂教学中，始终面向全体学生，但受教育经验和时间的局限，在教学过程中，很难对所有学生的反应进行回应。尽管面向世界，也面向未来，但跨国文化、多元文化的内容涉及仍然有限，这方面的教学还显得肤浅。

在教育教学过程中，基本上做到了介绍基本的媒介知识、传播的理论和成果，启发式教学和讨论，以学生日常媒介生活经验为基础，以教师为主导，学生为主体，师生平等，积极互动，培养批判思维能力，注重科学性和思想性的结合以及巩固性原则等，但在因材施教原则、探究性任务和项目完成、学生团队合作完成研究任务，使用媒介框架教学理论进行教育教学等方面，由于受到学校管理体制、课后监管和跟踪、教师和学生自身等方面的原因，做得远远不够，留下了众多遗憾。当然，要求所有的这些目标和任务都要在一堂课、一单元课或几讲课中实现，显然是不太可能的事情。这种尴尬的情形也在提醒我们，传媒素养教育教学不可能毕其功于一役，需要不同系列的系列性的课程设计和安排，才能整体达成或实现传媒素养教育教学应当履行的天然使命。

三、在具体教学组织和实施过程中经验和教训并存

除了以上经验和不足之外，教学准备阶段和实施过程中还有很多需要注意的地方。譬如说，教学的组织。每个高中都有自己的管理模式和做法。我们发现，选修《传媒与现代生活》课程的同学来自于6个以上的高一班级，课堂有一位教师专门管理和点名，这样在教学开始的阶段，就座和点名就花去一些时间，这种情形我们原先未曾想到。所以，开始的几节课准备的内容和结构显得过多，等课堂结束时间到来，未能完成预定的目标和任务。此后我们相应地调整了内容量和结构，才避免了这一问题。广渠门中学是固定座次安排，因此很难进行以班级为小组或单位的讨论（因为来自于不同班级，故按班级分组容易完成小组的项目或任务），这影响到教学的具体组织形式。

在教学观察中，我们发现，有一部分学生的媒介接触和了解比较丰富，而另一部分比较有限。所以，接触和了解多的学生反应比较积极主动，也展示了从未有过的自信。而接触和了解少的学生则表现一般。从学生的反馈中，我们也了解到，我们所使用的视频资料来源最好要多元化，素材要现代和新颖（学生熟悉的，会有积极反应，不熟悉他们就会激发兴趣去了解），这要求教师必须每次讲授都要更新素材，以跟上学生生活的时代和信息生活。

此外，我们发现，学校和教师虽然内心里向往这种素质教育的方式，但是他们更多地还是将重点放在高考或会考方面的科目学习上。因此，在课余时间留给传媒素养教育教学的作业和探究活动时间比较有限。高中寄宿制的管理模式，也使得大多数同学的媒介接触，特别是网络接触有限，影响了他们搜集资料和拓宽学习视野等。

总之，传媒素养教育教学作为一个新生事物，在国家政策、学校领导层和有关教师了解度和重视度、学校管理模式、学生日常媒介生活方面还有许多不匹配或不相适应的地方，这些都需要我们在不断地探索过程中逐一地应对和解决。

参考文献

一、中文文献
（一）书籍

1. 爱德华·泰勒：《原始文化》，连树声等译，上海文艺出版社，1992年版。

2. 巴班斯基：《论教学过程最优化》，教育科学出版社，2001年第2版。

3. 《把传媒带入课堂》编辑委员会编：《把传媒带入课堂》，香港基督教服务处，2003年版。

4. 蔡帼芬等：《媒介素养》，中国传媒大学出版社，2005年版。

5. 蔡骐、蔡雯：《媒介竞争与媒介文化》，复旦大学出版社，2007年版。

6. 陈龙：《媒介素养通论》，中南大学出版社，2007年版。

7. 成有信：《教育学原理》，河南教育出版社，1993年版。

8. 崔清活：《中英传播学教育的建构与演变》，山东人民出版社，2011年版。

9. 戴元光：《传播学研究理论与方法（第二版）》，复旦大学出版社，2008年版。

10. 邓泽民，赵沛：《职业教育教学设计》，中国铁道出版社，2006年版。

11. 段京肃，杜骏飞：《媒介素养导论》，福建人民出版社，2007年版。

12. 恩坎科：《国际理解教育：一个富有根基的理念》，赵中建：《全球教育发展的研究热点——90 年代来自联合国教科文组织的报告》，教育科学出版社 2003 年版。
13. 方展画：《罗杰斯"学生为中心"教学理论述评》，教育科学出版社，1990 年版。
14. 范红：《媒介素养读本》，清华大学出版社，2007 年版。
15. 高萍：《当代媒介素养十讲》，中国人民大学出版社，2015 年版。
16. 戈公振：《中国报学史》，中国新闻出版社，1986 年版。
17. 共青团上海市委员会：《传媒力量与当代青年》，上海人民出版社，2001 年版。
18. 宫淑红、张洁：《媒介素养教育理论与实践》，山东人民出版社，2010 年版。
19. 国际交流问题研究委员会：《多种声音，一个世界》，对外翻译出版公司，1981 年版。
20. 黄楚新：《新媒介素养》，知识产权出版社，2012 年版。
21. 胡正荣：《传播学总论》，北京广播学院出版社，1997 年版。
22. ［美］詹姆斯·波特（Ptter W. J.）著：《媒介素养（第 4 版）》（翻译版），李德刚等译，清华大学出版社，2012 年版。
23. Jane Strokes：《媒介与文化研究方法》，黄红宇，曾妮 译，复旦大学出版社，2006 年版。
24. 教育部基础教育司组织编写：《走进新课程——与课程实施者对话》，北京师范大学出版社，2002 年版。
25. ［美］康柏：《批判教育学导论》，张盈堃等译，台北：心理出版社股份有限公司，2004 年版。
26. 联合国教科文组织国际教育发展委员会编著，华东师范大学比较教育研究所译：《学会生存——教育世界的今天和明天》，教育科学出版社，1996 年版。
27. 林子斌：《多元文化教育的新课题——媒介素养》，中国传媒大学出版社，2005 年版。

28. 李军林：《信息时代的媒介素养》，湖南人民出版社，2010 年版。
29. 刘勇，汪海霞：《当代媒介素养教程》，合肥工业大学出版社，2007 年版。
30. 陆晔 等：《媒介素养：理念 认知 参与》，经济科学出版社，2010 年版。
31. ［美］罗杰·费德勒：《媒介形态变化：认识新媒介》，华夏出版社，2000 年版。
32. 李岩：《广播学导论》，浙江大学出版社，2005 年版。
33. 李智：《中国国家形象：全球传播时代建构主义的解读》，新华出版社，2011 年版。
34. ［加］麦克卢汉：《理解媒介——论人的延伸》，商务印书馆，2000 年中文版。
35. 马特拉著，陈卫星译：《世界传播与文化霸权》，中央编译出版社，2001 年版。
36. 马歇尔·麦克卢汉：《理解媒介——论人的延伸》，商务印书馆，2004 年版。
37. ［英］尼克·史蒂文森：《认识媒介文化——社会理论与大众传播》，商务印书馆，2001 年版。
38. 潘知常，林玮：《传媒批判理论》，新华出版社，2002 年版。
39. 裴娣娜：《教育研究方法导论》，安徽教育出版社，2009 年版。
40. 彭少健：《2014 中国媒介素养研究报告》，中国广播电视出版社，2014 年版。
41. 彭少健：《中国媒介素养研究年度报告（2013）》，中国广播影视出版社，2015 年版。
42. 秦学智：《传媒国际评论》第三辑，中央编译出版社，2015 年版。
43. 任孟山：《国际传播与国家主权：传播全球化研究》，上海交通大学出版社，2011 年版。

44. 单晓红：《媒介素养引论》，浙大出版社，2008 年版。
45. 邵飘萍：《实际应用新闻学》，北京京报馆，1923 年版。
46. S. 拉塞克，G. 维迪努著，马胜利、高毅、丛莉、刘玉俐译：《从现在到 2000 年教育内容发展的全球展望》，教育科学出版社，1996 年版。
47. ［美］斯坦利·J·巴伦：《大众传播概论——媒介认知与文化》，中国人民大学出版社，2005 年版。
48. 陶行知：《陶行知全集（第 5 卷）》，湖南教育出版社，1985 年版。
49. 王晖：《科学研究方法论》，上海财经大学出版社，2009 年版。
50. 王婷：《面对媒体的策略 新闻发言人媒介素养实务》，中国传媒大学出版社，2011 年版。
51. 王文科：《传媒导论》，浙江大学出版社，2006 年版。
52. 吴翠珍，陈世敏：《媒体素养教育》，巨流图书股份有限公司，2007 年版。
53. 吴鹏泽：《中国与日本学生媒介素养比较研究：态度和策略》，华南理工大学出版社，2011 年版。
54. 吴友富：《中国国家形象的塑造和传播》，复旦大学出版社，2009 年版。
55. 王岳川：《媒介哲学》，河南大学出版社，2004 年版。
56. 肖前：《马克思主义哲学原理》，中国人民大学出版社，1994 年版。
57. 谢金文：《新闻 传媒 传媒素养》，上海社会科学出版社，2004 年版。
58. 雅克·哈拉克：《投资于未来——确定发展中国家教育重点》，教育科学出版社，1993 年版。
59. 于翠玲，刘斌：《大学生媒介素养概论》，北京师范大学出版社，2010 年版。
60. 袁军：《媒介素养教育论》，中国传媒大学出版社，2010 版。
61. 张海波：《媒介素养—家庭用书》《媒介素养—小学生用书》《媒介

素养—教师用书》广东南方日报出版社,2013年版。

62. 张玲:《传媒教育研究》,北京广播学院出版社,2001年版。

63. 张玲,秦学智,张洁:《媒介素养教育课程论》,中国广播电视出版社,2013年版。

64. 张开:《媒介素养概论》,中国传媒大学出版社,2006年版。

65. 张开,张艳秋,臧海群:《媒介与社会书系(第三辑):媒介素养教育与包容性社会发展》,中国传媒大学出版社,2014年版。

66. 张燕镜:《教育学新编》,首都师范大学出版社,1996年版。

67. 张艳秋:《理解媒介素养:起源、范式与路径》,人民出版社,2012年版。

68. 郑超然,程曼丽,王泰玄:《外国新闻传播史》,中国人民大学出版社,2000年版。

69. 赵中建:《全球教育发展的研究热点——90年代来自联合国教科文组织的报告》,教育科学出版社,2003年版。

70. 中共中央宣传部,中华人民共和国教育部:《中小学开展弘扬和培育民族精神教育实施纲要》,人民教育出版社,2004年版。

71. 中国社会科学院语言研究所词典编辑室编:《现代汉语词典》第5版,商务印书馆,2006年版。

72. 中国陶行知研究会"九五"教育规划课题组:《陶行知教育思想的现代价值》,华文出版社,2001年版。

73. 中华人民共和国教育部制订:《科学(7~9年级)课程标准》(实验稿),北京师范大学出版社,2001年版。

74. 周鸿铎:《文化传播学通论》,中国纺织出版社,2005年版。

(二)期刊文章

75. 卜卫:《论媒介教育的意义、内容和方法》,《现代传播》,1997年第1期。

76. 蔡尚伟,李朗:《1949年以前的中国媒介素养教育萌芽——媒介素养教育的本土化考察》,《西华大学学报(哲学社会科学版)》,

2005 年第 6 期。

77. 曾丽雅：《关于建构中华民族当代精神文化的思考》，《江西社会科学》，2002 年第 10 期。

78. 陈奕平：《农业人口外迁与美国的城市化》，《美国研究》，1990 年第 3 期。

79. 程曼丽：《大众传播与国家形象塑造》，《国际新闻界》，2007 年第 3 期。

80. 崔保国：《传媒发展的新格局和新秩序》，《光明日报》，2015 年 5 月 18 日。

81. 范红：《国家形象的多维塑造与传播策略》，《清华大学学报（哲学社会科学版）》，2013 年第 1 期。

82. 江登兴：《晏阳初：与爱因斯坦齐名的中国人》，《中国改革·农村版》，2002 年第 2 期。

83. 李婷，王爱胜：《技术教育中的人文当侧重什么》，《信息技术教育》，2008 年第 2 期。

84. 李玉恒：《走向工具理性与价值理性融通的高等教育》，《河南广播电视大学学报》，2005 年第 2 期。

85. 李月莲：《外来媒体再现激发文化认同危机——加拿大传媒教育运动的启示》，《新闻与传播研究》，1998 年第 4 期。

86. 李忠杰：《架设世界不同文明交流的桥梁》，《神州学人》，2009 年第 8 期。

87. 梁启超：《论报馆有益于国事》，《时务报》第 1 册，光绪二十年七月初一（1896 年 8 月 9 日）。

88. 刘继南，何辉：《当前国家形象建构的主要问题及对策》，《国际观察》，2008 年第 1 期。

89. 刘笑盈，康秋洁：《转型迎战数字化大潮，没有完成时》，《人民日报》，2014 年 7 月 17 日 23 版。

90. 陆俊，胡燕：《多视角解析动漫文化的功能》，《人民论坛》，2012

年5月11日。

91. 骆中成，徐晓昀：《认识—甄别—应用—基于高中阶段媒介素养教育的实践研究》，《中国广播电视学刊》，2010年第6期。

92. 吕友清：《国家形象是最大的国家利益》，《南方都市报》，2014-7-13（AA18）。

93. 吕振亚，尹琳：《加华裔吹起"异族通婚"之风》，《人民日报海外版》2008年4月8日，第6版。

94. 齐春红：《艺术语言的学科性质之我见》，河南教育学院学报（哲学社会科学版），2002年第4期。

95. 齐春红：《艺术语言的思维特质研究》，云南师范大学学报（哲学社会科学版），2005年第5期。

96. 秦学智"媒介素养教育：中国教育的新动向"，《华北水利水电学院学报》2005年第4期。

97. 秦学智：《高中传媒素养课程教学的目的、宗旨、理念、原则及其反思——以北京市广渠门中学传媒素养课程教学实践为例》，《传媒国际评论》第一辑，中央编译出版社2013年5月版。

98. 秦学智：《媒介教育：超越社会和自我最有效的途径之一——访香港传媒教育协会主席、香港大学张志俭博士》，《大学·研究与评价》，2007年第7、8期。

99. 秦学智：《帕金翰"超越保护主义"媒介教育观点解读》，《比较教育研究》，2006年第8期。

100. 秦学智：《试论新闻素养教育的几个基本问题——由美国石溪大学新闻素养暑期课程教学思想引发的思考》，《现代传播》，2014年第2期。

101. 秦学智：《现代媒介教育理念对传统教育理念的挑战与革命》，《现代传播》2006年第2期。

102. 秦学智，秦倩，何娟：《传媒素养教育的几个重要概念辨析》，《现代传播》，2011年第12期。

103. 秦学智，王凌竹：《传媒素养教育者应有的教育观念》，《现代传播》，2010 年第 3 期。

104. 瞿学文：《论新闻教育》，《上海记者》第 5 期。

105. 邵飘萍：《我国新闻学进步之趋势》，《东方杂志》1924 年 3 月第 21 卷第 6 号。

106. 瑞妮·霍布斯：《美国媒介素质教育运动中的七大分歧》，《国际新闻界》，2003 年第 1 期。

107. 司成勇：《走向个别化教学——论教学组织形式的发展历史与逻辑的统一》，《教育探索》，2011 年第 2 期。

108. 宋洁：《建国初期农村扫盲运动的特点》，《党史文苑》，2006 年 12 期。

109. 宋小卫：《西方学者论媒介素养教育》，《国际新闻界》2000 年第 4 期。

110. 宋正：《文化传播与国家形象塑造》，《光明日报》，2013 年 10 月 27 日（07）。

111. 孙家驹：《可持续发展与文化适应性进化》，《江西日报》，2011-12-26（B03）。

112. 王磊：《"今日俄罗斯"运营成功经验及其借鉴意义》，《今传媒》，2014 年第 12 期。

113. 吴翠珍：《"英美电视素养教育"》，《媒介研究》，2004 年第 3 期。

114. 吴珏：《毛泽东与新中国的四次扫盲高潮》，《湘潮》，2007 年第 12 期。

115. 惜莹：《新闻教育问题》，《报学季刊》第 1 卷第 3 期，申时电讯社 1934 年版。

116. 许华：《"今日俄罗斯"因何异军突起?》，《对外传播》，2014 年第 8 期。

117. 许华：《当今俄罗斯的国家形象问题》，《俄罗斯中亚东欧研究》，2008 年第 2 期。

118. 徐秀丽：中华平民教育促进会扫盲运动的历史考察，《近代史研究》，2002年第6期。

119. 严春友：《宇宙统一于信息——答施启良先生》，《太原师范学院学报（社会科学版）》，2007年第1期。

120. 约瑟夫·奈：《21世纪不会是一个"后美国"世界》，（美国）《国际研究季刊》，2012年第1期。

121. 约瑟夫·奈：《权力的未来：只有联合，没有霸主》，《国际先驱导报》，2011年3月31日。

122. 翟帆：《信息时代，未成年人难抵信息轰炸——媒体素养教育不应是空白》，《中国教育报》，2004年12月14日。

123. 张贺：《泛娱乐化伤害了谁》，《人民日报》，2013年6月20日（17版）。

124. 张玲：《教育学对媒介素养教育的解读》，《现代传播》，2005年第6期。

125. 张艳秋：《加拿大媒介素养教育透析》，《现代传播》，2004年第3期。

126. 张毓强：《国家形象刍议》，《现代传播》，2002年第2期。

127. 赵长峰：《国际政治中的新权力观》，《社会主义研究》，2007年第2期。

128. 赵雪波：《关于国家形象等概念的理解》，《现代传播》，2006年第5期。

129. 朱永新：《教育，让美梦成真》，《人民教育》，2013年第7期。

二、英文文献

（一）书籍

130. Aufderheide, P. (1997). Media literacy: From a report of the national leadership conference on media literacy. In R. Kubey (ed.), Media literacy in the information age. New Brunswick, NJ: Transaction.

131. Bianculli, D. (1992). Teleliteracy: Taking television seriously. New

York: Continuum.

132. Barry Duncan. Media Literacy-Resource Guide. Toronto: Ministry of Education, 1989.

133. Barry Duncan et al: Eight Key Concepts of Media Literacy, Media Literacy Resource Guide, Ontario Ministry of Education, Toronto, ON., Canada, 1989.

134. Buckingham, D. (2003). Media Education: Literacy, learning and contemporary culture. Cambridge: Polity.

135. Canadian Council of Teachers of English and Language Arts. Toronto, Ontario, 1992.

136. David French; Mike Richards (1993). Media Education Across Europe. Routledge, UK.

137. Department of Education and Science. (1989). The Cox Report. London: HMSO.

138. Everett M. Rogers. Diffusion of Innovations. New York: The Free Press, 1983.

139. Firestone, C. (1992). National leadership conference on media literacy. Washington, DC: Aspen Institute.

140. Frechette, D. (2002). Developing media literacy in cyberspace: pedagogy and critical learning for the twenty-first-century classroom. Westport, Conn: Praeger.

141. Hart, Andrew (1991): Understanding the Media: A Practical Guide. London: Routledge.

142. Hobbs, R. (1998). Building citizenship skills through media literacy education. In M. Salvador & P. Sias (Eds.), The public voice in a democracy at risk (pp. 57–76). Westport, CT: Praeger.

143. Masterman, L. (1985). Teaching about television. London: Macmillan.

144. Masterman, L. (1997). Teaching the media. London: Comedia.

145. MEDIA LITERACY - the Ontario Ministry of Education Resource Guide for Teachers, Ontario Ministry of Education, Toronto, Canada, 1989.

146. Neuman, S. B. (1991). Literacy in the television age: The myth of the TV effect. Norwood, NJ: Ablex. Aufderheide, P. (1997).

147. Neuman, S. B. (1991). Literacy in the television age: The myth of the TV effect. Norwood, NJ: Ablex.

148. Potter, W. J. (1998). Media literacy. California: SAGE.

149. Renee Hobbs: Reading the Media: Media Literacy in High School English, Teacher College Press, 2007.

150. Raymond Williams, Culture and Society. Columbia University Press, 1958.

151. Rogers, E. M., Diffusion of InnovationsI[M], 4th Edition, New York, NY: The Free Press.

152. Torres, C. A.. Education, Power, and Personal Biography: Dialogues with Critical Education[M]. New York and London: Routledge, 1998.

153. Williams, R. (1961). Culture and Society (1780 ~ 1950), Harmondsworth, Penguin.

(二) 期刊文章

154. Christ, W. G. & Potter, W. J. (1998). Media literacy, media education and the academy. Journal of Communication, 48.

155. Rick Shepherd. Elementary Media Education: The Perfect Curriculum [J]. English Quarterly, vol. 25, nos.

156. Rubin, A. M. (1998). Media literacy. Journal of Communication, 48 (1): 3.

157. Christ, W. G. & Potter, W. J. (1998). Media literacy, media education and the academy. Journal of Communication, 48: 5 - 15.

三、网络文献
(一) 中文网络文献

158. http://news.xinhuanet.com/newscenter/2007-10/15/content_6883615.htm

159. http://www.zxjj.com.cn/images/mjcy.doc

160. http://www.people.com.cn/GB/channel2/17/20000820/194487.html

161. http://news.xinhuanet.com/world/2013-11/23/c_118262829.htm

162. http://news.ifeng.com/a/20150511/43733521_0.shtml?f=hao123

163. http://club.kdnet.net/dispbbs.asp?id=620213&boardid=2

164. http://print.qx100.com/html/200708/2007829105539672.shtml

165. http://xuerentang.sinaapp.com/newsshow.php?pageid=32817096462015-04-05

166. http://theory.people.com.cn/n/2012/0706/c49157-18461775.html,2012年07月06日

167. http://news.xinhuanet.com/newmedia/2015-02/04/c_133968379.htm

168. http://www.sd.xinhuanet.com/news/2013-12/06/c_118457536.htm

169. http://gb.cri.cn/42071/2014/08/04/5187s4640027.htm

170. http://learning.sohu.com/20041213/n223464947.shtml

171. http://www.dizang.org/wd/fx/121.htm,2015-05-17

172. http://blog.sina.com.cn/s/blog_4bf380070100gcxy.html,2009-11-09

173. http://dzrb.dzwww.com/dazk/dzds/t20060106_1317132.htm,2006-05-24

174. http://www.1a3.cn/cnnews/dzcb/200910/10021.html

175. http://www.chinanews.com/cul/2011/09-02/3301227.shtml

176. http://www.china.com.cn/international/txt/2012-12/20/content_27470693_4.htm

177. http://news.xinhuanet.com/world/2011-11/22/c_111185684.htm

178. http://news.xinhuanet.com/world/2014-07/23/c_1111768218.htm

179. http://www.ocn.com.cn/info/201406/chukou091110.shtml,2014-6-9

180. http://www.chinanews.com/gn/2013/09-11/5274659.shtml

181. http://www.chinawriter.com.cn/bk/2007-06-19/28705.html

182. http://www.civilization.com.cn/wm/kgfx/t20080402_231710.htm

183. http://www.life-secret.com/newEbiz1/EbizPortalFG/portal/html/index.html

184. http://www.54tsinghua.cn/classic/arts/phiosophy/M.944967812.A.htm

185. http://finance.chinanews.com/gn/2015/08-06/7451742.shtml

186. http://www.cpeng.tcu.edu.tw/teaching/901/file/chil/

187. http://www.ttstudy.cn/campus/2007/79988.html

188. http://village.blogbus.com/logs/318182.html

189. http://print.qx100.com/html/20050113/298678115632961.shtml

190. http://www.chelder.com.cn/news/2006/5871.html

191. http://www.uniwant.com/show.aspx?page=3&&id=3781&cid=312

192. http://www.chinaeco.org.eg/xw/06/30604b.htm

193. http://www.sarabiatb.com/html/200802/1/20080201094519.html

194. http://tdyw.sdedu.net/Article_Show.asp?ArticleID=596

195. http://theory.people.com.cn/GB/40537/17376462.html,2012-3-13

196. http://nancy0207.blog.sohu.com/81592241.html

197. http://edu.people.com.cn/GB/8216/54752/

198. http://jnmzxx.blog.sohu.com/81528590.html

199. http://news.xinhuanet.com/newscenter/2005-02/22/content_2603735.htm

200. http://www.people.com.cn/GB/32306/32313/32330/3242258.html

201. http://www.zggmjyzx.com/xmyl/ShowArticle.asp?ArticleID=1698

202. http://www.hkbu.edu.hk/~alicelee/media-education/news_whole.htm

203. http://www.cskms.edu.hk/homeweb/leed/public_html/main.html

204. http://www.guangztr.edu.cn/gztr/llts/llsy/zjlt/jypjms.htm

205. http://www.jy135.com/html/pingyufanwen/qitapingyu/2006/0817/3734.html

206. http://202.119.101.65/oblogUP/user1/bj07/archives/2007/566.html,2007-4-2

207. http://academic.mediachina.net/article.php?id=5526

208. http://sichuandaily.scol.com.cn/2011/10/17/20111017318023990227.htm

209. http://www.moe.gov.cn/publicfiles/business/htmlfiles/moe/s4668/201008/xxgk_93785.html

210. http://www.zjhw.net.cn/Show.aspx?cat=7&id=41&PKID=36

211. http://www.sdytyz.cn/E_ReadNews.asp?NewsID=983,2012-7-10

212. (Media Literacy Project in Japan) (http://www.mlpj.org/index-e.html).

213. http://www.people.com.cn/GB/14677/21963/22065/2943630.html,2004年10月26日

214. http://blog.sina.com.cn/s/blog_a4661af101017qof.html

215. http://media.people.com.cn/n/2014/1128/c390971-26114910.html

216. http://www.hkbu.edu.hk/~alicelee/media-education/HKAME_chinese.html

217. http://www.hkbu.edu.hk/~alicelee/media-education/ref_whole.htm

218. 百度百科。

219. 维基百科。

(二) 英文网络文献

220. http://portal.unesco.org/ci/en/ev.php-URL_ID=24762&URL_DO=DO_TOPIC&URL_SECTION=201.html

221. http://www.euromedialiteracy.eu/index.php?Pg=charter

222. http://www.nmmlp.org/medialiteracy.htm

223. http://www.hkbu.edu.hk/~alicelee/media-education/ref_whole.htm

224. http://medialit.banzhu.com/

225. http://www.hkbu.edu.hk/~alicelee/media-education/ref_whole.htm

226. (Center for media literacy), http://www.medialit.org/faq_best.html#difference

227. http://www.sil.org/lingualinks/literacy/ReferenceMaterials/glossaryofliteracyterms/WhatIsAWorkshop.Htm

228. http://www.tqnyc.org/NYC052376/whatisworkshop_new.Html

229. http://www.frankwbaker.com/mediatriangle.htm

230. http://www.media-awareness.ca/english/resources/educational/teaching_backgrounders/media_literacy/perfect_curriculum_1.cfm

231. http://www.media-awareness.ca/english/resources/educational/teaching_backgrounders/media_literacy/perfect_curriculum_1.cfm

232. http://www.medialit.org/

233. http://medialiteracyproject.org/

234. http://www.understandmedia.com/

235. http://www.p21.org/overview/skills-framework/349

四、其他类型文献（学位毕业论文、会议论文集等）

236. 陈世阳：《国家形象战略研究》，《中共中央党校博士学位论文》，2010 年。

237. 常晋军：《"多媒体教学环境下图像资料的应用"研究报告》，《北京市定福庄中学获奖论文集》2007 年 4 月。

238. 邓超：《建构主义理论视角下的国家形象塑造》，《中国传媒大学硕士学位论文》，2006 年。

239. 丁磊：《国家形象及其对国家间行为的影响》，《南开大学博士学位论文》，2009 年。

240. 李孝平：《"人体泌尿系统的组成"一课的教学设计》，《北京市定福庄中学获奖论文集》2007 年 4 月。

241. 刘华：《从〈时代〉周刊看中国国家形象——以 2011 年涉华报道为例》，《广西大学硕士学位论文》，2013 年。

242. 刘艳房：《中国国家形象战略与国家实现利益研究》，《河北师范大学博士学位论文》，2008 年。

243. 秦学智：《传媒素养教育论》，《中央教育科学研究所博士后出站报告》，2008 年 6 月。

244. Stony Brook University School of Journalism Center for News Literacy: Summer Institute for Teachers 2013.

245. 宋晓阳：《日本媒介素养教育现状》，《"传播与中国"复旦论坛（2007）：媒介素养与公民素养论文集》，2007 年。

246. 王彤：《瑞妮·霍布斯媒介素养教育实践活动探析》，《中国传媒大学 2009 年硕士学位毕业论文》。

247. 吴翠珍：《媒体素养：地球村的公民教育核心》，《公民教育学术研讨会》，中国台北教育部中等教育司 1999 年版。

248. 张志俭：《媒介教育在中小学的相关度：香港实例与未来议题的探究》，该文为 2005 年 10 月 20 日在中国传媒大学所作报告。

后　记

　　本书是在作者2008年中央教科所博士后出站报告的基础上完成的。当时，博士后报告完成的实际字数超过了46万字。它是作者2004年开始进入传媒素养教育研究领域至2008年四年间的教学思考和经验的结晶。当时作者认为，这四年的思考和经验面对一个既熟悉而又陌生的研究领域是远远不足和有缺陷的。为了让自己的研究成果不至于草草出笼、空留遗憾，当时决定要沉淀沉淀。这一沉淀到今天，整整七年的时光飞逝了。现在看来，这种沉淀还是很值得的。至少自己觉得即便仍有缺憾，但可以有点儿"沾沾自喜"了。

　　自2004年7月进入中国传媒大学高教所传媒教育研究室工作，到2011年4月因学科结构调整而划转到今日的新闻传播学部传播研究院，就注定了自己与传媒素养教育的不解之缘。

　　传媒是一项光耀的事业，教育是一项神圣的事业，光耀的事业与神圣的事业结合起来会是一项什么样的事业呢？我很想将此项事业称为既光耀又神圣的事业，但它到底是不是？我很愿意相信，但我目前无法验证。这正如一直困扰在我心头深处的问题：人到底能不能永恒？一项事业到底能不能永恒？宇宙到底能不能永恒？……我在矛盾中孕育希望，在希望中向往永生。但是，科学和理性时不时地提醒我，人无论做什么一定要淡定，一定要从容，一定要满怀希望，一定要执着，一定要努力，一定要一点一滴地日积月累，不管成功与失败，就这样一直到老……

　　多年来，我一直在思考：传媒素养教育究竟重要不重要？急迫不急迫？重要的话，又如何去推广和普及？这些问题颇让人思量。但当自己沉静下来的时候,道家的"道法自然"的态度又占据了上风。"花开花落终有时",一切听凭自然,任凭自然。

2008年在给博士后出站报告定稿的时候,就对博士后出站报告的题目踌躇再三。先后想过以下几种题目:"媒介教育若干基本问题研究""传媒素养教育若干基本问题研究""传媒素质教育引论""大传媒教育论""大传媒素养教育论""通识传媒教育论""普通传媒教育论""一般传媒教育论""作为语言艺术的传媒教育""受众传媒教育学""传媒素养教育学""普通传媒教育学""传媒素养教育即通识传媒教育论"等等。最终是提交和答辩的时间让我不得不停止了它的思考。出站报告以"传媒素养教育论——通识传媒教育理论研究"来命名。

博士后出站报告主要包括传媒素养教育理论和传媒素养教育历史两大部分论述。本书只涉及传媒素养教育理论部分,所以对传媒素养教育历史部分的论述进行了割舍,而对传媒素养教育理论部分进行了增论和扩容,从而有了现在的模样。

作者以为,传媒盲,包括文字盲、电视盲、电影盲、网络盲、广播盲、文学艺术盲等。文字盲是最基本的传媒盲。如果不能掌握文字,会直接影响到人与人之间的交流,影响到自己的学习能力、生存能力和工作能力等。随着社会、文化和科技的进步与发展,如果只是掌握了文字与文字性的语言,没有掌握影像和网络性的语言,那么,仍然会影响到自己生活的便利和质量。

作者以为,在知识经济时代,需要更有知识、文化、技能、创新精神和思想觉悟的劳动者。这样的劳动者能够掌握现有的信息传播技术手段,并能及时和大家一起分享生活体验、促进社会民主与法制的进步,共同营造团结、进步、和谐、民主、繁荣的社会生活。

作者以为,传媒文化是一种有传媒内容和形式的文化。新的文化动态由于其大众传媒的快捷性而被迅速地反映了出来。一个人既要有传统的文化修养,也要有当代流行文化的修养。

人类的思想如滔滔江水绵绵不绝,"作者以为"的还有很多。所有这些"很多"在很大程度上要归功于中国传媒大学的有关领导和老师、中央教科所博士后工作站的有关老师和同学的提携与帮助,要归功于妻子、儿子对我的后勤保障和精神支持，还要感谢我已经去世20年之久的父亲和今年刚过世几个月的母亲的善良和期盼。

在此，特别感谢我可亲可敬的博士后指导教师毕诚研究员。感谢田慧生研究员、朱小蔓教授、华国栋研究员、陈云英研究员、周南照研究员、袁振国教授、曾天山研究员、程方平研究员、蓝建研究员等博士后科研工作站指导专家。感谢热心真诚的博士后同学燕学敏，在紧张的博士后工作之余为同学们提供的热心帮助。同时感谢于发友、蒋建华、李松林、郭丽君、郭卉、乌云塔娜、杜岩岩、杜晓萍等同学的因缘际会！

特别感谢中国传媒大学副校长高福安教授、副校长袁军教授、《现代传播》主编胡智锋教授、原人事处张桂兰处长、吴远香研究员、张玲研究员、杨树雨研究员、王保华教授等曾经给予我的关爱、关注、支持和帮助。

特别感谢新闻传播学部传播研究院雷跃捷院长、陈卫星副院长、张艳秋副书记等领导对本书出版的支持，感谢中国传媒大学的出版资助。

关怀、关注、支持和帮助，如同干旱逢甘霖，哪怕是默默的、内在的、言语的、微笑的和点滴的，都值得我去回味、想念、纪念与感激到永远！

最后的此时此刻，仍然想到最多的是父亲和母亲的慈爱、慈祥、慈悲的身影。我内心所长久向往的出家人一般的宁静和淡泊，"采菊东篱下，悠然见南山"的"无为无畏"心态，也许是父母留给我最大的精神财富吧。

身在中国，心在宇宙。无论是谁，是什么，明天都将会更好！不期待明天，但相信明天。

2015年9月27日

于北京陋室